SCHRIFTENREIHE DES KREISES KLEVE
Redaktion Gregor Hövelmann
Band 3

Heinrich Neuw...
14. 10. 88
Buchenalle / Starnberg

Starnberg, 27. 9. 89

Es wäre billig, wollte ich - "billig" im abträglichen Wortsinn genommen - das Verhalten der Schulleitung des CAG zu verurteilen: als überschlau, als übervorsichtig, als zweizüngig, als kriecherisch. Nur wer diese Zeit nicht miterlebt hat, kann sicheren Gewissens verurteilen, aus Ignoranz.

Ich erlebte diese Jahre als Schüler der König-Wilhelm-Schule zu Reichenbach (Eulengebirge). Um dort Schüler bleiben zu können, wurde ich zum Lügner. Dem HJ-Verbindungsschüler namens Hirschfelder log ich im Beisein des Direktors so frech ins Gesicht, daß er in seiner Beschuldigung unsicher wurde - ich hätte diesen oder jenen HJ-Dienst versäumt. Lügen dieser Art, wohl aber spätere, habe ich nie bereut oder gar gebeichtet.

Die Schulleitung des CAG war in schwieriger Lage. Sie log nicht so dreist wie damals ich, war aber unwahrhaftig wie damals ich. Facit: Nicht jedem schuldet man wahre Aussagen. Ich habe als Lehrer dreiste Notlügen von Schülern gelten lassen.

Klaus van Eickels

DAS COLLEGIUM AUGUSTINIANUM GAESDONCK IN DER NS-ZEIT 1933–1942

Anpassung und Widerstand
im Schulalltag des Dritten Reiches

> Wo der Wille stärker ist als die Einsicht, und diese
> schwächer ist als die Liebe — wo Überlebenswille vor-
> herrscht: Dort wird zurecht ein Ende gemacht.
>
> 18.1.89

> Grund-bequemlichkeit und somit Grund-übel der
> Demokratie, die auf Zahlen beruht: Man darf sagen, was man will ohne
> existentielle Gefährdung. Man zeigt zwar, ungefährdet, allerhand Flaggen,
> beugt sich aber der Majorität, der Zahl.

In Kommission
bei
BOSS-VERLAG KLEVE
1982

Umschlagbild: Im Nationalpolitischen Lehrgang 1934 in Heppingen a. d. Ahr marschierten Neudeutsche und Hitlerjungen der Gaesdoncker Untersekunda in Kolonne.

Die Veröffentlichung erfolgt mit freundlicher Genehmigung der Kurt A. Körber-Stiftung Hamburg.

Typoskript: Erika Hamann, Kleve
Druck und Kommissionsverlag:
Boss-Druck und Verlag, Postfach 1150, Kleve
ISBN 3-922384-51-X

Inhaltsverzeichnis des Textteils

A Einleitung: Problemstellung - Quellenlage - Untersuchungsverfahren

1. Einführung: Methodik und Terminologie

1.1. Forschungsstand und Methodologie - Zur Begründung des alltagshistorischen Zugriffs 14

1.2. Anpassung und Widerstand - Zum Begriff des Widerstandes und seiner historischen Wertung 15

2. Kritische Sichtung der bisherigen sporadischen Sekundärliteratur zum Thema 'Gaesdonck in der NS-Zeit' 16

3. Erstellung der Quellenbasis

3.1. Idealtypisches Modell zur Erstellung der Quellenbasis 18

3.2. Erschließung unveröffentlichter Primärquellen 19

3.3. Erschließung weiteren authentischen Materials aus dem Besitz ehemaliger Gaesdoncker Schüler 21

3.4. Ergänzung der Materialbasis durch Rekonstruktionsinterviews und schriftliche Befragungen von Zeitzeugen 21

3.5. Codierung der Personennamen als Erfordernis des Persönlichkeitsschutzes 23

4. Quellen- und Literaturverzeichnis 25

B Hauptteil

I Resistenzfaktoren im Collegium Augustinianum Gaesdonck gegen Zeitgeist und NS-Indoktrination

1. Die historische Dimension der Gaesdonck als überregionale Eliteschule 31

2. Der alltägliche organisatorische Rahmen des Gaesdoncker Internatslebens 36

3. Der Grundkonsens in Lehrerkollegium und Schülerschaft als Basisfaktor und Stabilisierungselement

3.1. Die Struktur des Lehrerkollegiums 41

3.2. Die innere Einstellung der Lehrerschaft 43

3.3. Die pädagogische Zielsetzung der Gaesdoncker Lehrerschaft und das Fehlen einer einheitlichen Konzeption 45

3.4. Sozialstruktur und innere Einstellung der Gaesdoncker Schülerschaft 47

4. Die zunehmende Polarisierung und ihre Auswirkungen im Schulalltag 52

II Das Collegium Augustinianum Gaesdonck in der Anfangsphase des Dritten Reiches - Ideologische Konzessionen an den NS-Staat als Elemente einer taktischen Präventivstrategie

Vorbemerkung: Die Überlebensstrategie der Schulleitung 58

1. Einführung NS-orientierter Lernziele und Unterrichtsinhalte

1.1. Die Übernahme nationalsozialistischer Feiern 61

1.2. Die Einführung der 'freien Arbeitsgemeinschaften' 61

1.3. Die Einführung nationalsozialistisch geprägter Lehr- und Lektürepläne 63

1.4. Möglichkeiten und Grenzen einer Gegensteuerung trotz offizieller Anpassung 65

2. Teilnahme der Oberstufe an den 'Nationalpolitischen Lehrgängen'

2.1. Die Durchführung der 'Nationalpolitischen Lehrgänge' für die Gaesdoncker Schüler 70

2.2. Der Fall des Schülers N. und die Position der Schule bei der Lösung des Konfliktfalles 73

3. Entstehung und Durchsetzung der HJ auf Gaesdonck - Politische Funktion und pädagogische Relevanz der HJ-Gefolgschaft für das traditionelle Internatsleben

3.1. Jugendorganisationen auf der Gaesdonck vor 1933 75

3.2. Die Intention der Schulleitung beim Aufbau der schulinternen HJ-Gefolgschaft 76

3.3. Der Einfluß der Schulleitung auf Funktionsträger und Organisation der HJ 79

3.4. Aktivitäten der HJ auf Gaesdonck - Innovationspotential der neuen Organisation im traditionellen Internatsbetrieb und Resonanz bei den Schülern 80

3.5. Aktivitäten der Gaesdoncker HJ außerhalb des Internatsbereiches 84

3.6. Die Gaesdoncker HJ-Gefolgschaft in Konkurrenz zur Gruppe des Bundes Neudeutschland

3.6.1. Die Gründung der Gaesdoncker Gruppe des Bundes Neudeutschland und die Haltung der Schulleitung 86

3.6.2. Die Aktivitäten der Gruppe des Bundes Neudeutschland auf Gaesdonck 88

3.6.3. Das Verbot des Bundes Neudeutschland und illegale Weiterexistenz der Gaesdoncker Gruppe 91

3.6.4. Das Verhältnis von HJ und ND auf Gaesdonck - Grundkonsens und ideologische Abgrenzung 93

3.7. Die Hitlerjugend als institutionalisierte Staatsjugend von der Auflösung des ND bis zur Schließung der Schule 96

III Die administrativen Maßnahmen des NS-Staates gegen das Collegium Augustinianum Gaesdonck

Vorbemerkung: Zielrichtung und Methoden der NS-Strategie gegen das Collegium Augustinianum Gaesdonck 100

1. Administrative Eingriffe des NS-Staates in die Personalstruktur des Collegium Augustinianum Gaesdonck

1.1. Die Ablösung des Schulleiters im Jahre 1937 102

1.2. Die Auseinandersetzungen zwischen Bischof von Galen und den staatlichen Behörden um die Besetzung der Schulleiterstelle 103

1.3. Der Fall Y - Einschüchterung der Lehrerschaft (Dokumentation aus den Gestapo-Akten im HStA Düsseldorf) 106

1.4. Die Entziehung von Fachlehrern durch Wehrdienstverpflichtungen 111

2. Administrative Maßnahmen gegen die ökonomische Basis des Collegium Augustinianum Gaesdonck

2.1. Die ökonomische Struktur der Gaesdonck 112

2.2. Die Auseinandersetzungen um die Grundsteuerbefreiung 114

2.3. Die Verweigerung des Grenzausweisantrages für den mit der Beaufsichtigung der Gutsverwaltung betrauten Studienrat X (Dokumentation aus den Gestapo-Akten im HStA Düsseldorf) 116

2.4. Die militärische Belegung des Gebäudes 117

3. Administrative Maßnahmen zur Umwandlung der Organisationsstruktur des Collegium Augustinianum und die Auflösung der Anstalt

3.1. Die Umwandlung des Collegium Augustinianum Gaesdonck in eine 'Private Oberschule für Jungen' 1937   119

3.2. Zulassungsbeschränkungen für das Collegium Augustinianum Gaesdonck   122

3.3. Die Schließung der Schule

3.3.1. Die Rechtsvorgänge um die Schließung des Collegium Augustinianum Gaesdonck   124

3.3.2. Die Reaktion von Lehrerkollegium und Schülerschaft auf die Schließungsverfügung   132

C Schluß: Zusammenfassung und historische Wertung

1. Die Haltung der Lehrerschaft und das Gaesdoncker pädagogische Konzept - Widerstand gegen den Nationalsozialismus?   140

2. Der Einfluß der Nationalsozialisten auf den Schulalltag   142

Anmerkungen   145

Inhaltsverzeichnis des Befragungs- und Dokumententeils

Erster Teil: Befragungen

Zum Aufbau der Befragungen	157
Befragung A	159
Befragung B	171
Befragung C	176
Befragung D	179
Befragung E	183
Befragung F	190
Befragung G	193
Befragung H	196
Befragung I	203
Befragung J	207

Zweiter Teil: Dokumente

Zur Anlage des Dokumententeils	214
Lehrerkollegium und Schülerschaft (Dokumente 1 - 8)	218
Jahresberichte (Dokumente 9 - 11)	228
Berichte über die Reifeprüfungen 1936 und 1938 (Dokumente 12 - 14)	259
Ausrichtung des Unterrichts und der freien AGs (Dokumente 15 - 22)	261
Nationalpolitische Lehrgänge (Dokumente 23 - 26)	269
Einrichtung einer Jungvolkgruppe und einer Schulgemeinde (Dokumente 27 - 28)	286
Ferienordnungen (Dokumente 29 - 35)	288
Die Auseinandersetzungen um die Neubesetzung der Direktorstelle (Dokumente 36 - 45)	292
Der Fall des Studienrates Y (Dokumente 46 - 52)	299
Turnen (Dokumente 53 - 61)	306

Die Angriffe auf die ökonomische Basis der Gaesdonck 313
(Dokumente 62 - 73)

Überführung des Collegium Augustinianum Gaesdonck in die 321
Hauptform   (Dokumente 74 - 76)

Zulassungsbeschränkungen für die Gaesdonck 323
(Dokumente 77 - 89)

Schließung der Schule 332
(Dokumente 90 - 130)

Abkürzungen 366

Redaktionelle Vorbemerkung

Die vorliegende Studie verdankt ihre Entstehung dem 'Schülerwettbewerb Deutsche Geschichte um den Preis des Bundespräsidenten', der seit dem Jahre 1973 alljährlich von der Kurt A. Körber Stiftung bundesweit ausgerichtet wird. Das Wettbewerbsthema des Jahres 1980/81 lautete 'Alltag im Nationalsozialismus - Vom Ende der Weimarer Republik bis zum Zweiten Weltkrieg'. Etwa 13 000 Teilnehmer bewarben sich mit insgesamt 2 172 Arbeiten um die ausgelobten Preise. Unter den sechs Preisträgern, die mit einem ersten Preis ausgezeichnet wurden, war auch Klaus van Eickels (geb. 5. 5. 1963), zur Zeit des Wettbewerbs Schüler der Klasse 12 des Freiherr-vom-Stein-Gymnasiums in Kleve.

Die besondere Qualität seines Wettbewerbsbeitrages, die eine Aufnahme in die 'Schriftenreihe des Kreises Kleve' rechtfertigt, ist jüngst in dem von Dieter Galinski, Ulrich Herbert und Ulla Lachauer herausgegebenen Sammelband 'Nazis und Nachbarn - Schüler erforschen den Alltag im Nationalsozialismus' (rororo Sachbuch 7648, Reinbek bei Hamburg 1982), der den Teilnehmern kommender Wettbewerbe mit 'Ergebnissen, Erfahrungen und Anregungen' helfen will, folgendermaßen gekennzeichnet worden: 'Die Beschaffung und Erschließung des Quellenmaterials ist bereits professionell, das heißt nicht repräsentativ für gelungene Arbeiten, aber durchaus nicht entmutigend.' (S. 75) Was hier als professionell (und für einen Schülerwettbewerb atypisch) bezeichnet wird, ist das Handwerk des Historikers, und das hat Klaus van Eickels mit Erfolg ausprobiert. Sowohl hinsichtlich der Quellenbasis als auch hinsichtlich der differenzierenden Darstellung führt seine Studie über den bisherigen Forschungsstand hinaus.

Klaus van Eickels hat seinen Wettbewerbsbeitrag für den Zweck der vorliegenden Veröffentlichung überarbeitet. Während der Hauptteil fast unverändert blieb, ist die Einleitung weitgehend neu geschrieben, der Schlußteil gekürzt worden. Hinzugefügt wurden die Anmerkungen und der Erschließungsapparat des Befragungs- und Dokumententeils.

Der besondere Dank des Herausgebers und des Autors gilt Frau Erika Hamann (Kleve), die mit großer Sorgfalt und Umsicht das Typoskript erstellt hat.

G. H.

Vorwort

Ich danke dem Kreistag und der Verwaltung des Kreises Kleve für die Aufnahme meiner Arbeit in die Schriftenreihe des Kreises. Mein besonderer Dank gilt dem Archivar des Kreises Kleve, Herrn Oberarchivrat Gregor Hövelmann, für seine Arbeit als Redakteur. Bereits in der Anfangsphase förderte er die Entstehung dieses Wettbewerbsbeitrages durch wichtige Hinweise auf Findbücher und Quellenbestände im Nordrhein-Westfälischen Hauptstaatsarchiv Düsseldorf und im Landeshauptarchiv Koblenz und hatte durch die Befürwortung meines Antrages entscheidenden Anteil daran, daß mir die Einsichtnahme in die Akten der ehemaligen Gestapo(leit)stelle Düsseldorf im Hauptstaatsarchiv durch Sondergenehmigung des Kultusministers NRW erteilt wurde. Der Kurt A. Körber-Stiftung in Hamburg danke ich für die freundliche Genehmigung der Veröffentlichung.

Für wertvolle Hinweise zur Überarbeitung des Textes danke ich Herrn Prof. Dr. Lutz Niethammer (Universität Essen), der als Mitglied der zentralen Jury des 'Schülerwettbewerbs Deutsche Geschichte' bereits unmittelbar nach der Preisverleihung die Veröffentlichung der Arbeit anregte.

An dieser Stelle gilt ein Wort des Dankes auch Herrn Prof. Dr. Klaus Goebel (Universität Dortmund) für die Vorstellung meiner Arbeit in der Zeitschrift 'Neues Rheinland' (11/81 und 11/82).

Den wissenschaftlichen Mitarbeitern beim 'Schülerwettbewerb Deutsche Geschichte' Dieter Galinski (Hamburg), Ulrich Herbert (Essen) und Ulla Lachauer (Mannheim) sage ich Dank für ihre Anregungen und für die Aufnahme von Auszügen aus der vorliegenden Arbeit in die von ihnen herausgegebenen Sammelbände:

1. Alltag im Nationalsozialismus 1933-1939. Jahrbuch zum Schülerwettbewerb Deutsche Geschichte um den Preis des Bundespräsidenten 1980/81. Hrsg. im Auftrage der Körber-Stiftung. Braunschweig 1982 (Westermann, Reihe 'Erziehung und Didaktik'),

2. Nazis und Nachbarn. Schüler erforschen den Alltag im Nationalsozialismus. Ergebnisse, Erfahrungen, Anregungen. Reinbek 1982 (rororo Nr. 7648).

Kleve, den 9. November 1982

                                                Klaus van Eickels

A

Einleitung

Problemstellung - Quellenlage - Untersuchungsverfahren

1.1. Forschungsstand und Methodologie - Zur Begründung des alltagshistorischen Zugriffs

"Ein kritischer Blick auf die vorliegenden Arbeiten (zur Schulgeschichte des Dritten Reiches) zeigt, daß ihre gesellschaftstheoretischen Anlehnungen in zwei Richtungen gehen. Die Mehrzahl der Autoren greift immer noch auf totalitarismustheoretische Interpretationen zurück, wenige neuere Arbeiten verweisen auf einen bildungssoziologischen oder funktionstheoretischen Ansatz. Arbeiten, die der neueren Sozialgeschichte zuzuordnen sind und die die Dimension einer Realgeschichte des Schulalltags enthalten, fehlen bisher weitgehend." [1]

Der alltagshistorische Zugriff auf die Schulgeschichte des Dritten Reiches stellt daher, insbesondere was die Entwicklung der höheren katholischen Privatschulen betrifft, eine erhebliche Forschungslücke dar. Auch für die vorliegende Fallstudie zur Geschichte des Collegium Augustinianum Gaesdonck schien sich zunächst ein totalitarismustheoretischer Ansatz anzubieten (allumfassende Gleichschaltung der katholischen Privatschulen durch den Zugriff des totalitären NS-Staates). Schon bald jedoch führte die Einarbeitung in die Thematik auf die Erkenntnis der Unzulänglichkeit dieses Ansatzes für die Alltagsbetrachtung im Dritten Reich.

Im Verlauf der weiteren theoretischen Reflexion schob sich der sozialrealhistorische Zugriff, insbesondere mit dem sich allmählich entwickelnden Anspruch der Arbeit als Fallstudie, immer mehr in den Vordergrund. Das Bild des allgewaltigen und lückenlos kontrollierenden totalitären Staates trat dabei angesichts ständig neuer im Blickfeld auftauchender Freiräume für die Alltagsbetrachtung immer weiter zurück.

Der gewählte Ansatz einer 'Geschichte von unten' negiert nicht die Geschichte der großen Politik, ihre Realität und ihre Auswirkungen für den Alltag der Bevölkerung. Mehr und differenzierter als herkömmliche Vorgehensweisen will er jedoch den Umstand in seine Betrachtung einbeziehen, daß die prozessual-strukturellen Entwicklungen und Gegebenheiten der Kollektivgeschichte auch im totalitären Staat, zumindest was die große Mehrheit der Bevölkerung betrifft, auf den Einzelnen letztlich nur wirksam werden gebrochen durch die Geschichte des Alltags mit all ihren Freiräumen. In vollem Bewußtsein auch der moralischen Ambivalenz und Problematik [2] solcher Freiraumbetrachtungen für den NS-Staat muß hier aber hervorgehoben werden, daß mit der teilweisen Relativierung totalitärer Realität im Alltag des Dritten Reiches keineswegs eine Negation der totalitären Intention in der nationalsozialistischen Ideologie oder gar eine Apologetik des NS-Staates intendiert ist.

1.2. Anpassung und Widerstand - Zum Begriff des Widerstandes und seiner historischen Wertung

Die Ablehnung einer totalitarismustheoretischen Verkürzung des Schulalltags im Dritten Reich auf Lehrpläne, Erlasse und Schulbücher [3] und der streckenweise überstülpenden Hermeneutik [4] funktionssoziologischer Ansätze kann jedoch keinen Verzicht auf theoretische Reflexion der gewonnenen Einzelerkenntnisse bedeuten. In besonderem Maße gilt dies für die Komplementärbegriffe Anpassung und Widerstand, deren Inhalt nicht zuletzt wegen ihrer häufig emotional bestimmten Verwendung in der öffentlichen Diskussion seit 1945 einer besonders sorgfältigen Klärung bedarf.

Die schwerwiegenden moralischen Implikationen des Widerstandsbegriffes erschweren eine klare Definition seines Bedeutungsinhaltes. Während viele Historiker glauben, vor einer inflationären Verwendung und damit verbundenen Entwertung warnen zu müssen, muß doch zugleich die klar abgrenzende Definition des Begriffes durch einen einzelnen Wissenschaftler bedenklich erscheinen angesichts seiner so vielschichtigen Verwendung in der allgemeinen Diskussion. Unter dem Begriff 'Widerstand' soll daher im folgenden jeweils in Verbindung mit einer graduell abstufenden Relativierung jede Art der Resistenz gegen den totalitären Zugriff des NS-Staates verstanden werden, einschließlich dessen, was bereits versuchsweise 'Alltagsopposition' [5] genannt worden ist, d. h. die kleinen Zeichen des Alltags, daß man sich den ideologischen Übergriffen des Nationalsozialismus nicht unterzuordnen gewillt war.

Angesichts des Ausmaßes nationalsozialistischen Unrechts, wie es nach 1945 offenbar wurde, ist die historische Bewertung des Widerstandes gegen

das Dritte Reich (insbesondere hinsichtlich der Alltagsopposition) der nicht
zu unterschätzenden Gefahr ausgesetzt, jede Ablehnung des als absolutes
Negativum gesetzten NS-Staates von vornherein und ohne weitere kritische
Hinterfragung positiv zu werten. Ebenso aber, wie in der historischen Analyse katholische Privatschule und totalitärer Staat begriffen werden müssen
als ein System zweier gegenseitig aufeinander reagierender Partner, so darf
das Verhalten der katholischen Privatschulen in der historischen Wertung
nicht einseitig verkürzt werden auf ihre vorgegebene Oppositionshaltung zum
ideologisch-totalitären Anspruch des Nationalsozialismus. Die eigene pädagogische Konzeption der Privatschulen und ihre Erziehungsziele müssen dabei ebenso kritisch hinterfragt werden, wie die vielschichtige Realität des
nationalsozialistischen Alltags untersucht werden muß auf eventuell vorhandene positive Innovationspotentiale. Weit davon entfernt mit solcher dem
Detail gegenüber gezeigten Unvoreingenommenheit die Ideologie des Nationalsozialismus als Ganzes in ihrem totalitären Unrechtscharakter zu verkennen, erweist sich dieser Ansatz als einzige Möglichkeit einer korrekten
Evaluation des potentiellen Eindrucks, den der Nationalsozialismus auf den
Zeitgenossen machen konnte, dem infolge des immer weiter eingeengten
Informationspluralismus noch weit weniger als dem Bürger eines freiheitlichen Staates eine Möglichkeit zur Antizipation der Perspektive des aus
der Rückschau wertenden Historikers gegeben war.

2. Kritische Sichtung der bisherigen sporadischen Sekundärliteratur zum
   Thema 'Gaesdonck in der NS-Zeit'

Abgesehen von zwei kürzeren Passagen in Gedenkschriften zum 100jährigen
(1949) bzw. 125jährigen (1974) Bestehen des Collegium Augustinianum haben sich bisher vor allem zwei Artikel in den 'Gaesdoncker Blättern', der
Schulzeitschrift des Collegium Augustinianum, mit dem Thema der vorliegenden Fallstudie unter verschiedenen Gesichtspunkten beschäftigt.

In den 'Cartae Memoriales' von 1949 [6] erscheint das Kapitel 'Gaesdonck in der NS-Zeit' nur relativ kurz im Rahmen einer Gesamtschulgeschichte auf etwa einer Seite (ähnliches gilt für die Gedenkschrift von 1974) [7].

Die Angaben sind für die Jahre 1933 bis 1942 sachlich recht wenig ergiebig; der Wert dieser Ausführungen liegt, auf Grund ihrer großen zeitlichen Nähe zum Dritten Reich, eher in den interessanten Einblicken, die sie in die Rezeptionsgeschichte des Nationalsozialismus während der Wiederaufbaujahre gewähren (Gewichtung von Sachverhalten, Selbstdarstellung). Als zuverlässige und auch ergiebige Quelle dagegen konnten die Angaben dieser Denkschrift hinsichtlich verschiedenster Einzelfragen zur 1949 weit weniger brisanten Geschichte der Schule vor 1933 herangezogen werden.

Unter stärker wissenschaftlichem Anspruch begann dann Anfang der 60er Jahre - mit gewachsener zeitlicher Distanz nunmehr möglich scheinend - der Versuch einer historischen Aufarbeitung. Die erste (und bislang umfangreichste) Studie dieser Art legte Josef Stenmans unter dem Titel 'Gaesdonck und die Staatsgewalt III' im Jahre 1963 [8] vor. Sachlich streckenweise auf Stenmans fußend veröffentlichte Kurt Abels dann im Jahre 1967 einen Aufsatz in den 'Gaesdoncker Blättern' unter der Überschrift 'Politik und politische Bildung auf Gaesdonck II' [9], dessen Zugriff gegenüber Stenmans staatskirchenpolitischer Betrachtung stärker der pädagogischen Dimension der Schulgeschichte jener Jahre gerecht werden wollte.

Zwar sind beide Abhandlungen trotz gravierender methodischer Mängel in vielen Einzelheiten bemerkenswert zuverlässig, doch bedürfen sie insbesondere in ihren Ergebnissen und Bewertungen der kritischen Betrachtung. Ihre Autoren nämlich erscheinen selbst geprägt von der Institution, die es aus kritischer Perspektive zu betrachten gilt. Trotz gegebenen zeitlichen Abstandes fehlt daher streckenweise, was positive Werturteile über die Gaesdonck jener Jahre betrifft, die zu unvoreingenommener Evaluierung erforderliche historische Distanz. Erschwert wird diese Aufgabe zudem noch durch den Umstand, daß eine generelle oder durchlaufende Problematisierung der Ergebnisse unter Offenlegung der eigenen Arbeitshypothesen fehlt und die Übergänge von Quellen- bzw. Forschungsreferat, Sachdarstellung und subjektiver Meinung und Wertung durch den Autor (insb. bei unbegründeten Pauschalisierungen) in der Regel verschwommen und fließend bleiben. Was dagegen ihre zentralen, in der Gesamtschau sich dann allerdings oft als nur sekundär präsentierenden, Einzelbegebenheiten betrifft (z. B. Rechtsvorgänge um die Schließung der Anstalt bei Stenmans [10] oder Widerstandsaktionen der

Primaner bei Abels [11]) so dürften sie - trotz streckenweise fehlender Überprüfbarkeit - als in der Sache dadurch nicht in ihrer Glaubwürdigkeit gemindert angesehen werden, wenn auch Bewertungs- und Erklärungsversuche im Einzelfall jeweils der Hinterfragung bedürfen.

Zu diesen Versuchen eines Zugriffs unter wissenschaftlichem Anspruch treten noch die in den letzten Jahren verstärkt zur Veröffentlichung kommenden Erinnerungen ehemaliger Gaesdoncker Schüler. Diese stehen, da zur Veröffentlichung aufbereitet, gewissermaßen an der Grenze zwischen Quelle und Sekundärliteratur. Mehr noch als bei den Befragungen mußten hier die Verfahren der quellen- und ideologiekritischen Überprüfung zu strenger Anwendung kommen (im übrigen gilt hier das zu den Befragungen Kap. A 3.4 Gesagte sinngemäß.).

3.1. Idealtypisches Modell zur Erstellung der Quellenbasis

Staatliche Schulaufsicht
Akten der Abteilung für höheres Schulwesen
beim Oberpräsidenten für die Rheinprovinz
(LHA Koblenz)

Bischöfliches Gymnasium	Autor	Schulträger
Gaesdonck	eigenständige Schaffung einer	Bischof von Galen
(Schularchiv)	Quellenbasis durch schriftliche	(Bistumsarchiv Münster)
	und mündliche Zeitzeugenbefragungen	

NS-Staat
Akten der Gestapoleitstelle Düsseldorf
(HStA Düsseldorf)

3.2. Erschließung unveröffentlichter Primärquellen

Erster Schritt zur methodisch einwandfreien Erstellung einer Quellenbasis und zur Schaffung eines hinreichenden Informationshintergrundes für die erfolgreiche Durchführung der Rekonstruktionsinterviews mußte die Erschließung eines hinreichend feinmaschigen Netzes authentischer schriftlicher Quellen sein.

Trotz anfänglich großer in die Bestände des Archivs gesetzter Hoffnungen erwies sich das Gaesdoncker Schularchiv als wenig ergiebig für die Geschichte der Anstalt während des Dritten Reiches. Die hier während des Nationalsozialismus archivierten Schriftstücke waren als Akten des laufenden Verwaltungsverkehrs Anfang 1945, als Gaesdonck - zunächst noch Lazarett, dann Funkleitstand der Wehrmacht [12] - in Frontnähe geriet und schließlich schwer zerstört wurde, anders als die wertvollen mittelalterlichen und frühneuzeitlichen Handschriften des Archiv nicht mehr rechtzeitig ausgelagert worden und so den Kriegseinwirkungen zum Opfer gefallen.[13]

Eine gewisse Möglichkeit, die verlorenen Bestände des Gaesdoncker Archivs zu rekonstruieren, schien sich nun über die Archive des Schulträgers und der staatlichen Schulaufsicht zu bieten. Während sich die Bestände des Bistumsarchivs Münster infolge der fast vollständigen Zerstörung im Zweiten Weltkrieg [14] als ähnlich unergiebig erwiesen wie die des Gaesdoncker Schularchivs, hatten die Verwaltungsakten der staatlichen Schulaufsicht weitgehend vollständig den Krieg überdauert.[15] Auf über 1000 Aktenseiten boten sie einen detailreichen, z.T. mit umfangreichem statistischen Material angereicherten Überblick über die Verhältnisse des CAG in der Vorphase und während des Dritten Reiches.

Die der vorliegenden Arbeit zugrundeliegenden schriftlichen Überlieferungen stammen demnach im wesentlichen aus einer einzigen archivalischen Quelle, den Beständen der <u>staatlichen</u> Schulaufsicht. Die aktenmäßige Überlieferung erscheint so zunächst verkürzt auf die Beziehungen zwischen der Institution Gaesdonck und der regionalen Vertretung der Reichsgewalt. Nicht erfaßt scheinen die wesentlichen Bereiche der Beziehungen zwischen Schule und Schulträger, Schule und zentraler Reichsgewalt, Schulträger und zentraler Reichsgewalt sowie zentrale Fragen des internen Schul- und Internatsbetriebs. Die sich hier im Sinne einer quellenkritischen Analyse aufdrängende Frage einer möglichen Insuffizienz der verfügbaren Quellenbasis muß jedoch z. T. relativiert werden:

a) Sämtlicher Schriftverkehr der kirchlichen Seite mit den obersten Reichsbehörden in Berlin scheint über den Dienstweg gelaufen zu sein. Diese Eingaben an das Reichserziehungsministerium wurden jeweils mit der Stellungnahme des Oberpräsidiums der Rheinprovinz nach Berlin weitergeleitet und zugleich abschriftlich den für diese Arbeit ausgewerteten Akten beigefügt. Ebenso verfuhr das Ministerium bei der Zuleitung seiner Erlasse. Die Frage der Korrespondenz mit den zentralen Reichsbehörden kann insofern als aktenmäßig hinreichend erschlossen angesehen werden.[16]

b) Weniger günstig zeigt sich die Lage hinsichtlich der kircheninternen Korrespondenz. Hier konnten oft nur indirekte Schlüsse, die natürlich keinen Anspruch auf Vollständigkeit erheben können, helfen, die Vorgänge aufgrund der Hinweise in den beim Oberpräsidium zu den Akten genommenen kirchlichen Schreiben zu rekonstruieren. Dennoch blieben hier empfindliche Lücken, die auch auf anderem Wege nicht zu schließen waren.[17]

c) Notwendigerweise begrenzt mußte die Aussagekraft der Verwaltungsakten natürlich auch in Fragen des schulinternen Bereiches sein. Die während des Dritten Reiches verschärfte staatliche Aufsicht über die katholischen Privatschulen führte jedoch dazu, daß auch zu diesem Bereich eine nicht unerhebliche Zahl von Hinweisen in den Akten zu finden war, die durchaus einen gewissen Hintergrund für die zu führenden Rekonstruktionsinterviews bieten konnten (s. Kap. A 3.4).

Eine wesentliche Erweiterung erfuhr die schriftliche Quellenbasis der vorliegenden Untersuchung durch die Auswertung der Gestapo-Akten im HStA Düsseldorf. Die sich hier niederschlagenden Fälle von politischer Brisanz erlaubten einen über die Aussagekraft der bloßen Verwaltungsakten hinausgehenden Einblick in das Verhältnis der Gaesdonck zum nationalsozialistischen Staat.

Die überwiegende Mehrzahl der ausgewerteten schriftlichen Quellen stammt somit aus den Archiven der mit der Gaesdonck während des Dritten Reiches befaßten staatlichen Stellen. Dennoch kommt die kirchliche Seite in ihren zu den Akten genommenen Schreiben ausführlich zu Wort. Ebenso gewährt die Vielzahl der (z. T. korrigierten) Konzepte, Kommentare und internen Verwaltungsvermerke Einblick in die offizielle Haltung wie die innere Polykratie des Verwaltungsapparates im nationalsozialistischen Staat. Insgesamt gesehen kann somit die zur Verfügung stehende schriftliche Quellenbasis trotz ihrer Lücken als den Anforderungen einer multiperspektivischen Betrachtung der Geschichte und eines multikausalen Ansatzes ihrer Erklärung durchaus genügend betrachtet werden.

3.3. Erschließung weiteren authentischen Materials aus dem Besitz ehemaliger Gaesdoncker Schüler

Außer durch meine Arbeiten in den kirchlichen und staatlichen Archiven gelang es mir auch in gewissem Umfang, aus dem Privatbesitz ehemaliger Gaesdoncker Schüler authentisches Material zu erschließen. Besonders wertvoll waren in dieser Hinsicht die Photoalben, die mir zwei der Befragten (der eine Abiturientia 1937, ND-Mitglied, der andere Abiturientia 1941/42, HJ-Gefolgschaftsführer) freundlicherweise zur Anfertigung von Reproduktionen für die vorliegende Fallstudie zur Verfügung stellten. Von einem Gaesdoncker Schüler (Abiturientia 1937) erhielt ich Auszüge aus seinen Tagebuchnotizen. Bei den meisten jedoch waren sämtliche Materialien infolge von Kriegseinwirkungen und Evakuierungen verlorengegangen, so daß sich das auf diesem Wege erschließbare Material als begrenzt erwies.[18]

3.4. Ergänzung der Materialbasis durch Rekonstruktionsinterviews und schriftliche Befragungen von Zeitzeugen

Das durch die schriftlichen Quellen gezeichnete Bild wies zwangsläufig, insbesondere wenn es um den inneren Internatsalltag ging, erhebliche Lücken auf. Während alle Verwaltungsvorgänge genau rekonstruiert werden konnten, blieb es in wesentlichen Bereichen des Alltagslebens bei bloßen, mehr zufälligen Andeutungen.

In diesem Punkte nun setzte ich mit der Ergänzung meines Bildes durch mündliche und schriftliche Befragungen ehemaliger Gaesdoncker Schüler und Lehrer an:

a) Auswahl der Befragten

Bei der Auswahl der Befragten spielte in erster Linie eine breite zeitliche wie (auf die NS-Zeit bezogen) politische Streuung eine Rolle, um wesentliche Phasen der Gaesdoncker Entwicklung während des Dritten Reiches nicht außer acht zu lassen und jeweils zu einem Problem Stimmen aus verschiedenen Lagern zu hören.

Die zeitliche Streuung durfte dabei jedoch nicht auf Kosten der Vergleichbarkeit der Aussagen gehen. Eine Schwerpunktbildung bei den Abiturjahrgängen 1937 und 1942 bot sich hier (auch orientiert am Ablauf der Reichsgeschichte) als günstiger Kompromiß zwischen statisch-strukturellem Querschnitt und dynamisch-diachronischem Längsschnitt an.

Aus der Vielzahl der auch innerhalb einer Phase möglichen Perspektiven die signifikanten zu berücksichtigen, war die vielleicht wichtigste Aufgabe bei der Auswahl der Interviewpartner. Lehrer- und Schülerperspektive mußten gleichermaßen Berücksichtigung finden, ebenso wie auch die Positionen von ND und HJ oder die unterschiedliche Sichtweise von Funktionsträgern und einfachen Mitgliedern.

b) Quellenkritische Aspekte der Interviewauswertung

Abgesehen von den natürlichen Schwächen des menschlichen Gedächtnisses stellt die Interviewauswertung zwangsläufig vor das Problem der zeitlichen Brechung der Erinnerung durch spätere Erfahrungen des Befragten. Besondere Berücksichtigung verdient in diesem Zusammenhang die Problematik des hohen Bildungsniveaus der befragten ehemaligen Gaesdoncker. Weit mehr als der Durchschnitt der Bevölkerung haben natürlicherweise die Gaesdoncker Absolventen (fast alle heute Akademiker) die politischen Veränderungen der Nachkriegszeit aktiv rezipiert und ihre Erinnerungen dabei auf eine vielfach gebrochene und reflektierte Bewußtseinsebene gehoben.

Gerade Alltagserinnerungen stellen hier vor besondere Schwierigkeiten der korrekten Auswertung: Zum ersten nämlich suggeriert schon die Langsamkeit ihrer Veränderungen oft Fehldatierungen von seiten der Befragten. Darüber hinaus aber unterliegt ihre Selektion besonderen Gesetzmäßigkeiten, teils, wegen der Alltäglichkeit ihres Inhaltes, reinen Zufälligkeiten der Erinnerung, teils ist ihre Auswahl aber auch abhängig von der spezifischen Situation des Befragten während des Dritten Reiches (betroffen oder nicht?) bzw. seiner damaligen Einstellung (kritischer Beobachter oder z. B. desinteressierter Mitläufer).

Ein besonderer Aspekt beider Punkte - von besonderem Interesse auch für die Beurteilung des Quellenwertes der Interviews - zeigt sich in der Art, wie die Befragten heute ihr Verhalten damals und das Verhalten der Gaesdonck beurteilen: Zu unterscheiden ist hier zwischen denjenigen, die sich als echte Gaesdoncker fühlen, da sie ihre gesamte Schulzeit dort verbrachten und dementsprechend auch von dem dort herrschenden Geist geprägt wurden, und denjenigen, die zwar als Schüler oder Lehrer zeitweise zur Gaesdonck gehörten, ihr Dortsein jedoch als mehr oder weniger episodisch sehen. Die ersteren identifizieren sich auch heute noch sehr stark mit der Gaesdonck, so daß die Tendenz ihrer Aussagen insbesondere in Auswahl und Gewichtung oft unterschwellig apologetisch gefärbt war und zur Bagatellisierung neigte. Die andere (zahlenmäßig jedoch weitaus kleinere) Gruppe konnte dagegen zahlreiche kritische Aspekte beisteuern, die vom Gros der Befragten gar nicht erst als bemerkenswert rezipiert worden waren.[19]

3.5. Codierung der Personennamen als Erfordernis des Persönlichkeitsschutzes

Eine wesentliche Einschränkung erfuhr meine Arbeit durch die Erfordernisse des Persönlichkeitsschutzes. Die schärfsten Auflagen in dieser Hinsicht waren mit der Einsichtnahme in die Gestapo-Akten im HStA Düsseldorf verbunden, wo ich sämtliche Namen nur durch Chiffren wiedergeben durfte, die keinerlei Rückschlüsse auf die Personennamen zuließen. Obwohl die Auflagen seitens anderer Institutionen in der Regel weniger weitreichend waren, entschloß ich mich, einerseits um Konflikten mit der Pflicht zum Persönlichkeitsschutz von vornherein aus dem Wege zu gehen, andererseits aber auch, um mich der Freiheit zur Kritik mit Rücksicht auf den Ruf der genannten, meist schon verstorbenen Personen nicht zu begeben, dazu, das vom HStA vorgeschriebene Codierungssystem für die gesamte Arbeit zu übernehmen. Gleichermaßen werden so die Rechte der damals Handelnden wie der Befragten auf den Schutz ihrer Persönlichkeit gewahrt.

Besondere Schwierigkeiten entstanden in der Durchführung des Systems bei den Befragungen. Zum einen wäre hier zu nennen das Problem der Unüberprüfbarkeit der Niederschriften über die Befragungen. Es sei hierzu angemerkt, daß sich die Tonbandaufzeichnungen der Befragungen noch in meinem Besitz befinden und ggf. beigebracht werden könnten. In einem Fall jedoch mußte ich auf ausdrücklichen Wunsch des Befragten gänzlich von einer Tonbandaufzeichnung absehen, in zwei weiteren Fällen mußte ich mich verpflichten, die Tonbandaufzeichnungen nach der Auswertung wieder zu löschen. Häufiger dagegen kam es vor, daß mich meine Interviewpartner während des Gespräches baten, das Gerät während bestimmter Passagen abzuschalten.

Das zweite wesentliche Problem, das durch die Vermeidung jeder Namensnennung entstand, war das Problem der Feststellung der Identität der Personen bei Aussagen von zwei verschiedenen Befragten. Die Vergleichbarkeit der Aussagen wurde dadurch wiederhergestellt, daß jedem Lehrer eine bestimmte Umschreibung zugeordnet wurde, die als dieselbe Wendung bei jeder Erwähnung der betreffenden Person wiederkehrt. Um ein Überhandnehmen der verschiedenen Codierungen zu vermeiden, gab ich diesem Weg den Vorzug vor der Alternative einer Einführung neuer Chiffren, die die Lesbarkeit des Textes erheblich beeinträchtigt hätten.

4. Quellen- und Literaturverzeichnis

A) Ungedruckte Quellen

1. Staatliche Archive

1.1. Landeshauptarchiv Koblenz
   Akten des Oberpräsidiums der Rheinprovinz
   Abteilung für höheres Schulwesen
   Best. 405 A, Nr. 1469, 1470, 1489, 1490, 4171

1.2. Hauptstaatsarchiv Düsseldorf
   Akten der Gestapo(leit)stelle Düsseldorf
   Best. RW 58, Nr. 9794, 46580, 65271

1.3. Hauptstaatsarchiv Düsseldorf - Zweigstelle Kalkum
   a) Regierungspräsident Düsseldorf: BR 1004, Nr. 1493
   b) Schulkollegium Düsseldorf: G 73/9146, Nr. 1593

2. Kirchliche Archive

2.1. Bistumsarchiv Münster
   BAM GV NA A 101 - 22

B) Quellenpublikationen

1. Boberach, Heinz
   Berichte des SD und der Gestapo über Kirchen und Kirchenvolk
   in Deutschland 1934 - 1944
   Mainz 1971

2. Boberach, Heinz
   Meldungen aus dem Reich - Auswahl aus den geheimen Lageberichten
   des Sicherheitsdienstes der SS 1939 - 1944
   Neuwied / Berlin 1965

3. Dohms, Peter
   Flugschriften in Gestapo-Akten - Nachweis und Analyse der Flugschriften in den Gestapo-Akten des Hauptstaatsarchivs Düsseldorf
   Siegburg 1977

4. Fricke-Finkelnburg, Renate
   Schule im Faschismus - Dokumente und Materialien
   Göttingen 1978 (Maschschr.)

5. Historisches Archiv der Stadt Köln (Hrsg.)
   Widerstand und Verfolgung in Köln 1933 - 1945
   Köln 1974

6. Michaelis, Herbert und Schraepler, Ernst (Hrsg.)
   Ursachen und Folgen - Vom deutschen Zusammenbruch 1918 und 1945 bis zur staatlichen Neuordnung Deutschlands in der Gegenwart
   Band 9: Die Zertrümmerung des Parteienstaates und die Grundlegung der Diktatur
   Berlin 1964

7. Raem, Heinz-Albert
   Katholische Kirche und Nationalsozialismus
   Paderborn 1980

8. Schönbrunn, Günter
   Geschichte in Quellen V - Weltkriege und Revolutionen 1914 - 1945
   München 1975

9. Volk, Ludwig und Stasiewski, Bernhard
   Akten Deutscher Bischöfe über die Lage der Kirche 1933 - 1945
   Bd. IV (1936 - 1939)
   in: Veröffentlichungen der Kommission für Zeitgeschichte
   Reihe A: Quellen, Bd. 30
   Mainz, 1981

C) Zeitgenössische gedruckte Quellen

1. Nationalpolitische Lehrgänge für Schüler
   Denkschrift des Oberpräsidenten der Rheinprovinz
   Frankfurt a. M. 1935

2. Wegweiser durch das höhere Schulwesen des Deutschen Reiches
   Im Auftrage des Reichsministers für Wissenschaft, Erziehung und Volksbildung bearbeitet von der Reichsstelle für Schulwesen Berlin

   Jg. 1   Schuljahr 1935   Berlin 1936
   Jg. 3   Schuljahr 1937   Berlin 1938
   Jg. 4   Schuljahr 1938   Berlin 1939
   Jg. 5   Schuljahr 1939   Berlin 1940
   Jg. 6   Schuljahr 1940   Berlin 1942

D) Wissenschaftliche Sekundärliteratur

1. Breyvogel, Wilfried und Lohmann, Thomas
   Schulalltag im Nationalsozialismus
   in: Alltag im Nationalsozialismus - Vom Ende der Weimarer Republik
   bis zum Zweiten Weltkrieg, hrsg. v. D. Peukert und J. Reulecke
   Wuppertal 1981

2. Eilers, Rolf
   Die nationalsozialistische Schulpolitik - Eine Studie zur Funktion der
   Erziehung im totalitären Staat
   Köln / Opladen 1963

3. Flessau, Kurt-Ingo
   Schule der Diktatur - Lehrpläne und Schulbücher des Nationalsozialismus
   München 1977

4. Friedrichs, Peter (SJ)
   Aus dem Kampf um die Schule - Dokumente und Verhandlungen aus
   den Jahren 1936 - 1940 um den Abbau des Gymnasiums am Lietzensee
   Berlin-Charlottenburg
   Freiburg 1951

5. Gamm, Hans-Jochen
   Der Flüsterwitz im Dritten Reich
   München 1963

6. Hüttenberger, Peter
   Nationalsozialistische Polykratie
   in: Geschichte und Gesellschaft 4/76 (S. 417-442)
   Göttingen 1976

7. Nyssen, Elke
   Schule im Nationalsozialismus
   Heidelberg 1979

8. Portmann, Heinrich
   Kardinal von Galen - Ein Gottesmann seiner Zeit
   Münster 1948

9. von Borries, Bodo
   Unkenntnis des Nationalsozialismus - Versagen des Geschichtsunterrichts?
   in: Geschichtsdidaktik 2/80 (S. 109-126)
   Düsseldorf 1980

E) Sonstige

1. Brückner, Peter
   Das Abseits als sicherer Ort - Kindheit und Jugend zwischen 1933 und 1945
   Berlin 1980

2. Zu den bisherigen Publikationen in den 'Gaesdoncker Blättern'
   vgl. Kap. A 2.

Auf Seite 30:
Ausschnitt aus der „Kreis- und Freizeitkarte Kleve" (auf den Maßstab 1:100 000 verkleinert), 8. Auflage, Stuttgart-Bad Cannstatt (reproduziert mit freundlicher Genehmigung des Städte-Verlag E. v. Wagner & J. Mitterhuber)

B

Hauptteil

I

Resistenzfaktoren im Collegium Augustinianum Gaesdonck
gegen Zeitgeist und NS - Indoktrination

1. Die historische Dimension der Gaesdonck als überregionale Eliteschule

Auf dem Landbesitz des im Jahre 1802 aufgehobenen Augustiner-Chorherren-Klosters Gaesdonck, etwa 5 km südwestlich der Stadt Goch gelegen, gründete im Jahre 1849 der Bischof von Münster ein katholisches Gymnasium, nach seiner Vorgängerinstitution benannt als "Collegium Augustinianum Gaesdonck". Vornehmliche Aufgabe der Gaesdonck war es in diesen Jahren, den Priesternachwuchs der Diözese Münster auszubilden, was sich schon daran zeigt, daß etwa die Hälfte der Schüler, die bis 1873 die Schule mit dem Reifezeugnis verließen, Geistliche wurden. Allerdings war diese Zielsetzung von Anfang an nicht so starr, daß es den Schülern nicht auch möglich gewesen wäre, einen anderen Lebensweg einzuschlagen.

Dennoch wurde die Schule im Jahre 1873 im Rahmen der Kulturkampfgesetze geschlossen. Erst nach zwanzig Jahren konnte im Jahre 1893 die Schule mit Genehmigung der preußischen Regierung wiedereröffnet werden. Im Jahre 1896 erhielt die Schule das Recht der Abhaltung der Prüfungen für den einjährigen freiwilligen Dienst, im Jahre 1920 das Recht der Reifeprüfung.

Das hohe Ansehen, welches die Schule schon während des Kaiserreiches genoß, wurde entscheidend mitgeprägt durch die bedeutenden Persönlichkeiten besonders des kirchlichen Lebens, die aus ihr hervorgingen, darunter mehrere Bischöfe und zwei preußische Generäle. Erwähnt sei hier besonders der Begründer der Steyler Missionare, Pater Arnold Janssen, Gaesdoncker Abiturient 1855.[20]

Die Gaesdonck sah sich in ihrem Erziehungskonzept dem 'christlichen Humanismus' verpflichtet. Ihre großen Leistungen erbrachte sie daher auf dem Gebiet der alten Sprachen, auf dem sie bis zum Jahre 1937, als die Anstalt ihren humanistischen Charakter verlor, auch von den nationalsozialistischen Schulräten als vorbildlich angesehen wurde.[21] Auch in den anderen Fächern war der Leistungsstand der Gaesdonck bemerkenswert hoch, wenn auch wegen des konservativen Charakters der Anstalt moderne Pädagogik nur recht zögernd Einzug hielt. Berücksichtigt man den weiten Einzugsbereich der Gaesdonck, der den ganzen Niederrhein und das angrenzende Westfalen umfaßte, da eine ähnliche Schule im gesamten genannten

Gebiet fehlte, so kann man auch mit Rücksicht auf das Selbstverständnis der Gaesdonck das 'Collegium Augustinianum' mit vollem Recht als eine überregionale Eliteschule bezeichnen.

Das Wort 'Eliteschule' darf hier jedoch keineswegs in seinem negativen Sinne einer der Oberschicht vorbehaltenen Schule interpretiert werden, denn gerade die außerordentliche soziale Leistung, die die Gaesdonck erbrachte, ist bemerkenswert und vielleicht sogar als noch wichtiger einzustufen als die hohen Leistungen der Schüler:

Die Gaesdonck war nie eine Schule der niederrheinischen Oberschicht und wollte es auch nicht sein. Die Mittelschicht war, von ganz wenigen Ausnahmen nach unten wie nach oben abgesehen, die die Schülerschaft der Gaesdonck bestimmende Schicht.[22]

Zwar waren die Akademiker unter den Eltern der Schüler mit 22 % (1937) im Verhältnis zur gesellschaftlichen Schichtung weitaus überrepräsentiert, doch entsprach dies im wesentlichen den Verhältnissen an öffentlichen Gymnasien. Beträchtlich dagegen war im Gegensatz zu öffentlichen höheren Schulen die Anzahl der Schüler, bei denen das Elternhaus in keiner Weise die notwendige häusliche Umgebung für gymnasiale Studien bieten konnte. Im Handwerk und besonders in der Landwirtschaft spielte häufig die häusliche Umgebung sowohl von der Vorbildung als auch von den Arbeitsbedingungen der Schüler her als belastender Faktor eine große Rolle bei nicht ausreichenden Leistungen an öffentlichen Halbtagsschulen. Für Kinder aus solchen Familien, die zudem noch häufig fernab jeder öffentlichen Schule auf Bauernhöfen wohnten, bedeutete die Gaesdonck als Internat häufig die einzige Möglichkeit, die Nachteile ihrer häuslichen Umgebung zu überwinden und überhaupt ein Gymnasium besuchen zu können.

Gerade die Landwirtschaft kann hier als Beispiel der wichtigen sozialen Funktion der Gaesdonck im niederrheinischen Schulwesen herangezogen werden: Schon die Tatsache, daß gerade auf den Bauernhöfen fast ausschließlich die vom Hochdeutschen erheblich abweichende und eher dem Niederländischen entsprechende niederrheinische Mundart gesprochen wurde und die Kinder so, da es ja noch keine Medien gab, die die Hochsprache in jedes Haus gebracht hätten, auf der Schule das Hochdeutsche als 'erste Fremdsprache' zu lernen hatten, bedeutete einen gewichtigen Nachteil gegenüber

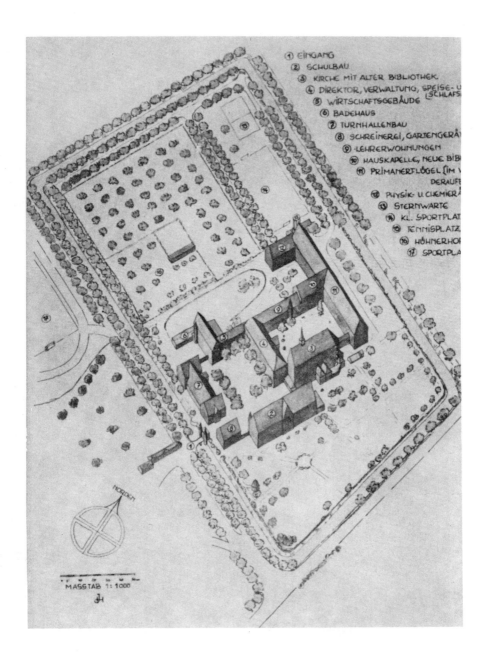

Die Gaesdonck aus der Vogelschau (Zustand im wesentlichen wie in den dreißiger Jahren)

Clemens August, Graf von Galen, Bischof von Münster, Schulträger der Gaesdonck bei einem Besuch des Collegium Augustinianum

den Kindern der Stadtbevölkerung, wo sich der nivellierende Einfluß der Hochsprache wesentlich eher durchsetzte. Zu diesem Manko an Vorbildung, mit dem die Bauernsöhne in der Regel ihre Schullaufbahn zu beginnen hatten, kamen stark erschwerende Faktoren der äußeren Bedingungen: abgelegene Lage der Höfe, Mitarbeit der Kinder in der Landwirtschaft und eine hohe Kinderzahl gerade in den Bauernfamilien. Die Schüler aus solchen Familien hatten auch meist kein eigenes Zimmer, wo sie ihre Arbeiten hätten verrichten können. Für diese Schüler stellte die Umgebung der Gaesdonck überhaupt die einzige Möglichkeit dar, durch Bildung sozial aufzusteigen.[23]

In diesen Zusammenhang gehört auch das vergleichsweise niedrige Schul- und Kostgeld der Gaesdonck, das durch Geschwister- und Leistungsermäßigungen auch Halb- und Vollwaisen oft genug den Besuch der höheren Schule ermöglichte. Es ist nicht bekannt, daß einem Schüler aus wirtschaftlichen Gründen die Aufnahme hätte verweigert werden müssen.[24]

Die Bedeutung der Gaesdonck für Vorbereitung auf das Studium aller Arten von Berufen wird in den Berufswünschen der Abiturienten deutlich. Von einer reinen Ausrichtung auf das Theologiestudium kann keine Rede sein, vielmehr sind es nur etwa drei von jedem Jahrgang (ca. 20 Schüler), die als Berufswunsch Theologie angeben, während sich der Rest auf alle übrigen Studienrichtungen, worunter auch viele technische (ingenieurwissenschaftliche) Berufe zu finden sind, verteilt.[25]

Auch diese universale Bildung, die die Gaesdonck vermittelte, berechtigt dazu, sie eine Eliteschule zu nennen, allerdings nicht in dem Sinne, daß sie sich ihre Schüler von vornherein elitär aus einer bestimmten Schicht auswählte, sondern in einem Sinne, daß sie zwar offen war für Schüler aller Schichten, die sozialen Schichten jedoch in sich ausglich und so allen Schülern, ohne Rücksicht auf ihre Herkunft, die besondere Möglichkeit eröffnete, in die bildungsmäßige Elite aufzusteigen.

(Dok. 7, 8, 10 (Abs. 2), 11 (Abs. 3, 4), 20, 67, 98 - 101, 112, 115 - 119)

2. Der alltägliche organisatorische Rahmen des Gaesdoncker Internatslebens

Betrachtet man den alltäglichen Ablauf des Gaesdoncker Internatslebens in der Zeit von 1932 bis 1941 in seiner Gesamtheit, so sind vor allem zwei gegensätzliche Auffälligkeiten festzuhalten:

a) Zum einen das erstaunliche Vertrauensverhältnis zwischen Lehrern und Schülern:[49] Alle Schüler, auch diejenigen, die die restriktive Hausordnung des Internates noch in sehr negativer Erinnerung hatten,[50] äußerten die Ansicht, daß sie jederzeit vollstes Vertrauen zu ihren Lehrern gehabt hätten. Auf keinen Fall also kann gesagt werden, die Gaesdoncker Lehrer hätten ihre Aufgabe als Erzieher vernachläßigt, vielmehr scheinen sie alle sich sehr ernsthaft um die Probleme ihrer Schüler bemüht zu haben, allerdings in der Regel ausgehend von dem Grundsatz, daß nicht die Gaesdonck, sondern der Schüler sich zu ändern habe. Eine Ausnahme bildeten hier jedoch in der Regel die jüngeren Lehrer - besondere Erwähnung verdient hier der geistliche Beirat der Gaesdoncker ND-Gruppe 1933 bis 1935 -, die durchaus gewillt waren, auch einige ihnen dringend notwendig erscheinende Erneuerungen in den traditionalistischen Gaesdoncker Internatsbetrieb zu bringen.

b) Ganz im Gegensatz dazu scheint äußerlich der tradierte, außerordentlich restriktiv organisierte Internatsbetrieb zu stehen:[51] Die Verpflichtungen des Schülers erschöpften sich nicht in den Unumgänglichkeiten des Internatsbetriebes wie festgelegte Essen-, Schlafens- und Silentiumzeiten, sondern sie waren ganz offensichtlich darauf angelegt, den Schüler möglichst während seiner gesamten Zeit unter Kontrolle zu haben und ihn ständig und ununterbrochen erzieherisch zu beeinflussen. Eigenständige Freizeitgestaltung war so gut wie unmöglich, da die den Schülern verbleibende Freizeit in einzelne Stücke von einer halben oder einer dreiviertel Stunde aufgeteilt war, so daß der Schüler in der Regel gezwungen war, auf eine der wiederum von den Lehrern organisierten sportlichen, musikalischen oder unterrichtlichen Veranstaltungen zurückzugreifen. Auch die Ausgangsbestimmungen wurden restriktiv gehandhabt - Ausgang aus dem Internatsgelände wurde nur nach vorheriger Anmeldung, nur in einer Grup-

Die Gaesdonck 1940/41: Kirche und Primanerflügel

Der Schulhof der Gaesdonck 1940/41: Vorbereitungen für den Empfang des Bischofs

Der Studiersaal (Silentiumraum) 1935/36: Die Kreuze wurden offensichtlich nicht aus den Klassenzimmern entfernt

pe und nur in Begleitung eines Lehrers gestattet, wobei es für die Schüler jedoch mannigfache Wege gab, dies zu umgehen. Um den Anfall der dergestalt in ihrer Nutzbarkeit stark beschränkten Freizeit zu vermindern, traten noch weitere, ebenfalls von den Lehrern kontrollierte, größtenteils obligatorische Aktivitäten zu den die Zeit ohnehin schon stark in Anspruch nehmenden direkt schulischen Veranstaltungen hinzu. Zu nennen an allgemein verpflichtenden Veranstaltungen wären hier: von Lehrern geleitete Spielstunden, wöchentlich ein Vorleseabend für die Tertianer, sowie der wöchentliche Spaziergang, eine Veranstaltung, von Lehrern und Schülern bezeichnet als das 'Schrecklichste vom Schrecklichen': Ein Lehrer vorne, ein Lehrer hinten, die Schüler hintereinander, wanderte man im Klassenverband eine Stunde durch die zur Genüge bekannten Gaesdoncker Wälder, wobei die Möglichkeiten, in den Zielen zu variieren, durch den festgelegten zeitlichen Rahmen und die Nähe der Grenze noch weiter eingeschränkt wurde.[52] Geprägt aber war das gesamte Internatsleben durch den kirchlich-katholischen Geist der Gaesdonck: Jeder Tag begann mit der morgendlichen Feier der Heiligen Messe, nach dem Frühstück folgte eine Morgenandacht, der Tag wurde beschlossen mit der Vesper. Zu allem Überfluß war es auch noch im Laufe der Zeit üblich geworden, daß die Schüler sonntagmorgens zweimal die Heilige Messe besuchten, was zwar eine Notlösung war, über die auch der Direktor und die übrigen Lehrer nicht ganz glücklich waren und die nur deshalb beibehalten wurde, weil man keine bessere Beschäftigung für die Schüler wußte, die auch der Würde des Sonntags angemessen gewesen wäre, eine 'Entgleisung', die jedoch ein bezeichnendes Licht wirft auf die kirchliche Prägung des damaligen Gaesdoncker Lebens. Abhilfe wurde hier erst durch die Initiative des geistlichen Beirates des Gaesdoncker ND geschaffen, der erreichte, daß statt des zweiten Meßbesuches am Sonntagmorgen ein Religionsgespräch stattfand, de facto nichts anderes als eine dritte Religionsstunde, da für alle obligatorisch.[53]

Die zahlreichen obligatorischen Veranstaltungen boten einen unterrichtsähnlichen Rahmen, der aber dem lehrplanmäßigen Zugriff der staatlichen Behörden entzogen war. Der Freiraum, den diese Unterrichtsveranstaltungen abgaben, war jedoch wegen des obligatorischen Charakters der Veranstaltungen wiederum nur von eingeschränktem Wert, denn so hatte der Lehrer ja, genauso wie im normalen Unterricht, wieder alle Schüler vor sich sitzen, und er mußte wiederum Rücksicht auf Schüler nehmen, von denen er vielleicht nicht ganz sicher war, ob sie ihm bei unbedachten politischen Äußerungen nicht gefährlich werden könnten. Dieses Problem spielte auch immer wieder dann eine Rolle, wenn der geistliche Beirat des ND darum bat, man möge doch um des pädagogischen Erfolges des Religionsgespräches willen die obligatorische in eine fakultative Veranstaltung umwandeln, was jedoch mangels geeigneter Alternativen zur Beschäftigung der übrigen Schüler nicht verwirklicht wurde.[54]

Besondere Möglichkeiten nicht nur der freien fachlichen Gestaltung, sondern auch der freien Meinungsäußerung ergaben sich dagegen in den völlig freiwilligen Unterrichtsveranstaltungen, die teils als wahlfreier Unterricht, so in Hebräisch für die angehenden Theologen,[55] teils als völlig inoffizielle Arbeitskreise abgehalten wurden, wobei besonders die letzteren häufig insgeheim auf den Zimmern der Lehrer stattfanden, weil der Inhalt als Unterrichtsstoff verboten war, wie zum Beispiel das 'Alte Testament'. Diese Veranstaltungen stießen auf ein erhebliches Interesse und stellten neben den persönlichen Gesprächen die wichtigsten Mittel politischer Erziehung auf Gaesdonck dar, denn an diesen Arbeitskreisen beteiligten sich tatsächlich ausschließlich zuverlässige Schüler; die nationalsozialistisch Gefärbten in der Schülerschaft waren kaum dafür zu haben, ihre ohnehin schon knapp bemessene Freizeit auch noch für die Aufnahme 'jüdischen Gedankengutes' zu verwenden.[56]

Dieser organisatorische Rahmen des Gaesdoncker Internatslebens macht deutlich, daß die Möglichkeiten der Erziehung sich nicht mit dem Unterricht erschöpften. Zugleich relativiert er insgesamt die nichtsdestoweniger nicht zu unterschätzenden Eingriffe des NS-Staates in die Unterrichtsgestaltung der Schule, von denen im folgenden (Teil II) die Rede sein soll.

(Befr. Ap, Ae', Af', Ag', Bb, Dn, E1m, Fh, Jj, Jp)

3. Der Grundkonsens in Lehrerkollegium und Schülerschaft als Basisfaktor und Stabilisierungselement

3.1. Die Struktur des Lehrerkollegiums

Dem Charakter der Anstalt entsprechend bestand das Lehrerkollegium der Gaesdonck während der gesamten Zeit des Dritten Reiches überwiegend aus Geistlichen (Drei weltlichen Studienassessoren standen 1933 zehn geistliche Lehrer gegenüber; ein weiterer Ersatz von Geistlichen durch weltliche Lehrkräfte wurde als mit dem Charakter der Anstalt unvereinbar angesehen).[26] Auch bei der Auswahl der weltlichen Lehrer legte man großen Wert auf ihre Eignung für ein katholisches Internat,[27] so daß von dieser Seite eine Gefährdung der geistigen Einheit des Kollegiums nicht gegeben war.

Ein weiteres stabilisierendes Element, das jedoch nicht frei war von Problematik, stellte die gewachsene Führungsstruktur des Kollegiums dar. Vor allem drei Lehrer bildeten auf Grund ihrer langen Dienstzeit auf Gaesdonck die geistige Führungsspitze des Kollegiums: Zu ihnen gehörte zum ersten der Direktor der Anstalt, der diese Position bereits seit 1916 innehatte. Dies sicherte ihm zwar im Lehrerkollegium und insbesondere gegenüber der Schülerschaft eine erhebliche Autorität, doch scheint er nicht der Mann gewesen zu sein, diese Autorität auch auszuüben. Zumindest in den hier in Frage kommenden Jahren des Dritten Reiches war der zweite Mann des Kollegiums und spätere stellvertretende Leiter der Schule derjenige, der im Kollegium die eigentliche Macht besaß. Der Direktor wird ihm gegenüber charakterisiert als ein liebenswerter Musiker und gebildeter Humanist, der aber nie regiert habe. Diese Trennung von tatsächlicher Führung und Amtsstellung sollte sich beim Direktorwechsel 1937 noch als ein glücklicher Zufall erweisen, da die nationalsozialistischen Behörden so der Schule mit dem Direktor nicht zugleich die starke Führung nehmen konnten. Der dritte starke Mann im Lehrerkollegium war ebenfalls ein Geistlicher; von ihm sagte einer seiner früheren Kollegen, er sei regelrecht mit der Gaesdonck verheiratet gewesen.[28] Er hatte die Gaesdonck als Schüler kennengelernt und war unmittelbar nach seinem Studium wieder dorthin zurückgekehrt. Schon auf

Frontalunterricht vom Katheder, ...

Grund seiner langen Dienstzeit als Lehrer auf Gaesdonck (seit 1915) besaß auch er besonders für seine jüngeren Kollegen eine fast unangreifbare Autorität.

So wichtig eine gefestigte Führungsstruktur in einer bedrängten Institution auch gewesen sein mag, so hatte sie doch auch ihre problematischen Seiten: Zwar kann das Kollegium bei einem Durchschnittsalter von 42 Jahren für das Jahr 1933 [29] nicht als überaltert bezeichnet werden - auf Grund der verminderten Neuzugänge dürfte sich die Zahl in den folgenden Jahren etwas nach oben verschoben haben -, doch erwies sich die festgewachsene Führungsstruktur zugleich als ein erhebliches Hemmnis für eine geistige Erneuerung der Gaesdonck: Gegenüber den alteingesessenen Gaesdoncker Lehrern, die mit ihrer Autorität das Kollegium trugen, konnten Neuerungsvorschläge von nachrückenden jüngeren Lehrern sich kaum durchsetzen, was um so schwerer wog, als der Charakter der Gaesdonck ohnehin schon ein traditionalistischer war.

(Befr. Al', Am', An', Ao', Jk; Dok. 1, 2, 36, 37, 57)

... aber auch unterrichtsähnliche Veranstaltungen am Objekt

3.2. Die innere Einstellung der Lehrerschaft

Der aufgezeigten Struktur der Lehrerschaft entsprechend war die eigentliche Grundlage des Grundkonsens im Kollegium die einheitlich katholische Prägung aller Lehrer. Auf Grund der starken Dominanz des religiös-kirchlichen Bereiches im gesamten Leben der Anstalt gab diese Einheitlichkeit schon einen an und für sich starken Zusammenhalt des Lehrerkollegiums.

Weniger einheitlich war die politische Grundhaltung der Lehrerschaft. Dominant war zwar auch hier der politische Katholizismus - dem Charakter der Anstalt entsprechend mit einem eher rechten, konservativen Akzent -, doch wurde die Politik wenig als einigendes Element herangezogen, sondern eher, soweit es ging, in den Versuchen, das Kollegium zu festigen, ausgespart. Neben den am politischen Katholizismus orientierten Lehrern - sechs Gaesdoncker Lehrer waren bis 1938 Mitglieder des Katholischen Akademikerverbandes [30] - gab es auch eine Anzahl, die politisch völlig desinteressiert waren und sich anderen Interessensgebieten, wie der Musik oder der Taubenzucht, zugewendet hatten. Ein Lehrer wird dagegen als ein engagierter Pazifist beschrieben.[31]

Insofern war das Kollegium also nicht durch politische Gegensätze zerrissen. Ausgesprochene Nationalsozialisten gab es im Kollegium nicht, wenn auch von ein oder zwei Lehrern bemerkt wurde, daß man bei ihnen den Eindruck hatte, daß sie dem Nationalsozialismus innerlich nahestanden.[32] In den ersten Jahren brachte es jedoch keinerlei Schwierigkeiten, da in offiziellen Gesprächen die Politik nach Möglichkeit vermieden wurde. Festzuhalten ist jedoch, daß die Gaesdonck von Anfang an nicht vollkommen unberührt war vom neuen Zeitgeist, auch wenn der Einfluß der nationalsozialistisch orientierten Lehrer zunächst gering war und ihr Einfluß auf die Schülerschaft durch die klare anti-nationalsozialistische Haltung der übrigen Lehrerschaft in Grenzen gehalten wurde. Auch ging ihr Nationalsozialismus nur so weit, wie er sich mit einer katholischen Einstellung vereinbaren ließ, so daß auch bei diesen Lehrern ein Abweichen von der religiösen Grundlage der Einheit nicht gegeben war.[33]

Besonders die politisch interessierten und gegen den Nationalsozialismus eingestellten Lehrer setzten sich auch geistig mit der Ideologie des Nationalsozialismus auseinander. Schon in den Jahren 1934 und 1935 wurde im Kollegium Rosenbergs 'Mythus des 20. Jahrhunderts' ausführlich diskutiert auf der Grundlage des von katholischen Theologen als Kritik an diesem Werk herausgebrachten sog. Antimythos, der sich ausführlich mit den dort geäußerten Thesen auseinandersetzte.[34] Sowohl die Tagespolitik als auch die Ideologie des Nationalsozialismus im Ganzen wurde also in der Gaesdoncker Lehrerschaft, soweit sie nicht politisch desinteressiert war oder dem Nationalsozialismus zuneigte, besprochen und war auch Gegenstand geistiger Auseinandersetzungen. Bei der Mehrzahl der Gaesdoncker Lehrer kann daher ein in hohem Maße reflektiertes und bewußtes Verhältnis zum Nationalsozialismus vorausgesetzt werden und damit die Voraussetzung für eine glaubwürdige antinationalsozialistische Einstellung.

Bedacht werden muß allerdings auch die Einstellung der Gaesdoncker Lehrer, zumindest ihrer Mehrzahl, zu den Bildungswerten. Die Bildung, die auf Gaesdonck zählte, war in erster Linie humanistische Bildung.[35] Dies setzte sowohl der Vermittlung von politischer Bildung als auch der außerschulischen Jugendarbeit überhaupt Grenzen. Was die letztere betraf, so

charakterisierte ein ehemaliger Gaesdoncker Lehrer, der die Gaesdonck 1933
als 25jähriger kennenlernte, die Einstellung seiner älteren Kollegen folgendermaßen: 'Man setzte sich in sein Zimmer, studierte Plato und las Cicero,
aber doch nicht so etwas.'[36] Auch der Wert einer direkten politischen Bildung wurde gering eingeschätzt gegenüber einer fundierten Ausbildung in den
alten Sprachen, durch deren Vermittlung antiken Bildungsgutes sich in der
Verbindung mit einer christlichen Grundhaltung schon das rechte Bewußtsein,
wie man vertraute, entwickeln werde, obwohl es auch hier Ausnahmen gab,
wie den Hebräischlehrer, der den größeren Teil seiner Hebräischstunden zu
politischer Diskussion verwandte.[37] Auch ist zu beachten, daß in diesem
Punkte - wie im übrigen auch - die Meinung der jüngeren Lehrer zum Teil
erheblich von der ihrer älteren Kollegen abwich.

(Befr. Ah, Ad', Am', An', Ao', Bb, Dg, Di, E1k, E1m,
Fa, Fi, Gh, Ho, Ic, Ie, Jb, Je, Jn; Dok. 3 - 6)

3.3. Die pädagogische Zielsetzung der Gaesdoncker Lehrerschaft und das Fehlen einer einheitlichen Konzeption

Das Idealbild des Menschen, das die Gaesdoncker Lehrer bei ihrer erzieherischen Tätigkeit anstrebten, war, und darin folgten sie den aus der Zeit
des Kaiserreiches übernommenen Gaesdoncker Traditionen, das Bild eines
in seinem ganzen Denken katholisch geprägten und zugleich humanistisch
gebildeten Menschen. Eine gezielte politische Erziehung, insbesondere die
Erreichung eines Demokratiebewußtseins, hatte in dieser pädagogischen Konzeption keinen hohen Stellenwert.[38]

War eine solche Erziehung den Verhältnissen des Kaiserreiches vielleicht
noch angemessen gewesen, so entsprach sie doch gewiß nicht mehr dem
demokratischen System der Weimarer Republik. Kaum mehr angängig war
aber eine solche völlige Aussparung der Politik angesichts des heraufziehenden und sich rasch konsolidierenden totalitären Staates der Nationalsozialisten. Diese allgemeine Problematik war jedoch kein spezifisch Gaesdoncker Problem, so daß sich am 5. 8. 1931 die Fuldaer Bischofskonferenz dazu äußerte: "Die Bekämpfung des Radikalismus und zwar ebensowohl des extremen Nationalismus wie auch des Sozialismus und Kommunismus soll ganz vom Standpunkt des Glaubens, nicht aber vom Gesichts-

punkte der Parteipolitik erfolgen."[39] Diese Worte stellten die Grundlage der Gaesdoncker Erziehung in den folgenden Jahren bis zur Schließung der Schule dar.

Bedeutete diese Entwicklung auch einen gewissen Fortschritt gegenüber dem völligen Sich-Verschließen gegen politische Probleme, so war doch die Grundlage für eine echte politische Erziehung damit kaum gegeben. Die Schaffung eines antinationalsozialistischen Bewußtseins war damit wieder auf die religiösen Grundlagen der gesamten Gaesdoncker Erziehung zurückverwiesen, angesichts des umfassenden weltanschaulichen Zugriffs der NS-Ideologie eine scheinbar schwache Grundlage, die jedoch durch die auch ansonsten stark kirchlich geprägte Gaesdoncker Umgebung erheblich verstärkt wurde.

Nichtsdestoweniger jedoch erkannten einige Lehrer die Notwendigkeit, die politische Erziehung auf breitere Grundlagen zu stellen, indem sie auch unabhängig vom Religiös-Moralischen politische Themen in ihren Unterricht miteinfließen ließen. Nicht zuletzt jedoch wohl an der Unsicherheit, was man den Schülern denn als positives Idealbild darstellen solle, scheiterte die Schaffung einer einheitlichen Gegenkonzeption für eine detaillierte politische Gegenerziehung.

Jeder Lehrer führte daher seinen Unterricht nach seinem eigenen Gutdünken, angesichts des Fehlens einer aufeinander abgestimmten Konzeption die einzige Möglichkeit, einen einigermaßen brauchbaren Gegenpol zur drohenden nationalsozialistischen Indoktrination zu schaffen. Das entstehende Spektrum reichte dabei so weit wie die verschiedenen politischen Richtungen der Lehrer, die ja auch eigentlich das Zustandekommen einer Gegenkonzeption verhindert hatten: Beginnend bei dem Geschichtslehrer, der sein vorgeschriebenes Pflichtpensum an nationalsozialistischer Geschichte noch mit einer gewissen inneren Begeisterung vorstellt [40], über den Lehrer, der im Unterricht zwar seine fehlende innere Anteilnahme bei nationalsozialistischem Pflichtstoff erkennen läßt, aus Vorsicht aber echte politische oder auch nur im weitesten Sinne anti-nationalsozialistische Erziehung nur im persönlichen Gespräch mit einzelnen oder einer kleinen Gruppe betreibt [41], bis hin zu dem Lehrer, der sich offen im Unterricht zu anti-nationalsozialistischen Äußerungen hinreißen läßt und durch Vorzeigen seiner Kriegsverletzungen vor der versammelten Klasse seine Meinung über den Krieg und den Wert von Orden und Ehrenzeichen deutlich äußert.[42]

Der eindeutige Schwerpunkt lag jedoch auf der mittleren Haltung, soweit die Lehrer überhaupt politisch interessiert waren. Im Internatsleben der Gaesdonck, das ohnehin schon einen engen Kontakt zwischen Lehrern und Schülern und damit eine Erziehung auch über den Unterricht hinaus förderte, gewannen so die Gespräche, die Lehrer und Schüler im kleinen Kreis außerhalb des Unterrichts miteinander führten, erhebliche Bedeutung. Dies lag auch ganz im Sinne der Schulleitung, die die Überlebensstrategie verfolgte, möglichst nirgendwo anzuecken, denn bei Äußerungen im Unterricht konnte sich der Lehrer seine Zuhörer nicht aussuchen und lief dadurch immer Gefahr, daß unbedachte Worte vielleicht an falsche Ohren gerieten.

3.4. Sozialstruktur und innere Einstellung der Gaesdoncker Schülerschaft

Mit großer Genauigkeit läßt sich die für einen Überblick über die Schülerschaft der Gaesdonck besonders interessante Sozialstruktur aus den Schülerlisten des Jahres 1937 gewinnen, die wahrscheinlich aus Anlaß der Verkürzung der höheren Schule auf 8 Jahre von der Gaesdonck beim Oberpräsidium eingereicht wurden.[43] Isoliert betrachtet ist der so gewonnene Überblick jedoch nur von begrenztem Wert, weshalb ich mich darum bemühte, vergleichbare Zahlen für die Staatliche Oberschule für Jungen (Hindenburg-Schule) Kleve zu erstellen.[44] Da die noch erhaltenen Schülerverzeichnisse dieser Schule jedoch infolge Kriegseinwirkung bereits mit dem Jahre 1921 (Einschulungsjahrgang) abbrechen, war eine direkte Gegenüberstellung nicht möglich. Um dennoch wenigstens in etwa vergleichbare Werte zu erhalten, ordnete ich die Einschulungsjahrgänge 1921 und 1912 gemäß dem umseitig angegebenen Schema und ermittelte die Vor- und Nachkriegswerte, um Verzerrungen infolge der Nachkriegsverhältnisse möglichst gering zu halten. Die für die Hindenburg-Oberschule angegebenen Werte (in Klammern) berücksichtigen also nicht die Verschiebungen infolge Inflation und Weltwirtschaftskrise und können daher nur als grobe Annäherung der Struktur der Schülerschaft im Jahre 1937 aufgefaßt werden. Die für die Gaesdonck angegebenen

Werte dagegen sind exakt und basieren auf einem vollständigen Querschnitt durch die Gaesdoncker Schülerschaft im Jahre 1937:

A) Akademiker	37	22,29 %	(17,67 %)
a) Freiberufler	22	13,25 %	(7,72 %)
b) Beamte	15	9,05 %	(9,96 %)
B) Handel / Industrie (mittelständisch)	41	24,70 %	(33,82 %)
C) Handwerk	13	7,83 %	(12,92 %)
D) Angestellte / Beamte (Nichtakademiker)	32	19,23 %	(29,91 %)
E) Landwirtschaft	28	16,87 %	(2,85 %)
F) Bürgermeister	4	2,41 %	(0,82 %)
G) Witwen / Vollwaisen	8	4,82 %	?
H) Sonstige			
a) Arbeiter	1	0,60 %	---
b) Gutsbesitzer	2	1,20 %	---

Diese Übersicht über die Sozialstruktur der Schule macht deutlich, daß die Gaesdonck keineswegs eine elitäre Anstalt war, die der Vorwurf hätte treffen können, sie fördere eine Sonderung der Schüler nach ihrem Besitzstand. Als tragende Schicht kommt eindeutig der Mittelstand zur Geltung.

Auffällig ist besonders der außerordentlich hohe Anteil von Schülern aus Bauernfamilien. Zu den bereits im Kapitel über die Bedeutung der Gaesdonck dargestellten entscheidenden Gründen für den Besuch eines Internates bei den Schülern, die dieser sozialen Schicht entstammten, kam als ausschlaggebendes Moment für die Wahl der Gaesdonck als höherer Schule gerade bei den Bauern des Niederrheins noch hinzu, daß sie oft wünschten, daß diejenigen ihrer Söhne, denen sie den Besuch der höheren Schule ermöglichten, im Anschluß an das Abitur Theologie studierten und Priester wurden; daher kam die Gaesdonck gerade den Bedürfnissen des niederrheinischen, katholischen Bauernstandes entgegen, wodurch sich unter Berücksichtigung der genannten sozialen Gründe der gegenüber der Klever Schule fast sechsfache Anteil von Bauernsöhnen an der Gaesdoncker Schülerschaft erklärt.

Auf den ersten Blick ebenfalls sehr hoch erscheinen die Differenzen im Bereich Handel und Industrie (Angestellte und mittlere Unternehmer und Kaufleute). Diese Differenzen lassen sich jedoch aus der besonderen Sozialstruktur der Stadt Kleve als Beschulungsbereich der Hindenburg-Oberschule gegenüber der Rheinprovinz als dem Einzugsgebiet der Gaesdonck erklären. Gerade Kleve war schon seit langer Zeit ein bevorzugter Standort mittlerer Industrien, außerdem hatte hier die große Firma van-den-Bergh (Margarineherstellung) ihren Sitz. Auch die Kreis- und Zollverwaltung, die in Kleve ihren Sitz hatten, zogen eine nicht unbeträchtliche Zahl von Beamten und Angestellten auf sich. Außerdem ist zu berücksichtigen, daß die Vergleichbarkeit der übrigen Anteilszahlen durch den hohen Anteil der Landwirtschaft bei den Gaesdoncker Schülerzahlen beeinträchtigt wird. Läßt man die Bauernsöhne außer Betracht, so gleichen sich die Zahlen erheblich aneinander an. Auch ist bei C und D zu berücksichtigen, daß hier bei den Werten für die Hindenburgschule erhebliche Differenzen zwischen 1912 und 1921 bestanden. Da sich die Werte in diesen Berufsgruppen in den neun Jahren in etwa verdoppelten, ist anzunehmen, daß infolge der wirtschaftlichen Krisen der Weimarer Republik dieser Anteil wieder zurückging, so daß die angegebenen Zahlen eher zu hoch gegriffen sein dürften.

Besonderer Erklärung jedoch bedarf der hohe Anteil der freiberuflich Tätigen unter den Eltern der Gaesdoncker Schüler. Die Erfordernisse eines freien Berufes, die die Zeit des Betreffenden häufig restlos ausfüllen, wiesen hier auf die Inspruchnahme eines Internates. Wenn man hier der Gaesdonck wiederum den Vorzug vor öffentlichen Schulen gab, so dürfte das neben den sicherlich entscheidenden weltanschaulichen Gründen auch den Grund gehabt haben, daß die Gaesdonck mit ihrem Beginn in Tertia in besonderem Maße dem Schulwesen des Niederrheins mit seinen zahlreichen kleinen Rektoratsschulen bis U III einschließlich angepaßt war.[45] Die Schüler aus den kleineren Städten kamen nicht völlig neu in einen bestehenden, festgefügten Klassenverband, sondern - wie für sie - war es für alle ein Neubeginn auf Gaesdonck. Erstaunlich hoch ist jedoch auch der Anteil der politischen Repräsentanten (Bürgermeister), die trotz gegenteiliger Erlasse ihre Söhne nicht auf öffentlichen Schulen unterrichten ließen, sondern sie der Gaesdonck anvertrauten.

Vergleichsweise hoch ist auch der Anteil der Halb- und Vollwaisen an der
Gaesdoncker Schülerschaft, worin deutlich die wichtige soziale Funktion der
Gaesdonck im Auffangen solcher sozialer Härtefälle zum Ausdruck kommt.
Zwar schien es mir nicht angezeigt, die Zahl der Halb- und Vollwaisen an
der Hindenburgschule in Kleve vom Jahr 1921, also drei Jahre nach Kriegsende auf das Jahr 1937 zu übertragen, doch ist festzuhalten, daß selbst in
den Jahren 1920/21 nur sechs Witwen als Erziehungsberechtigte in den dortigen Schülerverzeichnissen auftauchen, wobei die meisten noch dem gehobenen Mittelstand entstammen. Als Beispiele für die Fälle, in denen die
Gaesdonck dagegen Hilfe leistete, seien hier Dokument 118 und die Dokumente 115 - 18 angeführt.

Trotz dieser recht breiten Fächerung der sozialen Herkunft kam es deswegen in keiner Weise zu Schwierigkeiten auf der Gaesdonck, denn nicht
übersehen werden darf die hohe sozial-integrative Funktion der Gaesdonck
als Internat. Da der Internatsbetrieb, der ja von vornherein alle Schüler
gleichstellte, fast die gesamte Zeit der Schüler in Anspruch nahm, konnten soziale Unterschiede kaum zum Ausdruck kommen.[46]

Von ausschlaggebender Bedeutung für den inneren Zusammenhalt der
Schülerschaft war jedoch neben dem Kameradschaftsgeist, der sich durch
das ständige Beisammensein schon fast von selbst stärker als im Klassen-
verband einer Halbtagsschule ausbildete, die gemeinsame weltanschauliche
Grundlage im Denken aller Schüler, die viele der gerade zum Ende der
Weimarer Republik und zu Anfang des Dritten Reiches an öffentlichen Schulen häufig auftretenden erbitterten Streitigkeiten zwischen Schülern aus po-
litisch-ideologischen Gründen von vornherein ausschloß: Gerade unter den
Umständen des Dritten Reiches, unter denen der Besuch eines katholischen
Gymnasiums Schülern wie Eltern kaum Vorteile bringen konnte, bestand
weitestgehende Gewähr dafür, daß die Schüler, die auf der Gaesdonck angemeldet wurden, zum allergrößten Teil wirklich gläubig katholischen Elternhäusern entstammten. Auch die Schüler waren so mehr oder weniger stark
in den Grundkonsens der Gaesdonck mithineingenommen, was die Arbeit der
Gaesdonck überhaupt erst ermöglichte.

Mit dem Katholizismus als gemeinsamer Grundlage waren jedoch - oder
schienen zumindest - sehr verschiedenartige politische Richtungen verein-

bar. Die politische Spaltung der Lehrerschaft blieb nicht ohne Folgen auf die Schüler, die von diesen Lehrern ja erzieherisch geprägt wurden: Das Spektrum reichte von den überzeugten Pazifisten bis hin zu den mehr oder weniger gemäßigten Nationalsozialisten. Hierbei ist jedoch in Betracht zu ziehen, daß auch die Elternhäuser der Schüler, wenngleich alle katholisch, keineswegs eine einheitliche politische Haltung vertraten, wodurch schon eine erhebliche Vorprägung gegeben war.

Die politisch gespaltene Haltung der Schülerschaft zum Nationalsozialismus war daher auch das grundsätzliche Problem der Gaesdonck in ihren Versuchen einer antinationalsozialistischen Erziehung. Trotz der ständig fortschreitenden Polarisierung durchbrach jedoch auch die Einstellung der nationalsozialistisch gesonnenen Schüler zu keinem Zeitpunkt in einem solchen Maße den Grundkonsens der Gaesdonck, daß eine Gefahr von ihnen ausgegangen wäre. Obgleich die Schulleitung bei Neuaufnahmen stets zu verhindern suchte, daß fanatische Nationalsozialisten der Schule als Schüler anvertraut wurden, gelang es ihr nicht, das Eindringen eines in gewisser Weise gemäßigten Nationalsozialismus in der Schülerschaft gänzlich zu verhindern. Obwohl diese Schüler stets nur eine Minderheit darstellten, bedeutete ihr bloßes Dasein schon ein erhebliches Hindernis für die Erziehungsarbeit der Gaesdonck, wenn auch die Gefahr, die von solchen Schülern ausging, von den meisten Lehrern überschätzt wurde.

Deutlich wurde diese politische Spaltung der Schülerschaft auch in der verschiedenartigen Verbreitung der Jugendzeitschriften, die zusammen mit den Jugendorganisationen auf Gaesdonck 1933 zugelassen wurden. Reichweite und Grenzen werden hier am konkreten Beispiel deutlich, wenn man sieht, daß zwar einerseits die 'Junge Front' [47] (später 'Michael' und die 'Wacht') als Zeitschrift für die organisierte katholische Jugend wegen ihres hohen Niveaus und ihrer Nähe zum Geist der Gaesdonck weit über die Mitglieder des ND hinaus auch bei HJlern Verbreitung fand (Auch bei der Lehrerschaft, insbesondere bei den jüngeren Lehrern, fand diese Zeitschrift Beifall und ihre politischen und religiösen Leitartikel waren oft Gesprächsthemen in den Gesprächskreisen, die diese Lehrer um sich sammelten.), daß jedoch andererseits auch die Zeitschrift der HJ trotz (oder vielleicht als Ausbruch aus dem Internatsreglement gerade wegen) ihres reißerischen Inhaltes eine gewisse Anzahl von

Lesern auf sich ziehen konnte, was bedeutet, daß zumindest erhebliche Sympathien den dort geäußerten Gedanken entgegengebracht wurden seitens der Schüler, die diese Zeitschrift der 'Jungen Front' vorzogen.[48]

(Befr. At, Ay, Bb, Di, Dg, Fa, Fi, Gh, Ho)

4. Die zunehmende Polarisierung und ihre Auswirkungen im Schulalltag

Die politischen Einstellungen von Lehrerkollegium und Schülerschaft während des Dritten Reiches sind jedoch keineswegs statisch zu sehen, vielmehr mündete die offene Situation des Anfangs in den letzten Jahren in eine verstärkte Polarisierung der gegensätzlichen Anschauungen. Auf Seiten der Lehrerschaft gab es zu Beginn nur einen Lehrer oder vielleicht zwei, die dem Nationalsozialismus innere Sympathien entgegenbrachten.[57] Diese verkannten den wesensmäßigen Charakter des Systems jedoch völlig, wenn sie den neuen Führerstaat als goldenen Mittelweg zwischen der zu freien Republik und dem zu autoritären Kaiserreich ihren Schülern vor Augen führen wollten. Ihre Haltung zum Nationalsozialismus war - wie die der gefühlsmäßig gegen das neue System eingestellten Lehrer - unreflektiert. Wenn es äußerlich den Anschein hatte, sie seien für oder gegen den Nationalsozialismus eingestellt, so beruhte dies in der Regel nur auf ihrer besonderen Zu- oder Abneigung für bestimmte Züge der nationalsozialistischen Ideologie.

Zu echten weltanschaulichen Gegensätzen und Konflikten kam es in dieser Anfangsphase daher nicht. Auch für die Schüler konnten die Äußerungen besonders der pro-nationalsozialistisch sich gebärdenden Lehrer kaum überzeugend wirken, sofern sie nicht schon eine gewisse Anfälligkeit dafür von ihrer Erziehung im Elternhaus mitbrachten. In der Anfangsphase waren dies jedoch nur sehr wenige, ein Schüler, der 1933 sein Abitur machte, konnte sich in seiner Klasse nur an einen einzigen erinnern, der insgeheim Nationalsozialist gewesen sei, sowie einen weiteren Deutschnationalen.[58] Da auch die Lehrerschaft in den ersten Jahren keine Vorstöße in dieser Richtung ergriff und sie auf Grund ihrer eigenen anfangs unreflektierten Haltung kaum ergreifen konnte, blieb auch die Haltung der Schüler zum Nationalsozialismus recht indifferent. Auch hier gab es weltanschauliche Auseinandersetzungen so gut wie nicht.

Die fortschreitende Konsolidierung und die für den unkritischen Betrachter überwältigend wirkenden Erfolge der Nationalsozialisten ließen eine solche Haltung jedoch schon bald nicht mehr angängig erscheinen. Besonders die Auseinandersetzung mit dem 'Mythus des XX. Jahrhunderts' auf der Grundlage des im kirchlichen Amtsblatt erschienenen Anti-Mythos führender Theologen erbrachte auf Seiten der gefühlsmäßig gegen den Nationalsozialismus eingestellten Lehrer eine ideologische Reflexion und Untermauerung dieses Standpunktes.[59] Dies war für eine überzeugende Vertretung dieses Standpunktes unabdingbare Voraussetzung, denn auch der engagierte Pazifismus eines Laienlehrers, der auf viele Schüler prägend wirkte, traf letztlich nur einen Teilbereich der nationalsozialistischen Ideologie, den Militarismus. Wenn dieser Lehrer dennoch bei seinen flammenden Reden gegen die Nationalsozialisten überzeugend wirkte, so war dies in erster Linie darauf zurückzuführen, daß er als ehemaliger Frontsoldat schon eine erhebliche Ausstrahlung besaß, auf die andere Lehrer nicht zurückgreifen konnten.[60]

Auch auf der anderen Seite klärte sich der Standpunkt in den folgenden Jahren. Ausgangspunkt war hier ein weiteres Element des die Gaesdonck schon vor 1933 bestimmenden Geistes, der Nationalismus: Viele Gaesdoncker Lehrer, wenn auch bei weitem nicht alle, standen schon vor 1933 im Rahmen des Katholizismus ziemlich weit rechts. Dies machte sie, auch wenn sie zunächst keinerlei Sympathien für den Nationalsozialismus hegten, empfänglich für die großen nationalen Erfolge der Nationalsozialisten, die ihrem Nationalgefühl entsprachen, von der Wiedergewinnung der Wehrhoheit über die Remilitarisierung des Rheinlandes bis zum Anschluß Österreichs. Angesichts dieser Erfolgsbilanz waren schließlich mehrere dieser Lehrer für einen strikt antinationalsozialistischen Kurs nicht mehr zu gewinnen. Tendenzen in diese Richtung zeigen sich schon in den Lehrplänen des Jahres 1936/37 (vgl. Kapitel B II, 1.3), die große Wende scheinen jedoch die Ereignisse um den Anschluß Österreichs gegeben zu haben. Die Schüler der letzten Jahre wissen von einem besonders in diesem Sinne ausgeprägt auftretender Lehrer zu berichten, der von den untersten bis zur obersten Klasse alle Schüler besonders während des Krieges ständig mit den neuesten Siegesmeldungen versorgte und sich dabei in seinen nationalen Phraseologien erging.[61] Obwohl die anderen Lehrer zurückhaltender und damit besonders für die Schüler der unteren Klassen auch weniger auffällig waren, habe es doch außer diesem noch mehrere geistliche Lehrer gegeben, die ähnlich wie jener dachten. Diese waren jedoch keine Nationalsozialisten im eigentlichen Sinne, sondern ihre Haltung ergab sich aus ihrem Nationalgefühl und ihrem großdeutschen Denken.[62] Die Aussparung der Politik als Faktor des Zusammenhalts für das Kollegium war also auch durch die politische Spaltung der Lehrerschaft bedingt, die sich im Schulalltag allerdings in der Regel auf Grund des religiösen Grundkonsens überbrücken ließ. Es wird aber hierdurch verständlich, weshalb alle Bemühungen, die Lehrerschaft auf ein gemeinsames Gegenkonzept zu verpflichten, von vornherein zum Scheitern verurteilt gewesen wären.[63]

Auch auf Seiten der Schülerschaft vollzogen sich jedoch gravierende Änderungen. Sieben oder acht Jahre Drittes Reich waren auch an den Schülern nicht spurlos vorübergegangen, denn diejenigen Schüler, die in den letzten Jahren auf Gaesdonck aufgenommen wurden, hatten bewußt nur die Jahre nationalsozialistischer Herrschaft erlebt und waren davon, zumindest was die außerelterlichen Erziehungskräfte betrifft, geprägt worden. Zwar kann man davon ausgehen, daß unter den Elternhäusern der Schüler wohl kaum eines war, das man als wirklich nationalsozialistisch durchdrungen bezeichnen könnte - der Besuch eines kirchlichen Gymnasiums konnte den Schülern nur nachteilig sein und bot auch keine Gewähr für eine zuverlässige Vermittlung nationalsozialistischer Werte[64] -, doch gab es auch in der Schülerschaft einen im Laufe der Jahre ständig zunehmenden Anteil nationalsozialistischer Schüler, keine Fanatiker, aber doch Befürworter, die die NSDAP auf Grund ihrer Erfolge insgesamt für eine gute Partei hielten.

Dies verhinderte zusammen mit der Spaltung der Lehrerschaft in dieser Frage eine groß angelegte anti-nationalsozialistische Erziehung. Das Gaesdoncker Konzept unterband zwar soweit wie möglich Versuche massiver

Indoktrination und gab auch Schülern, die ohnehin bereits eine anti-nationalsozialistische Haltung mitbrachten, die Möglichkeit, diese Haltung zu festigen,[65] doch konnte es die nationalsozialistischen Schüler kaum umstimmen und hätte bei einem weiteren Fortdauern des Dritten Reiches die indifferenten Schüler wohl kaum hinreichend auf das Leben in einem so stark auf Propaganda aufgebauten totalitären Staat, wie das Dritte Reich es war, vorbereitet.

Auch auf Seiten der Schülerschaft vollzog sich jedoch eine Polarisierung: Hatte sich in den Jahren bis 1935/36 eine scharfe ideologische Abgrenzung zwischen Gaesdoncker HJ und Gaesdoncker ND nicht vollzogen, zumindest nicht in einer Form, die den Schülern wirklich bewußt geworden wäre, und beschränkte sie sich zunächst auf Kategorien wie 'modern' und 'altmodisch' sowie ähnliche Abgrenzungskriterien, so trat eine Verschärfung der Lage dann in den letzten beiden Jahren der ND-Arbeit auf Gaesdonck ein, da mit den zunehmenden Verboten für den ND bei den Neudeutschen auch der Haß auf die Nationalsozialisten geschürt wurde.[66] Auch dies blieb jedoch noch recht unreflektiert und unpolitisch, wenn auch der Gefolgschaftsführer der HJ von 1936 den Eindruck hatte, die HJ-Führer seien von den Neudeutschen als Verräter an der Sache des Katholizismus betrachtet worden.[67]

Eine ideologische Klärung dieser unreflektierten Haltung erfolgte auf Seiten der anti-nationalsozialistisch eingestellten Schüler erst in den letzten Jahren des Bestehens der Gaesdonck. Da die Lehrer vorsichtig sein mußten, konnte dieser Prozeß, der über den der Verankerung in einer christlichen Grundhaltung hinausging, jedoch nur recht wenige Schüler erfassen, die von vornherein schon wirklich vertrauenswürdig waren. Dies äußerte sich besonders in den letzten beiden Jahren (1941/42), als sich einige Primaner heimlich zusammentaten und die Euthanasiepredigten Bischofs von Galen vervielfältigten und anonym an politische Instanzen verschickten.[68] Diese wie andere Aktionen gründeten sich wohl auch auf die Sinneswandlung im gesamten deutschen Katholizismus in den Jahren 1940/41, als wenigstens einige Bischöfe ihre zuvor noch geübte Zurückhaltung aufgaben und die Nationalsozialisten öffentlich angriffen. Dies erleichterte es natürlich auch den Gaesdoncker Schülern, zu einem klaren Verhältnis

Gaesdoncker Lehrer (der Direktor ist mit einem Kreuz bezeichnet) mit dem Schulträger der Anstalt Clemens August Graf von Galen Bischof von Münster bei seinem ersten Besuch auf Gaesdonck (10. bis 12. September 1934)

zum Nationalsozialismus zu kommen. Eine wirklich anti-nationalsozialistische Erziehung, die über das rein defensive und auf Dauer keineswegs ausreichende Konzept der bloßen Konservierung des überkommenen katholischen Gaesdoncker Geistes hinausging - ein Konzept, das zudem noch nur unvollkommen verwirklicht werden konnte - eine solche aktive Immunisierung gegen den Zeitgeist hat es auf Gaesdonck nur in den letzten Jahren und nur in sehr bescheidenem Umfang gegeben. *14.10.88 27.7.90*
15.3.91

warum das?

(Befr. At, Ab', Ad', Bb, Cd, Ch, E1c, E1h, Fa, Gd, Ge, Hn, Id, Ie, Ja, Je, Jk)

B

Hauptteil

II

Das Collegium Augustinianum Gaesdonck in der Anfangsphase des Dritten Reiches

Ideologische Konzessionen an den NS - Staat als Elemente
einer taktischen Präventivstrategie

Vorbemerkung: Die Überlebensstrategie der Schulleitung " *darin das Übel* "

Mit der Machtergreifung der Nationalsozialisten stellte sich für die Schulleitung des Collegium Augustinianum Gaesdonck die dringende Frage, wie unter den neuen Machtverhältnissen der Bestand der Schule zu sichern sei. Zwar sicherte das Reichskonkordat vom 20. 7. 1933 rechtlich den Bestand der katholischen Privatschulen,[69] doch war abzusehen, daß man auf längere Sicht auch auf anderen Wegen zu einem guten Verhältnis zu den nationalsozialistischen Behörden gelangen mußte, sollte die Erziehungsarbeit der Anstalt nicht unnötig erschwert oder gar unmöglich gemacht werden.

Den Unrechtscharakter des Systems verkennend, hielt die Schulleitung ein hohes Leistungsniveau und die Erfüllung aller Anforderungen, die der Staat an die Privatschulen stellte, für die sicherste Gewähr für ein Weiterbestehen der Schule, wie es für jeden rechtlich denkenden Menschen auch augenfällig erscheinen mußte.

Der Nachweis eines hohen Bildungs- und Leistungsniveaus war für die Gaesdonck unschwer zu erbringen. Schon in der Weimarer Zeit hatte die Schule einen hervorragenden Ruf unter den humanistischen Gymnasien des Niederrheins gehabt, und auch die nationalsozialistischen Oberschulräte, die die Abiturprüfungen auf Gaesdonck durchführten, konnten der Gaesdonck ihre Anerkennung nicht versagen.[70]

Schwerer fiel da schon die Erfüllung aller Anforderungen, die der nationalsozialistische Staat an die Privatschulen stellte. Unter Hintansetzung der herkömmlichen Internatsordnung und mit einem sehr weitgehenden Anpassungswillen bemühte man sich dennoch, jeder der neu herauskommenden Einzelbestimmungen gerecht zu werden. Da der eigentliche Charakter der Anstalt jedoch nicht gefährdet werden durfte, konnte es dabei nicht um eine Übernahme der Ideologie gehen, sondern im wesentlichen nur um eine äußerliche Anpassung. Weil man aber die Erlasse für formale Vorschriften hielt, wie Erlasse der Schulverwaltung es in der Regel auch sind, glaubte man, die nationalsozialistischen Behörden auch mit einer formalen Erfüllung zufriedenzustellen.

Insgesamt konnte diese Strategie auch aus der Sicht der Schulleitung nur dann Erfolg haben, wenn alle Schwierigkeiten und Streitigkeiten mit

× *Man darf nicht unter allen Umständen "überleben" wollen.* 18.1.89
Leicht gesagt – 15.3.91   27.7.90

den Schulbehörden unterblieben. Lehrer und Schüler wurden daher angewiesen, sich in allem, was den Nationalsozialisten mißfallen könnte, zurückzuhalten und sich auch im übrigen möglichst um Unauffälligkeit zu bemühen. Nur die Arbeit der NS-Gliederungen auf Gaesdonck wurde nach Kräften gefördert und auch nach außen hin zur Schau gestellt, um so das Ansehen der Gaesdonck als einer auch nationalsozialistisch zuverlässigen Schule weiter zu unterstützen.

Da der totalitäre Staat der Nationalsozialisten jedoch kein formales Recht, wie die Gaesdoncker Schulleitung es voraussetzte, respektierte, sondern nur die tatsächliche politische Zuverlässigkeit und das Recht der Macht, mußte dieser Strategie letztlich der Erfolg versagt bleiben: Weihnachten 1941 mußte die Gaesdonck ihre Schüler entlassen. Wenn sie es aber dennoch erreichen konnte, ihr Bestehen solange zu sichern, so spielten im wesentlichen drei Faktoren eine Rolle:

a) Zum einen trug wohl die Strategie der Gaesdonck selbst dazu bei, die prinzipielle Frage um Sein oder Nichtsein der Gaesdonck so lange hinauszuzögern. Auch das Verhalten der Gaesdonck war ja davon gekennzeichnet, jeder prinzipiellen Auseinandersetzung mit den nationalsozialistischen Schulbehörden auszuweichen.

b) Zum zweiten bildete die katholische Umgebung des Niederrheins einen gewissen Schutz für die Gaesdonck. Eine frühzeitige Schließung der Anstalt, wie sie bereits 1936 für die katholischen Schulen Berlins angeordnet wurde,[71] hätte das Dritte Reich in seiner Konsoldierungsphase bei der Bevölkerung des Niederrheins und insbesondere der näheren Umgebung zutiefst diskreditiert.

c) Einen gewissen Schutz fand die Gaesdonck zudem noch in der Polykratie der nationalsozialistischen Verwaltung. Diese hatte sich keineswegs zu einer festen Front gegen die Gaesdonck zusammengeschlossen, sondern es gab mehrere Beamte in der höheren Schulverwaltung, die der Gaesdonck offensichtlich recht gewogen waren. Besonders ist hier zu

Jährlich einmal führte eine Klasse der Gaesdonck ein Theaterstück auf: 8. 12. 1935
U I ‚Die endlose Straße' (Frontstück)

nennen der zuständige Oberschulrat, der eine hohe Meinung von den Leistungen der Gaesdonck hatte und auch bei vorkommenden Streitigkeiten und anderen unangenehmen Vorfällen sich bemühte, diese im Sinne der Gaesdonck unauffällig zu bereinigen.⁷²   18. 7. 89

(Befr. Aa, Ar, Ca, Cf, Da, Db, Ha; Dok. 12 - 14)

1. Einführung NS-orientierter Lernziele und Unterrichtsinhalte

1.1. Die Übernahme nationalsozialistischer Feiern

Besonderen Wert legten die Nationalsozialisten von Anfang an auf die Durchführung nationalsozialistischer Feiern, die von ihnen auf Grund ihrer stärker gefühlsbetont-irrationalen Prägung für besonders geeignet zur Prägung des nationalsozialistischen Menschen erachtet wurden.[73] Die Anpassungsstrategie der Schulleitung mußte hier ihr neben der lehrplanmäßigen Umgestaltung des Unterrichts wichtigstes Betätigungsfeld finden.

Wie der Jahresbericht über das Schuljahr 1936/37 ausweist, wurde in keiner Weise der Versuch unternommen, die Durchführung der vorgeschriebenen Feiern zu unterlaufen. Auch der Rahmen der Feiern erfüllte in jeder Beziehung die Vorschriften, sogar den propagandistischen Manipulationen des Staates wurde durch die Einbeziehung von Radioübertragungen, die sich mit einem Hinweis auf technische Defekte u. U. ohne weiteres hätten vermeiden lassen, Eingang in diese Feiern verschafft. *vielleicht wenige Male*

(Befr. Az, Bl, Hk; Dok. 9 (Abs. 6), 10 Abs. 9), 11 (Abs. 9))

1.2. Die Einführung der 'freien Arbeitsgemeinschaften'

Da der Unterricht auch im nationalsozialistischen Staat sein Hauptgewicht auf die wissenschaftlichen Qualifikationen legen mußte,[74] wurde durch die Schulbehörden die verstärkte Einführung 'freier Arbeitsgemeinschaften' angeregt, die der verstärkten weltanschaulichen Schulung dienen sollten. In diesem Sinne folgte die Schulleitung schon 1934 dem entsprechenden Erlaß durch die Einrichtung einer deutschkundlichen und einer biologischen Arbeitsgemeinschaft, später trat eine flugwissenschaftliche hinzu. Besonders die Themen der deutschkundlichen Arbeitsgemeinschaft waren durchweg voll und ganz nationalsozialistisch durchdrungen, während die biologische AG auf recht wissenschaftlicher Grundlage blieb, wahrscheinlich da der Gaesdoncker

Naturwissenschaftler zu den schärfsten Antinationalsozialisten im Kollegium gehörte. Gerade bei der Einführung der deutschkundlichen Arbeitsgemeinschaft und in ihrer themenmäßigen Durchführung zeigt sich jedoch der weitestgehende Anpassungswille der Schulleitung infolge ihrer Überlebensstrategie.[75]

(Dok. 9 (Abs. 5), 10 (Abs. 6), 11 (Abs. 7))

1.3. Die Einführung nationalsozialistisch geprägter Lehr- und Lektürepläne

Die Bemühungen der Schulleitung, nach außen hin auch den nationalsozialistischen Schulbehörden als eine zuverlässige Anstalt zu erscheinen, äußerte sich naturgemäß in besonderem Maße auch auf dem Gebiet der Lehrpläne. Erhalten sind hiervon noch drei Jahresberichte (1934/35, 1935/36 und 1936/37), die jeweils am Schuljahresende abgefaßt wurden und daher das tatsächlich Durchgenommene wiedergeben, sowie ein Lektüreplan für das Schuljahr 1936/37, der die für dieses Schuljahr projektierten Unterrichtsinhalte darstellt.

Werke wie 'Volk ohne Raum' und Aufsatzthemen wie 'Eigenes Brot auf deutscher Scholle' oder 'Hagens Mannentreue - Worin kann Hagen uns Vorbild sein?' finden sich schon im Lehrplan des Schuljahres 1934/35, doch wirken sie irgendwie eingestreut in den noch überwiegend von traditionellen Lehrinhalten bestimmten Gesamtplan. Völlig nationalsozialistisch durchformt erscheint dagegen der Jahresbericht über das Schuljahr 1936/37: Eindeutig nationalsozialistisch-tendenziös gefärbte Literatur wie Beumelburg 'Mit 17 Jahren vor Verdun' hält dem traditionellen Lehrstoff fast die Waage - besonders auffällig ist hier die starke Betonung der 'germanischen Dichtung' -, und was die Aufgabenstellung für die Klassenaufsätze betrifft, so kann man nur erschreckt ihre Diskrepanz zum Geist eines katholischen Internats feststellen: In den Aufgabenstellungen für die Prima gibt es kaum eine einzige, die sich nicht eindringlich um Lenkung im nationalsozialistischen Sinne bemüht.

Trotz dieser durchgängig starken nationalsozialistischen Durchdringung der Lehrinhalte aller Klassen ist ein Vergleich des tatsächlich Durchgeführten mit dem Anspruch des zu Beginn des Schuljahres vorgelegten Lektüreplans

interessant. Noch viel stärker nämlich als der Jahresbericht wirft dieser
Lektüreplan alle Schriften des tradierten Schulkanons über Bord, ja er scheint
geradezu bemüht, diese Namen nicht mehr erscheinen zu lassen: Goethe
erscheint überhaupt nicht mehr, Schiller nur an untergeordneter Stelle.

Vergleicht man diesen Plan mit dem Ergebnisbericht, so wird deutlich,
auf welche Schwierigkeiten die Schulleitung stieß in ihrem Bemühen, den
offiziellen Teil des Schullebens, der zur Kenntnis der Schulverwaltung gelangte, möglichst weitgehend nationalsozialistischer Ideologie zu unterwer-
fen. Neben der großen Mehrheit, die sich nach außen hin bemühte, als zuverlässig nationalsozialistisch zu erscheinen, gab es, das wird hier ganz
offensichtlich, auch eine nicht unbedeutende Minderheit von Lehrern, die
sich nicht gewillt zeigte, sich dieser Strategie der Schulleitung auch nur
nach außen hin unterzuordnen.

Besonders deutlich werden diese Differenzen bei einem Vergleich des
Lehrstoffes für OI und UI in Lehrplan und Jahresbericht:

Während in UI der nationalsozialistisch ausgerichtete Lektüreplan weitestgehend verwirklicht wurde und sich dasselbe Bemühen auch durchgängig in den Aufgabenstellungen zum deutschen Aufsatz zeigt, gipfelnd in
einer Themenstellung wie 'Die Einigung Deutschlands, ein Werk des Nationalsozialismus', ergibt sich für die OI ein von diesem ziemlich verschie-
denes Bild:

Zum 1. 10. 1936 war hier der Unterricht von einem neuen Deutschlehrer
übernommen worden, der offensichtlich nur sehr wenig gewillt war, auf die
Nationalsozialisten Rücksicht zu nehmen. (Dieses Bild bestätigt sich in
seinem Verhalten während des Krieges, als er an einer öffentlichen Schule
tätig war und auch dort mit seiner Meinung nicht zurückhielt, auch wenn
der Sohn eines hohen Parteifunktionärs vor ihm saß.) Zwar kam auch er
nicht umhin, einen größeren Teil der im Lektüreplan vorgesehenen Werke als
Lehrstoff zu übernehmen, doch sind seine Abweichungen erheblich, da er
die Tendenzliteratur auf einen Bruchteil des vorgesehenen Umfangs beschränkt und stattdessen wieder die Klassiker Goethe und Schiller an die
Spitze seines Stoffes stellt.

Auch in der Aufgabenstellung zum deutschen Aufsatz zeigt er sich im
Vergleich zu anderen Lehrern als recht zurückhaltend, wenn auch ideolo-

gisch gefärbte Themen wie 'Warum ist Deutschland gezwungen, seine Wehrkraft besonders auszubilden?' um Unverfänglichkeit bemühte wie 'Der Tod in der Kunst' trotz allem überwiegen. Als verunglückt muß dagegen der Versuch bezeichnet werden, eine religiös fundierte Aufgabenstellung nationalsozialistisch zu verbrämen: 'Welche Anregung gibt uns die Liebestat des hl. Martin für den Kampf gegen die Not in unserem Volke?'

Auch katholische Autoren wie A. v. Droste-Hülshoff sind in den Aufgabenstellungen nicht sicher vor Umdeutungen im nationalsozialistischen Sinne. Ein Beispiel hierfür ist die Abituraufgabe für das Fach Deutsch 1936 'Wie beeinflussen Vererbung und Umgebung Friedrich Mergels Entwicklung zum Verbrecher?', wo mit der Vererbung ein dem Werk eigentlich fremdes Erklärungsmoment in die Aufgabenstellung miteinbezogen wird.

Zwar reichten die Motive der einzelnen Lehrer für ihr Handeln - hier exemplarisch aufgezeigt am Beispiel des Deutschunterrichts - von inneren Sympathien für die nationalsozialistische Ideologie, über innerlich widerstrebende Anpassung bis zu offenen Modifikationen des Lehrplanes aus Überzeugung, doch können all diese Verhaltensweisen, wenn auch die erstere zumindest bis 1938 die Ausnahme blieb, nicht als Widerstand bezeichnet werden: Je nach innerer Einstellung und Einschätzung der Lage, wie weit man gehen konnte, ohne den Bestand der Gaesdonck zu gefährden, läßt sich auf dem Gebiet der Lehrpläne und Unterrichtsinhalte z. B. im Fach Deutsch nur differenzieren zwischen einem mehr oder weniger großen Grad an Eilfertigkeit bei der Unterwerfung unter die Ideologie der neuen Machthaber.

Insgesamt hatte die Schulleitung auf dem Gebiet der Lehrpläne auch Erfolg mit ihrer Strategie, nach außen hin den Eindruck nationalsozialistischer Zuverlässigkeit zu erwecken: Obwohl nicht einmal alle Lehrer sich voll dieser Strategie unterordneten, ist die Schule nicht ein einziges Mal wegen ihrer Lehrplangestaltung von der vorgesetzten Schulbehörde gerügt worden.

(Befr. Fi; Dok. 9 (Abs. 2, 3), Dok. 10 (Abs. 4, 5), Dok. 11 (Abs. 5, 6), 17 - 22)

1.4. Möglichkeiten und Grenzen einer Gegensteuerung trotz offizieller Anpassung

Der Anpassungswille der Schulleitung mußte dort seine Grenzen finden, wo er den Charakter der Anstalt als katholisches Internat zerstört hätte. Das Dilemma, in dem sich die Schulleitung infolge der von ihr gewählten Überlebensstrategie befand, war das Problem, daß sie einerseits, um den Bestand der Schule zu sichern, sich weitestgehend anpassen mußte, andererseits aber die Umformung der Gaesdonck zu einem Instrument nationalsozialistischer Ideologievermittlung den weiteren Bestand der Schule sinnlos gemacht hätte, da sie sich dann ja in nichts mehr von einer öffentlichen Anstalt unterschieden hätte.

Besonders tiefgreifend und auch schwerwiegend, da den größten Teil der Schulzeit betreffend, war die Anpassung der Lehrpläne an die Ideologie der neuen Machthaber, wie sie im letzten Kapitel beschrieben wurde. Ein Lehrplan legte zwar die großen Linien des Unterrichts fest, doch ist die Wirksamkeit, die er auf die Schüler letztlich ausüben kann, entscheidend bestimmt durch seine Ausführung durch den unterrichtenden Lehrer.[76] Damit sind zugleich sowohl die Möglichkeiten als auch die Grenzen einer Unterlaufung der nach außen hin angepaßten Lehrpläne durch eine der Tendenz dieser Lehrpläne zuwiderlaufende Unterrichtsgestaltung angedeutet: Völlig unbeeinflußt durch die Auswahl der Lektüre konnte der Unterricht nicht bleiben. Auch konnte der Lehrer im Unterricht keine allzu scharfe Gegensteuerung gegen den Inhalt der gelesenen Bücher betreiben, da die Schüler ja nicht ohne Ausnahme so sehr gegen den Nationalsozialismus eingestellt waren, daß man vor einer Anzeige hätte vollkommen sicher sein können.[77] (Wenn es dennoch nicht ein einziges Mal zu einer Anzeige eines Lehrers durch einen Schüler gekommen ist, so spricht dies zwar einerseits für die relativ geringe nationalsozialistische Beeinflussung der Schüler, andererseits aber auch für den Erfolg der in der Regel von den Lehrern geübten Vorsicht im Unterricht.) Innerhalb der Grenzen war es dem persönlichen Mut und natürlich auch der Einstellung eines jeden Lehrers überlassen, wie weit er bei seinen Versuchen ging, nationalsozialistischer Indoktrination entgegenzutreten.

Das Bild war also wiederum kein einheitliches, sondern ist je nach Lehrerpersönlichkeit zu differenzieren. Das Spektrum der verschiedenen Verhaltensweisen im Unterricht reichte von dem Geschichtslehrer, der sein Pflichtpensum mit einem gewissen Eifer betrieb, weil er der nationalsozialistischen Ideologie innerlich nahestand, über die große Mehrheit der Lehrer, die zwar keinen Hehl daraus machten, daß sie der Stoff kaum interessierte und die Wirksamkeit seiner Durchnahme dadurch zu zerstören versuchten, daß sie die entsprechenden Kapitel des Lehrbuches einfach vorlasen, ohne weiter auf sie einzugehen, bis hin zu dem Lehrer, der auch offen versuchte, nationalsozialistische Thesen im Unterricht zu widerlegen. Weder die erste noch die letzte Vorgehensweise entsprach der Strategie der Gaesdonck: sie seien hier nur als Ausnahmen erwähnt.

Die Regel war die gemäßigte Haltung, den im Lehrplan auftauchenden Stoff zwar durchzunehmen, im Unterricht aber keine Stellung dazu zu beziehen und so eine gedankliche Auseinandersetzung von vornherein zu umgehen. Mit in die Betrachtung einzubeziehen ist hier jedoch die umfangreiche Privatlektüre der Schüler, die ebenfalls häufig eine nationalsozialistische Färbung aufwies, deren geistige Verarbeitung durch den Schüler bei einer Beschränkung auf die Nicht-Stellungnahme der Kontrolle des Lehrers völlig entzogen gewesen wäre. Hier nun setzte der Einfluß der Lehrer auf die Schüler über den inoffiziellen Teil des Internatslebens ein, der ja der Kontrolle durch die Schulverwaltung entzogen war und die Schüler individueller ergreifen konnte, ohne ständig Rücksicht auf die Gesamtheit der Klasse und die darin vielleicht sitzenden nationalsozialistisch gefärbten Schüler nehmen zu müssen.

Im Unterricht wurde so ausführlich wie möglich der traditionelle Lehrstoff behandelt, so ausführlich wie nötig auch der nationalsozialistische, denn ganz entziehen konnte man sich der entsprechenden Besprechung ja nicht: Sie mußte mindestens soweit gehen, daß die entsprechenden Klassenaufsätze genügend vorbereitet waren und auch bei der abschließenden Reifeprüfung, die ja unter Aufsicht eines staatlichen Kommissars durchgeführt werden mußte, die Schüler bei eventuellen Fragen nicht durch Unwissenheit auffielen, was dann ja wieder auf die Gaesdonck hätte zurückschlagen können. Das Bestreben der Lehrer außerhalb des Unterrichts mußte es nun sein, daß die Schüler die ihnen so vermittelte Ideologie geistig so verarbeiteten, daß sie trotz allem keine Nationalsozialisten wurden. Diese Unterlaufung der nationalsozialistischen Lernziele in Hinsicht auf die politische Bildung im weitesten Sinne geschah in erster Linie im persönlichen Gespräch.[78] Daß die Schüler ihre Lehrer so kennenlernten, hatte über den Beitrag des einzelnen Gespräches zur Bewußtseinsbildung hinaus auch die Bedeutung, daß der Schüler wußte, wie seine Lehrer wirklich dachten, so daß ihn das Auftauchen nationalsozialistischer Lehrstoffe im Unterricht eines Lehrers, den er bisher für einen Anti-Nationalsozialisten gehalten hatte, nicht mehr zu beirren brauchte und auch versteckte Bemerkungen ihm verständlich wurden. Auf dieser Tatsache beruhte auch die gesamte Gestaltung der nationalsozialistischen Feiern auf Gaesdonck: Ließ sich kein unverfängliches Thema finden, so bemühte sich der Lehrer doch, in keiner Weise engagiert zu wirken, ohne daß man ihm durch seine Worte die Unterlaufung der Feier nachweisen konnte. Sollte der einzelne Schüler solche Reden nicht falsch verstehen, so mußte er die wirkliche Überzeugung des sprechenden Lehrers kennen, damit er nicht die persönliche Autorität des Sprechers auf das von ihm eigentlich widerstrebend Gesagte übertrug.

Die Wirksamkeit dieser Strategie war bei den einzelnen Schülern selbst so disparat wie die Strategie selbst, die ja auf nationalsozialistischer Ideologievermittlung bei gleichzeitiger Immunisierung gegen nationalsozialistisches Gedankengut beruhte. Die Notwendigkeit einer selektiven Aufnahme, die sich daraus für den Schüler ergab, ließ die jeweilige persönliche Disposition des einzelnen Schülers an Bedeutung gewinnen. Die überwiegende Mehrzahl der Schüler war schon auf Grund ihrer Erziehung im Elternhaus mit einer spezifisch antinationalsozialistischen Einstellung auf die Gaesdonck gekommen. Auf diese Schüler bezogen war die Strategie recht erfolgversprechend, da sie ja schon von sich aus nationalsozialistische Ideologie nur widerstrebend aufnahmen.

Anders war dies bei den Schülern, die schon von vornherein eine gewisse Anfälligkeit für NS-Gedankengut mitbrachten. Hier mußte das Gaesdoncker Konzept seine Wirkung verfehlen, denn seine Vorgehensweise war zu wenig massiv, als daß sie solche Schüler, die ja zudem noch den Staat auf ihrer Seite hatten, hätte wirklich in ihrem Geiste erziehen können.

Das Erziehungskonzept der Gaesdonck während des Dritten Reiches war also ein primär defensives, darauf angelegt, ohnehin schon katholisch geprägte Schüler in ihrer kritischen Haltung gegenüber dem Nationalsozialismus zu festigen und zu erhalten. Dieses defensive Grundkonzept zeitigte allerdings auch einige offensive Spitzen, die, obwohl sie letztlich den Erfolg des Konzeptes verstärkten, als Ausbruch aus diesem gewertet werden müssen. Getragen wurden sie in der Regel von Lehrern, die am Ersten Weltkrieg teilgenommen und auch Kriegsverletzungen davongetragen hatten. Gerade diese, und ihr Anteil an der Gaesdoncker Lehrerschaft war überdurchschnittlich hoch, waren die schärfsten und zugleich auch glaubwürdigsten Gegner des Nationalsozialismus. Zugleich sicherte ihnen ihre Kriegsverletzung eine gewisse Unangreifbarkeit auch nationalsozialistisch gesonnenen Schülern gegenüber, wie auch von Seiten des Staates.[79] Diese Lehrer waren es auch, die die Schüler zu Theateraufführungen der Antikriegsstücke wie 'Die andere Seite' von Sherriff und 'Die endlose Straße' von Graff und Hintze anregten ('Die andere Seite' wurde am 8. 12. 1935 von der UI (vgl. Klassenlehrer der OI 1936/37 im vorhergehenden Kapitel) aufgeführt). Gelegentlich ließen sich jedoch auch andere Lehrer zu unbedachten Äußerungen hinreißen, wenn die Versuche nationalsozialistischer Indoktrination zu scharfe Formen annahmen, so zum Beispiel auch einmal bei einer Feier, die sich mit dem Wert der Jugend beschäftigte. Als Propagandaminister Goebbels im Zuge seiner im Radio übertragenen Rede ausrief: 'Und die Jugend hat immer recht!', erhob sich der kommissarische Leiter der Schule, der für alle, Lehrer wie Schüler, höchste Autorität verkörperte, von seinem Platz und sagte in die Stille hinein: 'Und das stimmt nicht!'.[80] Solche Ereignisse jedoch waren keineswegs typisch für den Gaesdoncker Schulalltag im Dritten Reich, wenn sie auch geeignet waren, die gefährlichsten Spitzen der NS-Propaganda zu entschärfen. Schon um des Bestandes der Schule willen mußten sie aber zu den ganz seltenen Einzelfällen gehören, die den Gaesdonckern jener Jahre zwar besonders im Gedächtnis haften geblieben sind, den Alltag der Schule jedoch nur bei den oben genannten ganz bestimmten Lehrern prägten.

(Befr. As, Bb. Bl, Di, Dn. E1k, Ic)

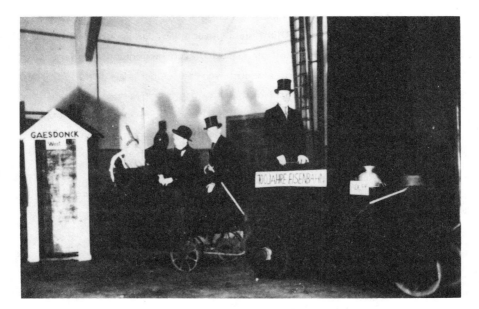

Die große Politik wird auf Gaesdonck bewußt verfolgt: Beim Abessinienkrieg 1935 kommt der Nikolaus bei der Schulfeier im Panzer, beim hundertjährigen Jubiläum der deutschen Eisenbahn 1936 dagegen völlig unpolitisch mit der ‚Adler'

2. Teilnahme der Oberstufe an den "Nationalpolitischen Lehrgängen"

2.1. Die Durchführung der Nationalpolitischen Lehrgänge für die Gaesdoncker Schüler

Die vom Oberpräsidenten für die Rheinprovinz im Jahre 1933 angeordneten 'Nationalpolitischen Lehrgänge für Schüler', deren Durchführung in der vom Oberpräsidium herausgegebenen gleichnamigen Denkschrift (Frankfurt 1935) ausführlich beschrieben ist, erfaßten in den Jahren 1934, 1935 und 1936 auch die Gaesdoncker Oberstufenschüler. Auch hier bemühte man sich, in keiner Weise Grund zur Beanstandung zu geben, indem sie auf keinerlei Art versuchte, die Teilnahme der Gaesdoncker Schüler zu umgehen.

Partnerschule für die Gaesdonck in der Durchführung dieser Lehrgänge war ein Kölner Gymnasium, das - genauso wie die Gaesdonck - eher katholisch als nationalsozialistisch geprägt war.[81]

Großer Erfolg war den nationalpolitischen Lehrgängen in Hinsicht auf die Gaesdoncker Schüler offensichtlich nicht beschieden. Diese Ansicht wurde übereinstimmend von allen Beteiligten, sowohl von denjenigen Schülern, die der Gaesdoncker HJ angehörten, als auch von denjenigen, die Mitglied des Bundes Neudeutschland waren und auch durch den damaligen geistlichen Beirat der ND-Gruppe auf Gaesdonck bestätigt. Insbesondere die beiden letztgenannten können hier als unverdächtige Zeugen herangezogen werden, da sie kein Interesse daran haben könnten, massive nationalsozialistische Indoktrination zu verschweigen.

Aufgehoben wurde ein möglicher Erfolg der Lehrgänge schon durch die die Gaesdoncker Schüler begleitenden Lehrer.[82] Der Erlaß vom 5. 1. 1934 legte fest, daß 'nur solche Lehrer als Führer mitgegeben werden dürften, deren Einstellung und Eignung eine erfolgreiche Durchführung der Aufgabe gewährleisten'. Geistliche kamen damit für die Begleitung der Gaesdoncker Schüler kaum in Frage, zumal sie sich zum größten Teil bereits in vorgerücktem Alter befanden. Gerade die Studienassessoren aber, die als Laienlehrer auf Gaesdonck tätig waren, gehörten häufig zu den schärfsten Anti-Nationalsozialisten im Lehrerkollegium. Besonders ein Lehrer, äußerlich als Laie mit den

Nationalpolitischer Lehrgang in Heppingen an der Ahr (U II 1934), Gaesdoncker Schüler (in HJ-Uniform und Zivil) vor der JH

Nationalpolitischer Lehrgang O II 1935 in Solingen-Ohligs: Die Neudeutschen fügen sich ebenso wie die HJler dem Lagerreglement (Lagerappell)

Fächern Sport und Naturwissenschaften als Begleitperson im Sinne des Erlasses prädestiniert erscheinend, war sogar häufig politisch gefährdet, weil er oft sehr unbedacht war. Auch die anderen Studienassessoren, die als Begleitpersonen den Klassen mitgegeben wurden, schienen nach außen hin völlig unverdächtig, waren aber den Schülern in ihrer anti-nationalsozialistischen Einstellung bekannt. Ohne daß dies überhaupt offenkundig zu werden brauchte oder auch nur durfte, konnten sich die Schüler zur Festigung ihrer inneren Einstellung doch stets dieses Rückhaltes gewiß sein und waren so nicht völlig rückhaltlos eventuellen Indoktrinationsversuchen ausgesetzt.

Nach außen hin durfte diese Unterwanderung der nationalpolitischen Lehrgänge jedoch in keiner Weise deutlich werden. Insbesondere die Mitglieder des Bundes Neudeutschland waren gehalten, allen Schwierigkeiten mit der HJ auch der anderen Schule aus dem Wege zu gehen und sich dem Lagerreglement zu fügen. Die befürchteten Schwierigkeiten blieben jedoch aus: Die HJ auch der anderen Schule erwies sich angesichts der Zurückhaltung des Gaesdoncker ND als bemerkenswert tolerant, und so waren die Bemühungen der Gaesdoncker Nicht-HJler nicht mit zu großen Schwierigkeiten verbunden, auch mußte die Umgehung eklatanter Vorfälle nicht durch widerstandsloses Hinnehmen ständiger Sticheleien erkauft werden.[83]

Die weltanschauliche Schulung durch den Lehrgangsleiter, der allerdings als 'strammer SA-Mann' charakterisiert wurde, fand zwar statt, ging aber ganz offensichtlich an den meisten völlig vorbei.[84] Die meisten Teilnehmer gingen dazu über, den Lehrgängen in den anderen Bereichen ihre positiven Seiten abzugewissen, die sie, wenn die weltanschauliche Schulung fortfiel, gewiß hatten, so die Tatsache, daß man 14 Tage keinen Unterricht hatte, das Kennenlernen neuer Landschaften und nicht zuletzt - bei der sonstigen Abgeschlossenheit der Gaesdonck ein besonders wichtiger Aspekt - die Anknüpfung neuer Bekanntschaften, die manchmal auch noch über die Schulzeit hinaus anhielten.[85]

Insgesamt fiel es den Schülern so nicht allzu schwer, der Anweisung der Schulleitung nachzukommen, nach Möglichkeit nicht aufzufallen. Zum einen war die Durchführung des Lehrganges, wie bei den geschilderten Umständen kaum anders möglich, keine allzu strenge, was sich auch darin äußerte, daß die Schikanen, die man gerade einem katholischen Internat gegenüber erwarten sollte, hier völlig fehlten; so war zum Beispiel der sonntägliche Kirchgang keineswegs durch Frühsport und dergleichen erschwert, sondern vielmehr, ebenso wie z. B. das Tischgebet, fast obligatorisch. Zum anderen wußten die Schüler bei den sie begleitenden Lehrern, woran sie waren und daß sie in ihnen Vertrauenspersonen besaßen. Wenn sie es daher nicht ganz unterließen, sich gedanklich mit dem ihnen weltanschaulich vorgesetzten Stoff auseinanderzusetzen, so waren sie nicht darauf angewiesen, ihre Verständnisprobleme und Zweifel in einer offenen Diskussion mit dem Lehrgangsleiter zu äußern, sondern sie wußten, an wen sie sich wenden konnten.

(Befr. Af, Ce, E2c, E2d; Dok. 9 (Abs. 5), 10 (Abs. 6), 11 (Abs. 7), 24 - 26)

2.2. Der Fall des Schülers N. und die Position der Schule bei der Lösung des Konfliktfalles

Die beschriebene Strategie der Schulleitung, möglichst unauffällig aber zugleich auch möglichst unbeeinflußt durch die Nationalpolitischen Lehrgänge hindurchzukommen, lief bis auf eine Ausnahme bei allen Lehrgängen ohne Schwierigkeiten ab. Zwar scheinen die entsprechenden Vorgänge nicht zu den Gaesdoncker Schulakten gegangen zu sein - zumindest nicht zu den erhaltenen Beständen -, doch hätte ein schwerwiegender Vorfall in Schüler- und Lehrerschaft der Gaesdonck ein gewisses Aufsehen erregt, so daß mit Sicherheit angenommen werden kann, daß die Aussagen aller Teilnehmer an den anderen Lehrgängen, zu Zwischenfällen oder gar einem Eklat sei es nicht gekommen, den tatsächlichen Verhältnissen entsprechen.

Die genannte Ausnahme ereignete sich während des letzten durchgeführten Lehrgangs (OII 1936). Zu dieser Klasse gehörte der Schüler N., dessen jugendlich-engagiertem Katholizismus es nicht einging, daß unter den Verhältnissen eines totalitären Staates eine der inneren Einstellung völlig widersprechende äußere Verhaltensweise unter Umständen die eben dieser inneren Einstellung einzig entsprechende Verhaltensweise sein konnte und der deshalb offensichtlich nicht gewillt war, sich der Strategie der Schulleitung unterzuordnen. Dieses Verhalten, das der Strategie der Schulleitung sehr gefährlich werden, ja sie sogar völlig vernichten konnte, hatte sich schon vor diesem Vorfall in Briefen an die katholische Jugendzeitschrift 'Die Junge Front' gezeigt, die mit dem Namen der Gaesdonck veröffentlicht wurden. Hinzutraten Zuschriften an Personen, mit denen in Kontakt zu stehen für die Gaesdoncker Schulleitung höchst unliebsame Folgen hätte haben können, zumindest aber geeignet war, ihr wohlgepflegtes Image bei den nationalsozialistischen Behörden zu zerstören.

Dieser Schüler nun hatte sich offensichtlich auch auf dem Lehrgang im Gegensatz zu seinen Mitschülern nicht zurückgehalten, sondern eine offene Diskussion mit einem Geschichtsredner begonnen und auch eine Postkarte mit biblischen Worten aus dem Lager an einen ehemaligen Gaesdoncker Schüler geschrieben. Als nun das Oberpräsidium in Koblenz deswegen Beschwerde bei der Gaesdoncker Schulleitung einlegte, kam diese in einen Gewissenskonflikt: Einerseits hätte sie sich im Interesse der Gaesdonck insgesamt vom Verhalten dieses Schülers distanzieren, ihn also fallen lassen müssen, wenn sie ihren Kurs hätte weitersteuern wollen, andererseits aber entsprachen die dem Schüler vorgeworfenen Äußerungen durchaus dem Geist des Hauses, so daß die Schulleitung sich doch einem inneren moralischen Druck ausgesetzt sah, für den Schüler trotz seiner taktisch unmöglichen Unklugheit voll einzutreten. Der Ausweg aus diesem Dilemma war schließlich die Person des Oberschulrates, der zur Untersuchung des Falles auf die Gaesdonck geschickt wurde: Es war dieser nämlich derselbe, der die Gaesdonck auch von der Abhaltung der Abiturprüfung kannte und so ein sehr positives Bild von den Leistungen dieser Anstalt hatte. Durch diese Vermittlung gelang es der Schulleitung, den Fall ohne viel Aufsehen zu bereinigen und so ihren Kurs wieder zu retten. Dieser Fall war zugleich auch der erste, in dem die Schule erfolgreich versuchte, ihre Leistung gegen ihre weltanschauliche Unzuverlässigkeit aufzuwiegen, ein Argument, das besonders in den Vorgängen um die Schließung der Anstalt noch eine große Rolle spielen sollte.

(Dok. 23)   15.3.91

3. Entstehung und Durchsetzung der HJ auf Gaesdonck - Politische Funktion und pädagogische Relevanz der HJ - Gefolgschaft für das traditionelle Internatsleben

3.1. Jugendorganisationen auf Gaesdonck vor 1933

Vor dem Jahre 1933 waren Jugendorganisationen auf Gaesdonck nicht zugelassen. Dieses Verbot erstreckte sich auch auf die katholischen Verbände, wie 'Quickborn' oder 'Neudeutschland'.[86]

Einschränkend muß hier jedoch zweierlei bemerkt werden: Zum einen blieb die Gaesdonck trotz allem nicht völlig unberührt von den geistigen Strömungen der Zeit, d. h., der Jugendbewegung, so daß sich eine Gruppe von Schülern zusammenfand, die den Idealen der Jugendbewegung anhing und auch, bei allen Einschränkungen, die die Hausordnung des Internates auferlegte, in ihrer Freizeit entsprechende Aktivitäten entfaltete. Diese Gruppe war jedoch nicht fest organisiert, sondern es handelte sich lediglich um einen mehr oder weniger lockeren Freundeskreis.

Zum anderen scheint es - zumindest deuten die Befragten aus den frühesten Jahren dies übereinstimmend an - in den mittleren oder frühen 20er Jahren einen Versuch der Einführung und Zulassung von Bünden auf Gaesdonck gegeben zu haben. Zwar ließen sich, da die Befragten ihr Wissen darüber alle nur aus zweiter Hand und nicht aus eigenem Erleben weitergeben konnten, die näheren Umstände dieses Versuches nicht mehr bestimmen, doch kann man annehmen, daß dabei der Gedanke zugrunde lag, daß man sich den Strömungen der Zeit nicht gänzlich verschließen wollte. Der Versuch ist dann jedoch offensichtlich gescheitert, da, was bei der Zersplitterung auch der katholischen Jugendbewegung nicht allzu verwunderlich ist, die Existenz einer Vielzahl konkurrierender Bünde sich als dem Internatsfrieden abträglich erwies, so daß sich die Leitung des Hauses gezwungen sah, die Bünde wieder zu verbieten.[87]

Außer den schlechten Erfahrungen bei diesem Versuch der Einführung scheinen jedoch auch andere Gründe bei der Aufrechterhaltung des Verbotes für die Jugendorganisationen eine Rolle gespielt zu haben:

a) Der Geist der Jugendbewegung widersprach dem Geist der Gaesdonck als einer konservativ-traditionellen Anstalt.

b) Die Struktur der Jugendbewegung widersprach der damaligen Struktur der Gaesdonck. Die Gliederung der Gaesdonck war eine streng horizontale, die Leitung der Schule legte großen Wert auf eine strenge Gliederung nach Klassen - da die Gaesdonck nur einzügig war, gleichbedeutend mit Altersstufen -, eine Gliederung, die sich sogar räumlich niederschlug: Bestimmte Bereiche waren bestimmten Altersstufen vorbehalten. Eine Jugendorganisation aber hätte zwangsläufig dieses Prinzip durchbrochen, da sie die Jungen nicht nach Altersstufen, sondern nach Interessen zusammengeführt hätte.[88]

Wichtiger noch vielleicht als all dies war wohl das sowohl pädagogische als auch organisatorische Problem der Aufsicht. Während die herkömmlichen Freizeitbeschäftigungen im Internat - Silentium, an Sonntagen mehrfacher Besuch der Heiligen Messe, Chor- und Orchesterproben, beaufsichtigte Spielstunden, obligatorische Spaziergänge im Klassenverband unter Aufsicht eines Lehrers - ganz eindeutig darauf ausgelegt waren, die Schüler zwar aus der Anspannung der Schulstunden, nicht aber aus der Aufsicht der Lehrer zu entlassen, hätte es dem Geist und Wesen einer Jugendorganisationen völlig widersprochen, hätte dort ein Lehrer alle Einzelheiten überwachen wollen.

Insgesamt spielte also beim Verbot von Jugendorganisationen aller Art vor 1933 auf Gaesdonck ein ganzes Bündel sowohl organisatorischer als auch pädagogischer Bedenken seitens der Schulleitung mit, die nur durch den verstärkten Druck der Zeitumstände nach der Machtergreifung überwunden werden konnten.

21. 1. 90

(Befr. Aa, Bc, E1a, Ga)

3.2. Die Intention der Schulleitung beim Aufbau der schulinternen HJ - Gefolgschaft

Im Jahre 1933, verhältnismäßig kurze Zeit nach Beginn des Schuljahres, wurde auf Gaesdonck die HJ und für die Primaner die SA eingeführt.

Eine eigene Jungvolk-Gruppe wurde nicht gebildet, da Gaesdonck erst mit Untertertia begann und so nur eine sehr geringe Anzahl von Schülern - im Schuljahr 1934/35 waren es vier - unter 14 Jahre alt waren. Zur Vereinfachung der Organisation wurden auch diese, da sie ja bald das entsprechende Alter erreichten, der HJ-Gruppe eingegliedert.[89]

Die Einführung von HJ und SA scheint auf eine freie Initiative der Schulleitung zurückgegangen zu sein und auch entsprechende Förderung genossen zu haben, denn schon Ostern 1935 kann der Jahresbericht für die HJ 78 und für die SA 24 Mitglieder verzeichnen.[90]

Fragt man nach den Gründen für diese Initiative der Schulleitung, so kann angenommen werden, daß in erster Linie die Erkenntnis eine Rolle spielte, daß es sich in absehbarer Zeit nicht werde vermeiden lassen, daß ein erheblicher Prozentsatz der Schüler sich den neuen Verhältnissen anpassen und sich der nationalsozialistischen Bewegung anschließen werde. Ein Internat aber wie die Gaesdonck steht immer vor dem Problem, daß die Schüler aus der Gemeinschaft und Stützung durch die eigene Familie herausgerissen sind und daß die Gemeinschaft des Internates die Gemeinschaft der Familie ersetzen muß. Diese schwierige Aufgabe wäre zusätzlich noch dadurch erschwert worden, daß die HJ ihre Schüler auch dieser Gemeinschaft noch hätte entreißen können - und zwar für einen erheblichen Teil ihrer freien Zeit -, wenn durch entsprechende Gegenarbeit der Lehrerschaft nur so wenige Schüler der HJ beigetreten wären, daß die Gaesdonck keine eigene Gefolgschaft hätte bilden können, sondern ihre Schüler zum HJ-Dienst aus dem Internat heraus nach Goch hätte schicken müssen.[91] Ein solches Vorgehen hätte den Absichten der Nationalsozialisten in die Hände gearbeitet, die durch die HJ ja gerade erreichen wollten, daß die Jugendlichen ihrer vertrauten Umgebung entrissen wurden, um sie für ihre Indoktrination empfänglicher zu machen. Außerdem hätte dann die Gefahr bestanden, daß von den politisch draußen entsprechend geschulten HJ-lern nationalsozialistisches Gedankengut auf Gaesdonck dann auch stärker unter den übrigen Schülern weiterverbreitet worden wäre, was die pädagogische Zielsetzung der Anstalt dann vielleicht in Frage gestellt hätte.

Außer diesem Gedanken der Gewinnung einer organisatorischen Selbständigkeit und damit besseren Kontrollierbarkeit für die Gaesdoncker HJ-Gruppe scheint jedoch auch ein zweiter Gedanke im Zentrum der Überlegungen gestanden zu haben: Gerade der Geist des Konkordates, unter dessen Schutz die katholischen Schulen standen und auf dessen Schutz sie keinesfalls verzichten konnten, ließ es geboten erscheinen, eine Geste der Annäherung an die neuen Machthaber zu tun, so zum Beispiel durch die frühzeitige Einführung der HJ, in der sich ja zudem, wie oben aufgezeigt, das Angenehme mit dem Nützlichen besonders gut verbinden ließ.[92] Ein Indiz für eine solche Gedankenführung läßt sich nicht nur aus den zahlreichen Dokumenten der späteren Jahre entnehmen, die den Nationalsozialisten immer wieder die außerordentlichen Aktivitäten und Mitgliederzahlen der HJ-Gefolgschaft Gaesdonck vorhalten, oder aus den parallel gelagerten Fällen der süddeutschen Jesuitenschulen, die sich auf ähnliche Art und Weise vor den Zugriffen der Nationalsozialisten zu schützen versuchten, sondern auch aus der Haltung der Schulleitung zu den Bestrebungen eines jungen Lehrers, der gleichzeitig mit der HJ-Gruppe eine Gruppe des Bundes Neudeutschland auf Gaesdonck institutionalisieren wollte und der sich gezwungen sah, persönlich beim Bischof in Münster vorstellig zu werden, um die Genehmigung zur Einrichtung der ND-Gruppe gegen den Widerstand der Schulleitung zu erzwingen.[93] Die Bedenken der Schulleitung lassen sich wohl nur zum Teil aus der Sorge um den inneren Internatsfrieden erklären, sondern es dürfte auch mitgespielt haben, daß man den Erfolg, der durch die frühzeitige Einführung der HJ erreicht war, nicht durch die parallele Einführung einer Gruppe ND verwässern wollte, zumal ja die Haltung des Nationalsozialismus zum politischen Katholizismus in der Auflösung der Zentrumspartei und der christlichen Gewerkschaften allzu deutlich geworden war.

(Befr. Bg, Cc, Hc, Hd; 9 (Abs. 1), 27)

3.3. Der Einfluß der Schulleitung auf Funktionsträger und Organisation der HJ

Mit der Einführung der HJ von oben, die zugleich ihre erzwungene Zulassung von seiten der Schüler vermied, gelang es der Schulleitung, sich maßgeblichen Einfluß auf die personalen und sachlichen Entscheidungen der HJ zu sichern.

Besonders bei der Besetzung der Führerstellen bemühte sich die Leitung, ihren Einfluß geltend zu machen. Die Einsetzung zuverlässiger Führer war sowohl nach innen wie nach außen von erheblicher Bedeutung, denn die Führer mußten sowohl die Gaesdoncker HJ bei ihren Aktivitäten vernünftig zu führen als auch die Gaesdonck bei den Führertreffen in Goch und Kleve (Sitz des Stammes bzw. Bannes) vernünftig zu vertreten verstehen.[94] Zwar ging die Möglichkeit der Einflußnahme nicht so weit, daß die Schulleitung die Einsetzung eines bestimmten Schülers hätte erzwingen können - hätte man die HJ-Gefolgschaft oder auch nur einige ihrer Mitglieder verärgert und hätten diese dann Anzeige beim Bann erstattet, so wäre dies mit Sicherheit ein gefundenes Fressen für die Bannleitung gewesen, das ihrer Agitation gegen die Gaesdonck neue Nahrung gegeben hätte -, doch war die Autorität der Lehrer in einem Internat, das Schüler nur in Tertia aufnahm und sie dann, ohne in Konkurrenz zu anderen Erziehungsfaktoren zu stehen, in seinem Sinne erzog, zumindest so groß, daß es gelang, in diplomatischen Verhandlungen meist einen zuverlässigen Schüler an die Spitze zu bekommen.[95]

Bei zwei meiner Befragungen hatte ich Gelegenheit, einen ehemaligen Gefolgschaftsführer der Gaesdoncker HJ zu befragen, zum einen aus dem Jahre 1941, zum anderen aus dem Jahre 1936.[96] Besonders der letztere war - mein persönlicher Eindruck bei der Befragung bestätigte sich in den übrigen Befragungen ehemaliger Schüler aus dieser Zeit - in keiner Weise das, was man sich gemeinhin unter einem fanatisch-martialischen HJ-Führertypus vorstellt; vielmehr schien sein ruhiger und ausgeglichener Charakter kaum andere zu revolutionär Neuem begeistern zu können. Besonders in seinem Falle wird deutlich, was die Schulleitung mit ihrer Einflußnahme bezweckte: Zum einen bemühte sie sich, einen guten Sachwalter ihrer Interessen in das Amt des Führers zu bekommen, zum anderen behielt sie auch ihren Einfluß auf die Einzelentscheidungen der HJ-Führung, wenn ein Führer nicht als Volkstribun mit starkem Rückhalt in der Schülerschaft gegen sie Front machen konnte, sondern mehr oder weniger von Gnaden der Schulleitung eingesetzt und damit in erster Linie auch ihr verantwortlich war. War es einmal nicht zu verhindern gewesen, daß ein Schüler mit anderen Ambitionen zum Gefolgschaftsführer gewählt worden war, so gelang es doch durch eine entsprechende Einrahmung durch besonders zuverlässige Schüler, diesen einen genügend zu zügeln. Eine solche Vorgehensweise konnte hier in den ein oder zwei Fällen, in denen sie notwendig wurde, Erfolg haben, da Führer, die agitatorisch einen straff nationalsozialistischen Kurs steuern wollten, - straff nationalsozialistisch gemessen an den Verhältnissen der Gaesdonck - keinen Rückhalt in der Schülerschaft hatten.[97]

In der Praxis wurden die Vorhaben der HJ-Gefolgschaft stets vorher mit der Schulleitung abgesprochen. Zu einem Eklat ist es dabei niemals gekommen, da auch die Schüler, die zur HJ gehörten, ein so gutes und enges Verhältnis zu den Lehrern hatten, daß sie zum einen in der Regel wußten, was sie würden erreichen können, und zum anderen der Grundkonsens des Hauses auch bei ihnen meist so weit reichte, daß es erst gar nicht zur Interessenkollision mit den Lehrern kommen mußte.[98] *— eine kluge, aber im Grund verlogene Sache. 22.9.89*

(Befr. Ai, Bg, Ca, Cg, Dd, Dk, Hf, Ha, Ia, Ih) *Es gibt Lagen, in denen einem nichts anderes übrigbleibt, wenn man nicht nur sich zu verantworten hat.*

3.4. Aktivitäten der HJ auf Gaesdonck - Innovationspotential der neuen Organisation im traditionellen Internatsbetrieb und Resonanz bei den Schülern

Der Gaesdoncker Internatsbetrieb konnte trotz aller Bemühungen von seiten der Schulleitung nicht völlig unberührt bleiben von den Aktivitäten der HJ.

Die Aufgabe, die die Nationalsozialisten der HJ zugeteilt hatten, war eine zweifache: Zum einen hatte sie für die körperliche Ertüchtigung der Jugend zu sorgen, zum anderen aber auch für ihre ideologische Ausrichtung im nationalsozialistischen Geiste, und in erster Linie aus dieser letzteren Funktion bezog die HJ die Legitimation für ihren Anspruch, als dritte Erziehungsmacht zwischen Schule und Elternhaus zu treten.[99]

Der besondere Charakter der Gaesdonck als einer katholischen Internatsschule bedingte, daß die Schüler größtenteils von ihrer Erziehung im Elternhaus her und der Fortsetzung dieser Erziehung auf der Gaesdonck selbst wenig empfänglich waren für eine Indoktrination der Grundlagen der nationalsozialistischen Ideologie, womit nicht gesagt sein soll, daß sie nicht von einigen Teilen dieser disparaten Ideologie, insbesondere von ihrem Nationalismus, eingenommen sein konnten. Durch diese Tatsache bedingt, trat, da ja auch die HJ-Führer dem prägenden Lebenskreis des Internats entstammten, die ideologische Funktion der HJ weitgehend in den Hintergrund gegenüber der sportlichen Ertüchtigung, ein Ziel, das die Gaesdonck auch schon vorher, wenn auch nicht in diesem Umfang, angestrebt hatte.[100]

Die ausgiebige Förderung des Sports an den anderthalb Tagen in der Woche (mittwochnachmittags und samstags) zeitigte auch bald große Erfolge: Die HJ-Gefolgschaft Gaesdonck wurde zur sportlich besten Gefolgschaft des gesamten Bannes.[101] Daß die Gefolgschaft daraufhin zur sportlichen Vertretung des Bannes gewählt wurde, bedeutete zwar einerseits eine offizielle Anerkennung ihrer Arbeit, andererseits aber brachte ihr ihre Unschlagbarkeit auch den Neid anderer, stärker ideologisch ausgerichteter Gruppen ein, der u. U. auch der Gaesdonck gefährlich werden konnte.[102]

Die sportlichen Aktivitäten der HJ beschränkten sich jedoch nicht auf den traditionellen Rahmen des Schulsports: Zu Leichtathletik, Schwimmen und Ballspielen trat das neue Feld der wehrsportlichen Ertüchtigung, das auf Gaesdonck insbesondere in Geländespielen und Schießübungen - der HJ stand ein eigenes Kleinkalibergewehr zur Verfügung -[103] ausgestaltet wurde. Sehr erfolgreich war die Gaesdoncker HJ-Gefolgschaft auch, großenteils dank der sorgfältigen Förderung durch den Werklehrer der Anstalt, auf dem Gebiet des Flugzeugmodellbaus, wo die Erfolge der Bannführung sogar so unangenehm waren, daß sie in den veröffentlichten Listen Gaesdoncker Hitlerjungen anderen Gefolgschaften zuteilte, um die Gaesdoncker Erfolge zu kaschieren.[104]

Alle diese Aktivitäten konnten auf eine überdurchschnittlich hohe Schülermotivation rechnen. Zum einen nämlich übernahmen die Schüler durch die HJ einen erheblichen Bereich der sportlichen Freizeitgestaltung, der zuvor unter der Kontrolle der Lehrer stattgefunden und so seine Motivation größtenteils häufig von oben bezogen hatte, in eigene Regie, was die Motivation

Freizeitbeschäftigungen der Schüler. Neben der Musik waren besonders beliebt: Fußball und der Flugmodellbau, ein Gebiet, auf dem die Gaesdonck besonders erfolgreich war

Durch die HJ hielten neue Aktivitäten Einzug auf Gaesdonck: Das von der HJ besonders gepflegte Schießen als Attraktion auf der Schülerkirmes 1941

von innen heraus verstärkte. Zum anderen kamen mit den neuen Sportarten Aktivitäten hinzu, die den Rahmen des Internates durchbrachen: War vor 1933 Ausgang aus dem Internatsbereich nur in Begleitung eines Lehrers möglich, so mußten nun mit Rücksicht auf die HJ den Schülern größere Bewegungsfreiheiten eingeräumt werden.

Die Haltung der Lehrerschaft war keine uneingeschränkt positive, da besonders einige der älteren, auf Grund ihrer Autorität das Kollegium dominierende Lehrer natürlicherweise Bedenken trugen, die Schüler so lange ohne Lehreraufsicht zu belassen. Andererseits brachten die Aktivitäten, die unter der Aufsicht der HJ-Führer stattfanden, aber auch eine nicht unerhebliche Entlastung der Lehrer, da sie während der Zeit des HJ-Dienstes weitgehend von der Aufsicht befreit waren.[105] Da im übrigen der HJ-Dienst von den Führern mit der Schulleitung abgesprochen war, so daß die Lehrer sich sicher sein konnten, daß beim HJ-Dienst keine ideologische Schulung oder sonstige Politik hinter ihrem Rücken getrieben wurde, wurden diese Folgen des HJ-Dienstes ohne weiteres hingenommen und die Aktivitäten der HJ, auch wenn sie die traditionelle Ordnung des Lebens im Internat manchmal störten, toleriert.[106]

Gezielte ideologische Schulung von seiten der Gaesdoncker HJ hat es offensichtlich nicht gegeben, zumindest war etwas Derartiges weder den ehemaligen Mitgliedern der HJ-Gefolgschaft, noch ihren Gegenspielern, den ehemaligen Neudeutschen und ihrem geistlichen Beirat, in Erinnerung geblieben, so daß festgehalten werden kann, daß hier zumindest kein Schwerpunkt der HJ-Arbeit lag.[107] Der Rückzug der HJ auf den sportlichen Bereich bedeutete aber zugleich den Verzicht auf maßgeblichen Einfluß im schulischen Bereich. Zwar kannte die Gaesdonck, unabhängig von der Einführung der HJ, schon seit mehreren Jahren eine institutionalisierte Schülermitverwaltung, doch hielt sich diese sog. 'Schülerselbstverwaltung' in wesentlich engeren Grenzen und erstreckte sich auch auf völlig andere Gebiete als der Einfluß, den die HJ an öffentlichen Schulen zu gewinnen suchte. Die Schüler-Selbstverwaltung war mehr aus dem Internatsleben als aus der Schule heraus entstanden, so daß schon von daher ein Auftreten als selbständige 'Erziehungsmacht' und eine Einflußnahme auf den Unterricht, wie die HJ sie an öffentlichen Schulen anstrebte, ausgeschlossen war. Es gab zwar einige Schüler, die stärker von der nationalsozialistischen Ideologie berührt waren als ihre Kameraden und die versuchten, ihre Stellung als HJ-Führer auch in dieser Richtung auszunutzen, aber solche Versuche blieben meist in den Ansätzen stecken, und da diese Schüler auch von ihren sonstigen Leistungen her meist nicht so glaubwürdig waren, hatten sie mit ihren Versuchen auch wenig Erfolg bei den Schülern.[108]

(Befr. Bh, Bi, Cb, Db, Dq, Hd, Hh, Hq, Hs, Ig; Dok. 19)

3.5. Aktivitäten der Gaesdoncker HJ außerhalb des Internatsbereiches

Durch die organisatorische Selbständigkeit der Gaesdoncker Gefolgschaft war es möglich geworden, daß die Gaesdoncker HJ-ler ihren alltäglichen HJ-Dienst internatsintern durchführen konnten. Bestimmte Aktivitäten der Gaesdoncker HJ, so insbesondere ihre Bestimmung zur sportlichen Vertretung des Bannes und die Teilnahme an sportlichen Wettkämpfen, zwangen jedoch auch die Gaesdoncker HJ-Gefolgschaft als Gesamtheit oder auch nur einzelne ihrer Mitglieder, des öfteren die Gaesdonck zu verlassen. Hinzu kamen gelegentlich Aufmärsche, Filmveranstaltungen und große Feiern, die der Stamm Goch unter Einbeziehung der Gefolgschaften aus den umliegenden Landgemeinden veranstaltete, außerdem die Teilnahme an Sammlungen für das WHW und Ähnliches.[109]

Besonderer weltanschaulicher Schulung unterlagen nur die Gaesdoncker HJ-Führer, deren zuverlässige Auswahl daher besonders an Bedeutung gewann. Regelmäßig mußten die Gaesdoncker HJ-Führer - neben dem Gefolgschaftsführer und dem ihm unterstellten Hauptscharführer waren dies die drei Kameradschaftsführer - an den sogenannten 'Kameradschaftsabenden' im Heim der Gocher HJ, dem Steintor, teilnehmen, gelegentlich auch an den Führertreffen beim Bannführer in Kleve.[110]

Wenn die Gaesdoncker HJ-Führer bei diesen Treffen ihre Meinung äußerten und Rechenschaft geben mußten über die Aktivitäten ihrer HJ-Gruppe, so gewann das Verhältnis zu den übrigen HJ-Führern der Umgebung eine entscheidende Bedeutung. Zwar konnten die Gaesdoncker HJ-Führer, indem sie sich keine Blöße gaben in ihren Formulierungen, viele Schwierigkeiten von vornherein vermeiden, doch wäre eine Weiterführung der Gaesdoncker HJ-Arbeit in der beschriebenen Art kaum möglich gewesen ohne Tolerierung durch die übrigen HJ-Führer.[111]

Daß aber die Gaesdonck trotz ihrer aus dem Rahmen fallenden Vernachlässigung der weltanschaulichen Schulung in der HJ-Arbeit dennoch toleriert wurde, war beiden Seiten zu verdanken:

a) Die Gaesdoncker HJ-Gefolgschaft bemühte sich, wo irgendmöglich, durch Leistung zu überzeugen. Ihre Leistungen auf dem Gebiet des Sports und des Flugzeugmodellbaus waren so hoch, daß nicht einmal die Bannführung umhinkam, die Gaesdoncker Gefolgschaft öffentlich zu belobigen und ihr damit eine Anerkennung auszusprechen. Die besondere Pflege des Sports und die dementsprechend hohen Leistungen der Gaesdoncker Gefolgschaft bildeten so auch einen gewissen Schutz, hinter dem die Gaesdoncker ihre Vernachlässiging der weltanschaulichen Schulung verbergen konnten.[112]

b) Trotz allem konnte es der Gocher HJ-Führung jedoch nicht verborgen bleiben, welcher Geist auf der Gaesdonck auch in der Hitlerjugend herrschte. Hier machte sich bemerkbar, daß nicht nur die Gaesdonck, sondern auch ihr weites Hinterland des katholischen Niederrheins vergleichsweise wenig empfänglich waren für einen fanatischen Nationalsozialismus. Soweit die HJ-Führer der Umgebung überhaupt überzeugte Nationalsozialisten waren, so ging ihre Überzeugung doch in der Regel nicht so weit, daß sie die Ehrfurcht vor der alt-ehrwürdigen Institution der Gaesdonck hätte überwinden können, zumal ja auch die Gaesdonck sich redlich um Unauffälligkeit bemühte. Übereinstimmend kamen daher auch die meisten Befragten zu der Ansicht, daß man als Schüler nicht den Eindruck gehabt habe, daß man von Goch oder Kleve aus viel Gesinnung habe überprüfen wollen. Wenn einmal HJ-Führer auf die Gaesdonck gekommen seien, so hätten sie genau gewußt, welche Gesinnung dort geherrscht habe, und im übrigen habe die Gaesdonck sie mit ausgesuchter Freundlichkeit empfangen, um sie mit den besten Eindrücken wieder nach Hause gehen zu lassen.[113]

Dies alles änderte natürlich nichts daran, daß dem Bannführer das Treiben der Gaesdoncker Gefolgschaft ein Dorn im Auge war.[114] Von einem 'vor Wut schäumenden Gocher Stammführer'[115] kann jedoch keine Rede sein, vielmehr scheint das oben geschilderte Toleranzverhältnis durch das Zutun beider Seiten bis zur Auflösung der Schule Bestand gehabt zu haben. Lediglich gut einen Monat vor der Schließung der Anstalt kam es, als der good will der Gaesdoncker mit dem Bekanntwerden des Auflösungsbeschlusses sich aufgelöst hatte, zu einer Beschwerde bei der Bannführung, nicht ohne Hinweis auf die vorherige Unangreifbarkeit der Gaesdoncker HJ-Aktivitäten.[116]

(Befr. Cb. Cf. De, Dq, Hg, Hk, Hp, Ig, Dok. 126)

3.6. Die Gaesdoncker HJ-Gefolgschaft in Konkurrenz zur Gruppe des Bundes Neudeutschland

3.6.1. Die Gründung der Gaesdoncker Gruppe des Bundes Neudeutschland und die Haltung der Schulleitung

Kaum war die HJ-Gefolgschaft auf Gaesdonck gegründet worden, da wurden, was bei dem Charakter der Anstalt als katholisches Internat auch nicht weiter verwunderlich ist, Stimmen laut, die unter den neuen Verhältnissen auch die Zulassung einer katholischen Jugendgruppe forderten.

Da die Gaesdonck erst mit der Tertia begann, gab es auf Gaesdonck viele Schüler, die vor ihrem Eintritt in das Internat einer katholischen Jugendorganisation, meist dem Bund Neudeutschland,[117] angehört hatten. Diese bedauerten natürlich, daß ihnen die Fortführung des Gruppenlebens verboten wurde, konnten sich aber solange damit abfinden, wie dasselbe Verbot auch alle anderen Gruppen traf. Unverständlich aber mußte es ihnen erscheinen, daß auf einem katholischen Internat der HJ der Aufbau einer Organisation erlaubt, dem von Jesuiten getragenen und damit dem Geist des Hauses viel mehr entsprechenden Bund <u>Neudeutschland</u> aber verboten sein sollte. Das Bedürfnis nach Begründung einer neudeutschen Gruppe lag also von seiten der Schülerschaft durchaus in erheblichem Maße vor.

Bei der Ausrichtung, die die Gaesdonck für Eltern und Lehrer gleichermaßen verkörperte, erscheint es nun verwunderlich, daß weder die Eltern noch die Lehrer nach der notgedrungenen Zulassung der HJ mit aller Kraft versucht haben, den ND zum Gegenpol gegen ein mögliches Übergewicht der HJ im Internatsbetrieb zu machen.

Bei den Eltern, soweit sie die politische Lage überblicken, scheint die Sorge für die weitere Karriere ihrer Kinder eine Rolle gespielt zu haben, wenn sie davon absahen, eine Alternative zur HJ zu fordern, denn dem weiteren Fortkommen ihrer Kinder konnte eine Betätigung in einer katholischen Jugendgruppe nur schädlich sein.[118]

Die Gründe der Lehrer für eine nicht mehr nur abwartende, sondern eine die HJ klar favorisierende Einstellung habe ich bereits im Kapitel über die Einführung der HJ dargelegt. Erst der Initiative eines jungen Lehrers, der erst wenige Monate zuvor auf die Gaesdonck gekommen war, war es zu verdanken, daß durch die Einschaltung des Bischofs von Münster dieses Paradoxon gelöst und die Einführung der neudeutschen Gruppe gestattet wurde. Die Gruppe des Bundes Neudeutschland auf Gaesdonck konstituierte sich daraufhin Ende September / Anfang Oktober 1933, also wenig später als die HJ-Gefolgschaft.[119]

Interessant ist auch, wie sich die Haltung der Schulleitung zur ND-Gruppe entwickelte: Auch nach der Begründung der neudeutschen Gruppe zerstreuten sich die Bedenken nicht, sondern die Lehrerschaft behielt bis auf wenige Ausnahmen die Favorisierung der HJ bei, um die gewonnenen Vorteile nicht wieder zu verspielen. Innerlich waren wohl alle Lehrer den Neudeutschen geneigter, so daß es nicht etwa dazu gekommen ist, daß ein Schüler wegen seiner Zugehörigkeit zum ND benachteiligt worden wäre.[120] Nach außen hin, d. h. immer, wenn es um die ND-Gruppe als Gesamtheit ging, waren es jedoch immer die NDer, die die Benachteiligungen hinnehmen mußten. Sollte der eingeschlagene Kurs Erfolg haben, so durfte der HJ in keinem Punkte Grund zur Beanstandung gegeben werden; Leidtragende waren dann zwangsläufig die Neudeutschen, von denen ständig Zurückhaltung verlangt wurde, offensichtlich geleitet von dem Gedanken, daß die eigenen Leute wohl weniger empfindlich auf Benachteiligungen reagieren würden als die Gegner, mit denen man sich eben erst auf guten Fuß gestellt hatte.[121]

(Befr. Aa, Ao, Ab', E1a, E1e, E1f, E1n, Fb, Gb)

3.6.2. Die Aktivitäten der Gruppe des Bundes Neudeutschland auf Gaesdonck

Im Gegensatz zu den von Anfang an geförderten Aktivitäten der Gaesdoncker HJ waren die Aktivitäten der neudeutschen Gruppe von Beginn an erheblichen Einschränkungen unterworfen. Zu den ständigen Bitten um Zurückhaltung seitens der Schulleitung traten bald auch die Beschränkungen durch staatliche Verordnungen.

Hatte der Schwerpunkt der HJ-Arbeit auf wehrsportlicher Ertüchtigung im weitesten Sinne gelegen, so waren solche Aktivitäten, wie Geländemärsche, zünftige Fahrten und dergleichen, was den eigentlichen Reiz der meisten Jugendgruppen ausmachte, staatlicherseits dem ND untersagt. Zwar war anfangs den Neudeutschen noch das Tragen ihrer Kluft - ein grünes Hemd zu einer grauen Hose - erlaubt und wurde auch von der HJ toleriert. Sehr bald aber kamen Einzelbestimmungen, die diese Freiheiten abbauten, ganz offensichtlich darauf abzielend, den Neudeutschen den Spaß an der Sache zu nehmen und die HJ durch immer größere Privilegien gegenüber den anderen Gruppen attraktiver erscheinen zu lassen.[122]

Was den Neudeutschen letztlich noch erlaubt blieb, waren auf sportlichem Gebiet etwa Ballspiele und Spaziergänge, Aktivitäten, denen gegenüber naturgemäß die wöchentlichen Runden und damit die geistige Schulung an Bedeutung gewannen.[123] Im Gegensatz zur HJ konnte die Gaesdoncker ND-Gruppe den Schwerpunkt ihrer Arbeit auf der Gaesdonck auf die geistige Schulung legen, da diese Aktivitäten auch den Absichten der Schulleitung entgegenkamen: Legte die Leitung des Hauses bei den Aktivitäten der HJ großen Wert darauf, daß sie nach außen hin auffällig, nach innen hin aber möglichst wenig wirksam waren, so war ihr Ziel bei den Neudeut-

Die Gaesdoncker ND-Gruppe 1934 mit ihrem geistl. Beirat, zu erkennen ist deutlich die homogene Altersstruktur (überwiegend Tertianer)

‚Zwölf Mann und ein Zelt' – Fahrradfahrt von 12 Gaesdoncker Neudeutschen nach Worpswede (1934), Rast zwischen Münster und Osnabrück

schen genau das umgekehrte, nämlich möglichst unauffälliges Wirken mit möglichst großer Wirksamkeit nach innen auf die Schüler, um sie im Geist des Hauses zu prägen. Dementsprechend gefördert wurden auch die Abendrunden des ND, die Treffen der Gaesdoncker Gruppe einmal in der Woche, für die von der Schulleitung die entsprechenden Räumlichkeiten zur Verfügung gestellt wurden.[124]

Bei allen Bemühungen der Schulleitung, auf diesem Feld Ersatz zu schaffen für die verlorenen Freiheiten, ist es dennoch verständlich, daß die Neudeutschen auf Dauer mit ihrem Schattendasein nicht zufrieden waren und sich selbst einen angemessenen Ersatz zu schaffen versuchten. Hierzu boten sich in besonderem Maße die Ferien an, da während der Schulzeit in Gaesdonck und Umgebung, wie schon dargelegt, wenig Entfaltungsmöglichkeiten bestanden.

Solange dies noch möglich war, tat sich eine größere Gruppe von Neudeutschen in den Sommerferien zusammen und unternahm eine größere Fahrt mit dem Fahrrad. So fuhr im Todesjahr Hindenburgs (1934) eine Gruppe von 12 Schülern nach Norddeutschland nach Worpswede im Teufelsmoor.[125] Fahrten wie diese gingen zwar auf eine Initiative des Gaesdoncker ND zurück, waren aber keine offiziellen ND-Aktivitäten. Solche Fahrten waren auch schon bald nicht mehr möglich, da allen Gruppen, die stärker waren als 3 Mann, die Durchführung von Fahrten verboten wurde, sofern es sich nicht um HJ-Veranstaltungen handelte. Gleichwohl fanden noch einzelne Fahrten statt, die sich dann aber auf den vertrauten Raum des Niederrheins beschränkten, wo man, wie bei Paesmühle (Straelen), sich so gut mit der Landschaft vertraut gemacht hatte, daß man ziemlich sicher sein konnte, nicht von Polizei oder HJ aufgestöbert zu werden.[126] Mit diesen Veranstaltungen hatte aber offiziell weder die Gaesdonck noch der ND etwas zu tun, sondern es handelte sich nach außen hin um eine private Unternehmung der Schüler.[127]

Zum anderen gab es für die ND-Mitglieder jedoch auch offizielle Veranstaltungen, die Jesuiten für die Neudeutschen durchführten, so die Knappenschulungen auf Hochelten und andere offizielle Treffen des ND auf Gau- oder Bistumsebene.[128] Das spektakulärste dieser Treffen war wohl das letzte Treffen des ND auf Burg Raesfeld (1935) - die Burg befand sich im Besitz der

Neudeutschen –, das ohne Eingreifen der Gestapo stattfinden konnte. Auf
Initiative des schon genannten Lehrers, der zunächst die Einführung des ND
auf Gaesdonck durchgesetzt hatte und dann geistlicher Beirat für die ND-
Gruppe geworden war, entschlossen sich auch die Gaesdoncker Neudeutschen
zur Teilnahme. Vom Kollegium wurde dies höchst ungern gesehen, da man
Schwierigkeiten befürchtete, die nicht nur auf die einzelnen Schüler, die an
dem Treffen teilgenommen hatten, sondern auch auf die Gaesdonck insgesamt zurückschlagen könnten. Da die Hinfahrt nicht in großen Gruppen erfolgen konnte, hatte der ND als Motto des Treffens ausgegeben 'Persil bleibt
Persil': Alle Teilnehmer benutzten statt der für Nicht-HJler verbotenen
Rucksäcke Persilkisten und konnten sich so erkennen, wenn sie in Gruppen
zu zweit oder zu dritt dort ankamen.

Im Anschluß an dieses Treffen der Neudeutschen auf Burg Raesfeld wurde
eine Delegation von 70 Jungen aus den Diözesen Köln, Münster und Osnabrück zum Bundestreffen des ND nach Freiburg entsandt, der sich auch Gaesdoncker Schüler anschlossen. Unter abenteuerlichen Umständen gelangte die
Gruppe in zwei Tagen, die ganze Zeit versteckt unter der Plane eines Last-
wagens, nach Freiburg, wo sie im bischöflichen Knabenkonvikt untergebracht
wurden. Die Rückfahrt gestaltete sich ähnlich, doch gelang es, die befürchteten Schwierigkeiten, die sich aus einem Bekanntwerden der Teilnahme
Gaesdoncker Schüler an dieser Veranstaltung ergeben hätten, zu vermeiden
und das gesamte Unternehmen geheimzuhalten.[130]

(Befr. Ac, Ad, Al, Am, An, Aq, E1d, E1e, E1g, E2a, E2b)

3.6.3. Das Verbot des Bundes Neudeutschland und illegale Weiterexistenz
       der Gaesdoncker Gruppe

Im Jahre 1935 wurde der Bund Neudeutschland verboten. Nach außen hin mußte damit auch die Gaesdoncker Gruppe zu existieren aufhören. In der Praxis
bedeutete das, wenn nicht völlige Beendigung der Arbeit, einen vollständigen
Verzicht auf öffentliches Auftreten und die Zurückziehung auf Bereiche, die
ohne weiteres geheimgehalten werden konnten.

Bei ihren weiteren Aktivitäten konnte die neudeutsche Gruppe auf die Toleranz der Gaesdoncker HJ rechnen, wenn sie sich auf die Weiterführung ihrer internen Treffen und Singabende beschränkte und so alle Reibungspunkte oder gar Konkurrenz zur HJ vermied. Mit Rücksicht auf die Grenzen dieser Toleranz und auch um den Bestand der Gaesdonck nicht unnötig zu gefährden, durften ihre Aktivitäten keinerlei offiziellen oder organisierten Rahmen annehmen. Allein schon wegen der Gefahr, die ein anderes Verhalten für die Mitglieder gebracht hätte, durfte das Gruppenleben nur noch nach innen wirksam werden, d. h. sich um die geistige Schulung der eigenen Mitglieder bemühen, keineswegs aber durfte die Gruppe nach außen hin werbend auftreten oder überhaupt nur in ihrer Existenz bekannt werden.[131]

Es spricht für den inneren Zusammenhalt der neudeutschen Gruppe, daß sie sich unter den nochmals erschwerten Bedingungen nicht gänzlich auflöste, sondern in dem noch möglichen Rahmen ihre Aktivitäten weiter entfaltete. Zwei Gründe dürften hierfür ausschlaggebend gewesen sein:

a) Schon aus den Gründungsumständen der Gruppe läßt sich erkennen, daß die Gaesdoncker Gruppe des ND keine Mitläufer unter ihren Mitgliedern hatte. Eine Mitgliedschaft im ND konnte auch für einen Gaesdoncker Schüler kaum wichtige Vorteile bringen, barg jedoch eine erhebliche Anzahl gravierender Nachteile für die spätere Karriere in sich, so daß allein die Entscheidung für oder gegen den Geist des ND ausschlaggebend für einen Beitritt gewesen sein konnte. Schon diese Tatsache an und für sich gewährleistete einen starken inneren Zusammenhalt.[132]

b) Die Elternhäuser der Schüler waren fast ausnahmslos entschieden katholisch, denn wer seinen Sohn in den Jahren 1933/34 auf der Gaesdonck anmeldete, konnte dafür kaum opportunistische Gründe haben, sondern er tat dies in der Regel aus Überzeugung und aus einer wohlüberlegten Entscheidung heraus. Diese durchweg katholische Prägung der Schüler schon seit dem Elternhaus gewährleistete, daß zumindest in den ersten Jahren eine Gruppe von Schülern vorhanden war, bei denen diese Prägung so stark war, daß sie sich auch durch den Druck der Verhältnisse nicht bewegen ließen, der HJ beizutreten. Zu berücksichtigen ist auch, daß Eltern, die vor der Machtergreifung dem Zentrum angehört hatten, schwere

Nachteile von seiten der Nationalsozialisten hatten hinnehmen müssen, was natürlich auch nicht ohne Auswirkungen auf die Kinder blieb,[133] die sich nun um so weniger für den Nationalsozialismus begeistern ließen.

Hinzu kam noch die homogene Altersstruktur der Gruppe: Als die Gruppe 1933 gegründet wurde, waren es zum großen Teil Schüler der unteren Klassen, die selbst erst neu auf die Gaesdonck gekommen waren und vorher bereits dem ND angehört hatten, die nun ihre ND-Aktivitäten auf Gaesdonck fortsetzten. Die gleichmäßige Altersstruktur läßt sich auch gut auf dem Gruppenfoto aus dem Jahre 1934 erkennen. Insgesamt sind dort 26 Mitglieder zu erkennen. Da die Gruppe schon 1935 in den Untergrund gehen mußte, dürfte weder ihre Mitgliederzahl bis dahin noch erheblich gestiegen sein noch dürfte sich die Altersstruktur wesentlich verändert haben.

Auf Grund dieser Faktoren bewies die Gruppe einen erstaunlichen Zusammenhalt, so daß es kaum zu Übergängen in die HJ kam. Da der Gruppe jedoch schon nach der sehr kurzen Zeit von knapp zwei Jahren, nach allen Einschränkungen, mit denen sie schon zuvor hatte leben müssen, der Nachwuchs gänzlich abgeschnitten wurde, konnte es nur noch eine Frage der Zeit sein, bis diese Gruppe von selbst verschwand. Da die Gruppe eigentlich nur zwei Jahrgänge umfaßt hatte, geschah dies - von den Beteiligten selbst natürlich unbemerkt - ziemlich abrupt, als die Einschulungsjahrgänge 1933 und 1934 in den Jahren 1937 und 1938 die Schule verließen.

(Befr. Ab', E1h, Ge)

3.6.4. Das Verhältnis von HJ und ND auf Gaesdonck - Grundkonsens und ideologische Abgrenzung

Die Situation in den ersten Jahren des Dritten Reiches, etwa bis 1937 und damit während der Zeitspanne, zu der ND und HJ auf Gaesdonck nebeneinander existierten, kann als eine offene Situation bezeichnet werden.[134] Verglichen zur Intoleranz der HJ an zahlreichen öffentlichen Schulen, muß das Verhältnis beider Gruppen sogar als ein ausgesprochen gutes charakterisiert werden. Zwei Faktoren trugen von beiden Seiten, sowohl von der Seite der HJ als auch von der des ND, zu diesem positiven Verhältnis bei:

a) Zum einen war natürlich auf Grund der sozialen und insbesondere auf Grund der auf Gaesdonck besonders stark betonten religiösen Homogenität die Ausgangslage der HJ eine völlig andere als an den öffentlichen Schulen. Auch die Schüler, die der HJ beitraten, waren von ihrer Umgebung, d. h. zunächst durch ein katholisches Elternhaus, sodann durch die Gaesdoncker Erziehung, geprägt und brachten so einen Grundkonsens mit den Zielen der katholischen Jugend in ihre Arbeit ein, der es verhinderte, daß sie fanatische Gegner dieser Ziele werden konnten. Der Alltag aller Gaesdoncker Schüler, auch der HJler, war so stark kirchlich geprägt, daß es so gut wie ausgeschlossen erschien, daß in der HJ als Gesamtheit Gefühle aufkamen, die das Verhältnis zum ND in Feindschaft hätten umschlagen lassen.[135]

b) Zum anderen bestanden zwischen Nationalsozialismus und Katholizismus insbesondere in den 30er Jahren auf ideologischem Gebiet erhebliche Überschneidungen, die zwar in der realen Politik die Gegensätze kaum überbrücken konnten, sehr wohl aber geeignet waren, für einen Jugendlichen, der die Gesamtheit beider Ideologien kaum überblickte, beide als miteinander vereinbar erscheinen zu lassen. So stand der ND den HJlern in seiner Pflege des Nationalgefühls kaum nach,[136] rassischen Konfliktstoff gab es auf Gaesdonck nicht - alle Schüler waren Arier[137] - und über mangelnde Autoritätsausübung konnten sich die Gaesdoncker Schüler auch nicht beklagen. Auch der ND hatte also wesensmäßig eigentlich nicht zum Katholizismus gehörige Elemente in sich aufgenommen, die ein gutes Verhältnis zur HJ erleichterten.

Trotz dieses Grundkonsenses, den beide Gruppen in ihr Nebeneinander einbrachten, konnten Spannungen zwischen den beiden Gruppen bei der grundsätzlichen Gegensätzlichkeit der Positionen nicht ausbleiben. Zur Beantwortung der Frage nach den Gründen für diese Spannungen sind vor allem zwei Fragen von Interesse:

15. 10. 88

a) Was waren die Motive, die einen Schüler bewegen konnten, in die HJ bzw. den ND einzutreten?

Zunächst ist hier festzuhalten, daß gerade die Gaesdoncker HJ auf Grund ihrer äußerlichen Favorisierung durch die Schulleitung [138] und insbesondere auf Grund ihrer Allokationsfunktion bei der Vergabe von Studienplätzen nach Abgang von der Schule [139] eine große Zahl von Mitläufern in ihren Reihen zählte, die kaum innerliche Motivation bei ihrer Entscheidung für die HJ gehabt hatten und die von daher auch im folgenden kaum für die Spannungen, die zwischen HJ und ND gelegentlich auftraten oder sogar unterschwellig einen Dauerzustand bildeten, verantwortlich gewesen sein können.

Trotz des weitgehenden Einflusses aber, den die Schulleitung auf die Gaesdoncker HJ sich hatte sichern können, eröffnete ein Beitritt zur HJ für einen Gaesdoncker Schüler immer noch die Möglichkeit eines gewissen Ausbruches aus dem traditionalistischen Geist des Hauses. Wenn auch dieser Schritt kein zwangsläufiger war, so war er doch immerhin ein möglicher, und er scheint von manchen Schülern auch als ein solcher vollzogen worden zu sein. In der HJ sammelten sich daher die, im Sinne der Gaesdonck, nicht gerade erstklassigen Schüler, während der ND größtenteils von den Schülern gebildet wurde, die den Anforderungen der Gaesdonck zwar nicht unbedingt leistungsmäßig, auf jeden Fall aber gesinnungsmäßig in besonderem Maße entsprachen. [140]

b) Wie dachten die Neudeutschen über die HJler und umgekehrt?

Entsprechend der völlig unterschiedlichen Motivation, die bei HJlern und Neudeutschen für den Beitritt in ihre Organisation vorlag, war auch die gegenseitige Wertschätzung der Organisationszugehörigkeiten - u. U. sehr verschieden von der persönlichen Wertschätzung des einzelnen als Kamerad - ziemlich gering: Die HJler, soweit sie diesen Schritt bewußt getan hatten, fühlten sich als die Jugend des neuen Staates und blickten ein wenig herab auf die, wie sie meinten, hinter der Zeit zurückgebliebenen und vergangenen Dingen nachlaufenden Neudeutschen, während diese ihrerseits, da sie mit ihrer Konstituierung einer eigenen Gruppe ja demonstriert hatten, daß sie Katholizismus und Nationalsozialismus für nicht miteinander vereinbar hielten, häufig die HJler für Verräter an der Sache der Gaesdonck hielten.[141]

Diese Differenzen wurden allerdings in der Regel durch die persönliche Wertschätzung der anderen als Kameraden und durch den bereits genannten Grundkonsens aller Gaesdoncker Schüler auf ideologischem Gebiet wieder überbrückt. Auch die Haltung der Lehrerschaft, die in der Frage der Organisationszugehörigkeit keine eindeutige Stellung bezog, von der sie innerlich voll überzeugt gewesen wäre und nach der sie auch nach außen hin gehandelt hätte, wirkte ausgleichend. Die Lage blieb vielmehr dadurch offen, daß sich die HJ zwar der äußerlichen Favorisierung, der ND dagegen des inneren Wohlwollens der Lehrer gewiß sein konnte, so daß ein eindeutiges Verdammungsurteil, das zu unüberbrückbarer Feindschaft hätte führen können, klugerweise nicht gefällt wurde.[142] Die aufgezeigten ideologischen Differenzen waren jedoch durchaus geeignet, ohnehin schon vorhandene persönliche Spannungen zwischen einzelnen Schülern weiter mit Konfliktstoff aufzuladen.[143] Auch konnten sie ansonsten harmlose Schülerstreiche mit einer gewissen Brisanz für das gute Verhältnis der Schüler untereinander versehen, wie zum Beispiel der von dem betreffenden Schüler, es handelte sich um einen Tertianer, wohl kaum als ein Akt der Gesinnungsbekundung gedachte, aber als ein solcher aufgefaßte Streich zeigt: Im Anschluß an eine Gruppenstunde der Neudeutschen werden die gerade aus der Klasse kommenden NDer von den auf dem Hof auf sie wartenden HJlern höhnisch begrüßt, indem einer der HJler auf einen der Neudeutschen zugeht, ein Streichholz ansteckt, es ausbläst und dazu sagt: 'Lumen Christi!'[144]

(Befr. Ab, Ai, Ak, Aa', Cd, Ch, Dm, E1c, E1o, Fc, Gd, Gf)

3.7. Die Hitlerjugend als institutionalisierte Staatsjugend von der Auflösung des ND bis zur Schließung der Schule

Auf Grund der Bemühungen der Lehrerschaft und nicht zuletzt auf Grund ihrer eigenen Attraktivität als eine nicht zu unterschätzende Auflockerung des an-

sonsten sehr strengen Internatsbetriebes, erreichte die Hitlerjugend im Jahre
1937 einen Organisationsgrad von fast 4/5 der Primaner (der Anteil in den
Unterklassen dürfte wegen des dort gänzlichen Fortfalls des ND eher noch
größer gewesen sein). Im Jahre 1939 konnte der Leiter des Hauses sich darauf berufen, daß sogar 90 % der Schüler der HJ angehörten.[145]

Die wenigen Schüler, die jetzt nicht der HJ angehörten, hatten dafür in
der Regel besondere Gründe (Staatenlosigkeit, niederländische Staatsbürgerschaft),[146] die ihr Fernbleiben rechtfertigten. Seit Einführung der Hitlerjugenddienstpflicht konnten weltanschauliche Gründe jedoch kaum mehr eine
Rolle spielen, da auch die Schulleitung genauestens über die Einhaltung dieser Bestimmungen wachte. Allerdings sammelten sich jetzt noch mehr Schüler als zuvor in der HJ, die innerlich völlig unbeteiligt an der Ausrichtung
der Jugendorganisation waren.[147] Schon vor dem endgültigen Verschwinden
des ND hatte die Gaesdoncker HJ viele Mitläufer gezählt - dies klingt um
so wahrscheinlicher, als daß der Organisationsgrad der Schüler in der HJ
schon 1936/37 mit schätzungsweise 80 %, mit Sicherheit aber mehr als
Dreiviertel aller Schüler, weit über dem Durchschnitt privater Jungenschulen
lag, den Eilers mit 55 % angibt.[148] Die weltanschaulichen Differenzen in
der Schülerschaft wurden durch die gemeinsame Zusammenfassung in der
HJ somit lediglich überdeckt, während sie sich tatsächlich verschärften.

Mit ihrer Durchsetzung zur praktisch allumfassenden Organisation konnten
der HJ aber auch weitere Aufgaben im Bereich des Internatslebens und der
Freizeitgestaltung übertragen werden. Solange die einzelnen Aktivitäten mit
der Hausleitung abgesprochen waren und wenn der Führer ein zuverlässiger
Schüler war, was nach Aussage von Schülern wie Lehrern immer der Fall
war, so wurde es möglich, der HJ auch die unbeaufsichtigte Freizeitgestaltung für eine bestimmte Zeit zu übertragen, was auch die Lehrer nicht unwesentlich entlastete, denn Sport- und Spielstunden konnten ja genauso
gut, wenn nicht besser, von den Schülern selbst organisiert werden, vorausgesetzt die Führer besaßen genügend Organisationstalent und Autorität, die
Aktivitäten in geregelten Bahnen zu halten. Gerade in den letzten Jahren
(1940/41) hatte die Gaesdonck in dieser Hinsicht besonderes Glück mit der
Wahl des Gefolgschaftsführers, dessen überdurchschnittliches Organisationstalent auch nach dem Krieg allgemeine Anerkennung fand, als er in führender

Stellung in der Jugendarbeit für den Kreis Kleve tätig war.

Nach außen hin gelang es, die HJ-Gefolgschaft auf der alten Höhe ihrer Leistung zu erhalten. Da die HJ als nun allgemein verpflichtende Organisation mehr und mehr den Charakter des Prüfsteins für wahren katholischen Glauben und Verrat am Katholizismus verlor, den sie aus der Sicht der Gaesdoncker Neudeutschen gehabt hatte, wuchs nun trotz weltanschaulichen Gegensatzes die Bereitschaft der Schüler zur Mitarbeit in der HJ. Auch von seiten der Schulleitung wurde darüber gewacht, daß alle HJler auch am HJ-Dienst teilnahmen, da ja sonst auch die Frage der Aufsicht ungeklärt gewesen wäre. Zwar konnte es schon einmal vorkommen, daß mit stillschweigendem Einverständnis der HJ-Führer eine Gruppe von Schülern nicht am HJ-Dienst teilnahm, sondern vielleicht sich im Werkraum betätigte, doch blieben solche Dinge die Ausnahme.[149]

Auch für die Beschäftigung der nicht der HJ angehörenden Schüler mußte gesorgt werden. Dies bereitete den Lehrern jedoch keine Schwierigkeiten, indem sie für diese Zeit mit den 15 bis 20 Schülern einen Spaziergang unternahmen.[150]

(Befr. Bn, Dh, Gf, Ha, Hq; Dok. 90)

18.1.89
22.1.90

B

Hauptteil

III

Die administrativen Maßnahmen des NS-Staates
gegen das Collegium Augustinianum Gaesdonck

Vorbemerkung: Zielrichtung und Methoden der NS-Strategie gegen das Collegium Augustinianum Gaesdonck

Das Jahr 1937 brachte für alle deutschen Privatschulen eine gravierende Verschlechterung ihrer Lage. War es während der Konsolidierungsphase des Dritten Reiches erst zu sporadischen Übergriffen des Staates gekommen, so formierten sich nun die administrativen Maßnahmen des NS-Staates zu einer gezielten Strategie, gerichtet auf die vollständige Vernichtung aller Privatschulen, besonders aber derjenigen in kirchlicher Trägerschaft.[151]

Auch für die Gaesdonck bedeutete das Jahr 1937 in diesem Sinne eine Wende. Bis zu diesem Zeitpunkt hatten sich die Übergriffe des Staates, nicht zuletzt dank der sich bereitwillig anpassenden und damit Schwierigkeiten aus dem Wege gehenden Strategie der Gaesdoncker Schulleitung, in erträglichen Grenzen gehalten; die Verwaltungsakte der Schulbehörde beschränkten sich auf gelegentliche Sticheleien (vgl. die Regelung für die Herbstferien 1935),[152] zeigten aber keine existenzgefährdenden Spitzen für die Gaesdonck.

Konnte das Verhältnis von Gaesdoncker Schulleitung und nationalsozialistischen Schulbehörden bis 1937 im ganzen noch als entspannt bezeichnet werden, so änderte sich diese Konstellation fast schlagartig in diesem Jahr. Innerhalb eines halben Jahres erfolgten auf allen Ebenen schulischen Lebens schwerwiegende Eingriffe des Staates, die den Charakter und die Existenz der Anstalt als solcher betrafen:

Als schwerer Eingriff in die Personalstruktur der Gaesdonck muß es gewertet werden, wenn die Neubesetzung der Schulleiterstelle nach Ausscheiden des alten Direktors nicht genehmigt wurde. Der Angriff auf die ökonomische Grundlage der Gaesdonck durch Versagung der Grundsteuerbefreiung betraf die Existenzgrundlage der Gaesdonck, und die Umwandlung der Schule in eine 'Private Oberschule für Jungen' bedeutete letztlich die Zerstörung des Anstaltscharakters, als den einer weit über die Grenzen der näheren Umgebung hinaus bekannten und anerkannten Pflegestätte der alten Sprachen und der humanistischen Bildung. Diesem massiven Eingriff in die Organisationsstruktur der Anstalt sollten mit Zulassungsbeschränkungen für Schüler und letztlich der Abbau- und Auflösungsverfügung in den Jahren 1939 bis 1941 die entscheidenden Schritte zur Vernichtung der Schule folgen.

Letztlich konnte die Gaesdonck mit ihrer Überlebensstrategie den Kampf gegen den mit dieser Zielsetzung angetretenen Staat nicht gewinnen. Indem sie sich aber keine Blöße gab, keinen Vorwand für eine Auflösung, vermochte sie sich dennoch erstaunlich lange zu halten, hatte doch der Stellvertreter des Führers selbst die Auflösung aller konfessionellen Privatschulen ultimativ bis Ostern 1940 verlangt.[153] Der totalitäre Staat erwies sich nämlich im Verlauf der immer weiteren Zerstörung der Existenzgrundlage der Gaesdonck keineswegs als so monolithisch, wie man gemeinhin anzunehmen geneigt ist. Zahlreiche Dokumente, insbesondere die von einem untergeordneten Beamten verfaßten und durch den Regierungsdirektor für höheres Schulwesen im rheinischen Oberpräsidium persönlich korrigierten Konzepte, zeigen auf, daß die hervorragenden Leistungen und der bemühte Anpassungswille der Gaesdonck keineswegs überall ihren Eindruck verfehlten. Dennoch konnte sich der Regierungsdirektor als der übergeordnete Beamte in der Regel mit seinen Vorstellungen durchsetzen, allerdings hatte er mit seinen Bestrebungen, das Collegium Augustinianum zum frühestmöglichen Termin aufzulösen, keinen Erfolg. Sogar das Reichserziehungsministerium erwies sich in der Frage Auflösung oder Abbau als konzilianter als der genannte Regierungsdirektor und folgte seinen Empfehlungen nicht.[154] Ende 1941 erreichte Bischof Berning von Osnabrück sogar die, allerdings nie eingelöste, Zusage des Staatssekretärs im Reichserziehungsministerium, die Gaesdonck werde bestehen bleiben.[155] Auch von seiten des Oberpräsidiums lockerte sich die Strategie gegen die Gaesdonck, nachdem mit dem Ostern 1940 angeordneten stufenweisen Abbau der entscheidende Sieg erreicht war: Schikane-Maßnahmen gegen die Gaesdonck beschränkten sich von nun auf die Fälle, die zur Sicherung des Abbaus notwendig erschienen (Verbot von Neuaufnahmen). Ansonsten aber wurde der Gaesdonck bis zu den erneuten Auseinandersetzungen ab Sommer 1941 um die sofortige Schließung der Schule die Durchführung des Unterrichts und der Verwaltung nicht unnötig erschwert.

(Dok. 29 - 35)

1. Administrative Eingriffe des NS-Staates in die Personalstruktur des Collegium Augustinianum Gaesdonck

1.1. Die Ablösung des Schulleiters im Jahre 1937

Die Eingriffe der nationalsozialistischen Schulverwaltung in die Personalstruktur der Gaesdonck begannen schon Ende 1934 mit einem Erlaß zum Ersatz geistlicher Lehrer durch weltliche Studienassessoren.[156] Da jedoch die Schulleitung im Antwortschreiben auf die in den vorhergegangenen Jahren bereits erfolgte Zulassung von vier weltlichen Studienassessoren verwies und ein weiteres Ausscheiden geistlicher Lehrkräfte für unvereinbar mit dem Charakter der Anstalt als einem katholischen Internat bezeichnete, kam die Schulverwaltung nach einer erneuten Anfrage im Februar 1935 nicht mehr auf dieses Problem zurück. Auch in den folgenden Jahren ist es, soweit die Akten und Befragungen ausweisen, zu ähnlichen Versuchen, in die Personalstruktur der Anstalt einzugreifen, nicht gekommen.

Der Erlaß vom Dezember 1934 scheint jedoch auch eine Anfrage wegen eines Ausscheidens aus Altersgründen enthalten zu haben. Damit wurde bereits im Jahre 1934 die Neubesetzung der Direktorstelle akut, da einzig der Direktor älter war als 60 Jahre und somit von der Maßnahme hätte betroffen sein können.

Wegen seines Alters (63) hatte der Direktor bereits im Laufe des Jahres 1934 seinen Rücktritt angeboten. Begreiflicherweise erschien jedoch dem Bischof ein solcher Wechsel während der Jahre der Umschichtung nach der Machtergreifung ungünstig, so daß er den Direktor bat, einstweilen im Amte zu verbleiben. Diese Mitteilung an das Oberpräsidium in Koblenz wurde dort kommentarlos aufgenommen, so daß zu dieser Zeit von einem Zwang zum Rücktritt keine Rede sein kann.[157]

Auch als im März 1937 die Frage des Rücktritts wieder in den Akten auftaucht, scheint zuvor kein Druck von seiten der Staatsverwaltung ausgeübt worden zu sein. Ohne daß ein vorausgegangener Schriftwechsel bei den Akten zu finden wäre oder auch nur ein Verweis durch Angabe eines Bezugsschreibens, macht der Direktor des Collegium Augustinianum Gaesdonck, nunmehr

65 Jahre alt, Mitteilung, daß er zum Schuljahrswechsel 1937 mit Einverständnis des Bischofs von Münster aus dem Amte scheiden wird. Soweit also lief der Vorgang, zumindest hat es auf Grund der vorliegenden Quellen den Anschein, in den auch in freiheitlichen Staaten üblichen Bahnen. Es liegt also keine Veranlassung vor, im Rücktritt des Direktors, der sich ja ohnehin nicht mehr lange hätte herauszögern lassen, einen Eingriff des Staates in die Personalstruktur der Gaesdonck zu sehen.

Obwohl im folgenden die Stelle des Direktors nicht neu besetzt wurde, hatte der in diesem Punkte einsetzende und im folgenden darzustellende erste offene Eingriff des Staates in die Personalstruktur der Gaesdonck keine schweren Folgen für den Zusammenhalt der Lehrerschaft und die Führung der Schule, denn es war, mit Einverständnis des Oberpräsidiums, der dienstälteste Lehrer der Gaesdonck zum kommissarischen Schulleiter bestellt worden, und dieser war, wie im Kapitel über die Struktur des Lehrerkollegiums aufgezeigt (B I 3.1.), ja schon seit Jahren der eigentliche 'starke' Mann, so daß der Abgang des alten Direktors eigentlich nur der Entfernung einer Gallionsfigur gleichkam.

(Dok. 36 - 38)

1.2. Die Auseinandersetzungen zwischen Bischof von Galen und den staatlichen Behörden um die Besetzung der Schulleiterstelle[158]

Das Recht der Benennung eines neuen Schulleiters lag nun bei Bischof von Galen als dem Schulträger der Anstalt, wobei dieser jedoch die Zustimmung der staatlichen Behörden, d. h. in diesem Falle des Oberpräsidiums in Koblenz, benötigte. Streitigkeiten zwischen der Schule und staatlichen Behörden hatte es in den Jahren bis 1937 nicht gegeben, so daß die Zeichen günstig zu stehen schienen für einen reibungslosen Ablauf des Verwaltungsvorgangs.

Dennoch war natürlich abzusehen, daß die Nationalsozialisten wohl kaum ihre Zustimmung zur Ernennung eines erklärten Gegners des Systems geben würden. In diesem Sinne tat von Galen gewiß einen geschickten Schachzug, indem er einen Lehrer für die Stellung des Schulleiters benannte, der eigentlich in keinem Punkte den Nationalsozialisten einen Vorwand zur Ablehnung geben konnte: Neben ausgezeichneten wissenschaftlichen und pädagogischen Leistungen (beide Examen 'mit Auszeichnung' bestanden), wiesen ihn sein konzilianter Charakter und seine äußerliche politische Zuverlässigkeit ('Nachteiliges über seine politische Einstellung ist nicht bekannt geworden') als den geeigneten Kompromißkandidaten für Bischof und Oberpräsidium aus.

Der Bischof und der von ihm benannte zukünftige Direktor waren bei Einleitung des Verwaltungsvorganges offensichtlich noch der Hoffnung, daß die notwendige Genehmigung ohne weitere Schwierigkeiten erteilt werden würde. So bat der zukünftige Direktor unter dem 8. 3. 1937 unter Beifügung der notwendigen Unterlagen beim Oberpräsidium in Koblenz um die Genehmigung des Amtsantrittes zum 1. April, eine sehr kurz bemessene Frist für die staatlichen Behörden, die jedoch verständlich erscheint, wenn man berücksichtigt, daß unter normalen Verhältnissen die Zustimmung der staatlichen Behörden eine reine Formsache und bei einem so qualifizierten Mann wie dem hier in Frage kommenden auch keine Schwierigkeit gewesen wäre.

Eingeleitet wurde der Konflikt zwischen dem Bischof und den staatlichen Behörden durch die Antwort, die der vom Bischof vorgeschlagene Bewerber mit erheblicher Verspätung am 1. Juli 1937 erhielt: 'Ihr Antrag auf Übernahme der Leitung des bischöflichen Collegium Augustinianum Gaesdonck kann nicht genehmigt werden.' Ohne jegliche Angabe von Gründen wurde der Antrag abgelehnt.

Der abschlägig beschiedene Bewerber leitete das Antwortschreiben umgehend weiter an das Generalvikariat des Bistums Münster. Dort gab man sich mit dem Inhalt der Antwort nicht zufrieden, sondern verlangte unter Verweis auf die hervorragende Qualifikation des Bewerbers die Nennung der Gründe, die zur Ablehnung der Bewerbung geführt hätten. Aus der Antwort und noch deutlicher aus dem bei den Akten befindlichen Schriftwechsel des Oberpräsidiums mit den zuständigen westfälischen Schulbehörden und dem 'Braunen Haus' in München wird ersichtlich, daß der zuständige Regierungsdirektor im Oberpräsidium Koblenz offensichtlich gewillt war, jede Neubesetzung der Schulleiterstelle gänzlich zu verhindern. In seiner Person, dies wird auch aus zahlreichen anderen Dokumenten deutlich im Zusammenhang mit der Schließung der Schule, ist der eigentliche Motor für die Schwierigkeiten zu sehen, die von diesem Zeitpunkt an der Arbeit der Gaesdonck von staatlicher Seite in den Weg gestellt wurden: Zwar soll hiermit nicht in Abrede gestellt werden, daß die Schließung der Gaesdonck als einer Schule in kirchlicher Trägerschaft letztlich auf der Linie des Systems lag und auf Dauer auch von einer anderen Person nicht hätte verhindert werden können, doch finden sich von seiner Hand zahlreiche Konzepte bei den Akten, die sowohl Entwürfe untergeordneter Beamter wie auch Anordnungen des Reichserziehungsministeriums gegen die Gaesdonck entscheidend verschärfen.

Trotz eines im ganzen befürwortenden Schreibens des Oberpräsidiums in Münster schloß sich das Oberpräsidium der Meinung der Parteizentrale an, die auch vom westfälischen Oberpräsidium genannte Anpassungsfähigkeit negativ umdeutete in politische Unzuverlässigkeit. Indem man aber so staatlicherseits die Maßstäbe politischer Zuverlässigkeit so hoch ansetzte, daß selbst Geistlichen, die gewillt waren, sich zurückzuhalten, nicht die erforderliche Zuverlässigkeit zuerkannt werden konnte, steuerte man auf seiten der Behörden einen Kurs, der ganz offensichtlich darauf ausgelegt war, allen Bewerbern, die der Bischof für geeignet hielt, schon von vornherein die Eignung abzusprechen, und der so jede Verständigung mit dem Bischof ausschloß.

Den letzten Versuch, die Direktorstelle neu zu besetzen, machte Bischof Clemens August mit einem persönlichen Schreiben, um so seine persönliche Autorität mit dem gestellten Antrag zu verbinden. Sein neuer Kandidat war ebenfalls ein Geistlicher, dessen Qualifikation für die Schulleiterstelle eigentlich unanfechtbar war. Noch weniger als der erste jedoch zeichnete er sich in den Augen der Partei durch 'politische Zuverlässigkeit' aus, wie das Oberpräsidium in Koblenz dann auch umgehend mitteilte, eine Genehmigung könne nicht ausgesprochen werden, da gegen den in Frage stehenden Lehrer ein Untersuchungsverfahren wegen politischer Äußerungen im Unterricht habe eingeleitet werden müssen, in dem sich ergeben habe, daß er auf jeden Fall die Eignung für die Stellung eines Schulleiters nicht besitze.

Der erste und bis auf weiteres einzige Versuch Bischofs von Galen, sich mit seiner persönlichen Autorität für die Gaesdonck einzusetzen, war damit

gescheitert. Schon gleich zu Beginn des hier einsetzenden und schließlich
zur Schließung führenden Zugriffs des Staates auf die Institution Gaesdonck wurden dem Bischof deutlich die Grenzen seiner Macht vor Augen
geführt.

(Dok. 39 - 45)

1.3. Der Fall Y - Einschüchterung der Lehrerschaft
(Dokumentation aus den Gestapo-Akten im HStA Düsseldorf)

Trotz aller Vorsicht gelang es auch der Gaesdoncker Lehrerschaft nicht,
ganz unauffällig zu bleiben. Anlaß für den Fall Y waren jedoch keineswegs
Gaesdoncker Schüler oder gar Kollegen - diese hielten vielmehr fest zusammen, so daß es nicht ein einziges Mal zu einer Anzeige kam (gelegentliche Drohungen einzelner Schüler dürften hier als nicht ernstzunehmend
zu betrachten sein)[159] -, sondern es war die Einquartierung einer Kompanie des RAD auf Gaesdonck im September / Oktober 1939 (Vgl. hierzu das
Kapitel B III 2.4.), die den Hintergrund des Vorfalles abgab.

Nach Weggang des alten Direktors war Studienrat Y neben dem kommissarischen Leiter der Schule der dienstälteste Lehrer auf Gaesdonck und
eigentlich im Lehrerkollegium der zweite starke Mann. Von seinen ehemaligen Schülern wurde er als ein Lehrer geschildert, der zwar Geistlicher war,
seinen Schülern gegenüber jedoch ein sehr weltlicher Mann, der durchaus
nicht immer auf seine Würde bedacht war, wenn es um Gemeinschaft mit
ihnen ging. Zwar habe er im persönlichen Gespräch nicht mit seiner Meinung
zurückgehalten, doch sei er im Unterricht stets sehr vorsichtig gewesen und
habe, sobald das Thema politisch geworden sei, kurz geschwiegen und sei
dann im Stoff weitergegangen.[160]

Alle diese Tatsachen sind bei der Beurteilung des Falles von Wichtigkeit.
Nach den Akten ergibt sich als gesichertes Bild folgendes: Y kam mit seiner Klasse von einer biologischen Exkursion an dem Wäldchen bei der Gaesdonck vorbei, wo die Männer des RAD mit den Schanzarbeiten für den West-
wall beschäftigt waren. Er schickte seine Schüler zur Gaesdonck voraus und

begann eine Unterhaltung mit den Männern des RAD, wohl um nicht unhöflich zu sein, denn schließlich waren diese Männer auf Gaesdonck einquartiert und damit gewissermaßen Nachbarn.

Im folgenden muß das Gespräch dann auf politisches Gebiet abgeglitten sein. Sucht man nach den Gründen, so ist man weitgehend auf Spekulationen angewiesen, denn die Aussagen von Ankläger und Angeklagtem widersprechen sich in diesem Punkte völlig, wobei jedoch beide von einem ganz bestimmten Interesse geleitet sind, so daß ihre Aussagen in beiden Fällen nicht als unbedingt wahrheitsgetreu angenommen werden können. Die plausibelste Lösung des Problems scheint mir jedoch die folgende zu sein:

Auf Grund der sonstigen Vorsicht des Studienrates Y, zumal er mit dem stellvertretenden Schulleiter zusammen zu den Exponenten des Gaesdoncker Kollegiums gehörte, was auch eine gewisse Verantwortung bedeutet, ist nicht anzunehmen, daß Y, wie es vom RAD-Mann dargestellt wird, das Gespräch mit ihm ansonsten völlig unbekannten Männern von sich aus auf politisches Gebiet gelenkt hätte. Andererseits müssen die RAD-Männer auf ihn den Eindruck der Vertrauenswürdigkeit gemacht haben, sonst hätte er sich nicht in solcher Form über politische Persönlichkeiten geäußert. Zwar bestreitet er bei seiner Vernehmung die schwerwiegendsten Vorwürfe, doch sind seine eingestandenen Äußerungen schon von einer Art, die ein gewisses Vertrauensverhältnis zwischen den Gesprächspartnern voraussetzt.

Meines Erachtens verlief das Gespräch also so, daß die Arbeitsdienstmänner das Thema nach einer Einführungsphase zur Schaffung eines entsprechenden Gesprächsklimas unauffällig auf politisches Gebiet lenkten, wahrscheinlich indem sie zu irgendwelchen unpolitischen Dingen assoziativ Verbindungen zur Politik knüpften. Da er offensichtlich Vertrauen zu den RAD-Männern geschöpft hatte, äußerte sich Y dann auch, wie auch sonst im persönlichen Gespräch, offen und ohne große Vorsicht.

Schon die Äußerung, er habe es sich niemals träumen lassen, daß in diesem schönen Wäldchen einmal geschanzt werden würde, war gefährlich, obwohl die Aussage des Satzes an sich unverfänglich war, worauf er sich notfalls hätte zurückziehen können; eindeutig ist in diesem Falle der Hintersinn, wenn hier schon Befestigungen angelegt werden, dann muß es schon weit gekommen sein.

Eindeutig auf politisches Glatteis begab sich Y dann, wenn er Propagandaminister Goebbels als 'Landsmann Jüppchen Goebbels' bezeichnete. Besonderer Betrachtung bedarf der dann im weiteren Verlauf des Gespräches gefallene Satz: 'Bengt Berg, der filmt die Vogelwelt!' Ankläger und Angeklagter stimmen darin überein, daß dieser Satz fiel, der an sich ja völlig unverfänglich war, zumal Y gerade von einer biologischen Exkursion kam. Gefährlich an diesem Ausdruck war jedoch, daß er zugleich den ersten Teil eines politischen Witzes über Goebbels bildete. Ankläger und Gestapo-Beamte, sowie interessanterweise auch der Angeklagte, scheinen den Witz gekannt zu haben - der Ankläger gibt an, als er diesen Satz gehört habe, habe er zunächst gestutzt, dann sei ihm der Witz eingefallen; der Angeklagte gibt an, während des Sprechens sei ihm erst die politische Bedeutung des Satzes auf dem Hintergrund des Witzes eingefallen, aber beide kannten den Witz. Offensichtlich muß es sich dabei um eine äußerst delikate Angelegenheit gehandelt haben, denn das Verhalten aller Beteiligten, die eine genaue Nennung des Inhaltes peinlich vermeiden, erschwert sehr die Rekonstruktion des Inhaltes.

    Bekannt ist jedoch: a) Der erste Teil lautet 'Bengt Berg, der filmt
                                 die Vogelwelt!'
                    b) Der Witz stellte Bengt Berg und Joseph
                         Goebbels gegenüber.

Da Bengt Berg und Joseph Goebbels sachlich nichts miteinander zu tun haben, dürfte es sich bei dem Witz um eine Umkehrung gehandelt haben, wofür auch die betonte Stellung des Namens 'Bengt Berg, der ...' spräche. Der Witz wäre dann weitergegangen mit 'Und Joseph Goebbels ...'. Um eine Umkehrung zu erreichen, müßte folglich die zweite Witzzeile das Objekt des ersten Satzes zum Prädikat und das Prädikat zum Objekt umwandeln. Da es keine andere Möglichkeit gibt, muß der Witz also gelautet haben:

    'Bengt Berg, der filmt die Vogelwelt,
        und Joseph Goebbels, der vögelt die Filmwelt!'

Dieser Inhalt des Witzes, eine Anspielung auf Goebbels' Affären mit Filmschauspielerinnen,[161] macht es in der Tat klar, weshalb die Beteiligten so bemüht waren, die Nennung des Witzes zu umgehen. Auch gibt er ein, allerdings recht drastisches, Beispiel für die Weltoffenheit mancher - wenn auch kaum der meisten - Gaesdoncker Lehrer, die dazu beitrug, die Abgeschlossenheit der Gaesdonck nach außen hin wenigstens zum Teil zu durchbrechen.

Unwahrscheinlich erscheint in diesem Punkte die Entschuldigung des Angeklagten, er sei sich erst nachträglich des politischen Hintersinns dieses Satzes bewußt geworden. Es ist kaum vorstellbar, daß ein solch trivialer Satz ohne besondere Bedeutung gefallen sein soll, weshalb der übergeordnete Beamte, der den Fall auszuwerten und die Ergebnisse an das Oberpräsidium weiterzuleiten hatte, hier auch folgerichtig der Meinung des Vernehmenden nicht folgt, der diese Entschuldigung als im ganzen glaubwürdig charakterisierte.

Anzunehmen ist jedoch auch in diesem Punkte, daß diese Gesprächswendung ebenfalls wieder von den RAD-Männern ausging, vielleicht durch eine Frage nach den betreffenden Affären des Propagandaministers. Y glaubte vielleicht sogar, mit dieser Redewendung sich besonders geschickt aus der Affäre zu ziehen, da eine solche witzige Bemerkung dieses Thema abschloß. Ähnliches gilt für seine Aussage, die Gattin Generalfeldmarschalls von Blomberg sei eine 'Stenotypistin' gewesen, was an der Realität gemessen ein reiner Euphemismus war. Ebenfalls eine humorvolle, dabei aber wenig sagende Entgegnung sollte es wohl sein, wenn Y auf die Frage des Majors nach den Befestigungsarbeiten antwortete, davon verstehe er soviel wie der Major vom Seelenheil. Gerade in diesem Beispiel zeigt sich jedoch die Überempfindlichkeit der Nationalsozialisten spitzen Bemerkungen gegenüber, denn in diesem Satz eine Verächtlichmachung des Majors und damit des ganzen Militärs zu sehen, dürfte wohl eine Überinterpretation des Gesagten sein.

Die Folge des Gesagten war eine Vernehmung des Studienrates Y durch die Gestapo im Bürgermeisteramt in Goch. Das Verhalten der Gestapo-Beamten scheint auch hier verunsichernd gewirkt zu haben - die übliche Art der Gestapo, die zu Vernehmenden durch Abholen im barschen Befehlston und Mitnahme im Gestapo-Wagen, ohne anzugeben, wohin die Fahrt ging. Die weitere Schilderung der Vorgänge dürfte durch den Autor, der dies ja erst nach Kriegsende niederschrieb, übermäßig dramatisiert sein - die Ereignisse von 1945/46 mit ihrer Aufdeckung des vollen Umfanges nationalsozialistischer

Greueltaten begünstigten wohl auch gewisse Übertreibungen. Dennoch kann
man sich vorstellen, daß Y nach einem mehrstündigen Verhör, in dem jedes Wort zuviel oder zuwenig schwerwiegende Folgen haben konnte, durch
diese Anspannung unter einem solchen Schock stand, daß er lieber durch
den strömenden Regen zur Gaesdonck zurücklief (von Goch aus ca. 5 km),
als daß er nochmals in das Auto der Gestapo gestiegen wäre.

Die Konsequenzen dieses Vorfalls blieben jedoch außerordentlich gering.
Im Oberpräsidium versuchte man auf keine Weise, die Gaesdonck insgesamt durch Vergeltungsmaßnahmen zu treffen, obwohl der Anlaß dazu außerordentlich günstig war. Das Oberpräsidium beließ es vielmehr bei einer einfachen dienstlichen Verwarnung, wie es hieß 'mit Rücksicht auf den Gnadenerlaß des Führers'. Es dürfen hierin wohl die ersten Anzeichen einer
entgegenkommenderen Haltung des Oberpräsidiums zu sehen sein, nachdem
die Schließung der Schule durch den Erlaß des Reichsministers für Erziehung, Wissenschaft und Volksbildung bereits so gut wie beschlossen war:
In Koblenz rechnete man offensichtlich damit, daß der Einspruch des Bischofs keinen Erfolg haben würde und daß die Gaesdonck somit Ostern
1940 hätte schließen müssen. Der Wert weiterer Maßnahmen gegen diese
Institution, die ohnehin nach vier Monaten zu existieren aufhören würde,
war also aus der Sicht des Oberpräsidiums kaum gegeben, so daß man
großzügig darauf verzichtete.

Beurteilt man den Fall insgesamt, so ist wohl festzuhalten, daß die
Äußerungen Ys nicht schwerwiegender Art waren, da ihnen die gezielte
Spitze fehlte und eine eindeutige Klärung des Gesprächsverlaufes nicht
möglich war. Dennoch glaubte der Führer der Arbeitsgruppe sich wohl verpflichtet, diese Anzeige zu erstatten. Dieser Übereifer wird verständlich,
wenn man bedenkt, daß der entsprechende erst wenige Wochen zuvor zum
Führer befördert worden war, wie sich aus einem Vermerk in den Gestapoakten ergibt. Die eigentliche Belanglosigkeit der Äußerungen darf jedoch
nicht darüber hinwegtäuschen, wie gefährlich die Konsequenzen auf dem
Hintergrund des Heimtückegesetzes vom 20. 12. 1934 [162] waren, denn bei
extensiver Auslegung des Gesetzes - die nationalsozialistischen Richter

schreckten davor in der Regel nicht zurück - war der Nachweis 'unwahrer oder gröblich entstellter' Behauptungen über das Dritte Reich auch in diesem Falle nicht allzu schwer zu führen.

(Dok. 46 - 52)

18. 1. 89
22. 1. 90
15. 3. 91

1.4. Die Entziehung von Fachlehrern durch Wehrdienstverpflichtungen

Erste Ansätze, der Gaesdonck Lehrer zu entziehen, zeigten sich bereits im Jahre 1938. Auf Grund der überkommenen Personalstruktur der Anstalt herrschte insbesondere nach der Umwandlung der Anstalt in eine Private Oberschule für Jungen ein empfindlicher Mangel an Lehrern für Sport und die Naturwissenschaften.[163] Gerade auf diesen Gebieten war die Gaesdonck angewiesen auf die Zuweisung geeigneter staatlicher Studienassessoren, insbesondere der nach den neuen Lehrplänen mehr als verdoppelte Sportunterricht (5 Wochenstunden) war mit den festangestellten geistlichen und weltlichen Lehrern kaum zu bewältigen, zumal diese meist ein zu hohes Alter hatten, als daß sie ohne weiteres fachfremd Sportunterricht hätten erteilen können.

An dieser Schwachstelle nun setzte die Strategie des Oberpräsidiums an, der Schule durch Entziehung von Fachlehrern Schwierigkeiten zu machen, die volle Höhe ihrer Leistungsfähigkeit aufrecht zu erhalten. So geriet die Schule schon 1938 unter Druck, da ihr die Einstellung eines neuen Sport- und Naturwissenschaftslehrers von der Schulaufsicht aufgegeben worden war, geeignete Studienassessoren aber nicht benannt werden konnten.[164]

Diesen Schwierigkeiten wußte die Schule zu begegnen, indem sie die entsprechenden geistlichen Lehrer von der bischöflichen Behörde anforderte, so daß dem Oberpräsidium bei diesem Eingriff in die Personalstruktur kein Erfolg beschieden war.

Kritisch wurde es jedoch im Frühjahr 1940, als die allgemeine Wehrpflicht auch auf katholische Geistliche ausgedehnt wurde. Es war dem Staat damit nun auch eine Handhabe gegen die geistlichen Lehrer der Gaesdonck gegeben. Der erste Geistliche im Bereich Kleve, auf den diese Bestimmung tatsächliche Anwendung fand, war ein Lehrer der Gaesdonck.[165] Die Wehrpflicht wurde so zu einer Handhabe, der Gaesdonck insbesondere die jungen Nachwuchslehrer zu nehmen,[166] auf die sie gerade zur Erfüllung der neuen nationalsozialistischen Lehrpläne so dringend angewiesen war.[167]

(Befr. Bt; Dok. 54 - 61)

2. Administrative Maßnahmen gegen die ökonomische Basis des Collegium Augustinianum Gaesdonck

2.1. Die ökonomische Struktur der Gaesdonck

Im Gegensatz zu vielen anderen privaten Schulen war die Gaesdonck zur Finanzierung ihrer Ausgaben nicht auf staatliche Zuschüsse angewiesen. Ihre Finanzierungsgrundlage stellte neben dem Schulgeld der umfangreiche Grundbesitz dar, den die Schule bei ihrer Begründung 1849 von ihrer Vorgängerinstitution, dem 'Hülfspriesterseminar Gaesdonck' übernommen hatte. Da dieser Besitz seit Jahrhunderten historisch gewachsen war, zerteilte die deutsch-niederländische Grenze den Gaesdoncker Grundbesitz in zwei Teile:

Auf deutscher Seite betrug der Grundbesitz insgesamt 157 ha an Ackerland, Wiesen und Weiden, wovon 65 ha in eigener Bewirtschaftung standen, d. h. direkt der Versorgung der Gaesdonck dienten. Diese 65 ha wurden von einem Gaesdoncker Gutsverwalter mit mehreren Hilfskräften bestellt. Der Rest war verpachtet.[168]

Schon durch die Naturalienproduktion des eigenen Hofes und durch die Einkünfte aus der Verpachtung des deutschen Grundbesitzes war die wirtschaftliche Grundlage der Gaesdonck genügend gesichert.[169] Hinzu kam der umfangreiche Grundbesitz in den Niederlanden,[170] der an insgesamt 30 Pächter vergeben war. Mit der auf Grund des Grundbesitzes anfallenden Verwaltungsarbeit und mit der Aufsicht über Pächter und Verwalter beiderseits der Grenze war ein geistlicher Lehrer betraut,[171] der dafür eine bedeutende

Stundenermäßigung im Schuldienst erhielt.

Mit diesem umfangreichen Grundbesitz war die Gaesdonck in der Lage, sich wirtschaftlich selbst zu tragen.[172] Nur zur Finanzierung größerer Projekte (z. B. Neubauten und umfangreiche Renovierungsarbeiten) bedurfte es der Zuschüsse des Schulträgers und des Staates. Auf Grund der umfangreichen Bautätigkeit in den 20er Jahren standen solche Projekte zwischen 1933 und 1941 jedoch nicht dringend an (der geplante Bau eines eigenen Hallenschwimmbades wäre wohl auch unter anderen Verhältnissen utopisch gewesen), so daß die Möglichkeiten des Staates, direkten wirtschaftlichen Druck auszuüben, recht begrenzt waren.

Die Einkünfte reichten jedoch nicht nur aus, die laufenden Ausgaben zu bestreiten, sondern erlaubten es auch, das Schul- und Internatsgeld vergleichsweise niedrig zu halten. Bei 2/5 aller Schüler konnte der Preis für Schulbesuch und Unterbringung sogar noch weiter ermäßigt werden, so daß auch finanziell weniger bemittelte Schüler, insbesondere auch Halb- und Vollwaisen, hier die höhere Schule besuchen konnten.[173] Diese Regelung gewann während des Dritten Reiches besonders auch für Schüler an Bedeutung, deren Eltern sich durch Betätigung im politischen Katholizismus bei den Nationalsozialisten mißliebig gemacht hatten, so daß sie in wirtschaftliche Schwierigkeiten geraten waren und ihre Söhne an einer öffentlichen Schule keinerlei Entgegenkommen zu erwarten hatten. Primär blieb die Schulgeldermäßigung jedoch eine allgemein soziale Einrichtung, die in diesem Ausmaß von einer öffentlichen Schule kaum vorzuweisen war.

Die nach dieser Abschöpfung für Schulzwecke verbleibenden Einkünfte waren hinreichend, die Verwaltung des Besitzes weiterzufinanzieren. Lediglich der genannte geistliche Lehrer war mit der Aufsicht über die ordnungsgemäße Verwaltung und Bewirtschaftung des Grundbesitzes betraut, ansonsten lief der Gutsbetrieb völlig unabhängig von der Schule. Daß Schüler in den Jahren 1940/41 zur Mithilfe in der Feldarbeit eingesetzt werden mußten,[174] war bedingt durch den Arbeitskräftemangel des Krieges und stellte eine Ausnahme dar.

Angemerkt sei hier noch ein anderer Vorteil, den die Lage der Gaesdonck unmittelbar an der Grenze bot. Der Verlauf der Grenze durch Gaesdoncker Gebiet ermöglichte es den Bediensteten der Gaesdonck, bei Bedarf bestimmte Dinge unbemerkt über die Grenze zu schaffen, an denen im Deutschen Reich auf Grund der Autarkiepolitik Hitlers Mangel herrschte.[175] Einen größeren Umfang konnte dieser Schmuggel allerdings schon mit Rücksicht auf die Sicherheit der Gaesdonck nicht annehmen, da ein Auffallen auch auf die Gaesdonck hätte zurückschlagen können (Devisenvergehen!). Schokolade und Kaffee waren jedoch begehrte Mitbringsel für die Schüler, wenn die Krankenschwester des Hauses von ihren häufigen ärztlichen Hilfsgängen aus Siebengewald direkt jenseits der Grenze zurückkam. Die Zöllner, zu denen die Gaesdonck auch sonst ein gutes Verhältnis hatte, wußten um die Wichtigkeit dieser Gänge für die in ärmlichen Verhältnissen lebende Bevölkerung in Siebengewald und legten solch harmlosen Dingen keine Schwierigkeiten in den Weg.

(Befr. Bu, Ii, Jl; Dok. 62, 64, 68)

2.2. Die Auseinandersetzungen um die Grundsteuerbefreiung

Die Befreiung von der Grundsteuer, die bis zum Inkrafttreten der Reichsgrundsteuerordnung vom 1. 12. 1936 automatisch jeder anerkannten Privatschule zukam, besaß natürlich gerade für die Gaesdonck bei ihrem ausgedehnten Grundbesitz erhebliche Bedeutung. Zwar stellte der dem Zugriff der deutschen Behörden entzogene Grundbesitz in den Niederlanden eine gewisse Absicherung dar, doch muß für die Beurteilung der folgenden Verwaltungsakte berücksichtigt werden, daß dem Oberpräsidium in Koblenz davon nichts bekannt war, so daß man dort der Ansicht sein mußte, man könne die Gaesdonck durch die Verweigerung der Grundsteuerbefreiung entscheidend in ihrer wirtschaftlichen Grundlage treffen. Allerdings war trotz der Einkünfte aus niederländischem Grundbesitz die Befreiung von der Grundsteuer auch tatsächlich nicht unbedeutend für die Gaesdonck, und es hätte ihre dauernde Verweigerung gewiß zu empfindlichen, wenn auch wohl nicht existenzbedrohenden wirtschaftlichen Einbußen geführt.

Geknüpft war die Grundsteuerbefreiung durch das Reichsgrundsteuergesetz an den Nachweis eines öffentlichen Bedürfnisses für die zu befreiende

Privatschule,[176] de facto bedeutete dies unter den Verhältnissen des Dritten Reiches, daß willkürlichen Entscheidungen gegen konfessionelle Privatschulen Tür und Tor geöffnet war. Der tatsächliche Nachweis eines dringenden öffentlichen Bedürfnisses für die Schule war nicht schwer zu erbringen: Unter Hinweis auf die Bedeutung der Gaesdonck als einzigem Internat am unteren Niederrhein und unter besonderer Betonung der im letzten Kapitel aufgezeigten sozialen Funktion der Gaesdonck legte der kommissarische Leiter der Anstalt dar, daß die Aufgaben, die die Gaesdonck erfüllte, wesentliche Aufgaben des Staates waren, so daß die Voraussetzungen für die Anerkennung eines Bedürfnisses im Rahmen der staatlichen Aufgaben gegeben seien. Vorbauend gegen den von ihm wahrscheinlich vorausgesehenen Vorwand, die Schule diene in der Hauptsache kirchlichen Zwecken (Ausbildung des Priesternachwuchses), betonte er zudem noch besonders, daß die Schule ihre Schüler allen Berufsarten zuführe, was ja auch der Wahrheit vollkommen entsprach. Versehen mit den erforderlichen Nachweisungen sandte er den entsprechenden Antrag unter dem 30. August 1937 an das Oberpräsidium in Koblenz ab. Die Antwort war ein reiner Willkürakt der Verwaltung, die ohne nähere Angabe von Gründen nicht anerkennen konnte, daß die vom Collegium Augustinianum Gaesdonck übernommenen Aufgaben im Rahmen der staatlichen Aufgaben lägen.[177]

Auch hier, wie bei der vorausgegangenen Umwandlung der Schule in eine 'Private Oberschule für Jungen' (vgl. Kapitel B III 3.1.), blieb ein Protest aus. Auf Gaesdonck hatte man wohl erkannt, daß man, wie auch die unmittelbar vorausgegangenen Vorgänge um die Besetzung der Direktorstelle gezeigt hatten, in diesem Falle auf jeden Fall am kürzeren Hebel saß. Die Wahrscheinlichkeit einer erneuten Niederlage bewog wahrscheinlich auch die Gaesdoncker Schulleitung in diesem Falle dazu, einer Auseinandersetzung aus dem Wege zu gehen und den Willkürakt der Verwaltung hinzunehmen, zumal ja die wirtschaftliche Basis des Collegium Augustinianum so stark war, daß sie auch eine solche Belastung ertragen konnte.

Im Jahre 1938 scheint es dann jedoch zu einem großzügigeren Erlaß seitens des Reichserziehungsministeriums gekommen zu sein, der allen staatlich anerkannten Privatschulen Grundsteuerbefreiung zusagte. Diese Anerkennung konnte der Gaesdonck nicht verweigert werden, da sie ja einer vorläufig noch durch nichts gerechtfertigten Auflösung der Anstalt gleichgekommen wäre. Obwohl sich entsprechende weitere Dokumente nicht bei den Akten befinden, scheint der Grundsteuerfreiheit nichts mehr im Wege gestanden zu haben.

(Dok 63 - 67)

2.3. Die Verweigerung des Grenzausweisantrages für den mit der Beaufsichtigung der Gutsverwaltung betrauten Studienrat X
Dokumentation aus den Gestapo-Akten im HStA Düsseldorf

Auch die Verwaltung der in Holland liegenden Besitzflächen der Gaesdonck war mit gewissen Schwierigkeiten verbunden, die sich aus der Abgrenzungspolitik des Deutschen Reiches gegenüber dem gesamten Ausland ergaben. Schon im Transfer von Kapital von Holland nach Deutschland und umgekehrt mußte die Gaesdonck vorsichtig sein, sich nicht eines Devisenvergehens schuldig zu machen. Das Transferproblem stellte jedoch keine unüberwindbare Schwierigkeit dar: Durch die Anlage von Geldvorräten in den Niederlanden gelang es, den genehmigungspflichtigen Kapitaltransfer vom Deutschen Reich ins Ausland zu vermeiden, wenn Zahlungen an die holländischen Pächter für gehabte Auslagen zu tätigen waren. Durch vorsichtiges Handeln ist es der Gaesdonck gelungen, trotz des ständigen Kapitalverkehrs mit Holland nicht ein einziges Mal mit den Devisengesetzen in Konflikt zu kommen.

Schwerwiegender war die Tatsache, daß Anfang des Jahres 1940 dem mit der Verwaltung des niederländischen Besitzes betrauten Studienrat von den deutschen Behörden der Grenzausweis entzogen wurde. Zwar konnte durch die Beauftragung eines niederländischen Notars mit der Entgegennahme der Pachtbeträge eine Übergangslösung getroffen werden, aber ein Dauerzustand war das natürlich nicht.

Obwohl dieser Fall für die wirtschaftliche Grundlage der Gaesdonck nicht unbedeutend war, ist hierin wohl kaum eine gezielte Aktion gegen

die Gaesdonck zu sehen. Der im Mai 1940 dann auch tatsächlich erfolgte
Angriff des Deutschen Reiches auf Holland war ja für die Gestapo schon
ab September 1939 abzusehen. Zu den dringend notwendigen Vorbereitungen für den Eintritt des Kriegsfalles mußte es gehören, daß sichergestellt
wurde, daß sich zum Zeitpunkt des Angriffes kein Deutscher auf holländischem Boden befand. Wenn die daraus folgende Einziehung aller Grenzausweise auch die Gaesdonck betraf, so ist darin eher ein Beispiel für die
Auswirkungen zu sehen, die die große Politik der Kriegsvorbereitungen im
Alltag der Grenzbevölkerung zeitigte, zumal ja die Gestapo im September
1940 mit Rücksicht auf die veränderte Lage einer Wiedererteilung des Ausweises keine Schwierigkeiten bereitete.

(Dok. 68 - 70)

2.4. Die militärische Belegung des Gebäudes

Die Erschwerung der schulischen Arbeit durch militärische Belegung begann
bereits im September 1939 mit der Einquartierung von 400 Mann des Reichsarbeitsdienstes. Die Unterbringung einer so großen Zahl in einem Internat,
das eigentlich nur für die Unterbringung von 160 bis 180 Schülern die erforderlichen Einrichtungen besaß, bereitete schon organisatorisch erhebliche
Schwierigkeiten. An Räumen wurden neben der Turnhalle die Räume für den
musischen Unterricht und der größere der beiden für den Internatsbetrieb
dringend erforderlichen Studiersäle belegt.[178]

Gravierender als die organisatorischen Schwierigkeiten - nur der Sportunterricht erfuhr Einschränkungen - war jedoch die weltanschauliche Ausrichtung der Truppe, die nun tagtäglich das Leben der Gaesdonck mit prägte.
Zwar ist der im nachhinein entstandene Gedächtnisbericht des Studienrates Y
keine authentische Quelle aus der Zeit, doch erweist er sich in Hinsicht
auf die erwähnten Tatsachen, die zugleich aktenkundig geworden sind, als
bemerkenswert exakt, so daß angenommen werden kann, daß auch die in
diesem Zusammenhang wichtigen Tatsachen der Wahrheit entsprechen
(Nicht übersehen werden soll hier die Tatsache, daß das Jahr 1946 als

Entstehungszeitpunkt u. U. gewisse Übertreibungen begünstigen konnte; dies erscheint sowohl in Hinsicht auf den Zweck des Gedächtnisberichtes, der ja nirgendwo als Beweis dienen sollte, als auch in Hinsicht auf die sonst angemessenen Formulierungen des Berichtes unwahrscheinlich.):

Die Unannehmlichkeiten begannen bereits bei der Belegung, als einige Arbeitsdienstmänner die vor der Gaesdonck aufgestellte Madonnenstatue mit den Worten 'Die Sau' bekritzelten - ein im Sinne der Gaesdonck unmöglicher Vorfall. Ähnlich unmöglich verhielten sich die Männer beim Abzug mit dem Absingen des Liedes 'Stellt die Pfaffen an die Wand ...'.[179] Zwar bot sich die Gaesdonck auf Grund ihrer günstigen Lage für die Einquartierung des RAD für die Westwallarbeiten an, so daß auch in dieser Belegung keine gezielte Aktion gegen die Gaesdonck zu sehen ist. Das taktlose Benehmen zumindest einer größeren Zahl der Arbeitsdienstmänner, das von ihren Führern mindestens geduldet, wenn nicht sogar gefördert wurde, wäre jedoch keinesfalls nötig gewesen und war ganz offensichtlich darauf angelegt, die Lehrerschaft der Gaesdonck zu reizen und das Klima der Gaesdonck als katholisches Internat zu stören.

Keine Schwierigkeiten ergaben sich durch die längerfristige Belegung des Biologieraumes durch eine 6 Mann zählende Grenzschutzabteilung. Diese konnten voll in den Rahmen des Hauses integriert werden: Gegen Abgabe der ihnen zustehenden Verpflegung erhielten sie die in der Küche des Internats zubereiteten Mahlzeiten, wie sie auch an die Schüler ausgegeben wurden, und auch beim Luftschutz der Anstalt arbeiteten sie mit.[180]

Ab 1940 bekam auch die Gaesdonck die tatsächlichen Auswirkungen des Krieges zu spüren. Auf Grund ihrer Lage war die Anstalt zum erweiterten Selbstschutz verpflichtet, was für Schüler und Lehrer Einteilung zu Nacht- und Brandwache bedeutete.[181] Erleichtert wurde diese Aufgabe jedoch wesentlich durch die einquartierte Grenzschutzabteilung, die offensichtlich nach ihrer Einquartierung im Sommer 1939 mehrere Jahre auf Gaesdonck verblieben ist.

Den Angriff auf Holland konnten die Schüler auf Grund der grenznahen Lage der Gaesdonck live miterleben.[182] Am 10. Mai sollten die Schüler um 5.30 Uhr mit einer Messe in die Pfingstferien entlassen werden. Da jedoch schon nach wenigen Minuten die Luft vom Dröhnen der Flugzeugmo-

toren erfüllt war, wurde diese Messe bereits nach sieben Minuten beendet.
Die Straße nach Goch war für die Schüler nicht benutzbar, da der Grenz-
übergang Gaesdonck-Siebengewald von Goch aus der nächstgelegene war
und so den ganzen Tag über die deutschen Militärkonvois die Straße zweispurig in Richtung Holland befuhren. Gegen diesen Strom konnte man als
Fußgänger nur außerordentlich schlecht anschwimmen, so daß die Gaesdoncker Schüler auf Feldwegen den Gocher Bahnhof zu erreichen suchen
mußten, wo sich jedoch dann keine weiteren Schwierigkeiten ergaben, da
die Züge planmäßig verkehrten. Der für die Gaesdonck kritische Aspekt,
bei zäher Verteidigung der Holländer womöglich mitten im Kampfgebiet zu
liegen, schlug auf Grund des schnellen deutschen Vormarsches nicht
durch. Auch wurde der beantragten Verlängerung der Pfingstferien von seiten der Schulverwaltung kein Widerstand entgegengesetzt.

(Dok. 51, 71, 72, 73)

3. Administrative Maßnahmen zur Umwandlung der Organisationsstruktur des Collegium Augustinianum und Auflösung der Anstalt

3.1. Die Umwandlung des Collegium Augustinianum Gaesdonck in eine 'Private Oberschule für Jungen' 1937

Der eigentlich schwerwiegendste Eingriff der Nationalsozialisten in den Charakter der Anstalt vollzog sich bereits lange vor Einleitung des Abbaues und
letztlich der Schließung der Schule. Den äußeren Rahmen für diesen Eingriff bot die Reform der höheren Schule 1936/37, die nach offizieller Begründung der Vereinheitlichung des höheren Schulwesens, das seit den nicht
voll durchgeführten Schulreformen der Weimarer Zeit tatsächlich stark zer-
splittert war.[183]

Der allgemeine Ruf und das Renommee der Gaesdonck beruhte auf ihrer
alten Tradition als humanistische Bildungsinstituion und ihren hervorragenden,

auch von den nationalsozialistischen Schulbehörden wiederholt anerkannten Leistungen auf dem Gebiet der alten Sprachen. Gerade bei dieser Schule nun wäre eine Ausnahme von der Überführung in die Hauptform im Sinne des Erlasses zur Vereinheitlichung des höheren Schulwesens geboten gewesen, wie ja auch der Erlaß selbst das Weiterbestehen von traditionsreichen Gymnasien als Nebenform vorsah.[184]

Durch die Überführung der Gaesdonck in die Hauptform konnte jedoch die nationalsozialistische Schulbehörde den Charakter der Anstalt auf das Schwerste treffen und die Gaesdonck als Institution vernichten, ohne den Bestand der Schule überhaupt anzutasten. Daß das Oberpräsidium diese Gelegenheit nicht ungenutzt vorübergehen ließ, sondern die am 28. Dezember 1936 vom Reichsministerium für Erziehung, Wissenschaft und Volksbildung erteilte allgemeine Genehmigung und Ermächtigung auch in diesem Falle anwandte, wird verständlich, wenn man weiß, daß die Entscheidung über diese Maßnahme wiederum dem schon bei der Behandlung der Eingriffe in die Personalstruktur genannten Regierungsdirektor in der Abteilung für höheres Schulwesen des rheinischen Oberpräsidiums zukam.

Abgesehen von der beabsichtigten Zerstörung ihres Charakters als humanistische Bildungsanstalt entstanden der Gaesdonck jedoch auch erhebliche organisatorische Schwierigkeiten aus der Umwandlung. Die gesamte Ausrichtung der Schule mußte verändert werden:

Viele Lehrer, deren Fächerkombination an die Erfordernisse eines humanistischen Gymnasiums angepaßt war, verloren ihren pädagogischen Tätigkeitsbereich. Besonders betroffen waren davon vier Lehrer (von 13), die mit der Fächerkombination Religionslehre, Hebräisch, Lateinisch, Griechisch, Planstellen besetzten sowie ein weiterer mit den Fächern Religionslehre, Hebräisch.[185] Gerade für diese Fächer war an einer Oberschule für Jungen kaum mehr Bedarf.

Spürbarer Mangel herrschte dagegen auf dem Gebiet der Neusprachen und der Naturwissenschaften, der auf Grund des sich in Folge der nationalsozialistischen Hochschulpolitik gerade auch in den folgenden Jahren deutlich bemerkbar machenden Lehrermangels zudem noch schwer zu beseitigen war.[186] Am schwerwiegendsten aber war der Mangel an Sportlehrern infolge der Heraufsetzung der Sportstunden von drei auf fünf. Da anfangs nur ein (zudem noch kriegsbeschädigter), später zwei ausgebildete Sportlehrer zur Verfügung standen, war eine Bewältigung dieser Aufgabe nur durch die weitestmögliche Einbeziehung aller nur irgend geeigneten Kollegen in die fachfremde Erteilung des Sportunterrichtes möglich.[187] Besonders die als geistliche Lehrer auf Gaesdonck beschäftigten jungen Theologen, die nach Fortfall des hebräischen Sprachunterrichts kaum mehr in ihrem Fach unterrichten konnten, wurden dazu herangezogen.

Durch die ebenfalls im Zuge der Schulreform erfolgende Zusammenziehung von UII und OII wurde auch der sechsklassige Charakter der Anstalt gefährdet. Um die entstehenden Probleme nicht noch zusätzlich durch eine Verkleinerung auf fünf Klassen zu vergrößern, wurde der UIII eine IV vorgelegt. Dies brachte jedoch wieder neue Schwierigkeiten, da sich die Gaesdonck bis 1937 wohlweislich auf die Klassen UIII bis OI beschränkt hatte, denn die tradierten Formen des Internatslebens waren darauf ausgerichtet, daß es die Gaesdonck nicht mit Kindern, sondern mit Jugendlichen zu tun hatte. Diese Schwierigkeiten kamen jedoch nicht voll zum Durchbruch, da diese Klasse schon bald wieder der Abbauverfügung von 1939 zum Opfer fiel. Auch die anderen Schwierigkeiten äußerten sich nur allmählich, da in den bereits begonnenen Klassen, auf Grund der Übergangsbestimmungen, der humanistische Charakter wenigstens teilweise noch erhalten blieb. Lediglich die Abiturientia 1942 hatte von Anfang an ausschließlich Unterricht nach dem Lehrplan der Oberschule.

Erstaunlich ist der schwache Protest, der auf diesen willkürlichen, massiven Eingriff der staatlichen Administration in die Organisationsstruktur folgte. Eine Äußerung der Schulleitung ist bei den Akten nicht zu finden. Lediglich Bischof von Galen schrieb einen Brief des Bedauerns an den Reichserziehungsminister, ohne konkret eine Revision der Entscheidung zu verlangen.[188] Gerade aber er hätte noch zusätzlich Grund gehabt zu energischer Beschwerde, denn durch die Überführung in die neusprachliche Hauptform war die Gaesdonck ja auch für die Kirche als Bildungsstätte des Priesternachwuchses weitgehend entwertet. Diese befremdliche Haltung von Schulleitung und Schulträger läßt sich wohl nur an dem weiteren Festhalten

an der gewählten Überlebensstrategie erklären: Indem man sich bemühte,
allen Anforderungen des Staates gerecht zu werden, wollte man Zuverlässigkeit im nationalsozialistischen Sinne beweisen.

(Dok. 55, 58, 74, 75, 76)

3.2. Zulassungsbeschränkungen für das Collegium Augustinianum Gaesdonck

Der nächste Eingriff der Schulverwaltung in die Organisationsstruktur richtete sich direkt gegen die Existenzgrundlage des Collegium Augustinianum Gaesdonck. War die Umwandlung in eine 'Private Oberschule für Jungen' ein schwerwiegender Eingriff in den Charakter der Anstalt gewesen, offensichtlich mit der Zielsetzung, Renommee und Leistungsniveau der Schule durch Verlagerung der Schwerpunkte auf die Schwachstellen der Gaesdonck zu senken - bei der Gesamtbeurteilung der Schule war insbesondere der neusprachliche Unterricht wegen zu enger Anlehnung an den altsprachlichen kritisiert worden -,[189] so konnte die Einführung von Zulassungsbeschränkungen nur das Ziel haben, bei konsequenter Ausführung der Gaesdonck langsam aber sicher ihre Schüler und damit ihre Existenzgrundlage zu entziehen.

Der erste Schritt in diese Richtung erfolgte noch im Rahmen der ersten allgemeinen Angriffswelle gegen den Bestand von Privatschulen und stellte somit keinen gezielt nur gegen die Gaesdonck gerichteten Schritt dar: Durch Erlaß des Reichs- und Preußischen Ministers für Wissenschaft, Erziehung und Volksbildung wurden sämtliche Beamten aufgefordert, ihre Kinder von Privatschulen abzumelden.[190] Auch auf der Gaesdonck stellte die Beamtenschaft einen recht beträchtlichen Anteil an der Schülerschaft, so daß der Erlaß bei konsequenter Durchführung durchaus empfindliche Auswirkungen für die Gaesdonck hätte haben können. Zu einer tatsächlichen Kontrolle der Durchführung scheint es jedoch nicht gekommen zu sein,[191] denn es finden sich bei den Akten lediglich zwei Anträge auf ausnahmsweise Genehmigung des Weiterbesuchs. Nicht einmal in diesen beiden Fällen war die Durchführung konsequent: Während dem ersten Antragsteller, einem Notar aus Rees, aufgegeben wurde, zum nächstmöglichen Termin für seinen Sohn einen Platz an einer öffentlichen Schule zu beschaffen (auch diese Regelung ist erst auf eine Verschärfung des Konzepts durch den schon mehrfach genannten Regierungsdirektor zurückzuführen),[192] wurde das Gesuch eines Obersteuerinspektors vom Finanzamt Dülken, dessen Zuverlässigkeit auf Grund seiner Amtsstellung als Zellenleiter der NSDAP wohl vorausgesetzt wurde, auf jederzeitigen Widerruf genehmigt.[193]

War dieser allgemeine Angriff auf den Bestand der Privatschulen auf Grund der höchst inkonsequenten Durchführung ohne schwerwiegende Folgen geblieben, so verschärfte sich die Situation für die Gaesdonck im April 1939 erheblich. Anlaß war ein altes Gocher Problem, das 1931 eröffnete Realprogymnasium der Stadt. Schon in den Jahren 1934 und 1935 war die Anstalt Gegenstand von Verhandlungen zwischen dem Bürgermeister der Stadt - dessen Sohn bezeichnenderweise das Collegium Augustinianum Gaesdonck besuchte -[194] und dem Regierungspräsidium in Düsseldorf, da die Schülerzahl der Schule von Anfang an im Rückgang begriffen war, so daß der Bürgermeister im September 1935 auf die beschleunigte Durchführung von Reformen drängen mußte, da mit nur mehr 64 Schülern die Lebensfähigkeit der Gocher Anstalt nicht mehr gegeben war.[195] Angesichts dieser ständigen Existenzbedrohung, die auch durch die Reformen des Jahres 1937 offensichtlich nicht so recht überwunden worden war (vgl. das Schreiben des Gocher Schulleiters vom 22. 4. 1939),[196] mußte dem Leiter der Gocher Anstalt die Gaesdonck ein Dorn im Auge sein. Das Faß zum Überlaufen brachte dann wohl die Ummeldung zweier Gocher Schüler von der Gocher Proanstalt auf die Gaesdonck in den Osterferien 1939. Der Schulleiter schrieb einen erbosten Brief an das Oberpräsidium der Rheinprovinz, in dem er den Fall darlegte und darauf verwies, daß die Gaesdonck, offenbar unterstützt von der Gocher Geistlichkeit, planmäßig dem Progymnasium möglichst vermögende Schüler entziehe, so daß letztlich der Bestand der gesamten Gocher Mittelstufe gefährdet sei, wie auch ein Jahr zuvor es der Gaesdonck gelungen sei, alle drei katholischen Schüler der Uedemer Rektoratsschule auf sich zu ziehen, während nur der einzige evangelische Schüler auf die Gocher Anstalt übergegangen sei.[197]

Diesen Brief nahm man in Koblenz eilfertig zum Anlaß, die Gaesdonck für Gocher Schüler zu sperren,[198] da man auf Grund des Briefes offen-

sichtlich annahm, die Gaesdonck sei vorwiegend auf vermögende Gocher
Schüler in ihrem Bestand angewiesen und könne daher mit diesem Verbot
entscheidend getroffen werden. Zwar war die Gaesdonck weder ökonomisch
noch von der Zahl ihrer Schüler her angewiesen auf Gocher Schüler, doch
fühlte sich der Leiter der Gaesdonck nicht zuletzt aus sozialen Gründen
verpflichtet, gerade Gocher Schülern, die zu Hause nicht die notwendigen
Bedingungen zum Lernen fanden, die Gaesdonck offenzuhalten, da sonst
das nächstgelegene Internat erst wieder in Moers zu finden gewesen wäre,
was für viele Gocher eine unzumutbare Belastung dargestellt hätte. Mit
den Vorwürfen des Erlasses konfrontiert, tat er daher einen außerordentlich
geschickten Schachzug, indem er nicht selbst die Gesuche formulierte,
sondern den Eltern selbst die Formulierung überließ. Diese Gesuche, voller
grammatischer und orthographischer Fehler, bildeten selbst den schlagend-
sten Beweis dafür, daß die Umgebung des Elternhauses in keiner Weise die
nötigen Bedingungen für gymnasiale Studien bot.[199]

Trotz dieser Gesuche jedoch hielt man in Koblenz am Verbot der Aufnahme Gocher Schüler fest, da man, und dies ja auch nicht ganz zu Unrecht, nicht zuletzt weltanschauliche Gründe für die Wahl der Gaesdonck
für bestimmend hielt. Dennoch waren in der Regel religiös-weltanschauliche
Gründe nur ein Motiv der Eltern, und es traten meist soziale und bildungsmäßige Gründe wie in diesen Fällen hinzu.

(Dok. 77 - 89)

3.3. Die Schließung der Schule

3.3.1. Die Rechtsvorgänge um die Schließung des Collegium Augustinianum Gaesdonck

Ausgangspunkt der Rechtsvorgänge um die endgültige Schließung der Schule
war ein Erlaß des Reichsministers für Wissenschaft, Erziehung und Volksbil-

Rust

dung vom 5. 4. 1939 zur Anerkennung von Privatschulen. Die beiden zentralen Fragen dieses Erlasses betrafen zum einen den Nachweis eines öffentlichen Bedürfnisses für das Bestehen einer Privatschule, zum anderen die Frage nach der Gewähr für eine Erziehung im nationalsozialistischen Geiste.[200] Um diese Fragen sollte auch in den folgenden drei Jahren der gesamte Schriftwechsel um die Schließung der Schule kreisen.

Am 31. 5. 1939 äußerte sich der stellvertretende Leiter der Schule zu dem ihm am 12. 5. 1939 zugeleiteten Erlaß. Als Nachweis des öffentlichen Bedürfnisses führte er die drei wichtigsten Gruppen der niederrheinischen Bevölkerung an (Eltern, die nicht in der Lage sind, ihre Kinder genügend zu beaufsichtigen; Bauern, die Einzelhöfe fern ab einer öffentlichen höheren Schule bewohnen, sowie Kinder aus kinderreichen Familien), die gezwungen waren, die Hilfe eines Internates in Anspruch zu nehmen, um ihren Kindern die Möglichkeit zu geben, das Reifezeugnis zu erwerben.[201] Daß dieser Nachweis des öffentlichen Bedürfnisses keineswegs aus der Luft gegriffen war, beweisen die zahlreichen Anträge der Jahre 1940/41 auf Genehmigung von Neuaufnahmen.[202]

Was den nationalsozialistischen Geist der Schulerziehung betraf, so verwies er auf die Arbeit der Gaesdoncker HJ, wie er offensichtlich glaubte, eine schlagende Waffe, denn von Anfang an war dieser Einsatz ja die Intention der Schulleitung bei ihren Bemühungen um die HJ gewesen. Für die allgemeinen Leistungen der Gaesdonck verwies er außerdem noch auf die Ergebnisse der Reifeprüfungen.

Das juristische Instrument zur Auflösung der konfessionellen Schulen sollte jedoch die 'Reichsgemeinschaft der deutschen Privatschulen' bilden, der alle Privatschulen beitreten mußten, wollten sie nicht der staatlichen Genehmigung verlustig gehen.[203] Auf die diesbezügliche Frage antwortete der stellvertretende Leiter der Gaesdonck positiv. Diese Handlung muß eine eigenmächtige gewesen sein, denn erst am 18. 8. 1939 entschied die Reichsgemeinschaft über die Aufnahme der Gaesdonck, und zwar abschlägig.[204] Die Sorge um den Weiterbestand der Schule und die dementsprechende Eilfertigkeit in der Befolgung staatlicher Maßnahmen kommt gerade in dieser Angelegenheit besonders gut zum Ausdruck: Die Gaesdonck dürfte die erste katholische Schule im ganzen Reich gewesen sein, die den Aufnahmeantrag für die Reichsgemeinschaft stellte, denn in der Liste der ersten vier Schulen, über deren Anträge negativ entschieden wurde, erscheint die Gaesdonck an erster Stelle. Da ein anderes Gliederungssystem nicht erkennbar ist, kann angenommen werden, daß das Gesuch der Gaesdonck das erste war, das die Reichsgemeinschaft von einer kirchlichen Schule auf den Tisch bekam.

So wichtig - juristisch gesehen - die Reichsgemeinschaft für den groß angelegten letzten Schlag gegen die Schulen in kirchlicher Trägerschaft auch war und so wichtig eine Aufnahme, die allerdings auf Grund des Ministerialerlasses vom 18. 10. 1939 (Allgemeines Verbot der Aufnahme kirchlicher Schulträger)[205] endgültig ausgeschlossen wurde, für einen eventuellen Weiterbestand der Gaesdonck gewesen wäre, so spielten die Vorgänge um die Reichsvereinigung für die Gaesdonck doch nur eine Nebenrolle.

Zentral wurde für die Gaesdonck vielmehr die Bedürfnisfrage. Bei den Akten der Gaesdonck aus dem Oberpräsidium Koblenz findet sich nämlich bereits vom 20. 6. 1939 eine Aufstellung über das Collegium Augustinianum, das mit der Bemerkung versehen ist: 'Kann die Schule aufgelöst werden, ohne daß eine öffentliche Schule an ihre Stelle tritt? Ja. Die Schule dient rein kirchlichen Zwecken und entspricht auch keinem öffentlichen Bedürfnis.'[206] Zwar entsprachen diese Äußerungen in keinem Punkte der Wirklichkeit - unter den Abiturienten der Gaesdonck dieser Jahre finden sich in jedem Jahrgang höchstens zwei oder drei von zwanzig, die Theologie studieren wollen, so daß von 'rein kirchlichen Zwecken' wohl kaum die Rede sein kann, und jedem, der die Sozialstruktur der Gaesdoncker Schülerschaft kennt und die sonstigen Verhältnisse am Niederrhein hinzuzieht, muß klar werden, daß von einem mangelnden öffentlichen Bedürfnis nicht die Rede sein kann, wie es auch die große Zahl von Aufnahmeanträgen im Schuljahr 1940/41 zeigt, doch scheint trotz dieses eklatanten Widerspruches zur Wirklichkeit diese Auffassung die im Oberpräsidium gängige gewesen zu sein, denn sonst würde sie wohl kaum in einem internen Aktenvermerk auftauchen.

Ein entsprechender Bericht scheint dann auch am 28. 6. 1939 vom Oberpräsidium an das Reichsministerium für Wissenschaft, Erziehung und

Volksbildung gegangen zu sein. Am 24. Juli 1939, also noch bevor die Reichsgemeinschaft irgendeine Entscheidung gefällt hatte, erging daraufhin ein Erlaß des Reichsministeriums an den Oberpräsidenten mit einer Liste von 12 Schulen, die Ostern 1940 zu schließen seien, die an letzter Stelle auch die Gaesdonck aufführte. Dieser Erlaß trug den Oberpräsidien ausdrücklich die Prüfung der Frage, ob ein stufenweiser Abbau vorzuziehen sei, auf.[207]

Da jedoch der zuständige Regierungsdirektor das klar gesteckte Ziel hatte, die Gaesdonck möglichst schnell zu beseitigen (Vgl. die Vorbemerkung zum III. Gliederungspunkt), ist es nicht verwunderlich, daß er bereits am 27. 7. 1939[208] durch einen Erlaß die Schließung der Schule zu Ostern 1940 anordnete.

Auf diese trotz aller vorherigen Besorgnis doch recht überraschende Aktion der nationalsozialistischen Behörden hin scheint der kommissarische Schulleiter unverzüglich den Bischof von Münster, Clemens-August von Galen, in die drängende existenzbedrohende Angelegenheit eingeschaltet zu haben. Schon am 11. August intervenierte dieser bei der Reichsregierung, wobei er in seiner Eingabe durch das massive Ausspielen sämtlicher Trümpfe, die das anpassungsbereite Verhalten der Schulleitung bis zu diesem Zeitpunkt angesammelt hatte, offensichtlich glaubte, im Reichsministerium den Eindruck erwecken zu können, als sei auch für die Nationalsozialisten das Weiterbestehen der Schule unbedenklich. Ansonsten scheint der Brief genau dieselben Argumente enthalten zu haben, die der Schulleiter schon in seiner Äußerung vom 31. 5. 1939 hervorgehoben hatte. Dieses Gesuch wurde jedoch am 24. 10. 1939 vom Reichsministerium abschlägig beschieden.[209]

Unter Hinweis auf die durch den Kriegsausbruch geschaffenen neuen Verhältnisse kam es im Januar 1940 jedoch zu einer zweiten Eingabe von Galens an den Reichsminister: Unter dem 23. 1. 1940 legte er nochmals die schwierige Lage vieler Eltern dar, die bei einer Schließung der Schule Ostern 1940 entstünde. Nicht ungeschickt betrieb er auch eine gewisse Augenwischerei in der Beibringung statistischen Materials zur Untermauerung seiner Darstellungen, indem er die verschiedenen belastenden Faktoren in ihrer Häufigkeit einfach addierte, ohne auf Überschneidungen zu achten. Die sich dabei ergebenden 90 % scheinen im Reichsministerium dann auch Eindruck gemacht zu haben.[210]

Trotz gegenteiliger Empfehlung des Oberpräsidiums [211] - es wurde befürchtet, eine positive Entscheidung könne grundsätzliche Bedeutung als Präzedenzfall erlangen - wurde durch Erlaß des Reichsministeriums vom 28. 2. 1940 der Erlaß des Oberpräsidiums vom 27. 7. 1939 aufgehoben und in eine Verfügung des stufenweisen Abbaus umgewandelt.[212] Trotz dieses Entgegenkommens seitens der staatlichen Behörden hatte der Bischof den gewünschten Erfolg seiner Aktion nicht herbeiführen können, denn er hatte sich ja wohl letztlich eine uneingeschränkte Genehmigung des Weiterbestehens erhofft. Die Genehmigung des stufenweisen Abbaus bedeutete jedoch einen erheblichen Zeitgewinn und trug überdies dazu bei, eine große Zahl von Härtefällen zu vermeiden. Wäre der Abbau korrekt durchgeführt worden, so wäre die Gaesdonck zu Ostern 1945 geschlossen worden und hätte somit das Dritte Reich am Niederrhein überlebt.

In Koblenz war man von dieser Entscheidung des Reichsministeriums offensichtlich nicht sehr erfreut: Zu Beginn des neuen Schuljahres erging ein neuer Erlaß des Oberpräsidiums an die Gaesdonck, daß sämtliche Neuaufnahmen der Genehmigung durch das Oberpräsidium bedürften (Es sollte wohl eine Unterlaufung der Abbauverfügung durch eine zu große Zahl von Neuaufnahmen in die noch bestehenden Klassen der Gaesdonck verhindert werden).[213] Um diesen Erlaß vom 3. 4. 1940 entwickelten sich jedoch im folgenden neue Probleme, die wiederum auf höchster Ebene ausgetragen wurden.

Zunächst zeigten sich jedoch die Auswirkungen der nach errungenem Sieg entgegenkommenderen Haltung des Oberpräsidiums: Ein gutes Jahr lang wurden die in vertretbarer Zahl einlaufenden Anträge auf Neuaufnahmen nach durchaus sachgemäßen Kriterien beurteilt und daher, sofern nicht unzureichende Leistungen vorlagen,[214] die auch bei einer öffentlichen Schule zur Ablehnung geführt hätten, in der Regel auch genehmigt.

Im Mai 1941 verschärfte sich die Situation für viele Schüler des Gaesdoncker Einzugsbereiches jedoch erheblich - Fahrschüler wurden mit verkehrs- und luftschutztechnischen Problemen konfrontiert,[215] die auf Dauer untragbar waren, anderseits wirkten sich überall die zahlreichen Einberufungen zum Wehrdienst aus, sei es, daß der Vater selbst im Felde stand,[216] sei es, daß er durch seinen Beruf fast ganz in Anspruch genommen wurde, um den kriegsbedingten Arbeitskräftemangel auszugleichen.[217] Auf Grund all dieser Faktoren, nicht zuletzt auch wegen des neuen Schuljahrsbeginns, setzte im Mai 1941 eine Flut von Anträgen auf Genehmigung von Neuaufnahmen ein: Innerhalb von etwa drei Monaten 12 Anträge schienen dem Oberpräsidium offensichtlich mit dem Abbau der Schule nicht mehr vereinbar. Die eigentlichen Gründe für die nun plötzlich durchweg einsetzenden völlig unsachgemäßen Ablehnungen aller Aufnahmeanträge müssen jedoch tiefer gelegen haben, denn diese Flut von Anträgen war ja im Mai eigentlich nicht abzusehen. Aus Kenntnis der folgenden Vorgänge kann man annehmen, daß schon im Mai 1941 der Plan, auf Gaesdonck eine Lehrerbildungsanstalt zu errichten, der im September offiziell bekanntgegeben wurde, im Oberpräsidium bekannt war.[218] Da dieser Plan die Schließung der Schule zu Weihnachten 1941 einschloß, mußte verhindert werden, daß die Gaesdonck durch weitere Neuaufnahmen eine zu große Schülerzahl, die von der Maßnahme betroffen gewesen wäre, ansammelte.

Die Schulleitung der Gaesdonck ahnte davon natürlich nichts. Der plötzliche Sinneswandel des Oberpräsidiums mußte ihr vielmehr befremdlich und verdächtig anmuten. Auf die erste Ablehnung hin, die unter dem Datum des 26. 5. 1941[219] auf Gaesdonck einging, setzte sich der kommissarische Leiter der Schule unverzüglich mit dem Bischof in Verbindung. Dieser zog es in diesem Falle vor, nicht persönlich zu intervenieren, sondern durch den Beauftragten der Fuldaer Bischofskonferenz für Schulfragen, seine Exzellenz Staatsrat Berning, Bischof von Osnabrück, beim Reichserziehungsministerium anfragen zu lassen, welche Bewandtnis es mit der zur Begründung angeführten Formel '..., da sich die Gaesdonck im Abbau befindet und Neuaufnahmen daher nicht genehmigt werden können' habe. Diese Anfrage brachte das Ergebnis, daß das Reichserziehungsministerium offensichtlich noch auf dem alten Standpunkt stand, daß in begründeten Fällen sehr wohl Schüler auch in eine vom Abbau betroffene Schule, also auch auf die Gaesdonck aufgenommen werden konnten. Der zuständige Referent handelte jedoch wohl in Unkenntnis der politischen Beweggründe seiner Kollegen im Oberpräsidium.[220] Dergestalt gerüstet, glaubte nun die Gaesdoncker

Schulleitung einen zweiten Erfolg nach dem Muster des ersten, der Erreichung des stufenweisen Abbaus, erreichen zu können. Auf das Ersuchen des zuständigen Regierungsdirektors im Oberpräsidium vom 8. 7. 1941,[221] der Leiter der Gaesdonck möge doch alle Ersuchen so energisch ablehnen, daß sich weitere Anträge erübrigten, erging daher eine grundsätzliche Anfrage über die Frage der Neuaufnahmen an das Oberpräsidium. Die grundsätzlichen Argumente, die sich im wesentlichen auf das Gespräch Bischof Bernings mit dem Referenten im Reichserziehungsministerium bezogen, suchte man in Koblenz zunächst durch eine Bekräftigung des zu Grunde liegenden Einzelfalles überspielen zu können.[222] Als die Schulleitung ihre Anfrage dann jedoch wiederholte,[223] kam es zu einer wohlklingenden, aber nichtssagenden Antwort, deren eigentlicher, fast schon ironischer Sinn, sich in der ursprünglichen Form des korrigierten Konzepts dekouvriert: 'Die Wendung, über die ich mir je nach Lage des Einzelfalles zu entscheiden vorbehalten muß' sollte soviel bedeuten wie ..., die Grundsätze, nach denen diese von mir beurteilt werden, bedürfen nach den Vorgängen der letzten Zeit keiner weiteren Erläuterung mehr', also nichts anderes als eine euphemistische Umschreibung für die unbedingte Ablehnung aller Anträge ohne Rücksicht auf den Einzelfall.[224] Die im Quellenteil beigefügten Anträge veranschaulichen drastisch, wie wenig Rücksicht auf den Einzelfall genommen wurde.

Andererseits kann man den Beamten im Oberpräsidium auch keinen Vorwurf daraus machen, wenn sie ihre Genehmigung für Neuaufnahmen auf eine Anstalt versagten, deren Auflösung innerhalb Jahresfrist ohnehin schon beschlossene Sache war. Auch ihre Motivation war, genauso wie die der Gaesdonck, in dieser Sache zwiespältig: Die Gaesdonck gab zwar vor, Härtefälle vermeiden zu wollen, kämpfte in Wirklichkeit um ihr Überleben; im Oberpräsidium dagegen bemühte man sich dagegen eigentlich um die möglichst schnelle Auflösung der Schule, konnte dabei aber gleichzeitig soziale Gründe zur Rechtfertigung seines Verhaltens in Anspruch nehmen. Derartig ambivalent ist auch die Bitte an den Direktor der Staatlichen Oberschule für Jungen in Moers (Dok. 118) zu verstehen, 'gegebenenfalls weitgehendes Entgegenkommen zu zeigen', was zwar einerseits der Gaesdonck den Rang ablaufen sollte, andererseits aber auch durchaus sozial gedacht für das be-

troffene Waisenkind war, da die Gaesdonck ja de facto keine Alternative
mehr darstellte.

Eine erhebliche Verlagerung erfuhren die Bemühungen des Münsterschen
Generalvikariats durch den Erlaß des Oberpräsidenten vom 2. 9. 1941, der
die Schließung der Schule zu Weihnachten 1941 anordnete,[225] allerdings
mit der Einschränkung, die Klasse 8 dürfe noch im Frühjahr 1942 ihr Abitur
auf Gaesdonck machen. Die Bekanntgabe des Planes einer Lehrerbildungsanstalt Gaesdonck löste in Münster Bestürzung aus, denn durch eine solche
Inanspruchnahme wäre die Gaesdonck insgesamt der Kirche verloren gegangen. Der Akzent verlagerte sich daher in den letzten Monaten mehr und
mehr von der Erhaltung der Schule auf die Erhaltung des Besitzstandes:
Wenn die Schule schon aufhören sollte zu existieren - die Hoffnung, dies
zu verhindern, hatte man in Münster offensichtlich schon aufgegeben -, so
wollte man doch wenigstens die Gebäulichkeiten nicht völlig aus der Hand
geben. Die von Stenmans[226] ausführlich beschriebenen Vorgänge um die
Beschlagnahme des Gebäudes sind für das Schicksal der Schule letztlich
jedoch uninteressant, da sie von vornherein zum Scheitern verurteilt waren,
weil sie den Unrechtscharakter des Systems völlig verkannten und einem
auf Rechtsbeugung beruhenden Staat mit juristischen Spitzfindigkeiten und
vergleichsweise Haarspaltereien ungerechtes Verhalten nachweisen wollten.

Eine letzte Initiative, die Schule zu retten, erfolgte Ende November /
Anfang Dezember 1941. Bischof Berning und ein Studienrat der Gaesdonck
drangen im Reichserziehungsministerium bis zum Staatssekretär vor. Dieser meinte, - offensichtlich wie sein Kollege zuvor wieder in Unkenntnis
der tatsächlichen Sachlage - die Gaesdonck werde wohl bestehen bleiben.
Diese Initiative hat, wahrscheinlich auf Grund ihres unverbindlichen Rahmens,
keinen Niederschlag in den Schulakten gefunden. Ich muß mich daher in
diesem Punkte auf Stenmans stützen, der offensichtlich 1963 in Hinsicht
auf die Befragung von Zeitzeugen noch günstigere Voraussetzungen vor-
fand, da die meisten der damaligen Lehrer damals noch lebten.

Wie der SD-Bericht über die Gaesdoncker HJ vom 3. 12. 1941 und die
entsprechende Antwort des Oberpräsidiums vom 13. 12.[227] andeuten,
scheint es neben dieser Einschaltung Bischofs Berning noch einen persönlichen Protest Bischofs von Galen beim Reichsministerium gegeben zu haben.

Diese Beschwerde muß jedoch dilatorisch behandelt worden sein, denn obwohl sie die Schließung der Schule zu Weihnachten betraf, war sie auch am 13. Dezember noch nicht entschieden.

Keine der beiden Initiativen um die Erhaltung der Schule kann man als wirklich energisch bezeichnen. Das Hauptaugenmerk des Bischofs scheint sich in den letzten Monaten vom Erhalt der Schule, den man wohl auch in Münster nach den Ereignissen der vorangegangenen Monate als aussichtslos erkannt hatte, auf die Zukunft der Gaesdoncker Einrichtungen verlagert zu haben. Durch eine Initiative des Bischofs gelang es, die Lehrerbildungsanstalt abzuwenden und stattdessen das Gebäude der Wehrmacht zur Errichtung eines Lazaretts anzuvertrauen, was den Verbleib wenigstens des Präses der Gaesdonck ermöglichte und die Gebäude und das Eigentum der Gaesdonck nicht völlig kirchlicher Kontrolle entzog. Am 7. 4. 1942 zogen die ersten 170 Verwundeten auf Gaesdonck ein und markierten so das endgültige Ende des Gaesdoncker Schulbetriebes.

(Dok. 90 - 130)

3.3.2. Die Reaktionen von Lehrerkollegium und Schülerschaft auf die Schließungsverfügung

Als am 2. 9. 1941 die Schließungsverfügung der Gaesdoncker Schulleitung übermittelt wurde, glaubte man in der Lehrerschaft offensichtlich noch an die Möglichkeit eines Erfolges einer bischöflichen Beschwerde auf höchster Ebene. Diese Möglichkeit zu erhalten und die Verhandlungen nicht durch anti-nationalsozialistische Vorfälle auf Gaesdonck von vornherein zu belasten, bedingte jedoch eine konsequente Weiterführung der bisherigen Strategie und Aufrechterhaltung der Disziplin. Das Verhalten der Lehrer veränderte sich daher kaum und war offensichtlich darauf angelegt, die veränderte Situation zu überspielen, indem man einfach weiter so verfuhr, als sei nichts geschehen.

Ganz geheim halten ließ sich die Schließungsverfügung natürlich nicht, aber solange die Verfügung nicht endgültig war, wollte man auch keine unnötige Unruhe verbreiten. Über die tatsächlichen Umstände der bevorstehenden Auflösung und über den tatsächlichen Entwicklungsgang der Verhandlungen zwischen Bischof und Reichsregierung wurden die Schüler und ihre Eltern daher bis wenige Tage vor Beginn der Weihnachtsferien im unklaren gelassen.[228]

Allerdings war auch die Schulleitung nicht blind für die Schwierigkeiten, die sich für die Schüler ergeben würden, wenn die zu Weihnachten, also mitten im Schuljahr notwendig werdende Umschulung nicht rechtzeitig von Schülern und Eltern gemeinsam vorbereitet werden konnte. Unverzüglich nach Eingang der Schließungsverfügung und Klärung der Verhältnisse stellte die Schulleitung daher unter dem 19. 9. 1941 einen Antrag auf Gewährung eines Sonderurlaubs für alle Schüler, damit sie sich vom 3. bis zum 8. Oktober mit ihren Eltern über die Fortsetzung ihrer Studien beraten könnten.[229] Der zuständige Sachbearbeiter im Oberpräsidium schlug durchaus sachgerecht eine Genehmigung für alle Schüler - mit Ausnahme der Abiturklasse - vor, die ja aus der Schließung keine Nachteile ziehen würde. Der zuständige Regierungsdirektor änderte jedoch ohne ersichtlichen Grund dieses Konzept in eine vollständige Ablehnung. Diese für den außenstehenden Betrachter zunächst unverständliche Maßnahme wird in ihrem Sinn deutlich, wenn man sich vergegenwärtigt, welches Mißtrauen ein nationalsozialistischer Beamter den Machenschaften der katholischen Kirche nach den zahlreichen gedeckten Aktionen der Monate zuvor entgegenbringen mußte (man bedenke, daß die Euthanasiepredigt von Galens erst zwei Monate zurücklag):[230] Auch in diesem Falle befürchtete man offensichtlich, die Besprechung der weiteren Studien könnte zu einer Besprechung konzertierter Maßnahmen zur weiteren Erhaltung der Schule werden. Um solche möglichen, wenn auch recht unwahrscheinlichen Machenschaften von vornherein zu unterbinden, kam man im Oberpräsidium zu einer Entscheidung, die die Schüler der Gaesdonck im kaum vorhersehbare Schwierigkeiten brachte.

Trotz allem gab die Schulleitung nicht sogleich die volle Wahrheit bekannt, da sie Auflösungserscheinungen verhindern wollte. Weil die Schüler jedoch mehr oder weniger behutsam auf die Möglichkeit der baldigen Schließung vorbereitet worden waren, ergaben sich für die meisten keine allzu großen Schwierigkeiten beim Übergang auf eine andere Schule. Lediglich in den

Fällen, in denen wirklich zwingende Gründe für den Besuch eines Internates
vorlagen, hätten Übergangsschwierigkeiten durch eine rechtzeitigere Benachrichtigung vielleicht vermieden werden können. Für die anderen beschränkten sich die organisatorischen Schwierigkeiten auf die üblichen eines Schulwechsels. Für die Schüler des Kreises Kleve ergab sich bei ihrem Wechsel
auf die Hindenburg-Oberschule in Kleve zudem noch der Vorteil, daß an
derselben Schule auch ein Gaesdoncker Laienlehrer seine weitere Beschäftigung fand, so daß wenigstens eine Kontaktperson gegeben war, die sie
schon aus ihrer Gaesdoncker Zeit genau kannten.[231]

Auch auf seiten der Lehrerschaft, die ja naturgemäß von Anfang an besser informiert war, ergaben sich keine Härtefälle. Soweit die Lehrer nicht
zum Militär eingezogen wurden, wurden die Laienlehrer ohne Schwierigkeiten
in den öffentlichen Schuldienst übernommen. Auf Seiten des Staates wollte man offensichtlich alle Schwierigkeiten vermeiden, um der Gaesdonck
nur keinen Vorwand für ein Weiterbestehen zu geben, wovon nun Schüler
wie Lehrer profitierten. Die Geistlichen, die den größten Teil des Kollegiums
ausgemacht hatten, wurden durch den Bischof sogleich wieder mit neuen
Funktionen in der Seelsorge versehen, nicht zuletzt auch, um sie vor der
Einberufung zum Wehrdienst zu schützen.

Grund zu offener Empörung angesichts der recht glatt ablaufenden Liquidation der Schule bestand also kaum. Dennoch blieben die Vorgänge nicht
ohne Folgen für das Gaesdoncker Schulleben.

Zu bedenken ist in diesem Zusammenhang nicht nur der tatsächliche Ablauf der Vorgänge, sondern insbesondere auch, in welches Klima innerhalb
des Katholizismus insgesamt diese Vorgänge hineinstießen. Mit den Predigten von Galens, die erst wenige Monate alt und damit hochaktuell waren, hatte sich die offizielle Haltung der Kirche zum Nationalsozialismus
stark gewandelt. Die abwartende, äußerlich häufig unentschiedene Haltung,
die auch auf Gaesdonck eine entschiedene Erziehung erschwert hatte, war,
zumindest was das Bistum Münster betraf, einer entschiedenen Haltung gewichen. Auf den größten Teil der Schülerschaft war diese Wandlung zwar ohne Wirkung geblieben - die Lehrer gaben sie meist auch nur recht unvollkommen weiter -, doch gab es eine kleine Gruppe von Primanern, die schon zuvor zu den entschiedeneren Gegnern des Nationalsozialismus gehört hatten

und diese Wende begrüßten. Der in den Predigten von Galens bereits beschworene Unrechtscharakter des Systems wurde nun auch am Beispiel der Gaesdonck sichtbar und ließ die Schüler das in den Predigten genannte Unrecht am eigenen Leibe erfahren.

Anlaß zu der im folgenden beschriebenen Aktion dieser Primaner war ein tendenziös-apologetischer Film,[232] der die Euthanasieprogramme der Nationalsozialisten rechtfertigen sollte. Auf dem Hintergrund der Predigten von Galens taten sich fünf Primaner auf heimlicher Grundlage zusammen und schrieben während vierer Nächte die Predigten Bischofs von Galen auf Matrize ab. Zur Vervielfältigung benutzten sie, wie sich aus der allgemein umschreibenden diesbezüglichen Formulierung der Befragung I schließen läßt, heimlich das Matrizenumdruckgerät der Schule. Die Predigten wurden nicht nur an ehemalige Gaesdoncker Schüler, sondern auch anonym an hohe nationalsozialistische Funktionäre und Institutionen verschickt. Um den Absender nicht als Gaesdoncker erkenntlich werden zu lassen, wurden die Briefe jeweils einem Schüler, der die Anstalt verlassen durfte, mitgegeben, damit er sie irgendwo an anderer Stelle in den Briefkasten werfen konnte.

Als diese fünf Schüler in der vierten Nacht von einem Lehrer entdeckt wurden, zeigte sich dieser keineswegs erfreut über den Vorfall. Ganz abgesehen von den persönlichen Konsequenzen, die dies für jeden einzelnen der Schüler hätte haben können, befürchtete man auf seiten der Lehrer offensichtlich weiterreichende Konsequenzen für die Gaesdonck, was darauf schließen läßt, daß die Lehrer noch zu diesem Zeitpunkt in der Hoffnung lebten, die Gaesdonck werde bei guter Führung nicht zu Weihnachten aufgelöst werden. Diese Aktion darf also keineswegs als Gaesdoncker Widerstandsaktion aufgefaßt werden, denn sie fand in keiner Weise die Billigung der Lehrerschaft. Sie ist vielmehr als ein Beispiel der verstärkten Polarisierung der letzten Jahre zu sehen und als ein Beispiel dafür, welche Ergebnisse der Bewußtseinsbildung die Gaesdoncker Erziehung im Extremfall auch ermöglichte. Die Leistung der Gaesdonck ist hier jedoch nicht darin zu sehen, daß sie in ihrem Erziehungskonzept auf dieses Ziel als den Idealfall ausgerichtet war, sondern vielmehr darin, daß sie Schülern, die schon von ihrem Elternhaus her in dieser Richtung vorgeprägt waren, die weitere Entfaltung eines fundierten kritischen Bewußtseins gegenüber dem Nationalsozialismus als Möglichkeit offenhielt und verhinderte, daß solche Ansätze durch NS-Propaganda völlig erstickt wurden. Der Lehrer billigte daher zwar auch die Grundhaltung, aus der die Schüler diese Aktion begonnen hatten, wies sie aber eindringlich auf die Konsequenzen hin, die ihr Verhalten hätte haben können. Außerdem mißbilligte er den Ausbruch der Schüler aus der Schuldisziplin der Gaesdonck, die ihm gerade in dieser entscheidenden Phase der Gaesdonck besonders wichtig schien.[233]

Ein zweites Beispiel, das äußerlich sehr nach einer geplanten Widerstandsaktion aussieht, findet sich im SD-Bericht vom 3. 12. 1941 über die Gaesdoncker HJ (Dok. 126). Bei näherer Ausleuchtung der Hintergründe der dort geschilderten Vorfälle ergibt sich jedoch ein völlig anderes Bild. Festzuhalten ist zunächst einmal, daß die HJ-Gefolgschaft bis zum Oktober 1941, einem Zeitpunkt also, zudem die Schließung bereits bekannt war, durch ihren Gefolgschaftsführer in tadelloser Ordnung erhalten werden konnte, was auch nicht weiter verwunderlich scheint, da seine organisatorischen Fähigkeiten als Führer auch nach dem Krieg allgemeine Anerkennung fanden, als er sie in der Jugendarbeit des Kreises Kleve entfaltete. Dieser Schüier verließ Ende Oktober 1941 mit dem Kriegsabitur die Gaesdonck. Der Führerwechsel, der damit anstand, fiel jedoch in eine außerordentlich ungünstige Situation, da sich unter den Schülern bereits eine allgemeine Unlust ausbreitete, die nun ohnehin sinnlos scheinenden Verbeugungen vor den Nationalsozialisten weiterhin mitzumachen. Hinzukam, daß die Schulleitung offensichtlich bei der Bestimmung des neuen Führers ihren Einfluß ausgeübt hatte, wobei ihre Wahl aber offenbar nicht ganz glücklich war, da die diplomatischen Fähigkeiten des betreffenden Schülers, wie auch die folgenden Streitigkeiten zwischen Gaesdoncker und Gocher HJ zeigten, sehr zu wünschen übrig ließen.

Die Disziplin innerhalb der HJ-Gefolgschaft nahm angesichts dieser Umstände rasch ab und gab bald Beanstandungsgründe für die Gocher HJ-Führung. Wenn nun der Berichterstatter dies auf die 'abträgliche und gemeinschaftsferne' Erziehung der Gaesdonck zurückführt, so ist er damit auf einer zwar naheliegenden, aber für den Kenner der Gaesdoncker Verhältnisse völlig falschen Fährte. Die von mir auf den Vorfall hin angesprochenen Gaesdoncker dieser Jahre erklärten den Tatbestand wesentlich einfacher und auch einleuchtender: Auf dem Weg nach Goch hatte sich eine größere Anzahl von Schülern unter Ausnutzung der mangelnden Aufsicht von der Gruppe entfernt, da sie keine Lust dazu hatten, den ganzen Nachmittag über Flaschen einzusammeln, so daß der verbleibende Rest seinen Auftrag nur höchst unvollkommen ausführen konnte.[234] Die vermeintliche Widerstandsaktion zeigt sich als ein einfacher Jungenstreich.

Widerstandsaktionen von Gaesdoncker Schülern außerhalb des Internates halte ich nach meinem jetzigen Informationsstand für unwahrscheinlich. Die angebliche Rettung eines abgesprungenen englischen Piloten durch Gaesdoncker Schüler - (Grenztransfer nach Holland während der Nacht) - ist in diesem Zusammenhang mit äußerster Vorsicht zu betrachten. Der befragte Zeitgenosse wünschte vor dieser Mitteilung ausdrücklich die Ausschaltung des Tonbandgerätes und wollte auch die Namen der vier an dieser Aktion beteiligten Zeugen auf keinen Fall nennen. Damit entfiel für mich jegliche Überprüfbarkeit dieser Mitteilung. Bei kritischer Betrachtung des Quellenwertes[235] dieser Aussage scheint somit nicht entscheidbar, ob es sich hierbei unter Umständen um ein bloßes gedankliches Konstrukt mit apologetischer Zweckbestimmung handelt oder um eine phantasievolle Variation einer literarischen Vorlage (vergl. die Degenhardt-Version dieses Themas in seinem Roman 'Zündschnüre'); auf eine Auswertung wird daher an dieser Stelle verzichtet.

Ganz ohne Auswirkungen auf das Klima des Schulalltags konnte die bevorstehende Schließung also nicht bleiben, besonders in der Schülerschaft machte sich Unmut über die Vorgänge breit. Dennoch kann keine Rede von offener Empörung der Schüler oder Aufgabe der Zurückhaltung seitens der Lehrer sein: Die Lehrer versuchten nicht, die neuentstandene Situation auszunutzen und sich nunmehr größere Freiheiten gegenüber den Nationalsozialisten herauszunehmen. Gerade die Lehrer versuchten, offenbar getäuscht durch die Hoffnung, die Gaesdonck könne doch noch gerettet werden, ihre Strategie so weiter zu führen, <u>als sei nichts geschehen.</u>

Abgesehen von den Rückzugsgefechten um das Eigentumsrecht an den Schulakten verlief die Liquidation der Schule 1942 recht reibungslos. Am 13. 3. 1942 hielt die Gaesdonck ihr letztes Abitur ab und entließ damit ihre letzten Schüler. Die letzte Amtshandlung des Direktors war die Übergabe der Schulakten am 26./28. 6. 1942 [236] an die Berliner Zentralstelle für Schulwesen. Der Kampf um die Gaesdonck war mit einem Sieg des Staates beendet.

(Befr. Hn, Id, Jh; Dok. 124, 126)

18. 1. 89

C

Schluß

Zusammenfassung und historische Wertung

1. Die Haltung der Lehrerschaft und das Gaesdoncker pädagogische Konzept - Widerstand gegen den Nationalsozialismus?

> 'Bleibt nicht der innere Widerstand
> von solchen Fassaden ganz unberührt?
> Das hieße, das Unsichtbare überzube-
> werten. Mit dem Schwinden der öffent-
> lichen Konflikte beginnt immer irgend-
> eine Affirmation.'
>
> Peter Brückner, Abseits, S. 54

Ebenso wie in der Frage der Jugendorganisationen und der Freizeitgestaltung aufgezeigt (Kap. B I 2; B II 3.1), bewahrte die Gaesdonck in ihrer gesamten erzieherischen Konzeption während der Weimarer Republik eine bemerkenswerte Tendenz in Richtung auf eine möglichst vollständige Isolation von der Außenwelt und eine Erziehung, die die durch die Republik neugeschaffene Lage weitgehend außer acht zu lassen schien. Weiterhin sollte am Ende der Gaesdoncker Erziehung der religiös fundierte und humanistisch gebildete Mensch stehen. Eine Erziehung zu kritischer geistiger Selbständigkeit gegenüber staatlichen und kirchlichen Machtstrukturen und insbesondere zu einem echten Demokratiebewußtsein war dagegen wenig gefragt. Von einer angemessenen Vorbereitung der Schüler auf ihre zukünftige Rolle als mündige Staatsbürger einer Demokratie kann kaum die Rede sein, vielmehr versuchte man offensichtlich in der Form einer betont fremdbestimmten Pädagogik weiterzuerziehen, als seien die Schüler noch immer auf ihre Rolle als Untertanen eines Obrigkeitsstaates vorzubereiten.

Ob sich hier bei einem Weiterbestand der Weimarer Demokratie nach längerer Zeit eine Besserung ergeben hätte, läßt sich heute nicht mehr feststellen. Festzuhalten ist jedoch, daß der alleinige Einfluß der Kirche auf die Gaesdoncker Erziehung, wie die Weimarer Republik in ihrer Liberalität sie gewährleistete, der Erziehung zum mündigen Staatsbürger in hohem Maße abträglich war.

Eine Besserung trat auch hier, so paradox es klingt, durch das Dritte Reich ein: Mit der Konsolidierung des Nationalsozialismus sah sich die Gaesdoncker Lehrerschaft gezwungen, in Konkurrenz zu einem totalitären System zu treten, dessen Vorhandensein sich schlechterdings nicht mehr negieren ließ. Dieselben Erziehungsideale, die zur Zeit der Republik eine echte politische Erziehung verhindert hatten, verlangten besonders in den Jahren nach etwa 1937 eine Erziehung zu geistiger Selbständigkeit gegenüber einem totalitären und autoritären System.

In welchem Maße diese Notwendigkeit jedoch auch von den Lehrern empfunden wurde, hing entscheidend von der Klarheit ihrer Haltung zum Nationalsozialismus ab. Gerade in diesem Punkte kam jedoch das Grundproblem der Gaesdoncker Erziehung während des Kaiserreiches, der Weimarer Republik und des Dritten Reiches zum Durchbruch: die einseitige Fixierung auf die religiösen Grundlagen als Bollwerk gegen ideologische Einflüsse von außen. Gegenüber dem umfassenden weltanschaulichen Anspruch des Nationalsozialismus stand die Gaesdoncker Erziehung damit auf vergleichsweise schwachen Füßen.

Unter Berücksichtigung dieser Tatsache muß man aber sagen, daß die Gaesdonck trotz des Fehlens eines gezielten Gegenkonzeptes Erstaunliches in der Erziehung wenigstens eines Teiles ihrer Schüler zu einem antinationalsozialistischen Bewußtsein geleistet hat. Dies ist m. E. auch darauf zurückzuführen, daß jene jungen geistlichen Lehrer, die selbst entscheidend vom Geist der Jugendbewegung geprägt worden waren, in der Umbruchsituation von 1933 und auch späterhin ihre auf mehr Emanzipation und Individualisierung ausgerichteten Gegenkonzepte in die tradierte Gaesdoncker Erziehungskonzeption einbringen konnten. Aus den von ihnen begründeten Gruppen und Gesprächskreisen bildeten sich unter den neuen Verhältnissen die Kristallisationskerne heraus, die zunehmend wichtig wurden für die Identitätsfindung der antinationalsozialistisch eingestellten Schüler und für den Aufbau von Resistenzstrukturen gegen den Zugriff des NS-Systems.

Hätten jedoch die Gaesdoncker Lehrer in ihrer Mehrzahl ihre tradierte Zurückhaltung gegenüber jeder Art von Politik aufgegeben, so wäre der Erfolg - allerdings auch die Gefahr für den Bestand der Schule - zweifelsohne wesentlich größer gewesen, denn die vielfach als Einengung empfundene Dominanz der Kirche im gesamten schulischen Leben konnte - wie die Befragungsergebnisse zeigen - auch katholische Schüler durchaus zur Kritik herausfordern und ihnen die Erziehungsziele und Programme des Nationalsozialismus als die bessere Alternative erscheinen lassen.

Nur mit dieser erheblichen Einschränkung und nur unter Berücksichtigung der gerade in diesem Punkte stark divergierenden Haltung der einzelnen Lehrer kann man von der Gaesdonck sagen, sie habe gegenüber den Versuchen der Nationalsozialisten, Einfluß auf Schule und Erziehung zu gewinnen, aktiven Widerstand geleistet.

2. Der Einfluß der Nationalsozialisten auf den Schulalltag

> 'Es gibt immer Orte zu finden, die leer sind von Macht. Die institutionelle Umklammerung des Lebens ist zu Anteilen Schein.'
> Peter Brückner, Abseits, S. 16/17

Nicht übersehen werden dürfen die durchaus positiven Folgen, die die Auseinandersetzungen mit dem nationalsozialistischen Staat aus heutiger Sicht für den Schulalltag der Gaesdonck erbrachten. Begründet liegen diese Folgen in der Komplexität der nationalsozialistischen Indoktrinationsstrategie gegenüber der Jugend, die neben reiner weltanschaulicher Schulung als verstärkende Momente auch zahlreiche von der heutigen Pädagogik durchaus positiv gesehene Elemente enthielt. Zwar waren beide Komponenten bei Veranstaltungen, die von der Staatsjugend selbst durchgeführt waren, stets fest miteinander verflochten, so daß eine Trennung für den einzelnen unmöglich war, doch bedingte die Strategie der Gaesdoncker Schulleitung, daß gerade für die Gaesdonck eine solche Trennung wirksam wurde: Überall, wo es möglich war, entschärfte die Leitung des Hauses zwar die ideologischen Komponente, so weit es möglich war, übernahm jedoch den organisatorischen Rahmen, um nach außen hin Anpassung zu demonstrieren.

Will man die Auswirkungen der nationalsozialistischen Einflußnahme auf Gaesdonck beurteilen, so muß man sich vor Augen halten, welche Entwicklung die Gaesdonck ohne staatlichen Eingriff genommen hätte. Das Erziehungskonzept der Gaesdonck während der Weimarer Republik war noch weitgehend das der alten Schule, ausgerichtet auf die vollständige Kontrolle des gesamten Tagesablaufes durch die Lehrer. Die Selbständigkeit der Schüler war wenig gefragt, selbstorganisierte Aktivitäten der Schüler gab es kaum. Zwar war eine solche Konzeption in der damaligen Zeit trotz der Bestrebungen der Reformpädagogik noch weitgehend anerkannt, so daß man den Lehrern der damaligen Zeit durchaus keinen Vorwurf machen kann, doch muß für eine Beurteilung vom heutigen Standpunkt festgehalten werden, daß diese Konzeption die Entfaltung einer selbständigen Schülerpersönlichkeit stark hemmen mußte.

Dieser veralteten pädagogischen Konzeption traten nun die Nationalsozialisten in den Jahren nach 1933 mit ihrem disparaten schulpolitischen Programm entgegen. Neben der ideologischen Durchdringung des Unterrichts war der wesentliche Aspekt die Institutionalisierung staatlicher, außerschulischer Jugendaktivitäten, die sich zwischen Elternhaus und Schule schoben. Gerade dieser letzte Aspekt, der in einem Internat, wo neben der Schule das Elternhaus keine ausgleichende Rolle spielen konnte, zur Vermeidung einer einseitigen Erziehung von besonderer Wichtigkeit sein mußte, war jedoch von der Gaesdoncker Pädagogik der Weimarer Zeit schwer vernachläßigt worden.

Erst unter dem Druck der Verhältnisse des Dritten Reiches entschloß sich die Gaesdoncker Lehrerschaft - auch jetzt kaum mit innerer Begeisterung - ihren heteronom-teleologisch legitimierten Ausschließlichkeitsanspruch als Erzieher durch die Zulassung der HJ aufzugeben zugunsten einer stärker pluralistischen Öffnung für die inneren Erziehungskräfte der Jugend selbst. Indem sie durch diesen rechtzeitigen Schritt ihre HJ-Gefolgschaft ihres politischen Charakters weitgehend entkleideten, taten sie gezwungenermaßen den wichtigsten Schritt zu einer längst überfälligen Erneuerung der pädagogischen Konzeption der Gaesdonck. Innerhalb kürzester Zeit gelang es der HJ, viele der alten Restriktionen zu durchbrechen. Zwangsläufig wurde die Gaesdonck offener nach außen hin, wichtiger aber war noch, daß hiermit ein Feld geschaffen worden war, auf dem die Schüler lernen konnten, selbständige Aktivitäten zu entfalten. Ähnliches galt auch von den Nationalpolitischen Lehrgängen, denen ebenfalls viele Schüler gute Seiten abgewannen, da die Form dieser Lehrgänge ein Angebot verkörperte, welches die Gaesdonck bis zu diesem Zeitpunkt kaum kannte (Schullandheimaufenthalte und dergleichen waren auf Gaesdonck nicht üblich).

Zwischen den beiden autoritären Systemen Kirche und NS-Staat entwickelte sich also gewissermaßen ein Freiraum, der zwar weder von den Lehrern noch von den Nationalsozialisten beabsichtigt war, den Schülern jedoch weite Entfaltungsmöglichkeiten bot und der auf praktischem Gebiet die ersten Ansätze einer Erziehung zur Selbständigkeit erbrachte. Diese für die Gaesdoncker Schüler positive Entwicklung muß jedoch gesehen und beurteilt werden vor dem Hintergrund des Unrechtscharakters, auf den sich der totalitäre Staat der Nationalsozialisten gründete.

18. 1. 89
21. 1. 90

Anmerkungen

1) Breyvogel / Lohmann, S. 199
2) An dieser Stelle gilt mein besonderer Dank den Teilnehmern des Essener Kolloquiums vom 20./21.3.1982 zum Schülerwettbewerb 'Alltag im Nationalsozialismus' für Ihre Kritik in der Frage der Möglichkeiten und Grenzen objektiven wissenschaftlichen Arbeitens und seines Stellenwertes in der Erforschung des Nationalsozialismus.
3) Breyvogel / Lohmann, S. 201
4) ebenda, S. 200
5) In diesem Sinne auch Breyvogel / Lohmann, S. 203
6) F. Rütten 'Cartae Memoriales Magistris Discipulis Amicis Collegii Augustiniani dedictae Anno Iubilaeo MDCCCCXXXXIX', Gaesdonck 1949; Abschnitte über die Gaesdonck in der NS-Zeit finden sich auf den Seiten 18/19.
7) 125 Jahre Collegium Augustinianum Gaesdonck, Gaesdonck 1974
8) J. Stenmans 'Gaesdonck und die Staatsgewalt - III. Kapitel - Der Totalitarismus nationalsozialistischer Herrschaft', in: Gaesdoncker Blätter 1963, S. 4-21
9) K. Abels 'Politik und politische Bildung auf Gaesdonck - II. Teil - Vom Ende des Ersten Weltkrieges bis zur Schließung der Schule 1942', in: Gaesdoncker Blätter 1967 II, S. 12-19; die Abschnitte über die Gaesdonck in der NS-Zeit finden sich auf S. 17-19
10) Stenmans, S. 14-17
11) Abels, S. 18
12) vgl. hierzu Rütten 'Cartae Memoriales ...', S. 20-24
13) So die Auskunft von Herrn StD Hermes (Gaesdonck); Als im Schularchiv nicht auffindbar erwies sich leider auch die Chronik der Gaesdoncker Gruppe des Bundes Neudeutschland aus den 30er Jahren (vgl. Kap. B 3.6), die der damalige geistliche Beirat der Gruppe, wie er mir persönlich mitteilte, in den 50er Jahren an die nach dem Krieg auf Gaesdonck neukonstituierte Gruppe zurückgegeben hatte.
14) So die Auskunft von Herrn Dr. Löffler vom Bistumsarchiv Münster
15) Dieser Aktenbestand erlebte nach dem Krieg eine wechselvolle Geschichte. Nach Auslagerung an verschiedenen Orten wurde der Bestand 'Oberpräsidium der Rheinprovinz - Abteilung für höheres Schulwesen' entsprechend der Neuordnung der Verwaltungsgrenzen durch die Alliierten (Aufteilung der Rheinprovinz zwischen Rheinland-Pfalz und Nordrhein-Westfalen) nach dem Pertinenzprinzip aufgeteilt zwischen dem LHA Koblenz und dem HStA Düsseldorf. Mitte der 50er Jahre wurde der gesamte Bestand wieder in Koblenz unter der Nr. 405 A zusammengeführt. Entgegen der Vorbemerkung zum Findbuch zu diesem Bestand verblieben jedoch zwei das Collegium Augustinianum Gaesdonck betreffende Akten ('Schulgeld' und 'Lehrpläne') im HStA Düsseldorf, Zweigstelle Kalkum (Findbuch: G 73/9 146), wo sie dem Bestand Schulkollegium Düsseldorf zugeordnet wurden. Die Akte

'Schulgeld' war bereits kassiert. Weitere Aktenverluste sind nicht dokumentiert, erscheinen jedoch angesichts der Geschichte des Bestandes nicht als ausgeschlossen.

16) vgl. hierzu z. B. Dok. 94 ff.
17) vgl. hierzu z. B. Dok. 42 oder Dok. 121; was die Kontakte des Bischofs von Münster mit den zentralen Reichsbehörden unter Einschaltung von Staatsrat Berning, Bischof von Osnabrück, betrifft (vgl. Dok. 121), so könnten Nachforschungen im Bistumsarchiv Osnabrück weitere Ergebnisse erbringen.
18) Mein Dank gilt an dieser Stelle auch meinem Griechischlehrer, Herrn StD Dr. Froleyks (Kleve), der selbst im Jahre 1953 auf Gaesdonck sein Abitur machte und mir seine Sammlung der Gaesdoncker Blätter von 1949 bis 1979 für die vorliegende Arbeit zur Verfügung stellte.
19) Zur quellen- und ideologiekritischen Auswertung der Befragungen vgl. auch die Vorworte zu den einzelnen Interviews.
20) Nach den vollständigen Schülerverzeichnissen der Gaesdoncker Abiturienten seit Begründung der Schule, in: Gaesdoncker Blätter 1955
21) vgl. Dok. 20
22) vgl. Dok. 7, 8, 10 (Abs. 2)
23) vgl. B I 3.4; Dok. 98 - 101, 112
24) vgl. Dok. 115-119, 67
25) vgl. Dok. 7, 10 (Abs. 2)
26) vgl. Dok. 1, 2; 36, 37
27) vgl. Dok. 57
28) vgl. Befr. Al', Ao'
29) nach Dok. 1
30) vgl. Dok. 6
31) vgl. Befr. Am', Ah, At
32) vgl. Befr. Dg, E1m, Fi, Gh, Ie, Jn
33) vgl. Befr. Ie, Ay
34) vgl. Befr. Ad'
35) vgl. Befr. Am'
36) vgl. Befr. Ao
37) vgl. Befr. Ek
38) vgl. Befr. Ay
39) zit. nach Raem, S. 28
40) vgl. Befr. Fa, Fi, Dg
41) vgl. Befr. Fa, Gh, Ho
42) vgl. Befr. At, Bb, Di, Fa
43) Dok. 7
44) Mein Dank gilt an dieser Stelle Herrn OStD Riße (Kleve), der mir die Einsichtnahme in die Schülerverzeichnisse des ehemaligen Königlich-Preußischen-Gymnasiums (später Hindenburg-Oberschule, heute Freiherr-vom-Stein-Gymnasium) ermöglichte.

45) vgl. Dok. 79, 85, 104, 106, 109, 112
46) vgl. Befr. Aj'
47) vgl. Befr. Au
48) vgl. Befr. Aq', Au
49) vgl. Befr. Ag', Bb, E1m, Dn, Jj
50) vgl. hierzu insb. Befr. Jp
51) vgl. Befr. Ap, Fh, Jp
52) vgl. Befr. Af'
53) vgl. Befr. Ap, Ae'
54) vgl. Befr. Ae'
55) vgl. Befr. E1h
56) vgl. Befr. Bp
57) vgl. Befr. Gh
58) vgl. Befr. Bb
59) vgl. Befr. Ad'
60) vgl. Befr. At, Bb, Di
61) vgl. Befr. Je
62) vgl. Befr. Ie, Fa
63) vgl. Befr. Jk
64) vgl. Befr. Ab'
65) vgl. hierzu auch Befr. Ab'
66) vgl. Befr. E1c, E1h, Gd, Ge
67) vgl. Befr. Cd, Ch
68) vgl. Befr. Hn, Id

69) Rechtlich abgesichert waren die katholischen Privatschulen bereits vor 1933 durch Art. 147 Abs. 1 Reichsverfassung. Neben die verfassungsrechtliche Sicherung trat nun ab 1933 zusätzlich die völkerrechtliche Garantie des Artikels 25 Reichskonkordat. Die Stellungnahme der Kirche im Rechtsstreit um die Gültigkeit der Privatschulartikel in Reichsverfassung und Reichskonkordat findet sich ausführlich dokumentiert mit Rechtsgutachten des Internationalen Gerichtshofes und des Bischofs von Osnabrück bei Friedrichs 'Aus dem Kampf um die Schule'.
70) vgl. Befr. Ar; Dok. 12, 13, 14
71) Ausführlich dokumentiert und beschrieben bei Friedrichs 'Aus dem Kampf um die Schule'
72) vgl. Kap. B II 2.2
73) Nyssen, S. 115-121
74) Nyssen, S. 83-92; Nyssen arbeitet im Rahmen ihres funktionstheoretischen Ansatzes deutlich die allmähliche Wandlung nationalsozialistischer Schulpolitik in den Jahren 1933 - 1937 heraus, die wegführend von der anfänglich erhobenen Forderung nach absoluter Priorität der Ideologievermittlung ab 1937 schließlich wieder die Qualifizierungsfunktion von Schule mehr in den Vordergrund rückte.
75) Zu den in den Jahresberichten genannten Autoren der deutsch-kundlichen Arbeitsgemeinschaft vgl. auch Flessau, S. 11/12.

76) Dies ein Aspekt, der von Autoren des totalitarismustheoretischen Ansatzes in der Regel übersehen wird. Einer angemessenen Wertung erzieherischer Freiheit und pädagogischer Möglichkeiten auch im nationalsozialistischen Staat abträglich ist eine Verkürzung schulischer Erziehungsmöglichkeiten auf Lehrpläne und Lehrmittel, wie sie z. B. Flessau vornimmt: 'Damit schließt sich der Kreis: Während Richtlinien und Lehrpläne angeben, was die Schule leisten soll, offenbaren die Schulbücher, was sie leisten kann oder will.' (Flessau, S. 35); die unzulässige Vernachlässigung des Lehrers als selbständiger Faktor in der schulischen Erziehung scheint dabei wesentlich mitbeeinflußt von der Zielsetzung nachzuweisen, 'wie sich das einzelne Element zum System des Faschismus fügte und wie das System als ganzes wiederum jede seiner Einzelheiten charakterisierte' (H.-J. Gamm, in: Flessau, S. 7)
77) vgl. Befr. As, Ic
78) vgl. Befr. Bb, Dn, Ic
79) vgl. Befr. Di
80) vgl. Befr. Bl

81) vgl. Befr. E2c, E2d
82) vgl. Befr. Af
83) vgl. Befr. E2d
84) vgl. Befr. E2c
85) vgl. Befr. Ce, E2c

86) vgl. Befr. Aa
87) vgl. Befr. Bc, E1a, Ga
88) vgl. Befr. Ga

89) so durchgeführt lt. Dok. 27
90) Angaben nach Dok. 9 (Abs. 1)
91) vgl. Befr. Hc, Hd
92) vgl. Befr. Cc
93) vgl. Befr. Aa

94) vgl. Befr. Cb
95) vgl. Befr. Ai', Ca, Cg, Dd, Dk, Hf, Hs, Ia, Ih
96) vgl. Befr. C und H
97) vgl. Befr. Dk
98) vgl. Befr. Bg

99) vgl. hierzu Nyssen, S. 47 ff.
100) vgl. Befr. Db, Dq
101) vgl. Befr. Cb, Hd, Hq, Hs, Ig
102) vgl. Dok. 126
103) vgl. Dok. 19; Befr. Hd
104) vgl. Befr. Bi
105) vgl. Befr. Hq
106) vgl. Befr. Hs, Hd
107) vgl. Befr. Ai', Bh, Cb, Dc, E1n, E1o, Fc, Gd, Hg, Ht, Ib, Jm
108) vgl. Befr. Dd

109) vgl. Befr. De, Cb, Hk
110) vgl. Befr. Cb, Hg
111) vgl. Befr. Hg
112) vgl. Befr. Bi, Cf, Ig
113) vgl. Befr. Hp, Bm
114) vgl. Befr. Cf
115) so z. B. Stenmans, S. 11
116) Dok. 126
117) Im Jahre 1935 verfaßte der Chef des Sicherheitshauptamtes des Reichsführers SS einen Sonderbericht zur Lage des katholischen Vereinswesens in Deutschland. Er schreibt zum Aufbau des Bundes Neudeutschland:
'Der Neudeutschlandbund ist der Zusammenschluß der katholischen Schüler an den höheren Schulen. Er wurde im Juli 1919 durch den Kardinal v. Hartmann, Köln, aus schon bestehenden Gruppen (Aachen, Düsseldorf, Köln, Frankfurt a. M. u. a.) gebildet. Der Bund setzt sich zusammen aus: Bundesführung, Marken, Gauen, Gruppen.
Die Bundesführung besteht aus der Bundesleitung und dem Bundesthing.
Der Bundesleitung gehören an: Der Bundesleiter, der Bundeskanzler, die Markleitungen, die Bundesleitung des Älterenbundes und die Schriftleiter der Bundeszeitschriften.
Das Bundesthing setzt sich zusammen aus der Bundesleitung und den Gauleitungen.
Der Bundesleiter und der Bundeskanzler werden vom jeweiligen Erzbischof ernannt.
Der Bundesleiter hat Einspruchsrecht auch gegen Beschlüsse des Bundesthings.

Die Mark
An der Spitze der Mark steht die Markleitung. Sie besteht aus dem geistlichen Markführer und dem Markleiter, der ein Laie ist. Deutschland umfaßt 6 Marken.

Der Gau
Der Gau wird geführt von der Gauleitung, die aus dem geistlichen Gauführer und dem Gauleiter (Laie) besteht. Im Jahre 1934 bestanden 45 Gaue in Deutschland.

Die Gruppe
ist die kleinste Gliederung des Bundes Neudeutschland. Sie besteht aus einem Priester und einem Jungen als Gruppenführer. Die Zahl der Gruppen betrug im Jahre 1934: 545. Die Mitglieder der Gruppe werden eingeteilt in: Knappen und Ritter.
Die Knappen sind die Schüler der unteren Klassen der höheren Schulen. Die Ritter sind die Schüler der oberen Klassen der höheren Schulen. Die Ritter, die beim Abitur die höhere Schule verlassen, kommen in den sogenannten Älterenbund. Die Organisation des Älterenbundes ist der des Gesamtbundes unterstellt.' (Boberach, Berichte, S. 140)

Zu den Zielen des Bundes zitiert er im folgenden aus dem Hirschbergprogramm des ND von 1923:
'Neudeutschland will eine Zielbewegung sein: Jugendliche Menschen sollen im Bunde zu innerlich echtem Katholischsein heranreifen, um auch im späteren Leben klar und bewußt für ihre katholischen Grundsätze einzutreten, besonders im Sinne des Rundschreibens Pius XI über das Königtum Christi. Auf Innerlichkeit begründetes Apostolat ist darum ein Wesensmerkmal unseres Bundes. Also: Lebensgestaltung in uns und unserer Umwelt...' (Boberach, Berichte, S. 141)

118) vgl. Befr. Ab'
119) vgl. Befr. Aa, Gb, E1a
120) vgl. Befr. E1f, E1n
121) vgl. Befr. E1e, E1n, Ao

122) vgl. Befr. E1d
123) vgl. Befr. Al
124) vgl. Befr. E1e
125) vgl. Befr. E2a
126) vgl. hierzu auch Brückner, S. 50: 'Also fuhren mein Freund Werner F. und ich im darauffolgenden Sommer (1938) mit dem Rad nicht nur von Zwickau nach Dresden, sondern auch durch halb Deutschland (...) Es gab inzwischen eine Bestimmung, die während des Sommers die schriftliche Genehmigung der HJ für private Ferienreisen Jugendlicher vorschrieb; man erhielt sie nur, wenn man am Sommerlager der HJ teilgenommen hatte oder von der Teilnahme offiziell befreit war. Und es gab seit kurzem polizeiartige Streifen der HJ, eine Neuerung von den SS-Stäben veranlaßt, bei denen Jugendliche sich ausweisen mußten. Es war nicht ratsam, längere private Reisen ohne die offizielle Genehmigung anzutreten.'
127) vgl. Befr. E1g
128) vgl. Befr. E2b
129) vgl. Befr. Ad, E1d
130) vgl. Befr. Ad, E1g

131) vgl. Befr. E1h, Ge
132) vgl. Befr. Ab'
133) vgl. hierzu auch Befr. Ja

134) vgl. Befr. Gd
135) vgl. Befr. E1o, Ak, Gd
136) Hierzu aus dem Bericht des Chefs des Reichssicherheitshauptamtes vom September 1935 (vgl. Anm. 117):
Der Neudeutschlandbund gibt mit besonderer Betonung als eines seiner Hauptziele die Vaterlandsliebe und das Nationalbewußtsein an. Im Neudeutschlandkalender 1933/34 steht unter der Überschrift: "Was verstehen wir unter National? u. a. folgendes:
"Ein Ruhm des Bundes ist es, daß er die nationale Idee im rechten Geiste erfaßt und durchgebildet hat. Wir sind national bis auf die Knochen, deutsch durch und durch, bereit zu jedem Opfer für Volk und Vaterland. Aber über der Nation steht uns der Herrgott und die Ge-

meinschaft des Gottesvolkes unter dem König Jesus Christus. Wir wissen, daß diese Unterordnung durchführbar ist und eine Quelle des Segens erschließt." (Boberach, Berichte, S. 142)

137) vgl. Dok. 7
138) vgl. Befr. Hc
139) vgl. Befr. Dh; darüber hinaus auch Nyssen, S. 46
140) vgl. Befr. Aa'
141) vgl. Befr. Cd, Ch, El
142) vgl. Befr. Ab, Ai
143) vgl. Befr. Ab
144) vgl. Befr. E1c
145) vgl. Dok. 90
146) vgl. Befr. Gf, Ha
147) vgl. hierzu Brückner, S. 52, aber auch S. 54
148) Eilers, S. 95 (Anm. 335). Zu Eilers Zahlen ist jedoch kritisch anzumerken, daß er mit jüdischen und ausländischen Schülern auch nicht oder nur z. T. HJ-fähige Gruppen in seine Berechnungen mit einbezieht. Die folgende Tabelle gibt dafür in Klammern die bereinigten Zahlen ('deutsche Schüler arischer Abstammung') an:

Zugehörigkeit zu nationalsozialistischen Jugendbünden der Schüler an höheren Privatschulen für Jungen in Preußen (UIII-OI)

Jahr	Preußen Schüler	HJ (%)	JV (%)	ges. (%)	CAG Schüler	HJ+SA (%) (SA bis 1934)
1934	-	-	-	-	160	63,75
1935	3732 (3164)	33,44 (39,44)	14,04 (16,56)	47,48 (56,00)	-	-
1937	3777 (2986)	41,69 (53,25)	17,04 (21,77)	58,73 (75,02)	155	78,06
1938	4093 (2980)	41,83 (57,45)	15,93 (21,88)	57,76 (79,33)	144	84,72
1939	5670 (4934)	30,48 (35,02)	40,14 (46,13)	70,62 (81,15)	162 (160)	90,12 (91,25)
1940	5244 (4687)	35,07 (39,24)	52,54 (58,78)	87,61 (94,02)	127 (125)	99,21 (100,80)

(Berechnet nach: 'Wegweiser durch das höhere Schulwesen ...' 1935, 37, 38, 39, 40; die Zahlen für Preußen ab 1939 VI-OI)
Auch unter Zugrundelegung der bereinigten Werte für Preußen liegen die Werte für den Organisationsgrad Gaesdoncker Schüler signifikant über den Werten des Durchschnitts der preußischen Privatschulen. Darüber hinaus ist bei der Auswertung zu beachten, daß das Fehlen einer eigenen Jungvolkgruppe des CAG sich als organisatorisches

Hemmnis bei der Ausweitung des HJ-Anteils in UIII und OIII erweisen mußte. Außerdem war für die Zeit nach 1934 der Anteil der SA auf Gaesdonck statistisch nicht mehr mit Sicherheit erfaßbar.

149) vgl. Befr. Dh, Hq
150) vgl. Befr. Bn
151) zur Strategie des NS-Staates in der Privatschulfrage vgl. Eilers, S. 92-97
152) vgl. Dok. 29
153) nach Eilers, S. 96
154) vgl. Dok. 94-96
155) nach Stenmans, S. 19
156) vgl. Dok. 36, 37
157) vgl. Dok. 37; dagegen Stenmans, S. 12
158) Da der Schriftwechsel im Dokumententeil (Dok. 39-45) fortlaufend dokumentiert ist, verzichte ich für dieses Kapitel auf Verweise auf einzelne Dokumente. Zur Neuordnung des Dienstweges für die Ernennung der Lehrer an den staatlichen Schulen durch die Nationalsozialisten vgl. Eilers, S. 62
159) vgl. Befr. As, Bk
160) so der Befragte A im persönlichen Gespräch
161) vgl. zu den tatsächlichen und angeblichen Liebesaffären des Reichspropagandaministers Gamm, Flüsterwitz, S. 71/72 mit Titeln wie 'Bock von Babelsberg' und 'Weltmeister im Seitensprung'
162) Gesetz gegen heimtückische Angriffe auf Staat und Partei und zum Schutz der Parteiuniform vom 20. 12. 1934; Artikel 1 legte u. a. fest: '§ 1 (1) Wer vorsätzlich eine unwahre oder gröblich entstellte Behauptung tatsächlicher Art aufstellt oder verbreitet, die geeignet ist, das Wohl des Reiches oder das Ansehen der Reichsregierung oder das der Nationalsozialistischen Deutschen Arbeiterpartei oder ihrer Gliederungen schwer zu schädigen, wird, soweit nicht in anderen Vorschriften eine schwerere Strafe angedroht ist, mit Gefängnis bis zu zwei Jahren und, wenn er die Behauptung öffentlich aufstellt oder verbreitet, mit Gefängnis nicht unter 3 Monaten bestraft. (2) Wer die Tat grob fahrlässig begeht, wird mit Gefängnis bis zu drei Monaten oder mit Geldstrafe bestraft. (...) § 2 (1) Wer öffentlich gehässige, hetzerische oder von niedriger Gesinnung zeugende Äußerungen über leitende Persönlichkeiten des Staates oder der NSDAP, über ihre Anordnungen oder die von ihnen geschaffenen Einrichtungen macht, die geeignet sind, das Vertrauen des Volkes zur politischen Führung zu untergraben, wird mit Gefängnis bestraft.' (zitiert nach: Ursachen und Folgen, S. 325 f.)
163) vgl. Dok. 56
164) vgl. Dok. 57, 58
165) vgl. Befr. Bt
166) vgl. Dok. 60, 61
167) vgl. Dok. 56, 59

168) vgl. Dok. 64
169) vgl. Befr. Bu; Rütten Cartae Memoriales, S. 17
170) vgl. Rütten, Cartae Memoriales, S. 17: 'Den Grundbesitz hatte Josef Brunn durch erhebliche Ankäufe auf holländischem Boden vermehrt. Bei seinem Tode betrug der Gaesdoncker Grundbesitz jenseits der Grenze 123 Hektar. Dr. Brunn starb am 29. September 1910 in Münster.'
171) vgl. Dok. 68
172) vgl. Dok. 62
173) vgl. Dok. 63, 67
174) vgl. Befr. Ii, Jl
175) vgl. Befr. Jl
176) vgl. Eilers, S. 95
177) vgl. Dok. 63-66
178) vgl. Dok. 72
179) vgl. Dok. 50
180) vgl. Dok. 72,73
181) vgl. Dok. 73
182) vgl. zum folgenden Befr. Jd
183) vgl. Eilers S. 57-59; Die Schulreform reduzierte das höhere Jungenschulwesen auf den Grundtypus ('Hauptform') der 'Oberschule für Jungen', die sich auf der Oberstufe jeweils in einen naturwissenschaftlichen und einen neusprachlichen Zweig gliederte. Das humanistische Gymnasium sollte als Nebenform nur bestehen bleiben, wo der Anstaltscharakter besondere Tradition hatte.
184) Unterstrichen wird dies noch durch die Tatsache, daß von den 1936 im Reich bestehenden 411 humanistischen Gymnasien nur 186 (d. h. 45,26 %) im Zuge der Schulreform von 1937 in die Hauptform überführt wurden (nach Eilers, Anm. 55, S. 57; Flessau, S. 14 f.)
185) vgl. Dok. 2
186) vgl. Dok. 58; hierzu auch Boberach, Meldungen, S. 5
187) vgl. Befr. Bq; Dok. 55
188) vgl. Dok. 75
189) vgl. Dok. 20
190) vgl. hierzu Eilers, S. 97
191) Die Gründe für die Inkonsequenz in der Durchführung gehen aus den Akten nicht hervor. Eilers bemerkt dazu (S. 97); '(Der Erlaß) hemmte jedoch so sehr auch das Leben jener Privatschulen, die als öffentliche Ersatzschulen erforderlich waren, so daß diese ausdrücklich ausgenommen werden mußten.' Als Beleg führt er zwei Erlasse des Reichsministeriums des Inneren vom 25. 4. 1938 und 15. 5. 1939 an. Ob im Falle der Gaesdonck zusätzlich der Einspruch der katholischen Bischöfe des Rheinlandes vom 9. 11. 1936 beim RuPrMinfWEVb (beschlossen auf der Bischofskonferenz der westdeutschen Bischöfe in Kevelaer vom 9. bis 10. November 1936) gegen einen entsprechenden Erlaß des OprRhpr vom 4. 6. 1936 wirksam wurde, ist aufgrund der Quellenlage nicht zu entscheiden (Das Schreiben der Bischöfe bei Volk, Nr. 334 c).
192) vgl. Dok. 86, 87

193) vgl. Dok. 88
194) vgl. Befr. E1j
195) vgl. Dok. 77, 78
196) vgl. Dok. 79
197) vgl. Dok. 79
198) vgl. Dok. 80
199) vgl. Dok. 81, 82, 83
200) vgl. hierzu auch Eilers S. 94 f.
201) vgl. Dok. 90
202) vgl. Dok. 98-119
203) vgl. Eilers, S. 95
204) vgl. Dok. 93
205) vgl. Eilers, S. 95 f.
206) vgl. Dok. 91
207) vgl. Dok. 92
208) nach Dok. 94
209) nach Dok. 94
210) vgl. Dok. 94
211) vgl. Dok. 95
212) vgl. Dok. 96
213) vgl. Dok. 97
214) vgl. Dok. 98, 99, 100
215) vgl. Dok. 111, 114
216) vgl. Dok. 104
217) vgl. Dok. 112
218) vgl. Dok. 125
219) vgl. Dok. 105
220) vgl. Dok. 121
221) vgl. Dok. 120
222) vgl. Dok. 121
223) vgl. Dok. 122
224) vgl. Dok. 122
225) vgl. Dok. 123
226) Stenmans, S. 14-17
227) vgl. Dok. 126, 127

228) vgl. Befr. Jh
229) vgl. Dok. 124
230) 3. 8. 1941 (Münster)
231) vgl. Befr. Jh
232) Zum Inhalt und Ziel des hier vermutlich zugrundeliegenden Filmes 'Ich klage an' von W. Liebeneiner führt Boberach aus: 'Der (...) Film, der die Prädikate 'Künstlerisch besonders wertvoll und volksbildend' erhalten hatte, schilderte den Fall der unheilbar kranken Frau eines Mediziners, die von ihrem Mann Gift zur Erlösung von qualvollen Schmerzen erbittet und erhält, und das darauf folgende Strafverfahren gegen diesen und seine Auseinandersetzung mit einem befreundeten Arzt über das Problem der Sterbehilfe.'
(Boberach, Meldungen, S. 207, Anm. 1)
In den 'Meldungen aus dem Reich' vom 15. 1. 1942 heißt es: 'Der Film 'Ich klage an' zeigt eine doppelte Problematik auf. Als Hauptthema wird das Problem der Tötung auf Verlangen im Falle einer unheilbaren Erkrankung zur Diskussion gestellt. In der Nebenhandlung findet die Frage der Beseitigung lebensunwerten Lebens ihre Darstellung. (...) Die Stellungnahme der Kirche, sowohl der katholischen wie der evangelischen, ist meist völlig ablehnend.' (Boberach, Meldungen, S. 207)
233) vgl. Befr. Hn, Id
234) vgl. Befr. Ii
235) In Betracht zu ziehen ist in diesem Zusammenhang ebenfalls, daß für eine solche Aktion lediglich die Zeit von September 1939 (Beginn des Zweiten Weltkrieges) und Mai 1940 (Kapitulation der Niederlande 15. 5. 1940) in Frage käme, eine Zeitspanne also, während der britische Verletzungen des deutschen und niederländischen Luftraumes noch relativ selten waren.
236) vgl. Dok. 130

Befragungen

Zum Aufbau der Befragungen

Bei der Durchführung der Befragungen erwies es sich als die vorteilhafteste Lösung, nach den Fragen zu den persönlichen Daten die Befragung zunächst mit einer sehr weit gestellten Frage zu eröffnen, die es dem Befragten erlaubte, zunächst in großen Zügen das darzustellen, was er für wesentlich aus seinen Erinnerungen hielt. Diese Eröffnungsphase steckte dann in der Regel schon das Feld ab, in dem sinnvollerweise weiter gefragt werden konnte. Unter Umständen jedoch, besonders wenn die Befragung brieflich oder telefonisch durch eine genaue vorherige Erklärung des Themas vorbereitet war, erbrachte schon diese ungesteuerte Phase eine so geschlossene Darstellung, daß ich mich in der zweiten Phase auf Verständnis- und Erweiterungsfragen beschränken konnte. Eine stärkere Steuerung des Gespräches erwies sich in der Regel als weder möglich, da die Befragten fast immer leicht von der gestellten Frage abwichen und andere meist ebenfalls interessante Gebiete in ihre Darstellung miteinbezogen, noch als wünschenswert, da sich ja unbeantwortet gebliebene Fragen leicht wiederholen ließen und ansonsten leicht die Gefahr der Ausklammerung wesentlicher Aspekte bestanden hätte.
Diese Befragungstechnik bereitete jedoch bei der Niederschrift der Tonbandaufnahmen gewisse Schwierigkeiten: Bestimmte Passagen erwiesen sich, ohne daß das von vornherein absehbar gewesen wäre, als nicht zum Thema gehörig, so daß eine vollständige Niederschrift sich verbot. Auch die Fragen erwiesen sich auf Grund der häufigen Abweichungen der Befragten als in der Regel ungeeignete Überschriften für die einzelnen Abschnitte des Befragungstextes, so daß ich mich entschied, sie ebenfalls nicht in die Niederschrift aufzunehmen, da dies häufig sogar irreführend gewesen wäre.
Die Abschnitteinteilung der Niederschriften hält sich somit an die tatsächliche thematische Gliederung der Texte. Zu erleichterten Erstellung von Verweisen wurden diese Abschnitte in jeder Befragung durchlaufend mit kleinen lateinischen Buchstaben versehen, wobei auf z, falls nötig, a' folgte. Der Text der Niederschriften hält sich, abgesehen von der Korrektur der in gesprochener Sprache häufigen Konstruktionsbrüche, eng an den vom Befragten gewählten Wortlaut.

Da die Namen der Befragten zu schützen waren, obwohl die meisten von ihnen mit einer Veröffentlichung unter ihrem Namen einverstanden gewesen wären, benannte ich die einzelnen Befragten mit großen lateinischen Buchstaben, fortlaufend nach dem Jahr des Abiturs. Soweit angängig, wurden den Befragungen auch Überschriften gegeben, die die thematischen Schwerpunkte des Interviews umreißen.

Die heutigen Berufsgruppen der Befragten ergaben sich wie folgt:

Geistliche:	A B E
Schuldienst:	F I H
Ärzte:	C D
Richter:	G
Inhaber eines kaufmännischen Betriebes:	J

Befragung A am 15. Dezember 1980

Gaesdoncker Lehrer: Ostern 1933 bis 1935

Kein Gaesdoncker Abiturient

Thema: Die Gaesdonck von 1933 bis 1935 (Neu-Deutschland, Hitlerjugend, Lehrerschaft)

Inhaltsübersicht: Befragung A

Der Befragte kam 1933 als Junglehrer auf die Gaesdonck und verblieb dort bis zu seiner Versetzung 1935. Seine Aussagen, gemacht aus bemerkenswert reflektierter und kritischer Distanz - er war weder Schüler auf Gaesdonck noch sind seine Eindrücke durch eine spätere Tätigkeit am CAG möglicherweise verfälscht -, werden durch andere Befragungen (vgl. insbesondere Befragung E) gestützt und verdienen, aufgewertet durch eine hohe Detailauflösung und Differenzierung, volle Glaubwürdigkeit. Von besonderer Bedeutung sind seine Aussagen zur Entwicklung des ND auf Gaesdonck, an dessen Gründung er maßgeblich beteiligt war und an dessen Aktivitäten bis 1935 er als geistlicher Führer entscheidenden Anteil hatte. Seine Ausführungen geben daher mit hoher Wahrscheinlichkeit ein durch die späteren Ereignisse weitgehend ungebrochenes Bild der Gaesdonck in den ersten Jahren des Dritten Reiches.

a) Einrichtung des ND auf Gaesdonck
b) Verhältnis zwischen ND und HJ auf Gaesdonck (vgl. i, k)
c) Ausrichtung der ND-Arbeit auf Gaesdonck (Christ-König-Gedanke)
d) Teilnahme Gaesdoncker Schüler am letzten Treffen des ND auf Burg Raesfeld
e) Nationalpolitischer Unterricht auf Gaesdonck
f) Nationalpolitische Lehrgänge für Gaesdoncker Schüler
g) Verhalten der Schulleitung in Konfliktfällen Gaesdoncker Schüler
h) Antinationalsozialistische Einstellung der Lehrerschaft
i) Verhältnis zwischen ND und HJ auf Gaesdonck (vgl. b, k)
j) Zahlenmäßiges Verhältnis von ND und HJ auf Gaesdonck
k) Verhältnis zwischen ND und HJ auf Gaesdonck (vgl. b, i)
l) Aktivitäten des ND auf Gaesdonck
m) Schulungsaktivitäten der Gaesdoncker ND-Gruppe
n) Aufgaben des geistlichen Führers des ND auf Gaesdonck
o) Stellung von Schulleitung und Kollegium zu den Aktivitäten der Gaesdoncker ND-Gruppe
p) Tagesablauf im Internatsalltag - Lektüreauswahl für die Lesestunden
q) Organisation des ND auf Gaesdonck

r) Einstellung der Schulaufsichtsbehörde zur Gaesdonck
s) Vertrauensverhältnis zwischen Lehrern und Schülern
t) Pädagogische Zielsetzung der Gaesdoncker Lehrerschaft
u) Zeitschriften der Jugendorganisationen (ND und HJ)
v) Freiheit des Religionsunterrichtes auf der Gaesdonck
w) Beschränkung des Lektürekanons (Entartete Literatur)
x) Politische Bildung auf Gaesdonck
y) Innere Einstellung der Gaesdoncker Lehrerschaft
z) Unterlaufung nationalsozialistischer Veranstaltungen und Feiern
a') Unterschiede in der Mitgliederstruktur von ND und HJ auf Gaesdonck
b') Gründe für den Beitritt zum ND und Folgen für die Mitgliederstruktur
c') Auflösung der Gaesdoncker ND-Gruppe
d') Beschäftigung der Gaesdoncker Lehrer mit dem 'Mythus des 20. Jahrhunderts'
e') Abschaffung der 2. Sonntagsmesse - Einrichtung des (verpflichtenden) Religionsgesprächs
f') Alltäglicher Rahmen des Internatslebens (Spaziergänge)
g') Pädagogische Konzeption
h') Ökonomische Grundlage der Gaesdonck
i') Einfluß der Schulleitung auf die Einsetzung der HJ-Führer
j') Sozialstruktur der Gaesdoncker Schülerschaft
k') Vergleich: Gaesdonck im Dritten Reich - Gaesdonck heute
l') Struktur der Gaesdoncker Lehrerschaft (Direktor)
m') Struktur der Gaesdoncker Lehrerschaft
n') Spannungen im Gaesdoncker Lehrerkollegium
o') Struktur der Gaesdoncker Lehrerschaft (Führungsspitze)
p') Einstellung der Schüler zur Gaesdonck
q') Wirkung der HJ-Zeitschrift auf Gaesdoncker Schüler
r') Eigene Schülerzeitschrift eines Gaesdoncker Schülers
s') Abschließende Angaben zur Person

a) "Ich war Lehrer auf Gaesdonck 1933 bis 1935, und zwar kam ich dorthin, als die Machtergreifung schon gewesen war. Schon verhältnismäßig kurze Zeit, nachdem ich dorthin gekommen war, drängte man darauf, daß auf der Schule eine HJ-Gruppe aufgemacht werden sollte. Nun war auf der Gaesdonck damals das Prinzip 'Keine Gruppen im Haus', es gab also auch keine katholischen Gruppen. Und als die HJ sich da nun formierte, es waren so ganz bestimmte Typen, jedenfalls nicht gerade die erstklassigsten unter den Schülern, da ging ich zum damaligen Direktor der Gaesdonck und sagte zu ihm, an einem katholischen Gymnasium könnten wir diese Gelegenheit doch nicht so einfach vorübergehen lassen, und wir sollten doch auch eine katholische Gruppe anbieten. Und weil 'Neu-Deutschland' damals überhaupt die einzige Schülervereinigung katholischer Art war - Quickborn war sehr elitär und kam damals eigentlich schon nicht mehr in Frage - drängte ich nun auf die Einführung einer ND-Gruppe. Bei einigen älteren Kollegen gab das aber starken Widerstand, denn man fürchtete Konkurrenz und andere Schwierigkeiten. Dazu meinte ich aber dann: "Hier ist ein stiftungsgemäß katholisches, bischöfliches Gymnasium, und die katholischen

Gruppen sollen hier nicht zum Zuge kommen, das kann doch nicht richtig sein." Ich habe dann hin und her überlegt und bin dann schließlich zum Bischof von Galen gefahren. Dessen Kaplan war ein Kursusgenosse von mir, und der führte mich dann zu ihm. Ich trug ihm mein Anliegen vor und von Galen hörte sich das Ganze eine Zeitlang an und meinte dann: "Ja, das geht ja wohl nicht anders." Daraufhin haben wir dann auf Gaesdonck die Neu-Deutschlandgruppe aufgemacht. Die HJ lief schon über Tag in Uniform herum, und als die neudeutsche Gruppe sich dann formiert hatte, da trugen die Neudeutschen auch ihre Kluft, was zwar anfangs stillschweigend geduldet wurde, dann aber immer mehr Einschränkungen erfuhr. Die Kluft der Neudeutschen bestand aus einem schilfgrünen Hemd und einer grauen Hose. Dann aber kam so eine Bestimmung nach der anderen: außer der HJ durfte keiner mehr einen Schulterriemen tragen, außer der HJ durfte niemand mehr eine bestimmte Art von Rucksack benutzen: Eine ganze Reihe kleinkarierter Vorschriften, um den Jungen die Freude an der Sache zu zerstören, und all das machte die Sache überall sehr viel schwieriger."

b) "Nun gab es auch sehr bald Schwierigkeiten zwischen den Jungen, also zwischen HJ und ND, Gehässigkeiten, auch Gereiztheiten, Konkurrenzdenken, auch Jungen, die an sich sich immer gut miteinander verstanden hatten, bekamen miteinander Schwierigkeiten. Ich habe damals versucht, dem gerecht zu werden: Ich habe niemanden wegen seiner Zugehörigkeit oder seinem Engagement in der HJ schlechter eingeschätzt, habe mich dann aber eindeutig um die neudeutsche Gruppe gekümmert."

c) "Die Aufnahme in die Gruppe, das sogenannte Ritterversprechen, war bei uns im Dezember. Und dieses Ritterversprechen war unter diesen Umständen immer auch ein ganz besonderes Bekenntnis. Damals kam noch hinzu dieser Christ-König-Gedanke durch Pius XI., und so spielte dann auch die Gegenüberstellung: hier der Diktator, da Christ-König, diese unterschwelligen Dinge spielten da alle mit."

d) "Einmal fuhr ich mit der Gruppe zu einem großen Treffen der Neudeutschen auf Burg Raesfeld. Diese Burg gehörte den Neudeutschen, sie war von ihnen - genauer gesagt - auf 90 Jahre gepachtet. Als wir nun dort waren, wurde die Burg von einer großen Anzahl Polizisten umstellt. Zwar kamen sie nicht auf das von Wasser eingeschlossene Burggelände selbst, doch mußte sich nun alles in der Burg und ihren Höfen abspielen, was bei der großen Zahl der Beteiligten mitunter Schwierigkeiten machte. Als Devise wurde zu diesem Treffen die Parole ausgegeben 'Persil bleibt Persil', denn weil es verboten war, diese Rucksäcke zu tragen, hatten die Jungen alle Persilkästen mitgebracht - eine geheime Absprache - und daran erkannten sie sich dann. Dieses Treffen ist dann auch das letzte gewesen ohne Eingreifen der Gestapo. Abgeordnete der einzelnen Gruppen haben sich dann zwar noch in Freiburg getroffen, aber dies war das letzte große, gemeinsame Treffen, während das Freiburger Treffen dort nur im Priesterkonvikt stattfinden konnte."

e) "Samstags mußten alle Schüler - oder ich weiß nicht mehr genau, ob es vielleicht nur die Oberstufe war - sich im Zeichensaal oder darunter im Musiksaal versammeln. Dort mußte dann irgendein Referat zu einer Frage des

Nationalsozialismus gehalten werden, und die Kollegen benutzten diese Gelegenheit sehr geschickt, um unterschwellig in ihre Vorträge Ironie und Satire miteinfließen zu lassen. Diese Zusammenkünfte waren aber Unterrichtsveranstaltungen und als solche vorgeschrieben."

f) "Dann kam eine Verordnung, die Oberstufe müsse einmal eine Woche in eine Jugendherberge zu einer nationalpolitischen Schulung. Und da gingen dann auch immer Kollegen mit - ich selbst bin da nie mitgewesen -, meist waren das die Klassenlehrer, und als diese Lehrer dann zurückkamen, dann witzelte und spöttelte man allgemein darüber."

g) "Auf der Gaesdonck selbst war es ein fortwährender Eiertanz. Ständig hatte man Sorge, daß diese Schule von den Nazis geschlossen werden könnte. Wir hatten da einige Schüler, aber an einen erinnere ich mich noch besonders, die sich nicht so recht einer Gemeinschaft unterordnen konnten und die mehr als Einzelgänger veranlagt waren. Gerade solche Schüler konnten nun der Gaesdonck gefährlich werden, denn leicht übertrug man ihr Verhalten auf die Gaesdonck und leicht hätte man dadurch einen Vorwand für die Schließung finden können. Ich erinnere mich zum Beispiel noch an den Fall des einen Schülers, der auf dem Weg von Gaesdonck nach Goch, also außerhalb des Gaesdoncker Schulbezirks, irgendwelche gefährlichen Aussprüche getan haben muß und dadurch auch mit den Nazis aneinandergeraten ist. Wir haben die Sache damals wieder in Ordnung bekommen können, aber so etwas war natürlich auch für die Gaesdonck insgesamt gefährlich."

h) "Trotz aller Vorsicht aber, die die gefährdete Situation der Schule gebot, war unter den Lehrern keiner, dem man nicht hätte trauen können. Vor allem die Laienlehrer waren fanatische Gegner des Nationalsozialismus. Einer dieser Laienlehrer erteilte Sport und naturwissenschaftlichen Unterricht, besonders dieser wurde von den Jungen sehr geschätzt, ein anderer war Geschichtslehrer, und gerade dieser benutzte seinen Geschichtsunterricht sehr deutlich dazu, vorzubauen und kritisch zu machen. Aber auch die Geistlichen waren alle eindeutig kontra eingestellt."

i) "Man darf das Verhältnis von ND und HJ zueinander nicht dramatisieren. Ich habe zu vielen der Jungen, die der HJ angehörten, ein sehr gutes Verhältnis gehabt. Das waren also keine Jungen, die diese heikle Situation ausgenutzt hätten, versucht hätten, auf Lehrer einzuwirken oder nicht mehr zur Kirche, nicht mehr zum Schulgottesdienst gegangen wären, da ist mir also kein einziger Fall erinnerlich, wo das vorgekommen wäre. Nun war die HJ ja sehr stark auf Wehrsport ausgerichtet, die marschierten und machten solche Wehrübungen, das taten die Neudeutschen ja nicht."

j) "An das zahlenmäßige Verhältnis beider Gruppen zueinander kann ich mich nicht mehr erinnern, da würde ich mich vergreifen. Ich kann aber mit Sicherheit sagen, daß sowohl die HJ als auch die ND-Gruppe auf Gaesdonck eine Minderheit darstellte. Keine von beiden Gruppen konnte im Schulleben der Gaesdonck zu einem überragenden Einfluß gelangen, dazu waren beide einfach zu klein."

k) "Die Schwierigkeiten zwischen ND und HJ beschränkten sich in der Regel auf das Ausmaß, wie sie unter Jungen vorzukommen pflegen. Nicht, daß die HJ diese Jungen angezeigt hätte - wohl schon einmal so gedroht, aber nicht in einer boshaften Weise, daß man also wirklich ernstlichen Grund zur Sorge hätte haben müssen. Aber insgesamt waren die Schüler auf Gaesdonck ja alle aus derselben Richtung, sie waren alle katholisch und auch gläubig katholisch - gewiß waren Zweifler darunter und einige waren auch keine ausgesprochenen Kirchenläufer -, aber diese innere Einheit trug doch dazu bei, daß die Spannungen zwischen ND und HJ nie in Feindschaft ausarteten. Zwar sagte die HJ immer: "Ihr lauft vergangenen Dingen nach!", sie hielten uns also für rückständig, aber das haben unsere Jungen gar nicht ernst genommen."

l) "Der ND durfte ja damals keinen 'Wehrsport' betreiben, das war der HJ vorbehalten. Seine Arbeit konzentrierte sich dementsprechend auf geistige Schulung und auf das, was an körperlicher Betätigung erlaubt war, Ballspiele und dergleichen."

m) "Um diese Zeit erschien auch in Goch im Jugendheim der geistliche Führer des gesamten ND, Pater Esch, ein Jesuit, für die Gruppen aus der Umgebung. Bei seinem Auftreten trug er, um vorzubauen, alle seine Orden und Ehrenzeichen aus dem Weltkriege, die er als Kriegspfarrer in großer Zahl verliehen bekommen hatte. Er wollte damit auch den HJlern zeigen 'So deutsch und national wie ihr, das sind wir auch!', denn auch der ND war ja nicht unberührt geblieben von den Zeitströmungen, und das klang dann auch aus der flammenden Rede heraus, die er dort im Jugendheim in Goch hielt. Aber die dortige Atmosphäre war doch schon sehr, sehr gespannt."

n) "Als geistlicher Führer des ND mußte ich praktisch alles machen, was an Arbeit in der Gruppe anfiel. Allerdings hatte ich einen sehr fähigen Gruppenführer, dem man auch selbständig viel anvertrauen konnte und der sich auch um die Gruppe sehr verdient gemacht hat, durch Führeraufgaben und auch durch die Schulung der neuen Führer. Auch mußte ich alle organisatorischen Fragen mit dem Gruppenführer besprechen, die Vorbereitungen für die Abendrunden, die Führerauswahl und ihre Schulung, Entscheidungen, ob und wie wir z. B. zum großen Treffen auf Burg Raesfeld fahren sollten und dergleichen mehr. Ganz gelegentlich hatten wir dann einen privaten Gottesdienst. In den Städten war es ja üblich, daß die Neudeutschen einmal in der Woche einen eigenen Gottesdienst hatten, und das haben wir dann in dieser Form auf die Verhältnisse der Gaesdonck übertragen."

o) "Was das Treffen in Raesfeld und die Beteiligung der Gaesdoncker Gruppe daran betrifft, so stand die Leitung der Schule nicht sehr positiv dazu, auch nicht das übrige Kollegium. Der damalige Direktor war ein liebenswerter Musiker und ein gebildeter Humanist, aber er wollte jede Schwierigkeit vermeiden, bitte nicht auffallen, bitte keinen Krach machen. Es gab auch Lehrer, die lächelten so darüber, daß sich ein Erwachsener überhaupt mit so etwas abgab, das war so ein gewisser Hochmut, der oft dahinter stand. Später, nach dem Krieg, war ich dann Markkaplan für das ganze Bistum, aber das war ja eine ganz andere Situation. Aber damals wurde das etwas belächelt, man setzte sich in sein Zimmer, man gibt sich doch mit so etwas nicht ab, man liest Livius und studiert Platon, aber doch nicht so etwas."

p) "Man muß bedenken, die Schüler waren damals noch sehr angespannt in ihrem Zeitplan, morgens Schule, nachmittags Silentium, 2 Stunden Silentium, das war ja damals alles noch vorgeschrieben, es gab auch eine kleine Mittagspause, aber da hatten wir noch Musik und ähnliche Dinge, und am Abend gab es eine Lesestunde, die ich auch lange Zeit gehalten habe: da mußte ich immer Bücher aussuchen und etwa eine Stunde etwas vorlesen: Die Bücher mußten vorhanden und spannend sein, aber trotzdem habe ich mich bemüht, solche Bücher wie 'Hitlerjunge Quex', wie sie damals herauskamen, auf jeden Fall zu vermeiden. Aber keineswegs nur lauter tiefgründige Literatur, auch Kriminalromane und dergleichen, was eben gerade greifbar war."

q) "Insgesamt blieb dabei aber soviel Zeit übrig, daß man sich einmal in der Woche abends zur Runde treffen konnte, auch die Fähnlein der Unterstufe. Der ND auf Gaesdonck war eine eigene Gruppe, und zwar war er gegliedert in sog. 'Fähnlein'. Die jüngeren Mitglieder hießen Knappen, die älteren Ritter."

r) "Neben Religion habe ich, allerdings damals noch ohne Staatsexamen, auch Deutsch und Kunst als Unterricht erteilt. Zu der Zeit, wo ich auf der Gaesdonck war, hat man in den Religionsunterricht noch überhaupt nicht hereingeredet. In den anderen Fächern kamen dann so allmählich neue Geschichtsbücher, neue Lesebücher. Zum Abitur kam dann ja immer der Schulrat auf die Gaesdonck, und während der Weimarer Republik war die Gaesdonck ja immer sehr geschätzt, fast eine Art Musterschule, und dann kamen die ersten nationalsozialistischen Oberschulräte, und die wurden dann erst einmal großartig empfangen, bekamen das Zimmer des Bischofs zugeteilt, bekamen gute Verpflegung, man ließ ihnen also alles Gute angedeihen, was die Gaesdonck bieten konnte. Keiner der damaligen Oberschulräte hat der Gaesdonck etwas anhaben wollen, und einmal, daran kann ich mich noch erinnern, sagte ein Oberschulrat sogar: 'Mit dem Abitur darf ich hier gar nicht anfangen, sonst habe ich falsche Maßstäbe für die anderen Schulen.'"

s) "Bei der Lehrerschaft wüßte ich wirklich keinen einzigen, dem man nicht voll hätte vertrauen können. Bei der Schülerschaft dagegen kam es schon einmal gelegentlich vor, daß man im Kollegium sagte: 'Der könnte uns gefährlich werden, bei dem müssen wir schon aufpassen.' Solche Gespräche wurden dann meistens bei dem regelmäßigen Zusammensein des gesamten Kollegiums sonntagsabends geführt - man traf sich da in der Bibliothek zu einem Glas Wein, aber man sah sich ja auch sonst bei Tisch oder irgendwo anders in der Gaesdonck. Es ist da aber nie zu ernsthafteren Schwierigkeiten gekommen, zumindest ist mir da kein Fall bekannt. Nur der Fall des schon genannten Einzelgängers (vgl. g) brachte für die Schule größere Schwierigkeiten: Auf dem Weg von Gaesdonck nach Goch hat dieser Schüler einmal, ich weiß nicht mehr was, etwas angestellt, was dann auch flugs der Partei in Goch gemeldet wurde. Es ist aber damals gelungen, das wieder auszubügeln, obwohl es zunächst hieß, er solle von der Schule verwiesen werden."

t) "In der Lehrerschaft wurde kein Gegenkonzept zum Zeitgeist entwickelt. Jeder Lehrer tat das, was er für gut und richtig befand, und ging auch nur so weit, wie er es für richtig hielt. Viele Lehrer kümmerten sich gar nicht um die neuen Zeitumstände, die machten ihren Unterricht weiter und besonders ein Lehrer, ein Laienlehrer, der Sport und Naturwissenschaften erteilte, war immer gefährdet, weil er so unbedacht war. All dies zusammen lief darauf hinaus, daß die Lehrer versuchten, in ihrem Unterricht indirekt kontra zu wirken."

u) "Es gab ja damals diese Zeitschrift, die vom Jugendhaus in Düsseldorf herausgebracht wurde, 'Die Junge Front', und diese Zeitschrift wurde von den Neudeutschen auf Gaesdonck verkauft, und sie hatte wirklich guten Zuspruch. Sie wurde auch von den Kollegen manchmal gelesen. Die HJ dagegen hatte weniger Erfolg. Sie hatte eine eigene Zeitschrift mit einem außerordentlich hetzerisch und laut tönenden Inhalt, der - einmal grob gesagt - gegen alles war. Dagegen war die Junge Front eine sehr anspruchsvolle Zeitschrift, mit Artikeln über Literatur und Kunst, aber auch, soweit das möglich war, politischen Leitartikeln."

v) "Den Religionsunterricht auf Gaesdonck konnte ich so gestalten, wie ich das auch unter anderen Umständen getan hätte. Der Inhalt, grob gesagt Katechismus und Bibel, blieb gleich, und überhaupt konnte man auf der Gaesdonck, zumindest solange ich da war, vielmehr machen als an einer öffentlichen Schule, denn der Unterricht wurde ja gar nicht kontrolliert. Auch von Kleve oder Goch aus hatte ich nicht den Eindruck, daß man uns bespitzeln wollte."

w) "Direkt verbotene Dinge konnte man natürlich auch auf Gaesdonck nicht machen. So zum Beispiel die Bücher, die als entartete Literatur verbrannt worden waren, wenn man solche Bücher vielleicht von Thomas Mann weitergelesen hätte, dann hätte man ja den Nazis einen Vorwand gegeben, die Schule zu schließen, und das war die Sache ja wirklich nun nicht wert."

x) "Politische Erziehung im heutigen Sinne gab es ja damals noch nicht. Erst die Nationalsozialisten haben das in großem Stil eingeführt, mit den Samstagsstunden und den Lehrgängen in den Jugendherbergen, aber so etwas konnte und wurde unterlaufen. Aber daß es eine konkrete antinationalsozialistische Erziehung gegeben hätte, das kann man wirklich nicht sagen."

y) "Grundlage der Erziehung war, zumindest wenn man einen Faktor sucht, der allen Lehrern gemeinsam war, allein die Grundlegung im katholischen Glauben. Ein gezieltes 'Anti' als gemeinsamer bestimmender Geist gegen den Nationalsozialismus ist da nicht hinzugekommen, und so waren Äußerungen der Lehrer häufig nur indirekt gegen den Nationalsozialismus gerichtet. Der spätere Direktor, der sein Amt dann 1937 antrat, zum Beispiel war ein großer Heimatforscher, und wenn es dann um Deutschtum und Karl den

Großen ging, dann kam er immer auf die karolingische Christianisierung des Niederrheins und auf die großen Verdienste des Christentums für die deutsche Kulturentwicklung."

z) "Alle vorgeschriebenen Veranstaltungen und Feiern - als eine der ersten kam 'Führers Geburtstag' - wurden im vorgeschriebenen Rahmen durchgeführt, aber wenn ein Lehrer die Ansprache hielt, dann hatte er stets ein unverfängliches Thema gewählt, und auch die Art seines Vortrages verhinderte dann, daß die Veranstaltungen zu einer Propaganda für die Nationalsozialisten wurden. Auch haben wir damals auf der Gaesdonck viel Theater gespielt, aber niemals solche Stücke, die einen nationalsozialistischen Inhalt gehabt hätten."

a') "Es ist zwar gefährlich, wenn ich das jetzt nach vierzig Jahren so allgemein sagen soll, aber viele der HJler waren Jungen, die ohnehin an der Schule etwas quer standen, es waren nicht gerade die Intelligenten, die herausstachen an der Schule. Ich muß aber auch sagen, daß bei der Neudeutschen Gruppe nicht immer nur die Qualifiziertesten saßen, es waren auch hier viele brave, durchschnittliche Schüler, und schließlich war ja auch ein großer Teil der Schülerschaft völlig neutral und hatte sich keiner Gruppe angeschlossen. Mein erster Gruppenleiter dagegen, von dem kann man wohl sagen, das war ein ganz kritischer Kopf."

b') "Man muß auch bedenken, welches Angstgefühl da hinzukam. Man hatte keine Vorteile davon, wenn man dieser Gruppe angehörte, weder in der Schule noch später im Beruf, man konnte nichts dabei gewinnen, im Gegenteil, man hatte nur Nachteile davon. So wurde das häufig auch vom Elternhaus her nicht gefördert. So war ich einmal im Elternhaus meines ersten Gruppenführers, die Eltern waren sehr wohlhabend und wohnten in Bochum, und die Mutter wollte unbedingt, daß ihr Sohn Diplomat würde, und so war sie natürlich keineswegs begeistert von den Interessen und Neigungen, die ihr Sohn dort entfaltete. Von diesem konkreten Elternhaus - die soziale Schicht stellt allerdings eine Ausnahme dar (der Vater war ein leitender Direktor im Management eines großen Stahlunternehmens) - von diesem konkreten Elternhaus also wurden die ND-Aktivitäten des Jungen keineswegs gefördert. Wie es bei den übrigen Eltern aussah, weiß ich nicht, da ich mit den Eltern sonst sehr wenig Kontakt hatte."

c') "Solange ich geistlicher Führer der ND-Gruppe auf Gaesdonck war, wurde die Gruppe auf Gaesdonck nicht aufgelöst oder verboten. In Goch war die Existenz der Gruppe bekannt und wurde natürlich nicht gerne gesehen, aber eine Handhabe für eine Auflösung hatte man ja noch nicht, was allerdings nach meinem Weggang von der Gaesdonck - auf Wunsch des Bischofs sollte ich in Burgsteinfurt den Religionsunterricht übernehmen - mit der dortigen ND-Gruppe geschehen ist und ob ich überhaupt noch einen Nachfolger gehabt habe, das weiß ich allerdings nicht mehr zu sagen."

d') "Im Kollegium der Gaesdonck wurde auch viel über das Buch Rosenbergs 'Der Mythus des 20. Jahrhunderts' diskutiert und über den sog. 'Anti-Mythus', den führende katholische Theologen artikelweise im kirchlichen Amtsblatt veröffentlichen und in dem sie sich mit dem Inhalt des

Rosenberg-Buches auseinandersetzten. Diese Artikel haben wir ausgiebig studiert und dann auch zum Teil in den Religionsunterricht einfließen lassen."

e') "Offen gesagt, die Lehrer der Gaesdonck wußten oft nicht, wie sie die Jungen beschäftigen sollten. So hatte es sich aus früherer Zeit noch erhalten, daß die Schüler am Sonntagmorgen zweimal die Messe besuchten. Als ich nun als junger Lehrer auf die Gaesdonck kam und mit dieser Praxis konfrontiert wurde, wies ich darauf hin, daß ich dies für absolut unpädagogisch und auch vom Religiösen her für höchst fragwürdig hielte. Das Merkwürdige nun war, daß die alten Lehrer, besonders der spätere Direktor, der sonst sehr konservativ eingestellt war, mir darin zustimmte, und so wurde das dann auch abgeschafft, und man ging sonntags nur noch einmal in die Messe. Statt des zweiten Messbesuches sollte dann nachher um 11.00 Uhr ein Religionsgespräch sein, so eine Art dritte Religionsstunde, die dann aber nicht an den Lehrplan des Religionsunterrichtes gebunden war, und da habe ich dann immer solche Dinge aus dem 'Anti-Mythos' oder auch Leitartikel aus der 'Jungen Front' gemacht, so daß dann auch auf diesem Wege Aktuelles Einzug in den Religionsunterricht hielt. Das war möglich, denn es war ja im Grunde eine private Sache. Man mußte natürlich auch wissen, zu wem man was sagte. Wenn man wußte, man hatte dort einen richtig fanatischen HJ-Schüler, dann mußte man eben seine Worte so wählen, daß man ganz sachlich blieb und so emotionale Kontroversen vermied."
"Leider war die Teilnahme an diesen Religionsgesprächen eben nicht freiwillig, die Schüler mußten also teilnehmen wie am übrigen Unterricht auch, ob sie wollten oder nicht. Und das habe ich dann immer wieder ceterum censeo in jedem Conveniat am Sonntagabend gesagt: 'Das ist doch eine unmögliche Geschichte! Seid euch doch euch selbst gegenüber ehrlich: Es ist doch nichts anderes als ein Mittel, die Freizeit herumzubringen, damit die Jungen wissen, was sie tun sollen!'"

f') "Und dann gab es noch den sogenannten Spaziergang, das war das Schrecklichste vom Schrecklichen. Direkt nach dem Essen mußte man eine Stunde lang mit einer Klasse irgendwo hin, es war immer dasselbe, nach Hülm, nach Goch oder nach der anderen Seite hin, aber das haben die alle mit einem Widerwillen getan, wir wußten es alle, aber niemand änderte etwas daran."

g') "Solche Dinge waren natürlich, wie wir heute wissen, schwere pädagogische Fehler, aber in der damaligen Zeit ja keine spezifisch Gaesdoncksche Erscheinung. Im Gegenteil, die Gaesdonck war für meine Begriffe damals sehr fortschrittlich, da hatten zum Beispiel die Primaner schon Selbstverwaltung, und es wurde auch nicht 'geschnüffelt'. Aber das waren althergebrachte Dinge, und so etwas geht dann so weiter, bis einer kommt und seinen Finger darauflegt."

h') "Die Gaesdonck konnte sich wirtschaftlich selbst tragen. Die Verwaltung der zu Gaesdonck gehörenden Höfe oblag einem Geistlichen. Die Schüler brauchten zur Arbeit in der Landwirtschaft zumindest bis zu meinem Weggang nie herangezogen werden, weder zur Erntezeit, noch aus anderen Gründen. Auch die Verwaltung der Höfe in Holland machte keine Schwierigkeiten, da sie wie die deutschen Höfe verpachtet waren. Dabei mußte jedoch achtgegeben werden auf die Devisengesetzgebung des Reiches, die eine einfache Begleichung von Schuldverpflichtungen in Holland leicht zu einem Devisenvergehen mit entsprechenden Folgen machen konnte. Auch außerhalb der Landwirtschaft war die Gaesdonck gut versorgt, wir hatten sogar einen eigenen Schreiner, so daß die Schüler nie herangezogen werden brauchten. Schmuggel über die nahegelegene Grenze ist immer vorgekommen, auch schon vor dem Dritten Reich, aber das war mehr ein Kavaliersdelikt, man machte sich einen Spaß daraus. Aber die Gaesdonck konnte sich ja auch während der Jahre meiner Lehrerschaft dort immer mehr als genug versorgen, als daß sie es nötig gehabt hätte, daraus nun einen schwunghaften Handel zu machen."

i') "In die Vorgänge bei der Einsetzung neuer HJ-Führer hatte ich, da die HJ ja nicht zu meinem Bereich gehörte, keinen genauen Einblick. Auf jeden Fall aber war zu bemerken, daß die Leitung des Hauses versuchte, Einfluß zu nehmen, damit sie keinen Krakeler oder irgendeinen Wildgewordenen da als Führer präsentiert bekamen. Die Beeinflussung konnte natürlich nicht offen erfolgen, sondern mußte sich auf indirekte Wege beschränken, damit der HJ kein Vorwand zur Klage gegeben werden konnte. Zumindest während meiner Zeit auf Gaesdonck scheint die Leitung des Hauses damit auch Erfolg gehabt zu haben, denn alle Führer, an die ich mich noch erinnern kann, kann man auf jeden Fall als umgängliche Schüler bezeichnen, und ich wüßte nicht einen, vor dem man sich hätte fürchten müssen. Man war ja nicht so dumm, daß man ihnen nun Gelegenheit bot, man machte in deren Gegenwart ja keine politischen Witze, aber Schwierigkeiten hat es in den zwei Jahren, in denen ich da war, nicht gegeben, auch antiklerikale Affekte fehlten da völlig."

j') "Gemeinsames Kennzeichen aller Elternhäuser war zunächst einmal natürlich, daß sie allesamt katholisch waren. Sodann stammte, was heute ganz anders geworden ist, die überwiegende Mehrzahl der Schüler aus der näheren Umgebung. Im übrigen wollte die Gaesdonck auch nie eine Eliteschule in dem Sinne sein, daß man dort nur Kinder von reichen Leuten hätte erziehen wollen: Der größte Teil der Schüler stammte aus der gehobenen Mittelschicht wie Ärzte und Rechtsanwälte, sodann viele Bauernsöhne aus der Umgebung und ganz vereinzelt auch Schüler, die von weiter her kamen und u. U. auch die gesellschaftliche Schicht des Mittelstandes nach oben hin durchbrachen. Andererseits ist auch nie vorgekommen, daß aus wirtschaftlichen Gründen einem Schüler die Aufnahme versagt wurde. Für bedürftige Schüler gab es Ermäßigungen des Schulgeldes, das bei Begabung auch ganz fortfallen konnte, so daß also materielle Gründe hier, soweit möglich, ausgeschaltet wurden."

k') "Wenn ich die Gaesdonck heute mit der Gaesdonck früher vergleichen sollte, so würde ich allgemein sagen: Die Schule ist weltläufiger geworden: Die alten Sprachen treten gegenüber früher zurück zugunsten der musischen Fächer, auch die Freizeitregelung ist offener und lockerer geworden - früher mußte jeder Ausgang nach Goch vorher angemeldet werden und wurde dann nur in Gruppe mit Lehrerbegleitung erlaubt -, außerdem ist das Juvenat hinzugekommen: Früher waren ja praktisch keine Kinder auf Gaesdonck, aber jetzt, wo die Gaesdonck schon mit Sexta beginnt, hat sich auch die gesamte Struktur der Schule gewandelt, man mußte Schwestern ins Haus nehmen und dergleichen mehr."

l') "Der Direktor zu meiner Zeit auf Gaesdonck war ein liebenswerter Mann, aber regiert hat er nie. Regiert hat schon zu seiner Zeit immer der spätere Nachfolger für ihn, und er tat auch nichts ohne ihn. Im übrigen gab er zu meiner Zeit auf Gaesdonck auch nur noch einige Religions- und Lateinstunden."

m') "Sein Nachfolger war zwar, so wie ich ihn, als er noch nicht Direktor war, kennengelernt habe, ganz anders, aber seine Führungsqualitäten waren auch nicht untadelig, dazu war er zu wenig ausgeglichen, die Führung eines Kollegiums war dadurch nicht immer seine Stärke. So hatte er zum Beispiel einen Affekt gegen deutsche Literatur, und ich habe mehrfach vergeblich versucht, ihn davon zu überzeugen, daß Schiller und Goethe für uns genauso wichtig sind wie die antiken Autoren. Dagegen war er unbestrittener geistiger Führer, wenn es um humanistische Bildung und um Geschichte ging.
Neben dem schon genannten Lehrer, der für die Neusprachen und Sport zuständig war und seine politische Meinung immer sehr offen vertrat (vgl. t), gab es auf der Gaesdonck noch einen weiteren Neusprachler, der das völlig entgegengesetzte Extrem verkörperte: Er war ein großer Taubenzüchter, aber eine aktive Auseinandersetzung mit weltanschaulichen Dingen interessierte ihn kaum."

n') "Solange ich Lehrer auf Gaesdonck war, habe ich keine Spannungen oder Spaltungen im Kollegium feststellen können. Wohl gegen Ende meiner Zeit dort, daran erinnere ich mich noch, da kam ein neuer Lehrer auf die Gaesdonck, ein kleiner, quicklebendiger Mann, der sehr stark anti-nationalsozialistisch eingestellt war und deshalb auch schon Schwierigkeiten mit den Nazis gehabt hatte, weshalb er wohl auch auf die Gaesdonck gekommen war. Er hielt auch immer ganz große Predigten mit barockem Pathos, der kam also an, und gleich am ersten Abend sagte er im Kollegium: 'Ich bin ja hier gezwungen hingekommen! Ich wollte hier ja gar nicht hin!' Und für den späteren Direktor und seine Leute war das etwas völlig Unmögliches, wie konnte man nur so etwas denken, wie kann man nur nicht auf die Gaesdonck wollen, das ist doch etwas, wie wenn man nach Eden fährt. Dieser Lehrer war dann auch nur verhältnismäßig kurze Zeit da, und er hatte eine Art, die mir und den anderen auch gar nicht gefiel: er kniete den jungen Leuten so etwas auf der Seele, und er hatte dann abends immer so eine Reihe von Jungen da sitzen und führte große Gespräche, was gar nicht mein Stil war, obwohl natürlich jeder Schüler, der es wollte, jederzeit zu mir kommen konnte, und so ist es dann auch oft genug gewesen, nur dieser Lehrer machte das gezielt, und Leute wie der spätere Direktor, die mochten das nicht, und sie machten auch ihre Witze darüber."

o') "Die tragenden Kräfte des Kollegiums waren eigentlich zu meiner Zeit zwei Lehrer, der eine, der schon genannte spätere Direktor, der andere ein Lehrer, der - selbst Gaesdoncker Abiturient - schon viele Jahre dort unterrichtete und auch über seine Verwandtschaft regelrecht mit der Gaesdonck verheiratet war. Diese beiden hatten allein schon auf Grund ihrer langen Dienstzeit auf Gaesdonck eine unangefochtene Autorität, obwohl sie beide nicht frei von Schwächen waren, die des späteren Direktors habe ich schon genannt, der andere Lehrer hatte die Schwäche, daß er etwas selektiv war, er hatte gewisse Vorzugsschüler, und entsprechend ihrer Autorität blickten sie etwas auf die Anfänger herab. Aber wenn es da auch schon manchmal Schwierigkeiten gab, wenn einer der beiden vielleicht einmal versuchte, auch den Schülern noch einmal die Rangfolge im Hause klarzumachen und ich mich dann dagegen zur Wehr setzte, so bedeutete das keineswegs, daß wir uns nicht gut miteinander verstanden hätten, ganz im Gegenteil."

p') "Was die Schüler betrifft, so kam es wohl vor, gerade bei den Tertianern, daß sie schon einmal Heimweh hatten, aber wenn sie einmal da waren, so fühlten sie sich wohl. Die Beschränkungen der Hausordnung, so insbesondere die restriktiven Ausgangsbestimmungen, wurden natürlich von den Schülern empfunden und, wo sie es konnten, auch nach Strich und Faden umgangen, aber nicht in einer Art böswilliger Aufsässigkeit, sondern eher als Jungenstreiche."

q') "Die HJ hatte eine eigene Zeitschrift, ein außerordentlich hetzerisches und reißerisches Blatt, eingestellt einfach gegen alles, und wenn Sie mich nach meinem Eindruck fragen, ob die Schüler das geglaubt haben, was dort geschrieben wurde, so muß ich sagen, zum Teil ja."

r') "Ich hatte da auch einen Schüler, einen sehr aufgeweckten Jungen, der selbst eine Art Schülerzeitschrift verfaßte, die sich ähnlich wie unsere heutigen Schul- und Schülerzeitungen auch mit allen Problembereichen beschäftigten. Die Zeitschrift schrieb er von Hand und verlieh sie dann. Dadurch bekam er meist gerade wieder soviel Geld zusammen, daß er sich dafür das Papier für eine neue 'Ausgabe' beschaffen konnte."

s') "Ich selbst wurde 1935 auf Wunsch des Bischofs nach Burgsteinfurt versetzt, um dort den Religionsunterricht aufrechtzuerhalten. Während der sieben Jahre, die ich dort unterrichtete, holte ich mein Staatsexamen nach. Dennoch wurde ich 1942 aus dem Schuldienst entfernt und erhielt vom Bischof sogleich eine Pfarrstelle. Aus Gründen, die mit meiner Tätigkeit auf Gaesdonck aber nichts zu tun haben, sperrten mich die Nazis dann aber dennoch ins Gefängnis, bis ich nach mehreren Monaten wieder entlassen wurde. Nach dem Krieg war ich lange Jahre hindurch Markkaplan für den ND im gesamten Bistum Münster."

Befragung B am 23. November 1980

Gaesdoncker Schüler: Ostern 1928 bis Ostern 1933

Abiturientia 1933

Gaesdoncker Lehrer: Herbst 1938 bis Mai 1940

Thema: Die Gaesdonck in der Endphase der Weimarer Republik
   Die Gaesdonck 1938 bis 1940

Inhaltsübersicht: Befragung B

Der Befragte kam 1928 als Schüler auf die Gaesdonck und machte dort 1933 sein Abitur. Nach dem Studium der Theologie kam er 1938 als geistlicher Lehrer auf Gaesdonck zurück und verblieb dort bis zu seiner Einberufung zum Wehrdienst im Mai 1940. Seine Aussagen sind, wenn auch in der Gesamtschau oft lückenhaft und die Proportionen im Detail gelegentlich verzerrend, daher in zweierlei Hinsicht von besonderem Wert: Zum einen gibt seine Darstellung der Gaesdonck in der ausgehenden Weimarer Republik eine recht gute, mit den übrigen Befragungen weitgehend korrespondierende Vorstellung von der Ausgangslage des CAG zu Beginn des Dritten Reiches. Zum zweiten geben seine Aussagen zur Zeit von 1938 bis 1940 wichtige Ergänzungen zu den zahlreichen Darstellungen aus der Schülerperspektive (Befragungen H, I, J).

a) Eindringen des Nationalsozialismus auf Gaesdonck vor 1933
b) Verhältnis zwischen Lehrern und Schülern auf Gaesdonck
c) Jugendorganisationen auf Gaesdonck vor 1933
d) Reaktion der Gaesdonck auf die Erfolge des Nationalsozialismus (1932/33)
e) Angaben zur Person
f) Vergleich: Gaesdonck vor 1933 - Gaesdonck 1938
g) Aktivitäten der HJ auf Gaesdonck nach 1938
h) Schulungsaktivitäten der HJ nach 1938
i) Erfolge der Gaesdoncker HJ-Gefolgschaft (Flugwettbewerbe)
j) Einfluß nationalsozialistischen Gedankengutes auf Gaesdoncker Schüler (nach 1938)
k) Politische Gefährdung Gaesdoncker Lehrer
l) Unterlaufen nationalsozialistischer Veranstaltungen und Feiern
m) Politische Überprüfung der Gaesdonck durch Goch (Partei, HJ)
n) Verhältnis zwischen HJlern und Nicht-HJlern (nach 1938)
o) Durchführung des 'Deutschen Grußes' und Unterlaufung
p) Regulärer Hebräischunterricht - Freie Arbeitsgemeinschaft 'Altes Testament'

q) Durchführung des Sportunterrichtes auf Gaesdonck (nach 1938)
r) Mitgliedschaft von Lehrern in Gliederungen der Partei (NSLB, NSV) nach 1938
s) Stellung der Schulleitung zur HJ
t) Entziehung von Fachlehrern durch Wehrdienstverpflichtung (Einberufung von Priestern ab 1940)
u) Ökonomische Grundlage der Gaesdonck nach dem Kriegsausbruch

a) "Wir sind, glaube ich, sehr unpolitisch erzogen worden, über Politik hat man nicht viel gesprochen. Aber etwa von 1930 an, wo Brüning an der Regierung war, da haben wir unter uns Schülern uns doch sehr politisch unterhalten, und ich kann wohl sagen, in meiner Klasse, da war vielleicht einer, der war im geheimen Nationalsozialist oder hat wenigstens mit ihnen sympathisiert. Aber da er sehr vorsichtig war, ist er doch von uns anderen völlig anerkannt worden als Kamerad, und alle anderen lehnten den Nationalsozialismus ab."

b) "Das Verhältnis zwischen Lehrern und Schülern im Haus war eine solche Gemeinschaft, daß es da auch häufiger zu Gesprächen kam. Zum Beispiel hatten wir einen Lehrer, der Sport und Naturwissenschaften erteilte, und der, aus seiner Erfahrung als Weltkriegsteilnehmer heraus ein ganz offener Pazifist war, er war sehr gegen die Rechte und sehr gegen den Krieg überhaupt, und mit dem haben wir uns doch auch über politische Dinge sehr viel unterhalten. Diese Einstellung war ja auch positiv im Sinne der damaligen Zentrumspartei, und wir waren doch alle bis auf wenige Ausnahmen pazifistisch gesonnen, einer war vielleicht insgeheim, wie schon gesagt, Nazi, ein anderer war von seiner Familie her deutschnational, aber ansonsten, wenn sie nicht politisch uninteressiert waren, waren sie doch gegen die Nazis."

c) "Jugendbünde oder auch ND hat es auf Gaesdonck zu meiner Zeit als Schüler dort nicht gegeben, das war nicht erlaubt. Einige Jahre vorher hatte es einmal solche Bünde gegeben, und da hatte es Streit gegeben, da es verschiedene gab, und daher hatte man dann die Bünde, auch die katholischen Bünde, nicht zugelassen. Es gab wohl eine kleine Gruppe von Jugendbewegten, die zusammenhielten und auch keinen Hehl daraus machten, daß sie in den Ferien schon einmal zu solchen Tagungen fuhren, aber offiziell war das nicht."

d) "Ob im Zusammenhang mit der Machtergreifung oder mit den vorhergegangenen Erfolgen der Nazis, weiß ich nicht mehr, jedenfalls ist es mir erinnerlich, daß der damalige Direktor der Schule in einem Kreis von Jungen auf dem Platz gesprochen hat und seiner sehr großen Besorgnis Ausdruck gegeben hat und daß wir das auch verstanden haben, daß wir also doch sehr große Sorgen uns gemacht haben. Kurze Zeit darauf war dann Abitur - in den wenigen Wochen zwischen Machtergreifung und Entlassung ist über die neuesten Entwicklungen dann nicht mehr viel gesprochen worden - und auf unserer Abschlußfeier, da hat dann einer den Goebbels nachgemacht, wie er den Aufmarsch in Berlin kommentierte, so ganz ernst haben wir das dann auch nicht genommen, daß wir nicht auch unseren Spaß uns daraus gemacht haben."

e) "Nach meinem Abitur nahm ich dann ein Studium der Theologie auf und wurde anschließend zum Priester geweiht, im Juli 1938, und nach den Herbstferien kam ich dann auf die Gaesdonck als Lehrer. Dort blieb ich dann bis 1940, als ich Soldat wurde."

f) "Als ich 1938 wieder auf die Gaesdonck kam, hatte ich nicht das Gefühl, daß sich da wesentlich etwas verändert hatte, sondern daß die Jungen ein genauso gutes Verhältnis zu den Lehrern hatten wie wir zu unserer Zeit."

g) "Das einzige, was sich vielleicht wesentlich verändert hatte, war die Einführung der HJ. Der Direktor hatte diese Einführung 1933 nicht mehr verhindern können. Zu meiner Zeit habe ich dort zwei HJ-Gefolgschaftsführer erlebt: der erste war meiner Ansicht nach ziemlich neutral, der war also vernünftig und machte den Dienst und dirigierte den Dienst und der war wohl auch mehr mit Hilfe des Direktors und der Lehrer an diese Position gekommen, der andere war ein bißchen radikaler, aber er war doch im Grunde ein anständiger Kerl, und so ein ausgesprochener Nazi war er auch nicht. Ausgenutzt, um etwa auf die Lehrer Druck auszuüben, haben diese HJ-Führer ihre Stellung aber nie; ihre Amtsführung stellte immer ein relativ gutes Einvernehmen mit dem Direktor und den Lehrern dar. Viele Schüler machten mit aus jugendlicher Begeisterung und die Führer auch, aber es hätte ja sein können, daß Primaner und vielleicht auch schon Obersekundaner damals gesagt hätten, ich mache mit der Kirche nicht mehr mit, das waren damals auf Gaesdonck alles keine Fragen, das war eindeutig."

h) "Die HJ machte ihren Dienst, der ja wohl vorgeschrieben wurde von oben, von eigentlicher weltanschaulicher Schulung in der Gaesdonck selbst weiß ich nichts. Es kann wohl sein, daß einige immer mal wieder zu Schulungskursen geholt wurden, das kann wohl sein, aber darüber kann ich jetzt auch nichts sagen."

i) "Die Gaesdoncker Hitlerjungen wurden auch nicht unter Gefolgschaft Gaesdonck geführt, sondern unter Hülm, obwohl sie eine eigene Gefolgschaft waren. Zum Beispiel sehr erfolgreich war die Schule bei Modellflugwettbewerben, und der Gaesdoncker Werklehrer hat seine HJler da angeleitet und geführt, und die bekamen dann immer die Preise, aber in der Zeitung stand dann, die Gefolgschaft Hülm habe den ersten Preis gewonnen. Daran kann man aber auch sehen, daß die Lehrer da mitwirkten, soweit es ihnen möglich war."

j) "Unter den Schülern gab es eigentlich keinen, vor dem man Mißtrauen gehabt hätte. Ob einige vielleicht innerlich mit den Nazis sympathisierten, das weiß ich natürlich nicht, aber eine größere Anzahl war es bestimmt nicht."

k) "Einmal war Bischof von Galen auf Gaesdonck, und er meinte zu den Lehrern: 'Ihr seid Priester, und dennoch ist noch keiner von euch im Gefängnis oder bei der Gestapo gewesen' - einer ist allerdings einmal von der Gestapo vernommen worden - 'das ist ein schlechtes Zeichen, ihr verkündet euren Glauben nicht offen genug'', aber es hat auch nie ein Junge einen Lehrer angezeigt."

l) "Eine Geschichte ist mir noch sehr deutlich, da war der 'Tag der Jugend', und die ganze Schule mußte in einen Gemeinschaftsraum, und dann wurde das im Radio übertragen. Goebbels hielt eine Rede, und darin fiel dann der Satz: 'Und die Jugend hat immer Recht!', und da stand der damalige Direktor auf und sagte: 'Und das ist nicht wahr!'. In diesem Augenblick war alles still, denn wir haben alle Angst gehabt, wir haben alle große Angst gehabt, es hätte ja nur ein richtiger Nazi unter den Schülern sein müssen und das in Goch irgendjemandem sagen müssen, dann hätten die Nazis den doch geholt."

m) "Die Partei oder eine ihrer Organisationen hat nie versucht, auf Gaesdonck Einfluß zu gewinnen oder Gesinnung zu überprüfen, wenigstens nicht zu meiner Zeit. Wohl einmal hieß es, die Gocher HJ wollte einen Angriff auf Gaesdonck machen. Darauf haben wir uns dann auch etwas vorbereitet, aber die sind dann nicht gekommen."

n) "Schwierigkeiten zwischen denen, die in der HJ waren, und denen, die ihr nicht angehörten, habe ich nicht feststellen können. Diejenigen, die ihr nicht angehörten, waren sehr wenige, höchstens zwanzig. Wenn die HJ samstags Dienst hatte, dann mußte ich mit diesen zwanzig, es können auch noch weniger gewesen sein, spazieren gehen. Aber irgendwelche kameradschaftlichen Schwierigkeiten hat es da überhaupt nicht gegeben."

o) "Wir mußten als Lehrer ja auch auf Gaesdonck den Unterricht beginnen mit 'Heil Hitler'. Als ich dann zum ersten Mal zum Religionsunterricht in die Unter- oder Obertertia kam und den Unterricht mit Deutschem Gruß begann und sagte 'Heil Hitler', da sagte mir doch einer von den Jungen: 'Das glauben Sie ja selbst nicht!', und das haben auch andere gehört."

p) "Ob es zu meiner Zeit auf Gaesdonck noch regulären Unterricht in Hebräisch gegeben hat für diejenigen, die Theologie studierten, weiß ich nicht. Ich weiß aber wohl, daß im regulären Religionsunterricht kein AT behandelt werden durfte. Daran haben wir uns auch gehalten, aber sonstige Vorschriften hat es nicht gegeben, zumindest was den Religionsunterricht betrifft. Mit einer kleineren Gruppe habe ich dann aber doch außerhalb des Unterrichtes auf meinem Zimmer AT durchgenommen, auf freiwilliger Basis, das war auch typisch, daß die Schüler da noch so selbstverständlich mitmachten."

q) "Neben dem Religionsunterricht habe ich auch fachfremd Turnen erteilt, aber damals mußte ja soviel Sportunterricht gegeben werden, fünf Stunden in der Woche, daß wir einfach nicht hinkamen. Wir hatten ja nur einen Lehrer, der sein Turndiplom gemacht hatte, alle anderen erteilten den Unterricht fachfremd. Neben dem normalen Schulsport wurde zwar auch Boxen gemacht, aber damit hatte ich nichts zu tun, da hatten wir einen Lehrer, der einen speziellen Kursus dafür mitgemacht hatte. In der freien Zeit wurde sehr viel Fußball gespielt, dann auch gewandert - offiziell zweimal in der Woche mit dem kleinen Rest, der nicht in der HJ war - dann auch Schwimmen in der Nähe von Weeze."

r) "Ob Lehrer dem NSLB beigetreten sind, weiß ich nicht. Ich selbst war nur Mitglied in der NSV. Da kam dann ein biederer Mann aus Hassum und sagte, treten Sie da doch bei, und auch der Direktor kam zu mir und bat mich, ich möchte doch dort beitreten, damit wir wenigstens ein oder zwei Lehrer in irgendeiner Gliederung der Partei haben, und NSV war nun wirklich das Harmloseste, was es da gab, aber die älteren Lehrer, die taten das nicht, so daß der Direktor es sehr gerne sah, daß ich mich dazu bereitfand."

s) "Zwar war die große HJ-Gefolgschaft in gewisser Weise ein Schutz für die Gaesdonck, aber ich glaube, der damalige Direktor hat das ganz positiv gesehen, wenn Schüler nicht bei der HJ mitmachten und von daher auch keinen Druck ausgeübt, es sollten alle der HJ beitreten."

t) "Als geweihter Priester hätte ich ja eigentlich nicht zum Militär eingezogen werden können, aber dann kam ein Gesetz, daß das doch möglich sei. Bis dahin brauchten die Priester bei der Musterung nur zu sagen, ich bin römisch-katholischer Subdiakon - von da an brauchte man nicht mehr zu dienen - und dann konnten die wieder gehen. Das versuchte ich auch, aber da sagte der Musterungsbeamte, nein, das gelte nicht mehr, ich müsse mich mustern lassen. Bei mir war es eigentlich das erste Mal, daß im Kreis Kleve dieses Gesetz bekanntgeworden ist, und ich bin daher zum Dechanten gegangen und habe mich beklagt, und der meinte dann, das sei ja etwas ganz Neues, ich solle doch zum Bischof schreiben. Nachher ist das dann zwar generell so gehandhabt worden, aber, soweit ich weiß, war ich im Bereich Kleve der erste Priester, der gemustert worden ist. Nach meiner Musterung im November bin ich dann im Mai 1940 zum regulären Militärdienst als Sanitäter eingezogen worden.
Vor mir ist kein Lehrer der Gaesdonck einberufen worden. Wohl kam einige Wochen vorher eine Einberufung für einen Lehrer, der aber inzwischen Benediktiner in Maria Laach geworden war, und nachdem wir dessen Einberufung zurückgeschickt hatten, da bekam ich dann meinen Gestellungsbefehl. Nach mir ist wieder ein Priester gekommen, da nicht mehr genug Lehrer dort waren, und der ist dann schon nach 14 Tagen wieder einberufen worden."

u) "Wirtschaftlich geriet die Gaesdonck auch nach Kriegsausbruch nicht in Schwierigkeiten, da wir ja Lebensmittelkarten bekamen, von denen wir leben konnten. Benachteiligt wurden wir in keiner Weise, und wir hatten auch einen eigenen Hof."

Befragung C am 30. November 1980

Gaesdoncker Schüler: Ostern 1931 bis Ostern 1937

Abiturientia 1937

Thema: Die Hitlerjugend auf Gaesdonck 1933 bis 1937

Inhaltsübersicht: Befragung C

Der Befragte kam Ostern 1931 als Schüler auf die Gaesdonck und legte dort als Oberprimaner 1937 sein Abitur ab. Im Jahre 1936 übernahm er die Führung der HJ-Gefolgschaft Gaesdonck. Der Schwerpunkt seiner Aussagen liegt auf den Jahren 1935 bis 1937. Von besonderem Wert sind seine Ausführungen zu den Themenbereichen Aktivitäten der HJ, Verhältnis der HJ zum ND und Nationalpolitische Lehrgänge, da sie die entsprechenden Darstellungen von seiten des ND (vgl. insbesondere Befragung A, E) aus der Sicht eines führenden HJ-Mitgliedes in der Anfangsphase des Dritten Reiches ergänzen und im wesentlichen bestätigen.

a) Struktur der HJ auf Gaesdonck
b) Aktivitäten der HJ auf Gaesdonck - Führertreffen in Goch / Kleve
c) Bedeutung der HJ für den Fortbestand der Schule
d) Verhältnis zwischen HJ und ND auf Gaesdonck
e) Nationalpolitische Lehrgänge
f) Verhältnis der Gaesdoncker HJ-Gefolgschaft zum Bann Kleve
g) Verhältnis zwischen HJ-Gefolgschaft und Lehrerschaft / Schulleitung
h) Verhältnis von HJ und ND auf Gaesdonck

a) "Ich selbst habe im Jahre 1936 als Unterprimaner die Führung der HJ-Gefolgschaft auf Gaesdonck für ein Jahr übernommen, auf ausdrücklichen Wunsch des damaligen Direktors. Als der Oberprimaner, der dort zuvor die Leitung gehabt hatte, wegging, da fanden die keinen Dümmeren und weniger politisch Interessierten, so daß man mich bat, die Leitung der Gefolgschaft zu übernehmen. Zu der Zeit, wo ich Gefolgschaftsführer war, - die Zahl habe ich zufällig noch im Kopf - kamen wir auf 113 Schüler, die der HJ angehörten. Außerdem gab es noch eine Gruppe von acht bis zwölf Schülern der Oberprima, die schon zu alt für die HJ waren, und die dann als SA-Leute bei den Zöllnern am Gaesdoncker Zollhaus etwas Dienst mitmachten."

b) "Im wesentlichen haben wir uns sportlich betätigt und waren dann sportlich auch sehr stark: Im Bann und im Unterbann Kleve und Geldern haben wir dann immer an den Wettkämpfen teilgenommen und da auch unsere Preise geholt. In der HJ selbst spielte weltanschauliche Schulung eine geringere Rolle, wohl aber dann auf den Treffen der HJ-Führer in Kleve, wo wir die Gaesdonck dann immer mit etwa zehn Schülern zu vertreten hatten und dort dann mit Führern aus dem gesamten Bann zusammentrafen. Und dort ging es dann häufig wirklich hart auf hart, weil wir dort unsere Meinung vertreten und auch kein Blatt vor den Mund genommen haben, besonders wenn es nicht nur um allgemein weltanschauliche Dinge ging, sondern gerade auch bei religiösen Fragen."

c) "Insgesamt habe ich aber den Eindruck, daß gerade die HJ dazu beigetragen hat, daß die Gaesdonck nicht schon wesentlich früher aufgelöst wurde und daß wir gerade mit dieser Krücke es geschafft haben, die ganzen Hitlerjahre von 1933 bis 1942 zu überstehen."

d) "Außer der HJ bestand auf Gaesdonck noch der ND. Zumindest zu meiner Zeit hat es da keine Auflösung gegeben. Da muß ich nun wohl sagen: die ND-Gruppe trug nun etwas dazu bei, hier und da, daß es schon einmal zu Differenzen kam, was dann besonders unter einigen nicht so ganz schön war. Besonders zu meiner Zeit als Gefolgschaftsführer bekam ich es zu spüren, daß man uns von seiten des ND für, einmal hart gesagt, Verräter hielt, Verräter an den Gaesdoncker Prinzipien: "Ihr macht da ja mit." Im allgemeinen ging das aber gut, da wir uns sehr stark auf den sportlichen Bereich verlegt hatten, Schnitzeljagden und andere Geländespiele."

e) "Dreimal mußten wir teilnehmen an sog. 'Nationalpolitischen Lehrgängen', aber was da lief, hatte praktisch mit Politik wenig zu tun. Wir freuten uns, daß wir für die Zeit schulfrei hatten. Jeder mußte ein Thema bearbeiten, zum Beispiel habe ich mir in Cochem als Thema ausgesucht den Weinbau. Wir hatten unsere eigenen Lehrer dabei, und es war ähnlich, wie wenn sich heute drei oder vier Klassen in einer Jugendherberge treffen: Wir hatten Spaß daran, daß wir unsere Freizeit einmal anders verbringen konnten, aber politisch hatte das wenig Sinn. Unterrichtsähnliche Veranstaltungen sind bestimmt gelaufen, aber worüber, daran kann ich mich nicht mehr erinnern, das ging mehr oder weniger an uns vorbei."

f) "Im Grunde waren wir für den Bannführer immer ein Dorn im Auge. Nicht nur, daß wir uns nicht so betätigten wie andere HJ-Gefolgschaften, sondern auch, weil wir die anderen sportlich und theoretisch geradezu in die Ecke drängten."

g) "Einzelne Jungen haben nie Nachteile davon gehabt, wobei ich natürlich sagen muß, daß wir als Schüler nie direkten Einblick in die Gedankengänge der 'Blumenstraße' - das war unser Ausdruck für die Lehrerschaft - hatten, wohl wußten wir zum Beispiel, daß unser Direktor ein ziemlicher 'Autokrator' war, so ein kleiner Adenauer, aber insgesamt wußten doch wohl alle, daß ohne uns der 'Kasten' - das war unser Ausdruck für die Gaesdonck - bestimmt zugemacht worden wäre. Wir hätten das auch sonst nicht mitgemacht, ganz bestimmt nicht. Das war mein Anliegen, ich war total apolitisch, und das wußte der Direktor auch, und er hat wohl deshalb mich beauftragt, weil er sichergehen wollte, daß er einen ruhigen und sicheren Führer da an die Spitze bekam."

h) "Wenn Sie mich jetzt fragen, worin der große Unterschied gelegen hat zwischen HJ und ND, was also einen Schüler bewegen konnte, nicht der HJ beizutreten, so muß ich sagen, und so denke ich auch heute noch, man kann auch zu katholisch, fanatisch katholisch sein. Die Neudeutschen waren mir häufig zu einseitig katholisch, es gibt da ja immer einige. Diese Einstellung wurde auch von den meisten Lehrern nicht gefördert. Ich habe mich nur manchmal darüber geärgert, wie wir da behandelt wurden, wo wir doch um der Gaesdonck willen unseren Kopf da hinhielten. Es mag sein, daß die anderen das nicht so empfunden haben, aber ich war ja schließlich verantwortlich dafür, daß keine große Mißstimmung aufkam und daß auch nichts davon nach draußen drang. Denn wenn man in Goch erfahren hätte, Gaesdonck hat eine ND-Gruppe, dann wäre das ein Anlaß für allergrößte Schwierigkeiten gewesen. Das Ärgerliche war also, um es noch einmal zu sagen, man hielt seinen Kopf hin und wurde dann noch von einigen ND-Leuten für einen Verräter an der Gaesdonck gehalten."

18. 1. 89

Betragung D am 25. November 1980

Gaesdoncker Schüler: Ostern 1932 bis Ostern 1937

Abiturientia 1937

Thema: Die Gaesdonck von 1933 bis 1937 (Lehrerschaft, Schülerschaft, Hitlerjugend)

Inhaltsübersicht: Befragung D

Der Befragte kam Ostern 1932 als Schüler auf die Gaesdonck und legte dort als Unterprimaner 1937 sein Abitur ab. Seine Aussagen ergänzen die übrigen Befragungen für den Referenzzeitraum aus der Sicht des einfachen HJ-Mitgliedes aus deutschnationalem Elternhaus. Oft gefärbt von unterschwelliger persönlicher Apologetik, zeichnen seine Ausführungen nichtsdestoweniger ein interessantes Bild der Möglichkeiten und Grenzen des ideologischen Zugriffs auf die eigentlich politisch desinteressierte Mehrheit der Gaesdonkker Schüler durch den NS-Staat.

a) Beitritt zur HJ
b) Aktivitäten der HJ auf Gaesdonck
c) Aktivitäten der HJ zu besonderen Anlässen
d) Auswahl der HJ-Führer
e) Teilnahme der Gaesdoncker HJ an auswärtigen Propagandaveranstaltungen
f) Hitlergruß und Entfernung der Kreuze aus den Klassenzimmern
g) Einstellung der Lehrerschaft zum Nationalsozialismus
h) Ausweichmöglichkeiten vor HJ-Aktivitäten für HJ-Mitglieder
i) Antinationalsozialistische Äußerungen von Lehrern im Unterricht
j) Zielsetzung und pädagogisches Konzept der Lehrerschaft
k) Einfluß der Schulleitung auf die Auswahl der HJ-Führer
l) Gründe für den HJ-Beitritt
m) Bedeutung der unterschiedlichen Verbände (ND und HJ) für das Internatsleben
n) Vertrauensverhältnis zwischen Lehrern und Schülern
o) Politische Einstellung der Eltern - Haltung der Eltern zum HJ-Beitritt
p) Vermeidung politischer Themen als Überlebensstrategie
q) Aktivitäten der HJ-Gefolgschaft auf Gaesdonck

a) "Ich war Mitglied der Gaesdoncker HJ. Soweit ich mich noch erinnern kann - mit Sicherheit weiß ich allerdings nicht mehr zu sagen - war es 1934, daß wir der HJ beitreten mußten, zumindest wurde es von der Leitung des Hauses angeraten hinter vorgehaltener Hand."

b) "Aufgaben im Rahmen des Internats hat die HJ eigentlich überhaupt nicht übernommen. Es wurde, glaube ich, kaschiert, daß man das, was man früher an sportlichen Ereignissen von der Schule aus hatte, einfach auf die HJ übertragen hat. Politisch gab es innerhalb der HJ kaum Gesprächsthemen oder Diskussionen, auch keine Versammlungen, die einen offiziellen Charakter von der HJ hatten. Die Veranstaltungen, die die HJ abhielt, lagen also hauptsächlich auf sportlichem Gebiet, weltanschaulich lief da eigentlich überhaupt nichts."

c) "An den vorgeschriebenen Feiertagen war natürlich schulfrei, aber offizielle Veranstaltungen von der HJ aus, die eine auffallend politische Färbung gehabt hätten, hat es nicht gegeben. Wohl sind, daran kann ich mich noch erinnern, manchmal von Goch aus Kontrollen gewesen, daß an bestimmten Tagen bestimmte sportliche Übungen abgehalten wurden, Pseudoexerzieren. Wann das war, weiß ich nicht mehr, aber es kam schon einmal vor, daß Ausmärsche in Uniform gemacht wurden. Aktivitäten in Uniform waren aber selten, ich hatte den Eindruck, daß es immer dann war, wenn man Kontrollen von irgendeiner Seite erwartete."

d) "Bei der Auswahl der HJ-Führer wurde sehr darauf geachtet, daß man zuverlässige Schüler, die im damaligen Sinne nicht allzu progressiv waren, an die Spitze bekam, und diese Bemühungen der Schulleitung haben auch fast immer Erfolg gehabt, so daß fast immer ein gutes Einvernehmen zwischen Schulleitung und HJ-Führung bestand. Ich kann mich nur noch an einen Schüler erinnern, der rhetorisch sehr geschickt war und auch ziemlich modernes Vokabular übernommen hatte, von der Nazi-Seite her, aber, so würde ich doch sagen, in der Ausführung von Zweitleuten gedämpft wurde, der auch als Schüler nicht so glaubhaft war, daß man ihm nun mit großem innerlichen Respekt begegnet wäre. Aber außer diesem Schüler hatte ich nirgendwo auf der Schülerseite den Eindruck, daß ein Schüler den Ideen des Nationalsozialismus nahegestanden hätte, wohl vielleicht der Jugendbewegung als solcher und daß er froh war, daß sich nun endlich die Möglichkeit bot, einmal aus diesem Internat herauszukommen, denn wir waren ja vorher ein sehr streng geführtes Internat, wo die Schüler kaum nach draußen kamen, daß viele da gerne mitgegangen sind, daß kann ich mir denken, aber daß sie ideologisch dem nahegestanden hätten, da wüßte ich aus meiner Klasse keinen."

e) "Wenn es einmal Veranstaltungen gab, Aufmärsche in Goch zum Beispiel, bei denen man wirklich den Verdacht haben mußte, daß es wirklich harte Propagandaveranstaltungen sein sollten, da hat man, zumindest war das mein Eindruck, immer versucht, da Gründe zu finden, daß man da nicht mitzumachen brauchte."

f) "Hitlergruß und Entfernung der Kreuze aus den Klassenzimmern sind nicht durchgeführt worden, daran kann ich mich nicht erinnern."

g) "Unsere Klasse ist stark geprägt worden durch Lehrer, die aus führenden katholischen Schulen kamen, so aus dem Jesuitenkolleg aus Bad Godesberg, und die uns reinen Wein eingeschenkt haben, was die nationalsozialistische Ideologie betraf. Ich habe allerdings einen schlechten Geschichtsunterricht gehabt, der mir nicht nur durch die schlechten Geschichtsbücher, die sich vor allem mit der sog. 'modernen Geschichte' seit der Machtergreifung beschäftigten, sondern auch durch einen Lehrer, der dieses Pensum noch mit einem gewissen Eifer betrieb, verleidet wurde: man wußte bei diesem Lehrer nicht so recht, woran man war. Aber das war so ziemlich nur eine Person: Die Mehrheit der Lehrer hat einen eindeutigen, klaren antinationalsozialistischen Standpunkt vertreten."

h) "Es bestand immer die Möglichkeit, dem Dienst, dem eigentlichen Dienst in der HJ auszuweichen, auch wenn man nur pro forma Mitglied war, zum Beispiel, wenn man musikalisch interessiert war, durch Orchesterproben, oder wenn man gut in Sport war, dann konnte man zum Geräteturnen oder zur Leichtathletik abkommandiert werden. Überhaupt bestand immer die Tendenz, dieses System etwas porös zu machen. Ich selbst habe mich kaum am Dienst in der HJ beteiligt, nur wenn es sich nicht umgehen ließ. Als ich dann die Schule verließ, hat mir der Leiter der HJ-Gefolgschaft dann einen Ausweis ausgestellt, was mehr oder weniger eine Fälschung war, da ich ja mich gar nicht aktiv an der HJ beteiligt hatte, einen Ausweis, der meine Tätigkeit in der HJ nachwies und mit dem ich dann auf der Universität meinen nationalsozialistischen Geist dokumentieren konnte, der ja gerade von Medizinstudenten gefordert wurde. Von der Ausstellung dieses Ausweises weiß der damalige HJ-Führer allerdings nichts mehr, ich habe vor einiger Zeit einmal mit ihm darüber gesprochen, und er konnte sich daran nicht mehr erinnern. Der Leiter der HJ war aber, das läßt sich ja auch eindeutig hieraus, aus der Ausstellung der Ausweises, erkennen, genau das Gegenteil von einem überzeugten Nationalsozialisten."

i) "Was bei uns während des Unterrichts von manchen Lehrern gesagt wurde, das war manchmal geradezu gefährlich. Wir hatten einen Lehrer, er gab Sport und Naturwissenschaften, ein Weltkriegsteilnehmer, der mehrere Orden und Auszeichnungen besaß, und dieser Lehrer, der auch unser Klassenlehrer war, der hat uns - lautstark und sich selbst nicht schonend - versucht, dieses System zu erklären; er hat auch deswegen später Schwierigkeiten und Verwarnungen bekommen. Auch außerhalb des Unterrichtes kam es häufig zu privaten Gesprächen von Schülern und Lehrern, das war auf Gaesdonck so üblich, und da wurde dann natürlich noch offener geredet."

j) "Man hat zwar nicht versucht, sich gegen die neue Entwicklung abzuschotten und so zu tun, als sei nichts geschehen, sondern man hat von Lehrerseite schon versucht, die Schüler gegen den Nationalsozialismus zu motivieren, aber weniger auf einer ausgeprägt politischen, sondern mehr auf einer religiösen Grundlage, so daß sich die antinationalsozialistische Haltung besonders aus einer breit angelegten religiösen Unterweisung ergab."

k) "Gerade bei der Gefolgschaftsführerwahl 1936 war es deutlich, daß die Initiative weniger von der HJ-Basis ausging, sondern daß die Leitung die Wahl so arrangiert hatte, daß sie einen ruhigen, ausgeglichenen Schüler, der obendrein noch zuverlässig war, dort an die Spitze bekam."

l) "Ich selbst habe nie dem ND angehört. Ich kann zu mir selbst nur sagen, daß es von seiten des Hauses hieß, es sei wohl ratsam, der HJ beizutreten, um die Gaesdonck zu erhalten. Ein Betritt in die HJ wurde vom Haus gerne gesehen, obwohl natürlich innerlich keinerlei Neigung hin zu dieser Organisation bestand."

m) "Ich weiß mich nicht mehr zu erinnern, wie lang noch ND auf Gaesdonck bestanden hat. Im Klassenverband wurde auch nicht darüber gesprochen, wer im ND war und wer in der HJ, die unterschiedlichen Verbände waren da kein Thema."

n) "Politische Dinge wurden ja von den meisten Lehrern nur hinter vorgehaltener Hand ausdiskutiert. Der Rahmen der Gaesdonck war ja damals wesentlich kleiner als heute, und dann kam es häufig vor, daß am Sportplatz oder bei einer anderen Gelegenheit einzelne Schüler oder kleine Gruppen bei einem Lehrer standen und daß dann auch politische Gespräche geführt wurden. Aber zu allen Lehrern hatte man ein solches Vertrauensverhältnis, daß man alle Probleme - seien sie nun pädagogischer oder auch politischer Art - ihnen anvertrauen konnte, wenn man das wollte."

o) "Mein Vater selbst war alles andere als ein Nationalsozialist. Er hatte dem Stahlhelm angehört und mir den Rat gegeben, mich keiner Organisation anzuschließen. Als dann aber die Leitung des Hauses im Interesse der Gaesdonck riet, die Schüler möchten doch bitte der HJ beitreten, da hatte er dafür vollstes Verständnis, und ich glaube, die übrigen Eltern hatten es für ihre Söhne auch."

p) "Das war, glaube ich, auch allgemein die damalige Tendenz auf Gaesdonck: politische Themen nach außen hin nach Möglichkeit zu vermeiden, keine überlauten Töne, um eben den staatlichen Stellen keine Handhabe zu bieten, die Gaesdonck zu schließen."

q) "An meinen HJ-Dienst weiß ich mich kaum zu entsinnen. Ich kann mich nicht daran erinnern, daß ich auch nur ein einziges Mal irgendwo gewesen wäre und einen Aufmarsch mitgemacht hätte. Insgesamt habe ich kaum am HJ-Dienst teilgenommen. Interessant ist auch, daß ich weder jetzt noch vor dem Krieg irgendwelche Fotos besessen habe, auf der wir geschlossen als HJ-Formation zu sehen wären."

Befragung E 1 am 21. November 1980

Gaesdoncker Schüler: Ostern 1933 bis Ostern 1937

Abiturientia 1937

Thema: Die Gaesdoncker Gruppe des Bundes Neudeutschland

Inhaltsübersicht: Befragung E 1

Der Befrage kam Ostern 1933 als Obertertianer auf die Gaesdonck und legte dort als Unterprimaner 1937 sein Abitur ab. Der Schwerpunkt seiner Ausführungen liegt auf den Aktivitäten der Gaesdoncker ND-Gruppe in den ersten Jahren des Dritten Reiches (1934 - 1936). Seine Aussagen sind in ihrer hohen Detailauflösung als Ergänzung der Befragung A aus Schülerperspektive von besonderem Wert für die Erschließung des Weges der Gaesdoncker ND-Gruppe von ihrer Stellung als gleichberechtigte Jugendorganisation in die Illegalität und ihres Verhältnisses zur Gaesdoncker HJ.

a) Einführung von HJ und ND auf Gaesdonck
b) Gründe für den Beitritt zu ND, HJ und SA - Herkunft der Gaesdoncker Schüler
c) Verhältnis zwischen HJ und ND auf Gaesdonck
d) Aktivitäten des ND auf Gaesdonck
e) Struktur und Aktivitäten des ND auf Gaesdonck
f) Verhältnis der Lehrerschaft zum ND
g) Fahrten des Gaesdoncker ND (Paesmühle, Burg Raesfeld, Freiburg)
h) Verhältnis zwischen HJ und ND auf Gaesdonck
i) Allmähliche Einschränkung der ND-Arbeit
j) Politischer Druck für den Beitritt zur HJ (Kinder von Beamten)
k) Politische Äußerungen von Lehrern im Unterricht (Hebräischunterricht)
l) Verhältnis zwischen HJ und ND auf Gaesdonck
m) Vertrauensverhältnis zwischen Lehrern und Schülern - Einstellung der Lehrerschaft
n) Verhältnis von ND und HJ zu Schulleitung und Lehrerkollegium
o) Teilnahme der HJ an kirchlichen Kundgebungen (Viktorstracht in Xanten)

a) "Die HJ wurde auf Gaesdonck 1933 eingeführt, etwa im April. Grundsätzlich war es ja vor 1933 auf Gaesdonck so gewesen, daß es überhaupt keine Jugendbünde gegeben hatte. 1933 ist dann aber die HJ an den Direktor herangetreten, und der mußte dann die HJ auf Gaesdonck zulassen. Und darin lag dann für uns Neudeutsche - viele Schüler hatten schon dem ND angehört, bevor sie zur Gaesdonck kamen - die Gelegenheit, eine eigene Gruppe des ND dort aufzumachen."

b) "Es gab dann also auf Gaesdonck ND, HJ und auch SA, die Primaner liefen, soweit sie der SA angehörten, tagsüber mit der entsprechenden Uniform herum. Diejenigen, die der HJ beigetreten sind, haben das meiner Meinung nach freiwillig getan, aus ideologischen Gründen, es wurde da ja keiner gezwungen. Es waren ja damals viele vom Nationalsozialismus und seiner Weltanschauung angetan, auch auf Gaesdonck. Die Schüler der Gaesdonck sind ja nicht dort groß geworden, die kamen ja nach Gaesdonck aus allen Himmelsrichtungen, zum Teil auch schon als HJler. Die Gaesdonck fing ja damals mit Untertertia erst an. Aber - wie ich - sind viele dort erst zur Obertertia hingekommen, denn hier am Niederrhein gab es ja überall die kleinen Rektoratsschulen, und die gingen bis Untertertia einschließlich."

c) "Druck hat die HJ nie in dem Sinne ausgeübt, daß sie Schüler mehr oder weniger zwang, Hitlerjungen zu werden, aber sie haben doch für sich geworben und uns das Leben schwer gemacht, uns gehänselt und dergleichen. Einmal zum Beispiel war ich sehr erbost, wir hatten gerade unsere Gruppenstunde mit unserem geistlichen Beirat gehabt und kamen da aus dem Zeichensaal heraus. Und sonntags nachmittags, da wurden wir immer zum Spaziergang ausgeführt, und die anderen standen dann schon in einem größeren Haufen da, einige kamen dann auf uns zu und haben uns ziemlich höhnisch begrüßt: einer zum Beispiel machte ein Streichholz an, blies es aus und sagte: 'Lumen Christi!', daraufhin habe ich dann nach Hause geschrieben, ich wollte nicht auf Gaesdonck bleiben. Daraufhin wurde ich zum Direktor zitiert, und der hat mir das dann ausgeredet."

d) "Wir hatten auch unsere eigene Kluft, grünes Hemd, graue Hose und Koppelschloß, das wurde dann ja alles sukzessive verboten. So auch die Knappen- und Ritterweihe am 8. Dezember in der Kirche der Gaesdonck. Nachdem wir unser Gelöbnis abgelegt hatten, bekamen wir feierlich das Ritterabzeichen angesteckt, aber als wir wieder aus der Kirche auszogen, mußten wir es abnehmen: das Tragen in der Öffentlichkeit war verboten. Auch wenn wir auf Fahrt gingen, war es uns verboten, irgendwelche Dinge mitzunehmen, die uns als katholische Jugend erkenntlich machten, so zum Beispiel auch auf einer Fahrt 1936. Da erkannte man uns nur an der Persilkiste, die wir hinten auf dem Fahrrad liegen hatten. Wir durften nicht zünftig sein, keinen Rucksack oder dergleichen, aber man erkannte uns dann eben an der gemeinsamen Persilkiste, in der wir unser Gepäck transportierten."

e) "Die ND-Gruppe auf Gaesdonck existierte offiziell, es war also nicht so, daß man sich nur inoffiziell zusammengetan hätte. Auch in den Augen der Schulleitung waren wir gern gesehen - es waren ja fast nur Geistliche: Zu unserer Gruppenstunde bekamen wir ein Klassenzimmer. Unsere Gruppe war ziemlich stark, in den besten Jahren 40 bis 50 Mitglieder. Und während die HJ ihr scharfes Exerzieren übte, machten wir dann unsere Wanderungen und sangen unsere eigenen Lieder. Draußen haben wir dann genauso Geländespiele veranstaltet wie die HJ auch, und unser Lehrer hat da genauso gut mitgemacht wie wir Schüler. Unseren geistlichen Beirat hatten wir uns selbst ausgesucht, den jüngsten Geistlichen, der auf Gaesdonck unterrichtete. Der erste hat diese Aufgabe bis 1935 wahrgenommen. Als er dann nach Burgsteinfurt versetzt wurde, haben wir einen anderen der jungen Geistlichen auf der Gaesdonck bestimmt."

f) "Solange ich auf Gaesdonck war, wurde es von der Lehrerschaft gerne gesehen, wenn Schüler beim ND mitmachten. Später wurde der ND ja trotz des Konkordates verboten."

g) "Schwierigkeiten bei Fahrten gab es natürlich jede Menge. Wenn wir zum Beispiel zum Gauthing fuhren, dann durften wir das nie in einer großen Gruppe machen, immer zu zweit oder zu dritt mit dem Rad und haben uns dann gemeinsam irgendwo getroffen. Auch in den Ferien haben wir uns häufig getroffen, oft in der Paesmühle bei Straelen, aber wenn wir uns da getroffen haben, dann haben wir immer Sorge gehabt, daß wir von der HJ dort aufgestöbert wurden. Um nur eine Sache zu nennen, wir hatten ein großes Treffen auf Burg Raesfeld, das letzte vor der Beschlagnahme der Burg, da waren ein paar hundert ND-Jungen aus den drei Diözesen Köln, Münster und Osnabrück, und von dort aus sind wir mit einem großen Fahrzeug, einem Lastwagen, mit 70 Jungen anschließend nach Freiburg gefahren. Wir mußten uns versteckt halten, denn wir durften nicht in solchen Scharen auftreten. In Köln ging der Schlepper dann auch noch zu Bruch, und wir saßen dann in einer Garage und fürchteten nun, entdeckt zu werden. Man befahl uns, uns ganz still zu verhalten. Am Abend ging es dann weiter bis nach Bingen und den ganzen nächsten Tag über den Rhein entlang nach Süden, die ganze Zeit mit dicht geschlossenen Planen, und wir saßen dicht gedrängt wie Heringe in der Tonne. Spät abends am zweiten Tag kamen wir dann in Freiburg an, wo wir als die Vertreter der drei Diözesen im Konvikt untergebracht wurden. Es wurde dann heiß diskutiert, wie es wohl weitergehen sollte, und während wir da noch zusammen waren, kam ein Anruf, Raesfeld sei beschlagnahmt worden, wenn wir zurückkämen, könnten wir dort nicht mehr hinkommen. Mit Lastwagen ging es dann zurück nach Raesfeld. In die Burg kamen wir nicht hinein, aus unseren Rädern hatte man die Ventile geschraubt, und dann haben wir eben unsere Räder genommen, mit unserem Rest in einer Feldscheune übernachtet und sind dann, nachdem wir unsere Räder wieder geflickt hatten, am Tag darauf wieder zur Gaesdonck zurückgefahren."

h) "Obwohl der ND dann ja auch bald offiziell verboten wurde, hat die Gruppe auf Gaesdonck weiterexistiert. Meines Wissens ist es da nicht zu Übergängen zur HJ gekommen, die Neudeutschen blieben ganz bewußt. Aber trotz der Konkurrenz hatten wir mit der HJ keinen offenen Streit. Die HJler beteiligten sich auch noch an den Exerzitien und gingen auch noch jeden Morgen zum Gottesdienst, insofern war da auch noch alles in Ordnung, die gingen auch noch zum Religionsunterricht, die Atmosphäre war eine ganz eigenartige, der große Gegensatz war noch nicht so recht bewußt. Auch der Unterschied zwischen ND und HJ ist schwer für diese ersten Jahre für die Gaesdonck zu definieren, denn es war nicht allein, daß die Nazis mit ihren antikirchlichen Tendenzen sich noch weitgehend zurückhielten, sondern auch auf Seiten der katholischen Jugend war zu erkennen, daß sie sich in ihrem Nationalbewußtsein nicht von den Braunen übertreffen lassen wollte, wir haben beim ND auch 'Flamme empor' gesungen, wenn ein Feuer entfacht wurde."

i) "Die Einschränkung der ND-Arbeit kam ja nicht auf einen Schlag, sondern so nach und nach: Keine Kluft, Versammlungsverbot - es durften nicht mehr als drei auf einmal auf der Straße stehen, keine Abzeichen und so weiter."

j) "Druck, in die HJ einzutreten, war in manchen Fällen schon gegeben: Zum Beispiel durften die Kinder von Beamten das Gymnasium nicht mehr weiter besuchen, wenn sie nicht der HJ beitraten, und ich kenne einen Schüler, der nachher auch Priester geworden ist, der von der Schule verwiesen wurde, weil er der HJ nicht beitrat.
Umgekehrt war aber auch der Sohn des Gocher Bürgermeisters, der eine Klasse unter mir ebenfalls die Gaesdonck besuchte, nicht Mitglied der HJ, der war bei uns im ND, aber der Vater ist dann ja auch seines Amtes von den Nationalsozialisten enthoben worden."

k) "Die Stimmung war aber so, daß man sich schon auch auf Gaesdonck in acht nehmen mußte, wem man was sagte. Interessant war zum Beispiel der Unterricht in Hebräisch - wir betrieben das in einer kleinen Gruppe für die, die Theologie studieren wollten - und da ging es dann los: drei Sätze Hebräisch, und dann begann unser Lehrer, der gleichzeitig Philosoph war und nebenbei auch die Güter der Gaesdonck verwaltete, zu politisieren gegen die Nazis. Für politische Fragen haben wir uns schon interessiert und so etwas dann auch ausgiebig diskutiert, und so vollzog sich dann auch eine gewisse Beeinflussung."

l) "An wirklich scharfe Auseinandersetzungen kann ich mich aus meiner Gaesdoncker Zeit nicht mehr erinnern, wenn man einmal von solchen Zwischenfällen wie 'Lumen Christi!' absieht, aber ich war demjenigen, der das getan hatte, deswegen nicht spinnefeind, aber trotzdem spiegelt das etwas die Einschätzung wider, die man uns entgegenbrachte: Was seid ihr doch für ein verlorener Haufen!"

m) "Zu den Lehrern hatten wir ein Vertrauensverhältnis, daß wir nicht befürchten mußten, daß es gleich Folgen haben würde, wenn wir uns einmal verhaspeln würden oder unsere Meinung sagten, nur bei einem Deutschlehrer, da wußte man nicht so recht, woran man war."

n) "Die Leitung des Hauses tolerierte uns als Neudeutsche innerlich wohlwollender als die HJ, aber nach außen hin sagte sie eher zu uns als zur HJ, wir sollten uns doch bitte zurückhalten, denn das Wohl der Gaesdonck ging ja über alles, nicht nur, daß bei zu dick aufgetragenem Auftreten die Gaesdonck womöglich geschlossen worden wäre, sondern auch um Spannungen zu vermeiden. Aber auch diejenigen, die in der HJ waren, waren gute Kameraden, und man konnte sich mit ihnen auch gut verstehen, sie waren auch deshalb nicht unkirchlich, manche von ihnen haben auch Theologie studiert und sind Priester geworden. Wohl hat die HJ eine gewisse Unruhe in den Betrieb der Gaesdonck hineingebracht, da nun Aktivitäten außerhalb der Gaesdonck häufiger genehmigt werden mußten und so etwas natürlich auch die Ordnung des Internatslebens etwas störte. Aber dennoch mußten die Lehrer da gute Miene zum bösen Spiel machen, denn der Druck von der HJ war da, auch wenn die Gaesdoncker HJler sich dessen vielleicht gar nicht so bewußt waren, weil man doch der Meinung war, daß der Nationalsozialismus die Weltanschauung der neuen Zeit verkörpere."

o) "Wie wenig die Gaesdoncker HJ antikirchlich eingestellt war, kann man auch daran sehen, daß alle Gaesdoncker, auch die HJler, an der Viktorstracht in Xanten teilnahmen, und zwar ganz offen mit der Gaesdoncker Fahne. Dort haben wir dann unseren Bischof Clemens August gefeiert."

18. 1. 89

Befragung E 2 am 23. Dezember 1980

Gaesdoncker Schüler: Ostern 1933 bis Ostern 1937

Abiturientia 1937

Thema: Aktivitäten der ND-Gruppe auf Gaesdonck 1933 bis 1937
Nationalpolitische Schulungslehrgänge für Schüler

Inhaltsübersicht: Befragung E 2

Der Befragte kam Ostern 1933 als Obertertianer auf die Gaesdonck und legte dort als Unterprimaner 1937 sein Abitur ab. Der Schwerpunkt seiner Ausführungen liegt auf den Aktivitäten der Gaesdoncker ND-Gruppe in den ersten Jahren des Dritten Reiches (1934 - 1936). Seine Aussagen sind in ihrer hohen Detailauflösung als Ergänzung der Befragung A aus Schülerperspektive von besonderem Wert für die Erschließung des Weges der Gaesdoncker ND-Gruppe von ihrer Stellung als gleichberechtigte Jugendorganisation in die Illegalität und ihres Verhältnisses zur Gaesdoncker HJ.

a) Fahrt von ND-Mitgliedern nach Worpswede (1934)
b) Knappenschulungen des ND auf Hochelten
c) Nationalpolitische Lehrgänge
d) Verhältnis zwischen ND und HJ auf den Nationalpolitischen Lehrgängen

a) "In den Sommerferien 1934 unternehmen wir, d. h. 12 NDer von der Gaesdonck, eine dreiwöchige Fahrt nach Norddeutschland. Meines Wissens war das die letzte Fahrt, die wir in einem solchen Rahmen noch ohne Geheimhaltung durchführen konnten. In der Regel schliefen wir in einem Zelt, einem Igel, der für 12 Mann gerade groß genug war. Dieses Zelt transportierten wir auf unseren Rädern. Manchmal konnten wir auch bei Verwandten eines Teilnehmers im Garten zelten. Als wir mit unseren Rädern nach Münster hineinfuhren, sahen wir dort alle Flaggen auf Halbmast: Hindenburg war gestorben! Von Münster aus ging es weiter über Osnabrück nach Bremen und Worpswede. Auch für die damalige Zeit sind wir dabei außerordentlich billig über die Runden gekommen, die Übernachtung im Zelt kostete ja nichts, was an Essen nötig war, konnte man meist beim Bauern bekommen, durch Singen oder kleine Kunststückchen: Vor Beginn der Fahrt habe ich als Säckelmeister fünf Reichsmark von jedem Teilnehmer eingesammelt, am Ende konnte ich jedem noch fünfzig Pfennig auszahlen."

b) "Auch zu meiner Gaesdoncker Zeit noch hatten wir in den Ferien Knappenschulungen auf Hochelten. Die Jesuiten, die uns dort leiteten, waren durchaus national gesinnte Männer, dort haben wir auch bei der abendlichen Entzündung des Feuers die schwarz-weiß-rote Fahne entfaltet und gesungen 'Flamme empor'. Solche Schulungen für NDer gab es auch auf Burg Raesfeld, die immer, besonders aber im Winter, wenn es dort häufig neblig war, eine sehr eindrucksvolle Kulisse für solche Veranstaltungen abgab."

c) "Dreimal mußte meine Klasse an einem Napo-Lehrgang teilnehmen. Wir wurden jeweils mit einer anderen Parallelklasse zusammengefaßt, die von einer anderen Schule kam. Der Leiter dieses Lehrganges war zwar ein strammer SA-Mann, aber wenn er das Schwergewicht auf politische Indoktrination legen wollte, so hat er damit keinen Erfolg gehabt. Politische Vorträge wird es wohl gegeben haben, aber sie waren so wenig eindrucksvoll, daß mir nicht ein einziger von ihnen im Gedächtnis haften geblieben ist. Neben dem Kennenlernen einer neuen Landschaft und dem für Schüler immer anziehenden Aspekt, daß man zwei Wochen keine Schule hatte, war für die meisten wohl das Wichtigste das Kennenlernen neuer Freunde. Auf dem Napo-Lehrgang in Ahrweiler habe ich einen Schüler aus Köln kennengelernt, der mit seiner Klasse auf Napo-Lehrgang dort war, und mit diesem Schüler habe ich dann noch lange über meine Schulzeit hinaus Kontakt gepflegt. Darin lag für die meisten von uns der Wert dieser Lehrgänge, und wenn es nicht die Nazis gewesen wären, die mit der Absicht der Indoktrinierung diese Lehrgänge betrieben, so wäre das eine sehr gute Sache gewesen, die wohl auch heute noch Anklang finden würde."

d) "Schwierigkeiten zwischen Neudeutschen und HJlern hat es auch auf den Napo-Lehrgängen nicht gegeben. Scharfe Auseinandersetzungen hat es nach meiner Erinnerung nie gegeben, und wäre es zu einem Eklat gekommen, so hätte ich das gewiß in Erinnerung behalten. Die Differenzen waren in diesen Anfangsjahren ja auch noch nicht so außerordentlich groß: Obwohl unsere Partnerschule kein Gymnasium in bischöflicher Trägerschaft war, so waren doch Dinge wie Tischgebet und sonntäglicher Kirchgang fast obligatorisch, auch für die Evangelischen in der Gruppe. Im übrigen haben wir Nicht-HJ-ler uns gefügt, und so auch unseren Beitrag dazu geleistet, daß es nicht zu ständigen Spannungen kam. Zwar suchten wir als NDer zunächst natürlich primär Kontakt zu denjenigen unserer Partnerklasse, die ebenfalls nicht der HJ angehörten, aber besonders innerhalb der Gaesdonck konnte der Geist der Gaesdonck die meisten Differenzen leicht überbrücken, wie man auch an unseren Fotos sieht, wo sich häufig NDer und HJler gemeinsam zum Gruppenfoto stellten, von daher also auch keine Tendenz, sich abzusondern, zumindest nicht in einem Maße, daß das der Klassengemeinschaft abträglich gewesen wäre."

Schriftliche Befragung F am 15. Dezember 1980

Gaesdoncker Schüler: Ostern 1933 bis Ostern 1937

Abiturientia 1937

Thema: Die Gaesdonck 1933 bis 1937 (Lehrerschaft, Schülerschaft, Aktivitäten von HJ und ND)

Inhaltsübersicht: Befragung F

Der Befragte kam zu Ostern 1933 als Obertertianer auf die Gaesdonck und legte dort als Unterprimaner 1937 sein Abitur ab. Der besondere Wert seiner Ausführungen liegt darin, daß er sich auf Tagebucheintragungen aus seiner Schulzeit stützen konnte. Seine Darstellung zeichnet daher ein oft schlaglichtartiges, dafür aber weitgehend ungebrochenes Bild der Gaesdonck aus der Perspektive des Schülers in der Anfangs- und Konsolidierungsphase des Dritten Reiches. Der Befragte war Mitglied des Gaesdoncker ND.

a) Politische Einstellung der Lehrerschaft
b) Durchführung des Wehrsportunterrichtes - HJ und ND auf Gaesdonck
c) Verhältnis zwischen ND und HJ auf Gaesdonck
d) Vorträge wichtiger Persönlichkeiten an der Schule
e) Teilnahme der Schüler an kirchlichen Großveranstaltungen
f) Reaktion auf die Verkürzung der höheren Schule auf 12 Jahre
g) Auswirkungen des ND-Verbotes auf Gaesdonck
h) Kirchliche Prägung des Internatslebens
i) Eindringen nationalsozialistischer Ideologie (Aufsatzthemen, Deutscher Gruß)
j) Entwicklung der Gaesdonck nach 1937

In meinem Besitz sind noch die Liederbücher etc., die wir als Neudeutsche damals benutzten: Jungvolker, gelbes und graues 'Singeschiff', ein Jahrgang 'Die Wacht' vom Jugendhaus Düsseldorf und einiges andere, was mehr allgemeiner Natur ist.

a) Wenn Ihnen damit geholfen ist, kann ich folgende allgemeine Aussagen beisteuern: Ich war von 1933 - 1937 auf Gaesdonck. Die Lehrer, fast alles Geistliche, waren anti-NS, bis auf unseren Deutsch- und Geschichtslehrer, der, sagen wir mal, dem NS-Gedankengut näher zu sein schien. Der Chef mußte wohl etwas taktieren, die anderen hielten ihre Meinung durchweg nicht zurück, vor allem der spätere stellvertretende Leiter und ein Laie, der die Naturwissenschaften und Sport gab. Es gab anfangs auch das, was man etwas engagiertes Nationalbewußtsein nennen kann. 1936 jedoch wurde ausführlich über den drohenden Krieg (Rheinlandbesetzung) und die fürchterlichen Folgen für uns geredet.

b) Mittwochs und samstags mußte 'Wehrsport' abgehalten werden. Das ging in Form von Spaziergängen, Geländespielen und Sportveranstaltungen, durchweg im Klassenrahmen. Bereits 1933 mußte eine HJ-(Hitlerjugend)Gruppe eingerichtet werden, aber gleichzeitig mit der ND-Gruppe (katholischer Schülerbund, getragen von Jesuiten). Wir hatten ja das Konkordat. Beide Gruppen trugen Uniform, aber nur zum 'Dienst', d. h. bei Gruppenstunden und evtl. Geländespielen. Eine große Rolle spielte zeitweilig die 'Koppelfrage' (Durfte man das zum Zivil tragen oder nicht?).

c) Fanatismus gab es nicht, gelegentlich Reibereien zwischen HJ und ND, die sich unter anderen Umständen auch unter Schülern abgespielt hätten. Ich kann mich entsinnen, daß einmal ein höherer HJ-Führer da war. Denen schmeckte das schwarze Nest auf der Gaesdonck auch nicht besonders. Die HJ-Führer waren durchweg prima Kerle, die kein Stück aus dem Geist des Hauses ausbrachen, auch nicht religiös - abgesehen von den mit dem Lebensalter zusammenhängenden Problemen, die es aber auch unter NDern gab.

d) Wir hatten oft erlauchte Gäste für Vorträge u. a. von der Schule organisiert: Peter Wust, F. J. Weinrich; Prälat Wolker und Baronin von Loe (vgl. Fritz Meyers, Die Baronin im Schutzmantel) am 24.05.1936, einen Tag nach Wolkers Haftentlassung. Die beiden hatten Beziehungen zu unserem Lehrer, der auch die Gutsverwaltung besorgte, und wohl auch zum späteren stellvertretenden Leiter.

e) Am 07.06.1936 nahmen wir an einer Großkundgebung der kath. Jugend in Goch teil. Am 06.04.1936 Teilnahme an der Viktorstracht in Xanten (mit 5 Bischöfen).

f) Im Dezember 1936 wurde bekannt, daß wir als Unterprimaner bereits das Abitur machen sollten. Wir nannten das 'Abiturientia militaris' und waren - Schüler wie Lehrer - überzeugt, daß es im nächsten Jahr Krieg geben würde.

g) Gleichzeitig kamen alle Jugendlichen automatisch in die HJ. Bei uns hat sich das, solange ich noch auf Gaesdonck war, überhaupt nicht bemerkbar gemacht. Wir hielten weiterhin unsere ND-Veranstaltungen ab.

h) Im übrigen war das ganze Leben eingetaucht in den Jahresablauf der Kirche und des Brauchtums, mit Einkehrtagen, Exerzitien, feierlichen Festen, Fronleichnam, St. Martin, Nikolaus etc., aber auch mit Besuchen bei der NS-Kulturgemeinde Goch, die im übrigen auch nicht sehr NS-getränkt war. Es gab dort Theateraufführungen (von Krefelder oder Neusser Bühnen), Operetten und Konzerte.

i) Das einzig Nationalsozialistische, das ich beim Durchblättern meines Tagebuches feststellen kann, sind eben die Aufsatzthemen unseres genannten Deutschlehrers, die meist aktuell waren (Spanischer Bürgerkrieg, Blut-und-Boden-Themen, über durchgenommene Lektüre etwa von Moeller van den Bruck, Walter Flex, P. C. Ettighofer), wobei ich nicht weiß, inwieweit der Lektüre- und Aufsatzkanon vorgeschrieben war (per Curriculum würde man heute sagen). Dieser Lehrer war auch der einzige, der vor und nach dem Unterricht stramm mit 'Deutschem Gruß' die Klasse betrat oder verließ, nachdem das Vorschrift geworden war. Bei den anderen war das eine lasche, peinliche Handlung, die in den Wink 'Setzt euch!' überging oder sonstwie überspielt wurde - wenn man sie nicht vergaß. Ob das an einer öffentlichen Schule mit entsprechend indoktrinierten HJ-Führern möglich gewesen wäre, halte ich für fraglich.

j) Was sich nach 1937 bis zur Zerstörung abgespielt hat, weiß ich nicht. Die alten Lehrer blieben jedoch meist, der besagte Deutschlehrer ist sogar versetzt worden. Der Geist des Hauses dürfte sich bis zum Ende durchgesetzt haben.

Gedächtnisprotokoll der Befragung G am 27. November 1980

Gaesdoncker Schüler: Ostern 1933 bis Ostern 1938

Abiturientia 1938

Thema: Die Gaesdoncker Gruppe des Bundes Neudeutschland

Inhaltsübersicht: Befragung G

Der Befragte kam Ostern 1933 als Untertertianer auf die Gaesdonck und legte dort 1938 sein Abitur ab. Er trat 1933 als einer der ersten dem Gaesdoncker ND bei und übernahm in den letzten Jahren vor seinem Abitur die Leitung der Gruppe. Seine Ausführungen zeugen von einem hohen Reflexionsniveau und geben eine Darstellung von großer Geschlossenheit über die Gaesdonck in den ersten fünf Jahren des Dritten Reiches. Besondere Schwerpunkte bilden dabei der alltägliche Rahmen des Internatslebens und die Arbeit der Gaesdoncker ND-Gruppe unter verstärkter Berücksichtigung auch der illegalen Weiterexistenz nach 1935/36.

a) Jugendorganisation auf Gaesdonck vor 1933 - Horizontale Gliederung im Internatsalltag
b) Gründung von ND und HJ auf Gaesdonck
c) Einstellung der Lehrerschaft zum ND
d) Verhältnis zwischen ND und HJ auf Gaesdonck
e) Einschränkungen der ND-Arbeit - Verbot des ND
f) Verhältnis zwischen ND und HJ nach dem offiziellen Verbot
g) Aktivitäten des ND nach 1936
h) Politische Einstellung der Lehrerschaft
i) Beurteilung: Verhältnis der Gaesdonck zum Nationalsozialismus

a) Vor 1933 waren auf Gaesdonck Bünde nicht zugelassen. Bünde hätten unter Umständen die Schülerschaft spalten können, auch hätte ihre Zulassung dem streng horizontal gegliederten und abgegrenzten Aufbau der Gaesdonck widersprochen: Die Leitung des Gaesdoncker Internates legte nämlich großen Wert darauf, daß die Schüler gleichen Alters möglichst unter sich blieben. Besonders scharf abgegliedert waren die Primaner, die sogar einen eigenen Spazierweg hatten, den die Schüler der unteren Klassen nicht betreten durften (scherzaft 'via sacra' genannt), aber auch im übrigen legte man auf eine räumliche Abgrenzung der Altersstufen großen Wert. Dem nun hätten die Bünde mit ihrer vertikalen Gliederung widersprochen, so daß sie bis 1933 auf Gaesdonck nicht zugelassen waren.

b) Als nun im Jahre 1933 im Laufe des Sommers die Begründung und Konstituierung einer HJ-Gruppe erlaubt werden mußte, ging von der Leitung des Hauses die Initiative aus, es solle doch, quasi als Gegengewicht zur HJ, auch eine ND-Gruppe begründet werden. Es wurde dementsprechend für eine Beteiligung an Neu-Deutschland geworben, und so konstituierte sich die Gruppe dann kurz nach der HJ im Herbst 1933, und meines Wissens habe ich zu den ersten gehört, die auf Gaesdonck dem ND beigetreten sind.

c) Die Lehrerschaft stand uns natürlich mit ihren Sympathien zur Seite. Schwierigkeiten gab es also von dieser Seite nicht, vielmehr wurde es von Lehrerseite gerne gesehen, daß sich die Schüler im ND betätigten.

d) Auch mit der HJ gab es keine Schwierigkeiten. ND legte zwar den Akzent mehr auf die katholische Ausrichtung, während sich die HJ mehr als Staatsjugend verstand, doch haben wir nie gegen die HJ irgendwie Front gemacht. Die HJ konnte natürlich nicht zu Sammlungen für die Mission aufrufen oder sich an ähnlichen kirchlichen Aktionen beteiligen, wie wir es taten, auch hielten sie uns vielleicht für ein bißchen zu fromm, aber Schwierigkeiten haben sie uns nie gemacht. Im übrigen war auch die Gaesdoncker HJ keineswegs fanatisch nationalsozialistisch eingestellt, und seinen katholischen Glauben verleugnet hat auch niemand, zumal ja gerade in den ersten Jahren die Stellung des Nationalsozialismus zu Kirche und Christentum noch keineswegs die Formen einer offenen Konfrontation anzunehmen schien (Reichskonkordat, Bekenntnis zu einem positiven Christentum). Ohne Schwierigkeiten konnten wir auch unsere Knappenweihe durchführen, zumindest verzeichnet mein Mitgliedsausweis als Tag der Knappenweihe den 25. Oktober 1933. Erinnerungen an Schwierigkeiten in Bezug auf die Durchführung dieser Veranstaltung habe ich nicht.

e) Die Einschränkungen für die ND-Gruppe begannen erst in den nächsten Jahren mit immer weitergehenden Verboten. Entscheidend war zunächst das Verbot, öffentlich aufzutreten. Wir durften nicht mehr als ND-Gruppe auf Fahrt gehen wie vorher (wir haben das natürlich doch getan) und auch im übrigen uns als Gruppe in der Öffentlichkeit nicht mehr sehen lassen. Immer mehr wurden wir auf den rein religiösen Bereich zurückgedrängt. Mit unseren Treffen und Singabenden führten wir auf Gaesdonck in den letzten Jahren mehr oder weniger eine Katakombenexistenz, von der, soviel ich weiß, der Gocher HJ oder auch anderen nationalsozialistischen Organisationen nichts bekannt war. Die Gaesdoncker HJ wußte natürlich davon, aber es spricht doch für unser gutes Verhältnis zur HJ insgesamt, daß es in dieser Zeit nicht ein einziges Mal zu einer Denunziation durch einen Schüler gekommen ist.

f) In der Zeit vor meinem Abitur war ich selbst Gruppenführer des ND auf Gaesdonck. Schwierigkeiten hat es zu meiner Zeit nie gegeben. Durch die vielen Einschränkungen konnten wir jedoch bald mit der HJ nicht mehr mithalten. Die HJ z. B. tat sich besonders im Sport sehr hervor, wo sie auch nach außen hin (Kreissportfeste u. ä.) große Erfolge hatte. Angesichts dieser Situation wurde unser Kreis von NDern natürlich zusehends kleiner. Doppelmitgliedschaften hat es jedoch, soweit ich mich erinnern kann, nicht gegeben, zumindest solange ich die Gruppe leitete. Ich selbst war jedenfalls nicht in der HJ, da ich damals staatenlos war. Ab wann die Mitgliedschaft in der HJ für die deutschen Staatsbürger in unserer Gruppe Pflicht wurde, weiß ich jedoch nicht zu sagen.

g) Insgesamt haben wir uns vor Streit und Konfrontation mit der HJ zu schützen gewußt, indem wir nicht in Konkurrenz zu ihr traten, sondern uns vielmehr auf die rein religiöse Betätigung in Form von Besinnungsabenden und ähnlichen Veranstaltungen zurückzogen.

h) Auch im übrigen war die Erziehung durch die Lehrer geprägt durch ihre fast durchweg offen nationalsozialismusfeindliche Haltung. Mein Geschichtslehrer z. B. nahm auch im Unterricht kein Blatt vor den Mund. Wenn ihn ein Schüler deswegen angezeigt hätte, so hätte er deswegen gewiß in Schwierigkeiten geraten können. Zum Beispiel ließ er uns deutlich spüren während seines Geschichtsunterrichtes, was er von der neuen Geschichte seit der Machtergreifung und von ihrer Darstellung in den Geschichtsbüchern hielt. Die vorgeschriebenen Pflichtpensen las er einfach ohne Kommentar oder weitere Besprechung aus dem Buch vor, und der Pflichtstoff war damit erledigt. Außerdem ließ er oft genug auch philosophische Gedanken in seine Geschichtsstunden einfließen. Bei einem anderen Lehrer dagegen, den wir aber als Lehrer sehr gern hatten, wußte man, was seine Einstellung zum Nationalsozialismus anging, nicht so recht, woran man war: Er pries uns Schülern immer den 'goldenen Mittelweg' an. Was darunter zu verstehen sei, glaubte er aus seiner eigenen Lebenserfahrung zu kennen, denn er hatte sowohl die Weimarer Demokratie mit ihrer Überbetonung der individuellen Freiheit, als auch das Kaiserreich mit seiner Überbetonung der Autorität kennengelernt und glaubte nun im neuen Führerstaat den 'goldenen Mittelweg' zwischen beiden Extremen gefunden zu haben.

i) Insgesamt aber -glaube ich- hat sich der Geist der Gaesdonck ziemlich unberührt von der Ideologie des Nationalsozialismus erhalten; die antinationalsozialistische Haltung der Lehrer beruhte dabei jedoch weniger auf durchdacht politischen als auf religiösen Grundlagen.

Dauer des Gesprächs: 45 Min.
Aufzeichnung: Unmittelbar im Anschluß an das Gespräch

Befragung H am 19. November 1980

Gaesdoncker Schüler: Ostern 1937 bis Oktober 1941

Kriegsabiturientia 1941/42

Thema: Die Gaesdoncker Hitlerjugend - Aufbau, Organisation und
              Aktivitäten

Inhaltsübersicht: Befragung H

Der Befragte kam Ostern 1937 als Untertertianer auf die Gaesdonck und legte dort im Herbst 1941 das Kriegsabitur ab. Als HJ-Gefolgschaftsführer leitete er 1940/41 die Aktivitäten der HJ auf Gaesdonck. Seine Ausführungen zeichnen daher mit hoher Sachkenntnis und Detailgenauigkeit die Aufgaben und Tätigkeitsbereiche der HJ als institutionalisierte Staatsjugend in den letzten Jahren der Gaesdonck vor ihrer Auflösung. Die Darstellung korrespondiert in vielen Punkten mit Befragung I, sowie mit dem Bild der Dokumente, so daß sie als im ganzen glaubwürdig angesehen werden kann.

a) Mitgliederschaft der HJ-Gefolgschaft auf Gaesdonck
b) Organisatorische Struktur der Gaesdoncker HJ-Gefolgschaft
c) Gründe für die Errichtung einer eigenen Gaesdoncker HJ-Gefolgschaft
d) Aktivitäten der HJ auf Gaesdonck - Abstimmung mit der Schulleitung
e) Unabhängigkeit der Gaesdoncker HJ-Gefolgschaft vom Bann Kleve
f) Einfluß der Schulleitung auf die Benennung der HJ-Führer
g) Verbindungen der Gaesdoncker HJ zum Stamm Goch
h) Grenzen der Ideologievermittlung in der HJ
i) Mitgliedschaft Gaesdoncker Schüler in der NSDAP
j) Einschätzung der HJ durch ihre Gaesdoncker Mitglieder
k) Durchführung nationalsozialistischer Veranstaltungen und Feiern
l) Durchführung des 'Deutschen Grußes' und Entfernung der Kreuze
m) Gefährliche Schüleraktionen
n) Vervielfältigung und Verschickung der Euthanasiepredigten von Galens (1941)
o) Politische Äußerungen von Lehrern im Unterricht
p) Behandlung der zur Gaesdonck kommenden HJ-Führer aus Kleve
q) Aktivitäten der HJ auf Gaesdonck - Durchführung der HJ-Dienststunden
r) HJ-Verbindungslehrer
s) Abstimmung der HJ-Dienste mit dem Direktor
t) Berichte der Gaesdoncker HJ-Führer an den Bann - Haltung der auswärtigen HJ-Führer zur Gaesdonck
u) Verhältnis der Gaesdonck zu den Bewohnern der Umgebung

a) "Die Hitlerjugend war auf Gaesdonck eingeführt, und sie war ja laut Gesetz für alle vorgeschrieben. Es waren nahezu alle Jungen in der Hitlerjugend, es hat nur ganz wenige Ausnahmen gegeben, und zwar Leute, die es zum Teil sich deshalb leisten konnten, weil sie Holländer waren. Ich kenne also einige Holländer, die nicht in der Hitlerjugend waren, und ich kenne einen, der ist inzwischen Pastor, der stammte aus Asperden. Alle anderen waren in der Hitlerjugend."

b) "Die Hitlerjugend auf Gaesdonck war eine eigene Gefolgschaft, aufgeteilt in drei Scharen. Die Gefolgschaft unterstand einem Gefolgschaftsführer - dieser hatte einen Hauptscharführer, der die Geschäfte führte -, und es gab drei Scharführer und in jeder Schar einen Kameradschaftsführer. Zunächst unterstand die Gaesdoncker Gefolgschaft dem Stamm Goch, der Bannführer, der saß dann in Kleve."

c) "Zunächst einmal war es vom Direktor des Hauses gewünscht, daß eine Hitlerjugend eingerichtet wurde. Dies war schon so gewesen unter seinem Vorgänger, und auch der Bischof wünschte, daß in Gaesdonck eine Hitlerjugend eingerichtet wurde, um zu vermeiden, daß die Jungen aus Gaesdonck nach Goch müßten, um Hitlerjugenddienst zu leisten. Aus diesem Grunde hatte Gaesdonck eine eigene Hitlerjugend."

d) "Der Hitlerjugenddienst war mittwochs und samstags, mittwochs war nur vormittags Unterricht, der Nachmittag war bestimmt für den Hitlerjugenddienst, ebenso der Samstag. An Aktivitäten wurde entwickelt zunächst einmal sehr viel Sport: Da wir ein Internat waren, waren wir immer führend im Sport, ich selbst war bis nach Duisburg zu Sportfesten mit. Wir hatten also ganz hervorragende Läufer da, so daß sehr viel Sport gemacht wurde, es wurde sehr viel musiziert und gesungen. Schießen konnten wir hier bei Koppers in Weeze, dort an dieser Wirtschaft, da war ein Schießstand. Dorthin gingen wir also zum Schießen. Wir hatten für unsere Hitlerjugend eigene Gewehre, drei oder vier. Dann gingen wir auch zum Schwimmen nach Weeze, dort gab es ein Baggerloch, wo man schwimmen konnte.
Im allgemeinen konnten wir alle Einrichtungen des Hauses benutzen. Der Direktor fragte immer wieder: 'Was habt ihr vor? Was werdet ihr machen?' und dergleichen mehr. Es war also mit ihm sehr genau abgestimmt. Wenn es notwendig war, daß Schüler aus Gaesdonck an überörtlichen Veranstaltungen teilnahmen, einmal nach Kleve, um dort Dinge bei der Banndienststelle zu verhandeln, oder zu einem Sportfest, ein anderes Mal vielleicht zu einem Handballspiel nach Geldern oder nach Kevelaer, so war das aber sehr genau abgesprochen."

e) "Und ich weiß, daß einmal Fronleichnam und das Sportfest auf denselben Tag fielen und daß hinterher der Bannführer sich bitter beschwerte: er war von Kleve extra nach Gaesdonck gekommen, um sich dort das Sportfest anzuschauen, und was sieht er: die ganze Schülerschaft in der Fronleichnamsprozession und die entsprechenden Hitlerjugendführer mit dem Kreuz und der Fahne voran. Wir hatten also soviel Freiheit, daß wir solche Dinge einfach verlegen konnten. Wenn z. B. Fronleichnam war, verlegten wir solche Sportfeste einfach auf Samstag vor oder nach. Von daher waren wir sehr unabhängig."

f) "Es wurde bei der Benennung von Führern vorher mit dem Direktor darüber gesprochen."
"Auf Ihre Frage, wie weit nun die Leitung der Schule Einfluß nahm auf die Arbeit der Hitlerjugend: Ich weiß da von einem, der früher mit mir zusammen auf Gaesdonck war, daß es eine Bescheinigung gibt, in der steht, daß der damalige Leiter der Anstalt ausdrücklich wünschte, daß ein bestimmter die Leitung der Hitlerjugend übernahm, weil man sichergehen wollte, daß zunächst einmal in Gaesdonck eine Hitlerjugend war, damit die Schüler nicht nach Goch oder anderswohin zum Hitlerjugenddienst gehen mußten. Und als Präses des Hauses hat er in dieser Bescheinigung versichert, daß er ausdrücklich gewünscht hat, daß dieser Führer, der da benannt wurde, diese Arbeit übernehmen sollte. Man wollte vermeiden, daß die Nazis Gelegenheit nahmen, die Anstalt aufzulösen, oder aber auch bei der gesamten Hitlerjugendarbeit wesentlichen Einfluß zu gewinnen. Die Bescheinigung, von der ich gerade sprach, stammt aus der Zeit nach dem Krieg, sie ist also nicht im Krieg, sondern unmittelbar nach dem Krieg ausgestellt."

g) "Die Verbindung zur Hitlerjugend Goch war recht lose. Die einzelnen jungen Leute trauten sich gar nicht, den Gaesdoncker Schülern reinzureden. Einige Gaesdoncker stammten auch aus Goch, so daß also von daher die Gocher gar nicht viel Mut hatten, den Gaesdonckern als einzelnen hereinzureden oder auch der Gesamtheit.
Es gab wohl immer wieder Führerbesprechungen in Goch im Steintor, an denen nahmen alle, die zum Stamm Goch gehörten, teil, unter anderem also auch die Gaesdoncker. Diese Besprechungen waren meistens nur entweder am Sonntagvormittag oder aber schon einmal am späten Nachmittag, selten aber abends. Es nahmen dann vielleicht drei oder vier Jungen aus Gaesdonck daran teil, die also Führer waren. Die Einflußnahme war sehr gering. Die Gocher wollten nicht viel Einfluß nehmen, störten uns aber auch nicht. Man darf auch wohl von den Gocher Hitlerjungen annehmen, daß sie nicht fanatisch waren."

h) "Es gibt also sehr viele Leute, die ich auch heute noch kenne, die die Hitlerjugend als eine Jugendorganisation ansahen, in der jeder Mitglied sein mußte. Außerdem gab es in der Hitlerjugend Aktivitäten, die einen jungen Menschen immer erfreuen, ob das nun Rudern war, ob das Segelfliegen war, ob das Reiten war, ob das Motorsport war, das war etwas, das interessiert einen Jungen immer, ganz gleich, in welcher Organisation er organisiert ist; von daher muß man das Bild wohl ein wenig differenzieren und die Hitlerjugend nicht als ausschließlich politische Jugend sehen, sondern man muß auch sehen, daß dort zwangsweise junge Menschen zusammengeführt wurden und daß man sie dadurch zu begeistern oder zumindest bei der Stange zu halten versuchte, daß man etwas tat, was jugendgemäß ist. Übrigens war die ideologische Verfärbung kaum deutlich, was da an Ideologie verzapft wurde, das war nichts Weltbewegendes. Ich hatte oft den Eindruck, daß Hehler ihre Pflichtübungen da absolvierten, auch bei denen, die Führer waren. Ich kannte zum Beispiel einen Herrn, der war in Kleve am Gymnasium, der war Bannführer - er ist aber wohl aus dem Krieg nicht wieder zurückgekommen - der ausgesprochen da eine Pflichtübung machte, ich kenne einen anderen Herrn, der war in Hau Lehrer und einen anderen Herrn, der war in Uedem Lehrer, das waren Leute, die wurden einfach abgestellt. 'Sie machen Hitlerjugend', 'Sie machen Jungvolk'. Die haben nach dem Krieg viel Ärger gehabt, aber sie waren eigentlich keine Ideologen."

i) "Man darf ja auch nicht vergessen, es gab ja wenig Parteigenossen. Soweit ich informiert bin, ist in der Zeit, zu der ich in Gaesdonck war, keiner unter den Jungen Parteigenosse gewesen. Es war also nicht so, daß die Jungen, die in der Hitlerjugend waren, also so stürmisch waren, daß sie Parteianwärter waren oder in die Partei kamen. Ich jedenfalls wüßte keinen dieser jungen Leute und ich bin also 1941 eingezogen worden, da war ich 19 Jahre, das war also durchaus eine Zeit, wo andere in der Partei waren. Und viele andere, die mit mir gleichaltrig waren, hätten dann, wenn sie sehr Druck gehabt hätten, auch in die Partei gehen können."

j) "Und, was man auch oft fand: Viele dieser Leute haben später auch in anderen Organisationen führende Stellungen innegehabt. Ich kenne z. B. einen, der war damals Hitlerjugendführer, heute ist er Führer bei der katholischen Jugend und leitet ein großes katholisches Jugenderholungswerk. Viele arbeiteten so eigentlich in der Hitlerjugend mit, ohne dann in die Partei zu gehen, wie sie wohl auch mitgearbeitet hätten, wenn es eine andere Organisation gewesen wäre."

k) "Wenn z. B. Sammeln für das Winterhilfswerk war, hier in Goch, dann wurden also auch soviel Schüler abgestellt: "Ab nach Goch, mit Büchse herumlaufen, sammeln!" Solche Dinge wurden durchaus durchgeführt. Zu solchen Feiern wie 1. Mai oder Hitlers Geburtstag, da brauchten die Gaesdoncker dann allerdings nicht heraus. Im Rahmen des Hauses wurde die Feier dann allerdings abgehalten; solche Pflichtübungen wurden immer gemacht: wenn das vorgeschrieben war, dann wurde das auch gemacht. Das wohl, denn dagegen traute sich ja keiner anzugehen, weil man Angst hatte, das könnte ein Vorwand sein, der Leitung des Hauses Schwierigkeiten zu machen oder gar die Anstalt aufzuheben. Die Sorge des Bischofs und des Direktors war ja immer die, wann finden die Nazis Vorwände, um das Haus aufzulösen? Aus diesem Grunde also wurden vorgeschriebene Feiern, wie Hitlerfeiern oder 1. Mai-Feiern oder die Sportfeste auch wirklich durchgeführt. Vorgeschriebene Veranstaltungen, die überall anderswo auch durchgeführt wurden, die wurden auch auf Gaesdonck durchgeführt. Nur weil das eine eigene Gefolgschaft war, eine eigene Gruppe, brauchten wir nicht heraus nach Goch oder Kleve. Andererseits kamen wir aber auch nicht um die Bannsportfeste, die in oder bei Kleve durchgeführt wurden, herum: Wir mußten also sehr sorgfältig aufpassen, daß wir nach außen hin nicht als ausgesprochen obstruktiv erschienen. Wenn also einmal eine Hausfeier dazwischen kam, dann schoben wir das ganz bewußt vor oder zurück, damit man uns nicht vorwerfen konnte: "Ihr habt das und das nicht durchgeführt."

l) "Zwar sind auf Gaesdonck die Kreuze nicht entfernt worden, aber mit Hitlergruß mußte gegrüßt werden, auch im Unterricht: Die Lehrer mußten mit Hitlergruß grüßen. Das war z. B. solch eine Formalität, wo die Hausleitung sehr streng über die Einhaltung wachte, nur um keine Vorwände zu bieten."

m) "Ich vergesse nur eins nicht: Ich weiß nicht mehr, in welcher Klasse es war, da hatten einige von uns irgendwoher die Internationale aufgeschnappt. Und dann haben einige von uns in dem Teil, der zur Straße hin lag, so richtig laut gesungen, die Fenster auf, bis ein Lehrer kam, 'Ihr Wahnsinnigen, man hört auch halb bis Goch!'. Solche Dinge waren natürlich gefährlich, da mußte man aufpassen, daß da nichts passierte."

n) "Etwas anderes noch: In dieser Zeit hielt ja Bischof Clemens August sehr mutige Predigten in Münster, z. B. auch gegen die Ermordung der Geisteskranken, die Euthanasiepredigten. Seine Predigten und die eines evangelischen Landesbischofs aus Süddeutschland haben wir hier mit sehr viel Eifer abgeschrieben und unseren Soldaten an die Front geschickt, wovon unsere Lehrer aber nichts wußten. Ich bin überzeugt, wenn sie es gewußt hätten, hätten sie es verboten, aus Sicherheitsgründen. Dies war also eine der beliebtesten 'Sportarten', wobei wir nicht aus dem Vorsatz heraus handelten, uns antinationalsozialistisch zu betätigen - wir wollen uns im Nachhinein nicht dazu hochstilisieren - sondern es ging uns in erster Linie darum, daß unsere ehemaligen Schüler die Predigt auch zu hören bekamen. Es war also kein im Bewußtsein so aktiver Kampf gegen den Nationalsozialismus."

o) "Wir hatten auch einige weltliche Lehrer. Unser Geschichtslehrer z. B., das war ein Mann, der ganz vorsichtig war, nur wenn wir bei ihm privat waren, dann war er knallhart, aber im Unterricht wurde sehr vorsichtig verfahren, damit man niemals sagen konnte: "So läuft der Unterricht, also muß das Haus aufgehoben werden."

p) "Gelegentlich kamen auch einige Leute von der Hitlerjugendführung in Kleve. Wenn solche Leute vom Bann kamen, so konnten sie sich darauf verlassen, da wurden die erst einmal zum Kaffee eingeladen. Da war dann der Direktor anwesend, und so unterhielt man sich. So selbstverständlich lief das da, da fanden die nichts bei, und wir fanden das auch ganz selbstverständlich, wer auf Gaesdonck kam, der wurde zum Kaffee eingeladen."
"Wenn andere Hitlerjugendführer zu uns auf die Gaesdonck kamen, da wußten die ganz genau, welche Gesinnung die dort antrafen."

q) "Die Hitlerjugenddienststunden fingen z. B. so an, daß alle Schüler im Innenhof antraten, wie das also auch beim Militär üblich ist. In drei Blocks traten die dann an, mit Meldung und allem drum und dran, wie das so paramilitärische Organisationen an sich haben. Es war vorher festgelegt, wohin die einzelnen Gruppen gingen und was zu tun war. Natürlich konnte es schon einmal vorkommen, daß man sagte: "Ihr da, nichts sagen, ihr verschwindet!", und die entsprechenden gingen dann in den Werkraum, weil sie dort noch etwas zu machen hatten. Nur, im wesentlichen legte auch die Hausleitung Wert darauf, daß jeder an seinem Dienst teilnahm. Alle mußten teilnehmen, denn Sie müssen klar sehen: Entweder waren die Schüler unter

der Aufsicht dieser Führer, oder das Haus mußte noch Lehrer zur Aufsicht bestellten. Man kann es sich in einem Internat nicht leisten, daß einige mit einem Dienst eingespannt sind und andere laufen irgendwo im Haus herum. Das durfte es nicht geben. Wenn zum Beispiel jemand sich da dünne machen wollte, der durfte sich bloß nicht von den Lehrern erwischen lassen, sonst war der dran: 'Was läufst du denn hier rum? Hast du keinen Dienst oder was ist mit dir los?'. Das war die andere Seite: <u>Um der Ordnung willen</u> achteten die Lehrer auch darauf, daß die Schüler an dem Hitlerjugenddienst teilnahmen. Es konnte natürlich durchaus passieren, wenn Fronleichnam vor der Tür stand und wir dringend die vielen Blumenköpfchen brauchten, um die Dekorationen zu machen, daß dann einige etwas schneller die Platte putzten und dann den Rest des Nachmittags - man mußte ja nicht den ganzen Nachmittag Dienst machen - dazu verwandten, Blumen von den Wiesen zu holen. Aber sonst im allgemeinen war das doch relativ deutlich, daß man wußte, jetzt ist Dienst, und das war auch zeitlich genau festgelegt. Es mußte auch darauf geachtet werden, daß das nicht vorzeitig endete: Man konnte nicht, wenn zwei Stunden Dienst angesetzt waren, sagen nach einer halben Stunde: 'Jetzt machen wir Schluß!', weil dann ja das Haus Lehrer bereitstellen mußte <u>zur Aufsicht</u> der Jungen. Von daher war das vereinbart: Das ging nicht länger, aber auch nicht wesentlich kürzer.
Etwas anderes war es, wenn es zum Schwimmen ging. Dann hieß es manchmal: Die Hitlerjugend geht schwimmen, und dann ging das ganze Haus, mit Lehrern, mit allen, weil die Lehrer ja auch Sorge hatten, uns ohne Lehreraufsicht einfach so schwimmen zu lassen in diesem Baggerloch, so daß das schon einmal zusammenkam. Aber sonst achteten die Lehrer schon darauf, daß der Dienst auch als Dienst in der Gesamtzeit seinen richtigen Ort hatte."

r) "Einen Hitlerjugend-Verbindungslehrer gab es auf Gaesdonck nicht, weder einen, der vom Haus, noch einen, der von der Hitlerjugend bestellt worden war."

s) "Es ist wirklich so gewesen, daß alle Hitlerjugenddienste, die vorgesehen waren, vorher mit dem Direktor abgesprochen worden sind, damit so etwas im Rahmen des Internates überhaupt machbar war. Der Direktor war eigentlich der Mann, mit dem diese Dinge abgesprochen wurden, niemals mit einem anderen Lehrer, und zu entscheiden hatte er am Ende ohnehin."

t) "Stimmungsberichte mußten von uns auf keinen Fall erstellt werden, da bin ich mir ganz sicher. Wohl allerdings mußten wir Berichte erstellen, wieviele Mitglieder wir hatten und was durchgeführt wurde, Liederabende, Sportveranstaltungen, solche Berichte mußten gemacht werden.
Ich hatte übrigens nie den Eindruck, als ob man von Kleve aus oder von Goch aus sonderlich viel Gesinnung überprüfen wollte. Denen war also von vornherein klar, die kamen nach Gaesdonck. Um die Gesinnung, die sie dort antrafen, wußten sie, und die grinsten schon. Wenn die uns etwas fragten, dann grinsten die schon. Die wußten ganz genau, die waren in einem katholischen Internat, und daß das Ganze nur Formsache war, das wußten die so gut wie wir, bloß die konnten uns nichts nachweisen.

Wir haben eigentlich an Berichten nur solche Sachstandsberichte, soviel Mitglieder, soviel Geld eingesammelt - dafür hatten wir einen Kassenwart - und dergleichen, aber irgendwelche Stimmungsberichte hat es nie gegeben, sind auch nie angefordert worden, das weiß ich ganz sicher."

u) "Es war ja so, daß die Leute, die um Gaesdonck herumwohnten, zum einen die Gaesdonck ja schon ewig lange kannten, zum Teil auch Kinder dort hatten, gerade um Gaesdonck herum, weil die es zu weit zur Schule hatten - Goch hatte ja kein Gymnasium - und es besuchten auch viele Einwohner der Umgebung den Gottesdienst in Gaesdonck. Für diese war Gaesdonck also etwas ganz Vornehmes.
Wenn wir also als Schüler von Gaesdonck weggingen, dann brauchten wir bloß zu sagen: Wir sind Gaesdoncker, dann war die Sache gelaufen, wenn Sie als Schüler z. B. Obst haben wollten, dann bekamen Sie, was Sie wollten. Zu den Leuten in der Umgebung hatten wir also ein ganz hervorragendes Verhältnis."

17. 7. 89
15. 3. 91

Befragung I am 10. Dezember 1980

Gaesdoncker Schüler: Ostern 1938 bis Frühjahr 1942

Abiturientia 1942

Thema: Die Schülerschaft der Gaesdonck in der Endphase 1940 bis 1942

Inhaltsübersicht: Befragung I

Der Befragte kam Ostern 1938 als Obertertianer auf die Gaesdonck und legte dort 1942 sein Abitur ab. Der Schwerpunkt seiner Ausführungen liegt auf der Haltung der Schülerschaft in der Endphase (1940-42). Besonders aufschlußreich ist dabei seine Darstellung der Widerstandsaktionen Gaesdoncker Primaner (Vervielfältigung der Euthanasiepredigten von Galens) in ihren Hintergründen und des Internatslebens in der Phase der Auflösung nach dem Dezember 1941.

a) Organisatorische Struktur der HJ auf Gaesdonck
b) Aktivitäten der HJ auf Gaesdonck
c) Politische Themen auf Gaesdonck - Vertrauensverhältnis zwischen Lehrern und Schülern
d) Vervielfältigung und Verschickung der Euthanasiepredigten von Galens (1941)
e) Politische Einstellung der Lehrerschaft
f) Reaktion auf die Schließungsverfügung
g) Sportliche Erfolge der HJ-Gefolgschaft Gaesdonck
h) Einsetzung des letzten HJ-Gefolgschaftsführers - Weiterführung der HJ-Arbeit nach dem Oktober 1941
i) Arbeitseinsätze der HJ außerhalb der Gaesdonck (1940/41) - Flaschensammlung

a) "Ich war Mitglied der Gaesdoncker HJ. Die HJ auf Gaesdonck bildete eine eigene Gefolgschaft, die von einem Gefolgschaftsführer geleitet wurde, aber da hatte der damalige Leiter der Anstalt seine Hand mit im Spiel und hat einen jungen Menschen nach seiner Wahl dort bestimmt."

b) "Die Aktivitäten, die die HJ auf Gaesdonck entfaltete, waren nichts Wesentliches, wenigstens nicht in dem Sinne, wie sie das in den anderen Gemeinden tat: In der Hauptsache Geländespiele, gelegentlich Unterweisungen, aber mehr spielte sich da nicht ab, wir mußten auch schon einmal auf Geheiß der übergeordneten Stelle nach Goch zu einer Kundgebung, aber das war selten, in der Zeit, wo ich da war, vielleicht zweimal."

c) "Inwieweit politische Themen in den Unterricht oder in persönliche Gespräche mit den Lehrern einflossen, hing von den einzelnen Lehrern ab. Die meisten Lehrer sparten nicht mit ihrer Kritik an den Zuständen, aber sie mußten vorsichtig sein, denn es gab auch unter den Schülern Fanatiker, bei denen man sich nie ganz sicher sein konnte. Es gab also Schüler, bei denen man zumindest das Gefühl hatte, aufpassen zu müssen, und das berechtigtermaßen. Aber das in Prozentzahlen ausdrücken zu wollen, würde jedem schwerfallen; ich würde ganz grob sagen: etwa ein Zehntel der Schülerschaft. Die Gespräche über Politik und die politische Lage wurden natürlicherweise mehr im persönlichen Rahmen von Schüler zu Lehrer je nach persönlicher Zuneigung geführt, und da wurde dann sehr offen Fraktur geredet."

d) "Eine Gruppe von Schülern hat in mehreren Nächten die Predigten des damaligen Bischofs von Münster, wenn ich mich recht entsinne, in vier Nächten auf Matrize geschrieben und dann vervielfältigt. Bei der nächsten Gelegenheit, wo einer Urlaub bekam, wurden diese Briefe dann mitgegeben und an viele politische Instanzen geschickt, einmal - erinnere ich mich noch - von Krefeld aus. Welche Auswahl da getroffen wurde, welche Instanzen und politischen Persönlichkeiten angeschrieben wurden, das weiß ich nicht mehr, das war auch jedem einzelnen, der da mitmachte, selbst überlassen. In der vierten Nacht sind wir entdeckt worden, von einem Lehrer, und dieser Mann hat uns heftige Vorhaltungen gemacht, hat das Unternehmen zwar grundsätzlich gebilligt, aber er hat gesagt: 'Ihr müßt bei allem, was ihr tut, auch an die Konsequenzen denken! Ihr wißt, daß es Ziel der Partei ist, die Gaesdonck zu schließen, und wenn so etwas entdeckt wird, dann wird der Zeitpunkt der Schließung sehr bald sein.' Nach unserm Ermessen hat sich nichts daraus ergeben, d. h. die Schließung kam nicht eher als sie ohnehin beschlossen war, mit dem Abitur 1942, ich gehörte zu dieser Ultima. Im übrigen wurden nicht nur Briefe des Bischofs von Galen da vervielfältigt, sondern auch von anderen kirchlichen Persönlichkeiten, die z. T. auch aus der katholischen Jugendbewegung stammten. Insgesamt waren fünf Schüler beteiligt, alle aus der Ultimaklasse, die diese Briefe in Schreibmaschine - ziemlich mühselig auf Grund der geringen Kenntnisse - auf Matrize geschrieben haben. Die Vervielfältigung bereitete nachher großes Kopfzerbrechen, und da mußten Dinge getan werden, die der damalige Direktor der Schule zwar unserem Ermessen nach wohl grundsätzlich gebilligt hätte, die er aber auf Grund der Zeitumstände nicht billigen konnte.
Diese Aktion - vielleicht hat es andere gegeben - stand in keinem Verhältnis zur Zahl der Schüler, und man darf sie auf keinen Fall heroisieren. Wenn ich im nachhinein darüber nachdenke, so war diese Aktion gewiß mutig, aber auch waghalsig und gewiß sehr gefährlich, gefährlich nicht nur im Hinblick auf die Gaesdonck, sondern auch im Hinblick auf unser eigenes Schicksal und auf das unserer Eltern.
Die grundlegende Motivation der teilnehmenden Schüler war aus Einzelgesprächen mit Lehrern erwachsen, die die Schüler darüber informiert hatten, daß die sog. 'Euthanasie' betrieben wurde von den Nazis, und diese Schüler waren so überzeugt davon, daß das Mord war, daß sie sich zu dieser

Aktion entschlossen. Auslösender Faktor war ein Film, zu dem wir nach Goch gehen durften, der das Problem Euthanasie behandelte. Es handelte sich um die Geschichte eines Ärztehepaares, die ein sehr gutes eheliches Verhältnis hatten, und die Frau dieses Arztes erkrankte an Multiple Sklerose und brach mitten im Klavierspiel zusammen und konnte sich nicht mehr bewegen. Der Film ließ das Problem offen, aber jeder Zuschauer mußte sich nach Art und Aufbau des Films sagen, da mußte der Arzt doch seiner Frau helfen und ihr zu einem raschen Tod verhelfen." (Anm. d. Verf.: Vermutlicher Filmtitel "Ich klage an!")

d) "Auch unter der Lehrerschaft gab es einige Lehrer - es waren mehrere -, bei denen man den Eindruck hatte, aufpassen zu müssen, und unter diesen einigen waren leider auch Geistliche. Man soll sich da kein Urteil anmaßen, aber ich glaube doch, daß man dies so sagen kann. Diese Lehrer waren dann zwar keine Nationalsozialisten in dem Sinne, daß sie der Partei oder ihren Gruppierungen angehörten, sondern sie waren eher begeistert vom großdeutschen Gedanken, so in der nachträglichen Einschätzung."

f) "Wann die Schließung der Schule den unteren Klassen mitgeteilt wurde, weiß ich nicht genau, denn ich gehörte ja zur obersten Klasse, die noch bleiben durfte. Das halbe Jahr, das nach Abbau der Schule bis auf die Prima dann folgte, war für uns natürlich eine große Zeit: Viele Lehrer und nur ganz wenige Schüler. Wie die Schließung in den Unterklassen aufgenommen wurde, war ganz eindeutig: Zwar konnte vielleicht der Gedanke daran, daß ein Lazarett entstehen sollte, eine hilfreiche Institution also, den Schreck etwas mildern, aber insgesamt herrschte doch lähmendes Entsetzen."

g) "Unsere Zusammenkünfte von der HJ aus trugen immer mehr einen sportlichen und wettkampfartigen Charakter, und wegen dieser starken Betonung des Sports war unsere Schulmannschaft, das kann man wohl ohne Bedenken sagen, im ganzen Kreis unschlagbar, und dementsprechend wurden wir auch respektiert und auch gehaßt."

h) "Der letzte HJ-Gefolgschaftsführer, der sein Amt bis zum Herbst 1941 führte, hat stärker noch als die anderen sich darum bemüht, weltanschauliche Dinge ganz aus der Gaesdoncker HJ herauszuhalten, das muß ihm zur Ehre gesagt werden. Der damalige Leiter der Schule hat ihn zwar nicht direkt eingesetzt, aber er hat doch stark darauf gedrängt, daß er dieses Amt übernehmen konnte. Er war auch nicht der Parteimeinung, er war alles andere, nur kein Nationalsozialist. Nach seinem Weggang ist meines Wissens kein Nachfolger mehr für ihn bestimmt worden. Ich wüßte es jedenfalls nicht, denn es war dann ja nur noch eine so kleine Anzahl von Schülern, daß es sich praktisch nicht mehr lohnte, eine solche Organisation aufrechtzuerhalten. Es mag sein, daß nominell noch ein Schüler mit der Leitung betraut wurde, aber tatsächlich ist da nichts mehr gelaufen."

i) "Was die Flaschensammlung in Goch betrifft, so muß ich sagen, daß die geringe Beteiligung Ende 1941 auf einen Jungenstreich zurückzuführen war. Auf dem Weg von Gaesdonck nach Goch entfernte sich eine größere Anzahl von Jungen von der Gruppe, und der verbliebene Rest konnte dann natürlich sein Pensum nicht mehr voll erledigen. Es hat da aber auch andere Veranstaltungen gegeben, so wurden wir zum Beispiel auch einmal dazu herangezogen, bei einem Bauern in Hülm beim Kartoffellesen zu helfen und auch - wie alle Kinder in Deutschland - feindliche Flugblätter einzusammeln."

17. 1. 89

Befragung J am 30. November 1980

Gaesdoncker Schüler: Ostern 1939 bis Weihnachten 1941

Kein Gaesdoncker Abiturient

Thema: Die Gaesdonck von 1939 bis 1941 (Hitlerjugend, Schülerschaft,
Lehrerschaft)

Inhaltsübersicht: Befragung J

Der Befragte kam Ostern 1939 als Untertertianer auf die Gaesdonck. Als Untersekundaner wurde er Weihnachten 1941 von der Schließungsverfügung betroffen und mußte daraufhin an die Hindenburg-Oberschule (heute: Freiherr-vom-Stein-Gymnasium) in Kleve überwechseln. Seine Ausführungen über die Gaesdonck von 1939 bis 1941 (insb. zur politischen Bildung) sind daher eingeschränkt durch die Tertianerperspektive, bieten dafür jedoch ein weitgehend ungebrochenes Bild der Gaesdoncker Erziehung in den unteren Klassen und insbesondere eine Bewertung dieser Erziehung aus kritischer Distanz.

a) Angaben zur Person
b) Politische Richtungen in der Lehrerschaft - Eingriffe des Staates
c) Pflichtmitgliedschaft in der HJ
d) Einstellung der Schüler zum 2. Weltkrieg - Angriff auf die Niederlande (Mai 1940)
e) Politische Einstellung der Lehrerschaft - Persönliche Vorprägung
f) Politische Einstellung der Lehrerschaft - Bekanntschaft mit Bischof von Galen
g) Reaktion von Lehrern und Schülern auf Judenverfolgung und Kirchenkampf
h) Bekanntmachung der Schließungsverfügung in den unteren Klassen
i) Deutsch- und Religionsunterricht auf Gaesdonck
j) Vertrauensverhältnis zwischen Lehrern und Schülern - Reaktion auf Judenverfolgung
k) Divergierende Strömungen innerhalb des Lehrerkollegiums
l) Ökonomische Grundlage der Gaesdonck - Ernteeinsätze der Schüler, Ausnutzung der Grenzlage
m) Aktivitäten der HJ auf Gaesdonck - Stellenwert politischer Erziehung
n) Politische Äußerungen von Lehrern - Verbreitung der Siegesmeldungen während des Krieges
o) Rezeption der Euthanasiepredigten von Galens
p) Persönliches Verhältnis zur Gaesdonck
q) Sprachenfolge auf der Gaesdonck nach der Umwandlung zur 'Privaten Oberschule für Jungen'

r) Alltäglicher Rahmen des Internatslebens (Nachtruhe)
s) Aktivitäten der Gaesdoncker HJ - Innere Einstellung der HJ-Führer
t) Durchführung von 'Deutschem Gruß' und nationalsozialistischen Feiern auf Gaesdonck
u) Mitgliedschaft des Befragten in der HJ

a) "Ostern 1939 wurde ich auf Gaesdonck in die dortige Untertertia eingestuft. Bis zur Quarta war ich in Kalkar auf der Schule. Diese Schule ging zwar eigentlich bis Untertertia, aber da wir nur noch drei Jungen und vier Mädchen waren, konnte die Abschlußklasse dort nicht mehr durchgeführt werden. Mein Vater war als Bürgermeister von Wissel von den Nationalsozialisten zwangspensioniert worden und kurz darauf gestorben, so daß meine Mutter nun völlig allein stand - die Zwangspension war auch willkürlich herabgesetzt worden -, und so kam ich dann Ostern 1939 auf die Gaesdonck."

b) "Auf Gaesdonck habe ich dann, soweit man das als Dreizehnjähriger damals beurteilen konnte, etwas vom Krieg miterlebt, so z. B. den Kriegsausbruch September 1939. Wie der Kriegsausbruch auf Gaesdonck damals aufgenommen wurde, kann ich so direkt nicht mehr sagen, denn die Strömungen innerhalb der Lehrerschaft waren auch unterschiedlich. Die Gaesdonck war ja ein bischöfliches Konvikt, geleitet vom Bischof von Münster. Dennoch versuchte der Staat damals ständig, hier einzugreifen. So war es beispielsweise sehr schwer, einen Kompromiß zu treffen, einmal mit dem Einverständnis des Bischofs, zum anderen aber auch mit dem Einverständnis des Staates, wer die Leitung der Schule übernehmen sollte."

c) "Wir hatten auf Gaesdonck auch eine eigene Jungvolkgruppe bzw. HJ-Gefolgschaft. Mitgliedschaft war für alle Pflicht. Ich kann mich nur an ein oder zwei Schüler erinnern, die nicht Mitglieder waren, da ihre Abstammung nicht rein arisch war, und die deshalb auch nicht ins Jungvolk aufgenommen werden durften."

d) "Zur politischen Einstellung der Schülerschaft wäre zunächst einmal zu sagen: Als der Krieg ausbrach, waren wir ja alle 'deutschgläubig', und als dann die Siegeszüge begannen, da waren wir natürlich begeistert. Besonders den Einmarsch nach Holland habe ich ja hier sozusagen original miterlebt. Der Einmarsch war ja am 10. Mai 1940, und an dem Tag bekamen wir gerade Ferien. Morgens um fünf Uhr war Messe, aber bevor wir in die Kirche hineingingen, sahen wir schon den ganzen Himmel voller Flugzeuge. Das war dann also der Einmarsch nach Holland, und bei Gaesdonck ging davon ein großer Teil über die Grenze. Pontons und alle Arten von Kriegsgerät wurden da über die Grenze geschleust. Die Messe nun, das war eine Rekordmesse, die war innerhalb von 7 Minuten zu Ende. Das weiß ich noch, denn auch die Lehrer waren ja da erschüttert, was jetzt passieren würde. Und als wir dann unsere Koffer in die Hand nahmen und zu Fuß nach Goch wollten und von da aus dann weiter mit der Bahn in die Heimatorte, da mußten wir über die Felder laufen, weil die ganzen Straßen zweispurig befahren wurden von Militärfahrzeugen. Und als wir mit dem Koffer aus der Gaesdonck herausgingen, da wurden die ersten Gefangenen eingebracht, und zwar der Bürgermeister von Siebengewald und die Zöllner aus dem Zollamt hier an der Grenze, das war ja nur einige hundert Meter von der Gaesdonck entfernt. Diese Gefangenen wurden dann arrestiert in der Turnhalle der Gaesdonck. Für den weiteren Weg nach Hause hatten wir natürlich zuerst Befürchtungen, aber der Zugverkehr war normal, und so sind wir dann alle ohne Schwierigkeiten nach Hause gekommen."

e) "Was die politische Einstellung der Lehrerschaft betrifft, so erinnere ich mich da zum einen an einen Lehrer, der war ein ausgesprochener Pro-Nazi, der uns dann mit den Propagandasprüchen und Siegesmeldungen versorgte. Die überwiegende Mehrzahl der Lehrer verhielt sich neutral. Ich kannte nur einen, der dagegen war und das auch offen aussprach, und das war zufällig auch mein Klassenlehrer. Zu ihm hatte ich ein besonders gutes Verhältnis, und so war es für mich dann immer ein Zwiespalt, wie er dann sagte: 'Diese Verbrecher, was treiben die mit uns? Wo führt das hin?'. Von meinem Elternhaus her war ich selbst ja schon gegen Hitler eingestellt, denn mein Vater war ja durch die Nazis mit umgekommen. Er sollte nämlich an dem Morgen verhaftet werden und bekam dann einen Schlaganfall, an dem er dann auch gleich gestorben ist. Diese Einstellung wurde durch diesen Klassenlehrer in mir noch bestärkt. Dennoch ergab sich natürlich für mich dadurch ein Zwiespalt, denn wir waren ja schließlich Deutsche, und es stellte sich natürlich die Frage für einen Dreizehn- oder Vierzehnjährigen, wie sich das miteinander vertrug."

f) "Dieser Lehrer, von dem ich gerade sagte, daß er sehr stark für das System eingestellt gewesen sei, der war, das möchte ich hier anmerken, keineswegs einer der wenigen weltlichen Lehrer, sondern ein Geistlicher. Und nach der Flüsterpropaganda damals war dieser Lehrer auch vorgesehen als Leiter dieser Anstalt. Zwar war Dr. Rütten damals kommissarischer Schulleiter, aber der wurde stark vom Bischof unterstützt. Ich kannte den Bischof insofern ganz gut, als er zwei Neffen auf Gaesdonck hatte, einmal den August und einmal den Clemens, und dieser Clemens von Galen war mein bester Schulkamerad und Schulfreund. Wenn nun Bischof Clemens August auf die Gaesdonck kam, so mußte ich mit Clemens dahin und wir hatten dann Gelegenheit, uns mit ihm zu unterhalten. Politik spielte da natürlich kaum eine Rolle, denn dafür waren wir ja einfach noch zu jung."

g) "Die übrige Lehrerschaft verhielt sich äußerlich neutral, obwohl es gewisse Richtungen und Strömungen gab. Zum Beispiel, als sich vom Bischof her die Sache mit den KZ's herumsprach, da wußten wir ja gar nicht, was das bedeutete. Da kamen dann in der Schülerschaft so makabere Scherze auf, es gab ja damals eine Seife mit dem Markenzeichen RIF, und dann hieß es, die Nazis verarbeiten die Juden zu Seife und das RIF heiße: 'Ruhe in Frieden', aber wir haben das gar nicht mit vollem Verstand erfaßt. Die Lehrer haben in dieser Richtung auch nicht versucht, aufklärend zu wirken. Nun war das ja auch im Anfangsstadium des Krieges, und die Mehrzahl der Lehrer war ja auch deutschnational oder zumindest nationalbewußt eingestellt, denn wir waren ja alle Deutsche, und diese Lehrer waren auch in einem gewissen Zwiespalt, denn es kamen dann ja die Judenverfolgungen und der Kirchenkampf, soweit das hier am schwarzen Niederrhein überhaupt möglich war, aber man spürte doch schon den gewaltigen Druck."

h) "Die Schließung der Gaesdonck traf uns völlig unvorbereitet. Es war zu Anfang der Weihnachtsferien, und da wurde uns dann gesagt: 'Die Gaesdonck wird aufgelöst, seht zu, wendet euch an eure Behörden, wenn die Ferien zu Ende sind, geht es bei uns nicht mehr weiter, seht zu, daß ihr bis dahin irgendwo anders unterkommt.' Ein oder zwei Tage, bevor die Ferien anfingen, bekamen wir das mitgeteilt. Sonderferien oder etwas Ähnliches, damit wir uns mit unseren Eltern hätten besprechen können, hat es überhaupt nicht gegeben. Von Gaesdonck mußten wir sofort nach Kleve hin und wurden dann dort am Gymnasium aufgenommen. Der Übergang bereitete natürlich auch gewisse Schwierigkeiten, aber dabei hatte ich auch in gewisser Weise Glück, denn mein Deutschlehrer ging, da er ein weltlicher Lehrer war, nach Auflösung der Gaesdonck gleichzeitig mit uns nach Kleve, so daß damit eine gewisse Fortführung gewährleistet war, zumal ja auf Deutsch als eines der wichtigsten Fächer mit die größte Stundenzahl entfiel."

i) "Auf Gaesdonck habe ich an den Deutschunterricht keine besondere Erinnerung, wohl aber an den Unterricht in Kleve, wo eben dieser Lehrer, obwohl er hier noch vorsichtiger sein mußte als auf Gaesdonck, stets deutlich seine Meinung vertrat. Der Religionsunterricht auf Gaesdonck dagegen hielt sich ganz streng an seine religiösen Inhalte und versuchte nicht, irgendwelche Freiräume auszunutzen. Die Lehrer waren da streng neutral und mußten es ja auch sein."

j) "Zu den Lehrern hatten wir dennoch volles Vertrauen. Besonders mein Klassenlehrer war ein recht weltlich eingestellter Mann: Wo die anderen mit weißem Kragen und ähnlichem herumliefen, da nahm der sich ein rotes Tuch und band das zusammen mit einer Streichholzschachtel, einfach um damit zu zeigen, daß er nicht so sehr für das Starre und Alte war, sondern einfach mehr für seine Schüler da sein wollte. Und wenn er einmal im Unterricht von den Judenverfolgungen sprach, dann schwächte er das immer ab, indem er sagte, das seien Gerüchte und mit Gerüchten müsse man vorsichtig sein."

k) "Diese beiden Lehrer, mein Klassenlehrer und der pro-nationalsozialistische Lehrer, waren die beiden großen Kontrahenten. Sie führten zwar keinen offenen Streit, aber man merkte doch, daß sie sich aus dem Weg gingen."

l) "Gaesdonck lag ja nah an der Grenze, und da bot es sich natürlich an, gewisse Waren über die Grenze nach Deutschland zu schaffen. Dies wurde natürlich nicht von den Lehrern betrieben, sondern, soweit ich mich erinnern kann, von unserem Hausschreiner, der mir auch einmal auf Wunsch meiner Mutter ein Radiogerät, mit dem man auch Auslandssender empfangen konnte, aus den Niederlanden geholt hat. Ob dergleichen aber in größerem Umfang vorkam, weiß ich nicht. Wir sind aber immer einigermaßen versorgt worden. Dazu mußten wir auch schon mal auf den Besitzungen der Gaesdonck in Deutschland und in Holland z. B. beim Kartoffellesen mithelfen."

m) "Die Aktivitäten der HJ beschränkten sich hauptsächlich auf Sport. Zum Schießen kamen wir zwar manchmal heraus, aber weltanschaulich geschult worden sind wir in den unteren Klassen zumindest nicht. Insgesamt muß auch berücksichtigt werden, daß wir ja alle noch zu jung waren, um uns überhaupt ernsthaft mit Politik zu beschäftigen, wir hatten da ganz andere Probleme. Im übrigen war die Erziehung ja nicht wie in einer Demokratie, wo man zeitig an solche Probleme herangeführt wird, sondern es war ja eine Diktatur, wo das zu tun war, was oben befohlen wurde. Wir waren ja auch in diesem Kadavergehorsam erzogen, sowohl vom Elternhaus her, und auf der Gaesdonck war es ja eigentlich genau dasselbe: Man mußte sich der Hausordnung fügen, und die wurde von oben bestimmt."

n) "Politische Themen wurden nach Möglichkeit von den Lehrern vermieden. Der einzige war besagter Lehrer, und immer, wenn wir den in einer Freistunde oder irgendwie anders auf dem Platz trafen, dann schwelgte der in seinen Phrasen und Siegesmeldungen, und das war auch der einzige, der in dieser Form so aufgetreten ist auf Gaesdonck."

o) "Die Predigten Bischofs von Galen sind auf Gaesdonck nicht weiter diskutiert worden, zumindest nicht in den unteren Klassen. Von einer Vervielfältigung auf Gaesdonck weiß ich nichts."

p) "Als die Gaesdonck aufgelöst wurde, waren wir auf der einen Seite sogar froh. Ich selbst bin eigentlich nie ein richtiger Gaesdoncker gewesen, nicht weil mir das Elternhaus da fehlte, sondern der immense Zwang mir mißfiel: Wir mußten morgens in die Kirche, dann mußten wir zum Speisesaal und da mußte gebetet werden, dann hatten wir anschließend noch fünf Minuten Morgenandacht, wir mußten jeden Abend zur Vesper. Aber dieser Zwang und diese wenige Freizeit: morgens zehn Minuten, mittags von viertel nach eins bis zwei Uhr und dann noch einmal abends ein bis anderthalb Stunden, diesen Zwang, den habe ich immer nur schlecht überwinden können. Auch wenn einmal ein Ausflug war, dann mußten wir mit spazieren gehen, die ganze Klasse geschlossen, ein Lehrer vorne, ein Lehrer hinten. Daß wir uns dabei besonders auf unseren Klassenlehrer fixierten, besonders wenn es solch ein Lehrer war, wie mein Klassenlehrer, das ist ja nur natürlich."

q) "In Kalkar habe ich mit Latein als erster Fremdsprache begonnen, die wurde dann auf Gaesdonck fortgesetzt, in Untertertia bekamen wir dann Englisch dazu, und mit Französisch habe ich dann erst in Kleve begonnen. Griechisch habe ich nicht gelernt, das war nur etwas für ganz besondere 'Überflieger', die in ihrer wenigen Freizeit sich auch noch mit dem Erlernen der weiteren Fremdsprache beschäftigen wollten."

r) "Wir wurden bis zur Nachruhe begleitet von den Lehrern. Wer abends noch lesen wollte, der mußte sich mit einer Taschenlampe unter die Bettdecke verkriechen, damit der Lehrer nichts davon merkte."

s) "Zwar konnten wir in der Regel unseren Dienst für HJ und Jungvolk auf Gaesdonck erledigen, doch mußten wir manchmal zu Sammlungen z. B. für das WHW nach Goch, da wurden wir natürlich auch eingesetzt. Die HJ wurde von den Lehrern toleriert, Spannungen hat es zumindest öffen nie gegeben. Unser Gefolgschaftsführer war begeisterter Deutscher, wie viele von uns in dem begeisterungsfähigen Alter, in dem wir damals waren. Zum Nachdenken kamen wir eigentlich erst, als wir als Luftwaffenhelfer eingesetzt wurden und dann auch den Gefahren ausgesetzt waren."

t) "Daran, ob der Hitlergruß und vorgeschriebene Feiern auf Gaesdonck durchgeführt worden sind, kann ich mich nicht mehr erinnern. Meines Wissens ist das jedoch nicht der Fall gewesen."

u) "In der HJ war ich auf Gaesdonck nur einfaches Mitglied. Von meinem Elternhaus war ich da ja schon kontra eingestellt."

16. 10. 88
18. 1. 89

Dokumente

Zur Anlage des Dokumententeils

Der Dokumententeil folgt in seiner Anordnung nach Möglichkeit dem Aufbau der Arbeit. Lediglich das statistische Material und die Jahresberichte über die Schuljahre von Ostern 1934 bis Ostern 1937 wurden auf Grund ihres allgemeinen Charakters der Dokumentensammlung vorangestellt.

Zur Erleichterung der Orientierung wurden die thematisch zusammengehörigen Dokumente in Kapiteln zusammengefaßt, die jeweils mit einem kurzen Vorwort versehen sind, das Erläuterungen zu den Dokumenten enthält, die im Textband nicht näher besprochen sind. Da jedoch Dokumente, die für mehrere Kapitel von Bedeutung sind, nur einmal aufgenommen sind, empfiehlt sich in jedem Falle die Beachtung der im Textband am Ende jeden Kapitels angegebenen Verweise auf die einzelnen zum betreffenden Kapitel gehörigen Dokumente.

Übersicht über die Herkunft der Dokumente

a) Landeshauptarchiv Koblenz (Akten des Oberpräsidiums der Rheinprovinz)

    Best. 405 A Nr. 1469   Allgemeines, Revisionen (208 Seiten)
    Best. 405 A Nr. 1470   Direktor und Lehrer (436 Seiten)
    Best. 405 A Nr. 1489   Prüfungen, Aufnahmen, Ferien, Feste (364 Seiten)
    Best. 405 A Nr. 1490   Gebäude (114 Seiten)
    Best. 405 A Nr. 4171   Turnen (38 Seiten)

b) Hauptstaatsarchiv Düsseldorf (Akten der Gestapo(leit)stelle Düsseldorf)

    Best. RW 58 Nr. 46580 Akte des geistlichen Lehrers X
    Best. RW 58 Nr. 9794 Akte des Studienrates Y
    Best. RW 58 Nr. 65271 Akte des kommissarischen Schulleiters der Gaesdonck 1937 - 1942

c) Hauptstaatsarchiv Düsseldorf (Zweigstelle Schloß Kalkum)

    BR 1004   Nr. 1493 Aufhebung lebensschwacher Zubringerschulen (Regierungspräsident Düsseldorf)
    Findbuch: G 73/9 146 Best.: Schulkollegium Düsseldorf 1593 (Akten des Oberpräsidiums Koblenz)

d) Bistumsarchiv Münster (gesperrte Bestände des Bistumsarchivs)

    BAM GV NA A 101 - 22

Inhaltsverzeichnis des Dokumententeils

Nr.	Form	Datum	Aussteller / Empfänger	Inhalt
\multicolumn{5}{l}{Lehrerkollegium und Schülerschaft}				
1	Aufstellung	28.08.1933	LCAG an OprAbtHS	Verzeichnis der Lehrer am CAG
2	Aufstellung	(1933/34)	LCAG an OprAbtHS	Verzeichnis der Lehrer am CAG
3	Aktenvermerk	(1934/40)	GestapoDdorf	Person des stellv. Leiters des CAG
4	Postkarte	17.08.1933	LCAG an OprAbtHS	Zugehörigkeit von Lehrern zur deutschen Friedensgesellschaft
5	Postkarte	17.08.1933	LCAG an OprAbtHS	Zugehörigkeit von Lehrern zur SPD
6	Brief	17.12.1938	LCAG an OprAbtHS	Zugehörigkeit von Lehrern zum Katholischen Akademikerverband
7	Aufstellung	(1937)	LCAG an OprAbtHS	Verzeichnis der Reifeprüflinge 1937
8	Aufstellung	(1937)	LCAG an OprAbtHS	Schülerverzeichnis 1936/37

Jahresberichte

Nr.	Form	Datum	Aussteller / Empfänger	Inhalt
9	Bericht	(1935)	LCAG an OprAbtHS	Jahresbericht 1934/35
10	Bericht	(1936)	LCAG an OprAbtHS	Jahresbericht 1935/36
11	Bericht	(1937)	LCAG an OprAbtHS	Jahresbericht 1936/37

Berichte über die Reifeprüfungen 1936 und 1938

Nr.	Form	Datum	Aussteller / Empfänger	Inhalt
12	Bericht	03.04.1936	GDMühlheim an OprAbtHS	Reifeprüfung am CAG 1936
13	Bericht	31.01.1938	LCAG an OprAbtHS	Turnreifeprüfung 1938
14	Bericht	04.02.1938	GDKleve an OprAbtHS	Turnreifeprüfung 1938

Ausrichtung des Unterrichts und der freien Arbeitsgemeinschaften

Nr.	Form	Datum	Aussteller / Empfänger	Inhalt
15	Brief	09.09.1934	LCAG an OprAbtHS	Einrichtung von freien AGs
16	Brief	26.10.1934	LCAG an OprAbtHS	Themen der freien AGs
17	Brief	09.09.1935	LCAG an OprAbtHS	Themen der freien AGs
18	Brief	30.12.1937	LCAG an OprAbtHS	Pflege der Luftfahrt
19	Brief	17.03.1940	LCAG an OprAbtHS	Flugmodellbau / Kleinkaliberschießen
20	Aktenvermerk	(25.11.1936)	OprAbtHS (Oberschulrat)	Besichtigung des CAG
21	Aufstellung	(30.05.1936)	LCAG an OprAbtHS	Lektüreplan für 1936/37
22	Brief	30.11.1938	LCAG an OprAbtHS	Reifeprüfung in Geschichte 1938

Nationalpolitische Lehrgänge

Nr.	Form	Datum	Aussteller / Empfänger	Inhalt
23	Erinnerungen	(1979)	ehem. Schüler 1933-39	Nat.-Pol. Lehrgänge für das CAG
24	Denkschrift	(1935)	OprRhpr	Nat.-Pol. Lehrgänge (Erlasse)
25	Denkschrift	(1935)	OprRhpr	Nat.-Pol. Lehrgänge (Schulung)
26	Denkschrift	(1935)	OprRhpr	Nat.-Pol. Lehrgänge (HJ und ND)

Errichtung einer Jungvolkgruppe und einer Schulgemeinde

Nr.	Form	Datum	Aussteller / Empfänger	Inhalt
27	Brief	19.09.1934	LCAG an OprAbtHS	Jungvolk / Staatsjugendtag
28	Brief	26.12.1934	LCAG an OprAbtHS	Bildung einer Schulgemeinde

Ferienordnungen (1935 - 1941)

Nr.	Form	Datum	Aussteller / Empfänger	Inhalt
29	Brief	22.09.1935	LCAG an OprAbtHS	Verlegung der Herbstferien 1935
30	Brief	23.03.1939	LCAG an OprAbtHS	Vorzeitiger Schluß des Schuljahres 1939
31	Konzept	(März 1939)	OprAbtHS an LCAG	Antwort auf Dok. 30
32	Brief	08.03.1940	LCAG an OprAbtHS	Verlängerung der Osterferien 1940
33	Brief	13.05.1940	LCAG an OprAbtHS	Verlängerung der Pfingstferien 1940
34	Brief	23.12.1940	LCAG an OprAbtHS	Verlegung der Weihnachtsferien 1940/41
35	Brief	19.03.1941	LCAG an OprAbtHS	Verlängerung der Osterferien 1941

Nr.	Form	Datum	Aussteller / Empfänger	Inhalt

Die Auseinandersetzungen um die Neubesetzung der Schulleiterstelle (1937)

Nr.	Form	Datum	Aussteller / Empfänger	Inhalt
36	Brief	14.12.1934	LCAG an OprAbtHS	Anstellung weltlicher Lehrer
37	Brief	28.02.1935	LCAG an OprAbtHS	Anstellung weltlicher Lehrer
38	Brief	21.03.1937	LCAG an OprAbtHS	Rücktritt des Direktors des CAG
39	Brief	08.03.1937	Bewerber an OprAbtHS	Bewerbung um die Direktorstelle am CAG
40	Brief	02.04.1937	OprWestf an OprAbtHS	Beurteilung des Bewerbers
41	Brief	17.06.1937	NSDAP München an OprAbtHS	Politische Beurteilung des Bewerbers
42	Brief	20.07.1937	Genvik an OprAbtHS	Bitte um Begründung der Ablehnung
43	Konzept	27.07.1937	OprAbtHS an Genvik	Begründung der Ablehnung
44	Brief	17.09.1937	Bischof an OprAbtHS	Ernennung eines neuen Bewerbers
45	Konzept	22.09.1937	OprAbtHS an Bischof	Ablehnung des neuen Bewerbers

Der Fall des Studienrates Y (1939)

Nr.	Form	Datum	Aussteller / Empfänger	Inhalt
46	Protokoll	07.10.1939	RAD für GestapoDdorf	Vernehmung des RAD-Führers
47	Protokoll	20.10.1939	KripoGoch für GestapoDdorf	Vernehmung des StR Y
48	Konzept	(1939)	GestapoDdorf an SD	Bericht zum Fall Y
49	Konzept	(1939)	GestapoDdorf an OprAbtHS	Bitte um Verwarnung des StR Y
50	Abschrift	(11.11.1939)	OprAbtHS an StR Y	Verwarnung des StR Y
51	Erinnerungen	30.09.1946	StR Y an Bistumsarchiv	Fall Y (1939)
52	Abschrift	11.11.1939	OprAbtHS an StR Y	Verwarnung des StR Y

Turnen und Sportunterricht (1936 - 1940)

Nr.	Form	Datum	Aussteller / Empfänger	Inhalt
53	Aufstellung	06.06.1936	LCAG an OprAbtHS	Ausstattung für den Sportunterricht
54	Aufstellung	26.02.1941	LCAG an OprAbtHS	Durchführung des Sportunterrichts
55	Briefe	02.11.1935 / 24.04.1936	LCAG an OprAbtHS	Durchführung des Sportunterrichts
56	Formblatt	02.05.1936	UniBonn an OprAbtHS	Beurteilung des Sportlehrers am CAG
57	Brief	15.01.1938	LCAG an OprAbtHS	Einstellung eines neuen Sportlehrers
58	Brief	23.04.1938	LCAG an OprAbtHS	Einstellung eines neuen Sportlehrers
59	Formblatt	20.05.1939	UniBonn an OprAbtHS	Beurteilung des neuen Sportlehrers
60	Brief	13.05.1940	LCAG an OprAbtHS	Einberufung des Lehrers B zum Wehrdienst
61	Briefe	15.04.1940 / 20.08.1940	LCAG an OprAbtHS	Einberufung und Freistellung eines Turnlehrers am CAG vom Wehrdienst

Die Angriffe auf die ökonomische Basis der Gaesdonck

Nr.	Form	Datum	Aussteller / Empfänger	Inhalt
62	Aufstellung	26.10.1934	LCAG an OprAbtHS	Statistische Angaben für RuPrMfWEVb
63	Brief	30.08.1937	LCAG an OprAbtHS	Befreiung von der Grundsteuer
64	Aufstellung	31.08.1937	ABgm-Asperden für LCAG	Nachweisung über den Grundbesitz des CAG
65	Aufstellung	13.09.1937	LCAG an OprAbtHS	Nachtrag zum Antrag vom 30.08.1937
66	Konzept	28.09.1937	OprAbtHS an LCAG	Ablehnung der Grundsteuerbefreiung
67	Brief	23.10.1940	LCAG an OprAbtHS	Bedürftige Schüler des CAG
68	Bericht / Durchschrift	16.02.1940	GestapoKleve an GestapoDdorf und Rückantwort	Antrag des StR X auf Wiedererteilung seines Grenzausweises
69	Brief	11.09.1940	StR X an GrenzpolizeiGoch	2. Antrag auf Wiedererteilung des Grenzausweises
70	Konzept	01.10.1940	GestapoDdorf	Genehmigung des Antrages vom 11.09.1940
71	Brief	10.09.1939	LCAG an OprAbtHS	Luftschutz
72	Brief	12.09.1939	LCAG an OprAbtHS	Militärische Belegung
73	Brief	19.06.1940	LCAG an OprAbtHS	Luftschutzmaßnahmen

Überführung des CAG in die Hauptform (1937)

Nr.	Form	Datum	Aussteller / Empfänger	Inhalt
74	Konzept	15.01.1937	OprAbtHS an LCAG	Überführung des CAG in die Hauptform
75	Brief	24.02.1937	Bischof an OprAbtHS	Protest gegen den Erlaß v. 15.01.1937
76	Brief	08.09.1937	LCAG an OprAbtHS	Namens- und Siegeländerung des CAG

Zulassungsbeschränkungen für das CAG (1939-40)

Nr.	Form	Datum	Aussteller / Empfänger	Inhalt
77	Brief	18.04.1934	Bgm-Goch an OprAbtHS	Besuchsziffer des Realprogymnasiums Goch
78	Brief	04.09.1935	Bgm-Goch an OprAbtHS	Umwandlung des Realprogymnasiums Goch

Nr.	Form	Datum	Aussteller / Empfänger	Inhalt
79	Brief	22.04.1939	GDGoch an OprAbtHS	Antrag auf Verbot der Aufnahme Gocher Schüler durch das CAG
80	Konzept	24.04.1939	OprAbtHS an LCAG	Verbot der Aufnahme Gocher Schüler
81	Brief	04.05.1939	LCAG an OprAbtHS	Stellungnahme zum Erlaß v. 24.04.1939
82	Brief	02.05.1939	Eltern an OprAbtHS	Gesuch um Ausnahmegenehmigung
83	Brief	02.05.1939	Eltern an OprAbtHS	Gesuch um Ausnahmegenehmigung
84	Konzept	06.05.1939	OprAbtHS an Eltern	Ablehnung der Gesuche vom 02.05.1939
85	Abschrift	16.12.1940	Notar an LGrPräsDuisburg	Besuch des CAG durch Kinder von Notaren
86	Brief	21.12.1940	LGrPräsDuisburg an OprAbtHS	Befürwortung des Gesuchs vom 16.12.1940
87	Konzept	27.12.1940	OprAbtHS an LGrPräsDuisburg	Antwort auf das Gesuch vom 16.12.1940
88	Brief	04.02.1938	Finanzamtsvorsteher an OprAbtHS	Besuch des CAG durch Kinder von Beamten
89	Brief	02.04.1939	Mutter an OprAbtHS	Besuch des CAG durch Nichtarier

Schließung der Schule (1939 - 41)

Nr.	Form	Datum	Aussteller / Empfänger	Inhalt
90	Brief	31.05.1939	LCAG an OprAbtHS	Antrag auf Anerkennung des CAG
91	Aktenvermerk	20.06.1939	OprAbtHS	Möglichkeit der Auflösung des CAG
92	Erlaß	24.07.1939	RuPrMfWEVb an OprAbtHS	Auflösung von Privatschulen
93	Abschrift	19.08.1939	RGdtPrivSch an RuPrMfWEVb	Ablehnung der Aufnahme des CAG
94	Abschrift	23.01.1940	Bischof an RuPrMfWEVb	Einspruch gegen die Schließung des CAG
95	Konzept	17.02.1940	OprAbtHS an RuPrMfWEVb	Bitte um Ablehnung des Einspruchs
96	Erlaß	28.02.1940	RuPrMfWEVb an OprAbtHS	Genehmigung des stufenweisen Abbaus
97	Konzept	03.04.1940	OprAbtHS an LCAG	Allgemeine Genehmigungspflicht für die Neuaufnahme von Schülern
98	Brief	17.04.1940	LCAG an OprAbtHS	Neuaufnahme eines Schülers (1)
99	Brief	26.04.1940	GDEmmerich an OprAbtHS	Gutachten über den Schüler (1)
100	Brief	15.05.1940	Bruder des Schülers (1) an OprAbtHS	Erneutes Gesuch um Genehmigung der Aufnahme des Schülers (1)
101	Brief	19.11.1940	LCAG an OprAbtHS	Neuaufnahme eines Schülers (2)
102	Konzept Brief	23.11.1940 / 05.12.1940	OprAbtHS an LCAG und Rückantwort	Übersendung der Prüfungsergebnisse des Schülers (2)
103	Brief	30.03.1941	LCAG an OprAbtHS	Neuaufnahme eines Schülers (3)
104	Brief	22.05.1941	LCAG an OprAbtHS	Neuaufnahme eines Schülers (4)
105	Konzept	26.05.1941	OprAbtHS an LCAG	Ablehnung der Aufnahme des Schülers (4)
106	Brief	08.06.1941	Vater an OprAbtHS	Neuaufnahme eines körperbehinderten Schülers (5)
107	Konzept	(Juni 1941)	OprAbtHS an Vater	Ablehnung der Aufnahme des Schülers (5)
108	Brief	28.06.1941	Vater an OprAbtHS	Erneutes Gesuch um Genehmigung der Aufnahme des Schülers (5)
109	Brief	16.06.1941	Vater an OprAbtHS	Neuaufnahme eines Schülers (6)
110	Brief	01.07.1941	Vater an OprAbtHS	Erneutes Gesuch um Genehmigung der Aufnahme des Schülers (6)
111	Brief	27.06.1941	Vater an OprAbtHS	Neuaufnahme eines Schülers (7)
112	Brief	28.06.1941	Vater an OprAbtHS	Neuaufnahme eines Schülers (8)
113	Brief	02.07.1941	Vater an OprAbtHS	Neuaufnahme eines Schülers (9)
114	Brief	05.07.1941	Vater an OprAbtHS	Neuaufnahme eines Schülers (10)
115	Brief	03.07.1941	Vormund an OprAbtHS	Neuaufnahme eines Vollwaisen (11)
116	Brief	11.07.1941	Vormund an OprAbtHS	Erneutes Gesuch um Genehmigung der Aufnahme des Schülers (11)
117	Brief	21.07.1941	GDMoers an OprAbtHS	Kosten der Unterbringung in Moers
118	Konzept	23.07.1941	OprAbtHS an Vormund	Kosten der Unterbringung in Moers
119	Brief	14.07.1941	Witwe an OprAbtHS	Neuaufnahme eines Halbwaisen (12)
120	Konzept	08.07.1941	OprAbtHS an LCAG	Allgemeine Ablehnung von Neuaufnahmen
121	Brief	18.07.1941	LCAG an OprAbtHS	Einspruch gegen den Erlaß vom 08.07.1941
122	Brief	26.07.1941	LCAG an OprAbtHS	Erneuter Einspruch gegen den Erlaß vom 08.07.1941
123	Konzept	02.09.1941	OprAbt an LCAG	Schließungsverfügung für das CAG
124	Brief	19.09.1941	LCAG an OprAbtHS	Sonderurlaub wegen Schließung des CAG
125	Brief	01.12.1941	RegPräsDdorf an LCAG	Beschlagnahme des CAG für eine Lehrerbildungsanstalt
126	Bericht	03.12.1941	OprEssen an OprAbtHS	Unregelmäßigkeiten beim HJ-Dienst Gaesdoncker Schüler
127	Konzept	12.12.1941	OprAbtHS an OprEssen	Antwort auf den Bericht vom 03.12.1941
128	Brief	13.12.1941	LCAG an OprAbtHS	Verbleiben der Abiturklasse auf Gaesdonck bis zum Frühjahr 1942
129	Konzept	10.03.1942	OprAbtHS an LCAG	Übersendung der Schulakten an die Reichsstelle für Schulwesen
130	Brief	28.06.1942	ehem. LCAG an Reichsstelle für Schulwesen	Übersendung der Schulakten an die Reichsstelle für Schulwesen

Lehrerkollegium und Schülerschaft

Die Dokumente 1 - 8 bringen statistisches Material über die Struktur von Lehrer- und Schülerschaft. Die Listen der Lehrer stammen aus den Jahren 1933/34 und wurden im Zuge der Durchführung des 'Gesetzes zur Wiederherstellung des Berufsbeamtentums' für das Oberpräsidium erstellt. Die Listen der Schüler wurden im Jahre 1937 für eine Bestandsaufnahme des Oberpräsidiums erstellt; sie geben den Stand des Schuljahres 1936/37 an.

Das statistische Material über das Lehrerkollegium wird ergänzt durch einige Dokumente (Leumundszeugnis, Verbandszugehörigkeiten), die Aufschluß geben über die Einstellung der Lehrerschaft.

Dokument 1 gibt Aufschluß über die Altersstruktur des Kollegiums und über die wirtschaftliche Absicherung der Lehrer, Dokument 2 über die Fächer der Lehrer und den erteilten Unterricht.

Für die Schülerschaft lassen sich aus dem Verzeichnis der Reifeprüflinge 1937 Rückschlüsse ziehen auf den Anteil der HJ-Mitglieder an der Schülerschaft und die zukünftigen gewählten Berufe der Schüler. Dokument 8 gibt als vollständiges Schülerverzeichnis detailliert Aufschluß über die Sozialstruktur der Schülerschaft.

Dokument Nr. 1

LCAG an OprAbtHs, betr.: Verzeichnis der Lehrer am CAG
LHA Koblenz, Best. 405 A 1470, S. 208/209

Betr.: Verzeichnis der Lehrer am CAG vom 28. August 1933

Nr.	Name der Lehrkraft	Amtsbezeichnung	Alter	Wochenstunden	Bemerkungen
1.	Dr. Limberg, Heinrich	StD am CAG	63 J.	8	
2.	Dr. Rütten, Felix	StR am CAG	52 J.	19	
3.	Müller, Johannes	StR am CAG	55 J.	18	
4.	van Bebber, Hermann	StR am CAG	44 J.	21	
5.	Dr. Jürgens, Stefan	StR am CAG	43 J.	19	
6.	Winkelheck, Heinrich	StR am CAG	39 J.	21	Liste Westfalen
7.	Dr. Grüner, Leo	StR am CAG	33 J.	18	Liste Westfalen
8.	Dr. Meyer, Heinrich	Stud.-Ass.	47 J.	21	Liste Rheinprovinz
9.	Segin, Wilhelm	Stud.-Ass.	35 J.	21	Liste Westfalen
10.	Schmidt, Wilhelm	Stud.-Ass.	33 J.	20	Liste Westfalen

nicht voll beschäftigt: Hauptbeschäftigung

11.	Lesaar, Heinrich	geistl. Lehrer	50 J.	8	Internatsdienst
12.	Lange, Theodor	geistl. Lehrer	27 J.	9	Internatsdienst
13.	Klockenbusch, Ludwig	geistl. Lehrer	25 J.	10	Internatsdienst

Krankenversicherung und Fortzahlung des Diensteinkommens im Krankheitsfalle: Die Lehrkräfte 1 - 7 und 11 - 13 sind Priester der Diözese Münster, für die im Krankheitsfalle die Diözese aufkommt. Das Diensteinkommen wird ein halbes Jahr lang weitergezahlt für die Lehrkräfte 9 - 12. Für Herrn Schmidt (Nr. 10) besteht eine Krankenversicherung bei der Ortskasse in Goch.

Art der Anstellung: Soweit die Lehrkräfte Priester der Diözese Münster sind (1 - 7 und 11 - 13), sind sie vom Bischof angestellt. Die übrigen (8 - 10) sind durch den Direktor mit halbjähriger Kündigung angestellt; ein schriftlicher Anstellungsvertrag besteht nicht.

Ruhegeldansprüche bei Dienstunfähigkeit: Nur die geistlichen Lehrkräfte haben, weil festangestellt und im Dienste der Diözese tätig, Anspruch auf Ruhegehalt als Priester der Diözese Münster.

(Unterschrift)
Direktor

Gaesdonck, den 28. 08. 1933

Dokument Nr. 2

LCAG an OprAbtHS, Betr.: Verzeichnis der Lehrer am CAG

Betr.: Verzeichnis der Lehrer am CAG 1933/34 und Unterrichtsverteilung

Nr.	Name	Geburtstag	Amtsbezeichnung	Lehrbefähigung	erteilter Unterricht
1.	Dr. Limberg	24.03.1870	StD am CAG	R H L Gr	UI R, OI L
2.	Dr. Rütten	07.01.1881	StR am CAG	R H L Gr	OII L, UIII Gr, UIII Gr
3.	Müller	28.08.1878	StR am CAG	R H F En L	UI L F En, UII F, OIII L
4.	van Bebber	04.03.1889	StR am CAG	R H L Gr	UI Gr, UIII L, OIII L[1] T
5.	Dr. Jürgens	22.06.1890	StR am CAG	R H L Gr	OI Gr R, OII Gr, UIII - OI Musik
6.	Winkelheck	17.01.1894	StR am CAG	F En R Pr.[2]	OI F En, OII F En, OIII F, UIII L F
7.	Dr. Meyer	26.04.1886	Stud.-Ass.	Bi Ch M Ph T	OI M Bi T, OII Bi Ek, UII M Ch Bi T
8.	Segin	15.01.1898	Stud.-Ass.	D G Vgl.Sp. Vk.	OI D G Ek, UI G Ek, OII D G
9.	Schmidt	30.12.1900	Stud.-Ass.	M Ph Ch	OI Ph, UI M Ph, OIII M Ph, UIII M Ph
10.	Volmer, Anton	09.12.1902	Stud.-Ass.	D G Vgl.Sp.	UI D, UII D G Ek, OIII D G E, UIII G Ek
11.	Lesaar	01.11.1883	geistl. Lehrer		OI H, UI H, OII R H
12.	Klockenbusch	22.08.1908	geistl. Lehrer		UII R, UIII - OI Z
13.	Dörlemann, J.	04.10.1903	geistl. Lehrer		UIII R T, OIII, OII u. UI T

Abkürzungen:

Bi = Biologie, Ch = Chemie, D = Deutsch, En = Englisch, F = Französisch, G = Geschichte, Gr = Griechisch, H = Hebräisch, L = Latein, M = Mathematik, Ph = Physik, R = Religionslehre, T = Turnen, Vgl.Sp. = Vergleichende Sprachwissenschaften, Vk = Volkskunde, Z = Zeichnen

[1] verm. Fehler für Gr (vgl. Müller)

[2] verm. Fehler für Gr oder philosophische Propädeutik

Dokument Nr. 3

Aktenvermerk GestapoDdorf
HStA Düsseldorf, Best. RW 58 65 271

Personalbericht über den späteren stellvertretenden Leiter des Collegium Augustinianum Gaesdonck aus dem Jahre 1934

(...) wurde hier als Empfänger der katholischen Zeitung "Zeitenwächter" und "Katholikenkorrespondenz Prag" bekannt.

Leumundszeugnis des Bürgermeisters von Asperden über den späteren stellvertretenden Leiter des Collegium Augustinianum Gaesdonck

Studienrat (...) ist hier allgemein sehr gut beleumdet und auch als vaterlandstreuer Mann bekannt. Er hat ein echt niederrheinisches, biederes und lauteres Wesen, wodurch er sich allgemeiner Beliebtheit erfreut. Politisch ist er, soweit hier bekannt ist, nie hervorgetreten.

Asperden, den 12. 11. 1934

Der Bürgermeister
als Ortspolizeibehörde
(Unterschrift)

Personalbericht über den späteren stellvertretenden Leiter des Collegium Augustinianum Gaesdonck aus dem Jahre 1940

Einer politischen Partei oder Loge gehörte er nicht an, jedoch dem kath. Akademikerbund. Sonstige staatsfeindlichen Betätigungen sind nicht bekannt.

Dokument Nr. 4

LCAG an OprAbtHS, betr. Zugehörigkeit von Lehrern zur deutschen Friedensgesellschaft
LHA Koblenz, Best. 405 A 1470, S. 203

Gaesdonck, den 17. 08. 1933

Fehlanzeige

Betr.: Mitgliedschaft von Lehrern bei der deutschen Friedensgesellschaft

(Unterschrift)
 Direktor

Dokument Nr. 5

LCAG an OprAbtHS, betr.: Zugehörigkeit von Lehrern zur SPD
LHA Koblenz, Best. 405 A 1470, S. 205

Gaesdonck, den 17. 08. 1933

Fehlanzeige

betr.: Zugehörigkeit von Lehrern zur SPD

(Unterschrift)
 Direktor

Dokument Nr. 6

LCAG an OprAbtHS, betr.: Zugehörigkeit von Lehrern zum
Katholischen Akademikerverband
LHA Koblenz, Best. 405 A 1470, S. 409

Gaesdonck, den 17. 12. 1938

Der Leiter des
Collegium Augustinianum
Gaesdonck

Von den Lehrern der hiesigen Schule waren bislang folgende Mitglieder des Katholischen Akademikerverbandes:

(es folgen die Namen von 6 Lehrern)

Diese haben infolge des Ministerialerlasses vom 25. Oktober 1938 ihre Mitgliedschaft in dem oben genannten Verbande gelöst. Die entsprechenden Erklärungen der oben genannten 6 Lehrer liegen bei.

I.V.
(Unterschrift)
 stellv. Leiter

An den Herrn
Oberpräsidenten für die Rheinprovinz
Abteilung für höheres Schulwesen

Koblenz

Dokument Nr. 7

LCAG an OprAbtHS, betr.: Verzeichnis der Reifeprüflinge 1937
LHA Koblenz, Best. 405 A 1489, S. 86/88, 109/111

Verzeichnis der Reifeprüflinge (OI und UI) 1937

Nr.	Heimatort	Entf. v. CAG	Beruf des Vaters	Berufswunsch	NS-Org.	RAD m. anschl.
1.	Uedemerfeld	16 km	Bauer	Theologie	HJ	Studium
2.	Keeken (Kleve)	26 km	Molkereiverwalter	Bauer	SA	Heeresdienst
3.	Goch	5 km	Konrektor i.R.	Philologie	HJ	Studium
4.	Keppeln (Goch)	14 km	Landwirt	Philologie	HJ	Studium
5.	Xanten	26 km	Verleger	Ingenieur	RLK	Heeresdienst
6.	Xanten	26 km	Witwe (o. Beruf)	Volkswirtschaft	HJ	Heeresdienst
7.	Bedburg (Erft)	115 km	Reichsbahnbauinspektor	Philologie	HJ	Studium
8.	Wetten	22 km	Landwirt	Theologie	-	Studium
9.	Goch	5 km	Bäcker	Polizei	HJ	Heeresdienst
10.	Straelen	39 km	Anstreicher	Theologie	HJ	Studium
11.	Marbeck (Borken)	82 km	Lehrer	Ingenieur	SA	Heeresdienst
12.	Boeckelt	4 km	Gutsbesitzer	Medizin	-	Heeresdienst
13.	Xanten	26 km	Schlossermeister	Philologie	HJ	Heeresdienst
14.	Gocherberg	8 km	Bauer	Offizier	-	Heeresdienst
15.	Hamm	155 km	Oberlandesgerichtsrat	Medizin	HJ	Heeresdienst
16.	Kleve	18 km	Steuerinspektor	?	HJ	Heeresdienst
17.	Kleve	18 km	Steuerinspektor	Philologie	HJ	Heeresdienst
18.	Oeding i. W.	105 km	Fabrikant	Betriebswissenschaft	HJ	Heeresdienst

Alle vorstehenden 18 Oberprimaner sind gesund, Arier und deutsche Staatsangehörige.

(Unterschrift)
Direktor

Nr.	Heimatort	Entf. v. CAG	Beruf des Vaters	Berufswunsch	NS-Org.	RAD m. anschl.
1.	M.-Gladbach	80 km	Witwe (o. Beruf)	Marineoffizier	HJ	Heeresdienst
2.	Winnekendonk	23 km	Witwe (Landwirt)	Veterinärmedizin	HJ	Studium
3.	Hassum	8 km	Bauer	Veterinärmedizin	HJ	Studium
4.	Goch	5 km	Arzt	Medizin	HJ	Studium
5.	Keppeln	14 km	Bauer	Philologie	HJ	Heeresdienst
6.	Recklinghausen	98 km	Oberstadtsekretär	Offizier	HJ	Heeresdienst
7.	Asperden	7 km	Witwe (Bauer)	Medizin	-	Studium
8.	Hommersum	11 km	Landwirt	Medizin	HJ	Studium
9.	Goch	5 km	Fabrikant	Kaufmann	HJ	Studium
10.	(Rheinberg)	-	geistl. Lehrer am CAG (Vormund)	Ingenieur	-	Heeresdienst
11.	Kellen (Kleve)	20 km	Bahnhofsschaffner	?	HJ	Heeresdienst
12.	Kalkar	18 km	Witwe (o. Beruf)	Theologie	HJ	Studium
13.	Helsum	6 km	Landwirt	Landwirtschaft	HJ	Praktikum
14.	Borken	81 km	Kaufmann	Veterinärmedizin	HJ	Heeresdienst
15.	Asperden	7 km	Kaufmann	Theologie	-	Studium
16.	Münster	125 km	Ingenieur	Medizin	HJ	Heeresdienst
17.	Kevelaer	19 km	Goldschmied	Theologie	-	Studium
18.	Helsum	6 km	Landwirt	Theologie	-	Studium
19.	Kevelaer	19 km	Landwirt	Landwirtschaft	-	Praktikum
20.	Kevelaer	19 km	Kaufmann	Medizin	HJ	Heeresdienst
21.	Goch	5 km	Fabrikant	Chemie	HJ	Studium
22.	Bedburg-Hau	16 km	Kaufmann	Ingenieur	HJ	Studium
23.	Köln	113 km	Kaufmann	Militär	HJ	Heeresdienst

Alle vorstehenden Unterprimaner sind gesund, Arier und deutsche Staatsangehörige.

(Unterschrift)
Direktor

Dokument Nr. 8

LCAG an OprAbtHS, betr.: Schülerverzeichnis 1936/37

Klassenverzeichnis der UIII

Stand des Erziehungsberechtigten	Wohnort	Entfernung v. Schulort
Oberrentmeister	Anholt	69 km
Universitätsprofessor	Nymwegen	40 km
Stadtoberinspektor	Buer	111 km
Kaufmann	Lobberich	59 km
Kaufmann	Lobberich	59 km
Landgerichtsdirektor	Kleve	19 km
Baumeister	Olfen i. W.	105 km
Zahnarzt	Datteln	105 km
Auktionator	Straelen	39 km
Arzt	Datteln	105 km
Arzt	Datteln	105 km
Former	Isselburg	66 km
Bürgermeister	Weeze	11 km
Landwirt	Sonsbeck	29 km
Arzt	Nieukerk	34 km
Tierarzt	Drensteinfurt	136 km
Arzt	Isselburg	66 km
Arzt	Isselburg	66 km
Gutsbesitzer	Straelen	39 km
Rechtsanwalt	Kleve	19 km
Fabrikant	Uedem	13 km
Fabrikant	Uedem	13 km
Apotheker	Kamp-Lintfort	50 km
Bürobeamter	Datteln	105 km
Bäckermeister	Datteln	105 km
Kaufmann	Kevelaer	19 km
Tierarzt	Borken	81 km
Rechtsanwalt	Krefeld	57 km
Kaufmann	Oberhausen	62 km
Kaufmann	Oberhausen	62 km
Bauer	Steinbergen b. Uedem	15 km

Klassenverzeichnis der OIII

Stand des Erziehungsberechtigten	Wohnort	Entfernung v. Schulort
Arzt	Herzfeld	195 km
Architekt	Potsdam	594 km
Kaufmann	Haldern	61 km
Arzt	Stadtlohn	124 km
Sattlermeister	Warbeyen	26 km
o. Beruf	Uedem	13 km
Fabrikant	Stadtlohn	124 km
Zahnarzt	Duisburg	77 km
Bauer	Stadtlohn	124 km
Kreiszuchtwart	Haldern	61 km
Bauer	Wachtendonk	43 km
Universitätsprofessor	Nymwegen	40 km
Dentist	Brüggen	91 km
Bauer	Asperden	7 km
Kaufmann	Uedem	13 km
Fabrikant	Rees	66 km
Kaufmann	Ratingen	77 km
Amtsrentmeister	Wissel	26 km
Arzt	Goch	5 km
Kaufmann	Kevelaer	19 km
Notar	Rees	66 km
Bezirksrevisor	Kleve	18 km
Bezirksrevisor	Kleve	18 km
Bezirksrevisor	Kleve	18 km
Bürgermeister	Kamp	50 km
Kaufmann	Duisburg	77 km
Holzhändler	Hervest-Dorsten	68 km
Oberpostsekretär	Uedem	13 km
Steuerinspektor	Dülken	77 km
Rechtsanwalt	Goch	5 km
Bahnbeamter	Hülm	3 km
Arzt	St. Tönis	53 km
Kreiszuchtwart	Kleve	18 km
Bürgermeister	Alpen	35 km
Schneidermeister	Xanten	26 km
Bauunternehmer	Mehrhoog	56 km
Postrat	Münster	125 km
Kaufmann	Münster	125 km
o. Beruf	Amern St. Georg	83 km

Klassenverzeichnis der UII

Stand des Erziehungsberechtigten	Wohnort	Entfernung v. Schulort
Krankenkassenrendant	Xanten	26 km
Bahnhofsaufseher	Labbeck	21 km
Dr. med. Arzt	Büttgen b. Neuss	79 km
Bauer	Wachtendonk	43 km
Bürobeamter	Hamborn	58 km
Domänenpächter	Dahlheim	289 km
Arbeiter	Kleve	18 km
Lehrer	Geldern	29 km
Kaufmann	Kessel	14 km
Bauer	Hülm	3 km
Kohlenhändler	Kevelaer	19 km
Bürgermeister	Goch	5 km
Oberbahnhofsvorsteher	Straelen	39 km
Studienrat	Mainz-Mombach	298 km
Kaufmann	Borken	81 km
Schmiedemeister	Kalkar	18 km
Bauer	Oberalme	253 km
Gendarmeriemeister i. R.	Goch	5 km
Fabrikdirektor	Goch	5 km
Kaufmann	Kevelaer	19 km
o. Beruf	Kalkar	18 km
Bauer	Gimbte	133 km
Bauer	Hengeler b. Stadtlohn	110 km
Malermeister	Marienbaum	29 km
Kaufmann	Kevelaer	19 km
Spediteur	Wesel	43 km
Fabrikbesitzer	Goch	5 km
Dipl. Kommunalbeamter	Bochum	112 km
Kasseninspektor	Hamborn	61 km
Kasseninspektor	Hamborn	61 km

Klassenverzeichnis der OII

Stand des Erziehungsberechtigten	Wohnort	Entfernung v. Schulort
Kaufmann	Sonsbeck	29 km
Polizeihauptwachtmeister	Goch	5 km
Stellwerksmeister	Haltern	85 km
Postinspektor	Kleve	18 km
Landwirt	Straelen	39 km
Landwirt	Hülm	3 km
Holzagent	Goch	5 km
Schmiedemeister	Till	24 km
Rentmeister	Wachtendonk	43 km
Amtsrentmeister	Recke	207 km
Reiseinspektor	Soest	185 km
Kaufmann	Gescher	101 km
Kaufmann	Krefeld	57 km
Buchdruckermeister	Nottuln	118 km
Apotheker	Freudenberg	212 km
Kaufmann	Kaldenkirchen	64 km
Kaufmann	Kellen	20 km
Bauer	Zyfflich	33 km
Fabrikant	Goch	5 km
Hauptlehrer	Keppeln	14 km
Lehrer	Warbeyen	26 km
Lehrer	Goch	5 km
Hauptlehrer	Hartefeld	32 km
Landwirt	Lobberich	59 km

Stand des Erziehungsberechtigten	Wohnort	Entfernung v. Schulort

Klassenverzeichnis der UI

Stand	Wohnort	Entfernung
o. Beruf	M.-Gladbach	80 km
Landwirt	Winnekendonk	23 km
Bauer	Hassum	8 km
Arzt	Goch	5 km
Bauer	Keppeln	14 km
Oberstadtsekretär	Recklinghausen	98 km
Bauer	Asperden	7 km
Landwirt	Hommersum	11 km
Fabrikant	Goch	5 km
geistl. Lehrer	Gaesdonck	-
Bahnhofsschaffner	Kellen	20 km
o. Beruf	Kalkar	18 km
Landwirt	Helsum	6 km
Kaufmann	Borken	81 km
Kaufmann	Asperden	7 km
Goldschmied	Kevelaer	19 km
Ingenieur	Münster	125 km
Landwirt	Helsum	6 km
Landwirt	Kevelaer	19 km
Kaufmann	Kevelaer	19 km
Fabrikant	Goch	5 km
Kaufmann	Bedburg-Hau	16 km
Kaufmann	Köln	113 km

Klassenverzeichnis der OI

Stand	Wohnort	Entfernung
Bauer	Uedemerfeld	16 km
Molkereiverw.	Keeken	26 km
Konrektor i. R.	Goch	5 km
Landwirt	Keppeln	14 km
Verleger	Xanten	26 km
o. Beruf	Xanten	26 km
Reichsbahnbauinspektor	Bedburg / Bez. Köln	115 km
Landwirt	Wetten	22 km
Bäcker	Goch	5 km
Anstreicher	Straelen	39 km
Lehrer	Marbeck/Borken	82 km
Gutsbesitzer	Boekelt	4 km
Schlossermeister	Xanten	26 km
Bauer	Gocherberg	8 km
Oberlandesgerichtsrat	Hamm	155 km
Steuerinspektor	Kleve	18 km
Steuerinspektor	Kleve	18 km
Fabrikant	Oeding Kr. Borken	105 km

Jahresberichte

Die Dokumente 9 - 11 sind die Jahresberichte über das Collegium Augustinianum Gaesdonck über die Schuljahre 1934/35, 1935/36 und 1936/37. Die Jahresberichte entstanden jeweils am Ende des Schuljahres und geben somit die tatsächlichen Ereignisse wieder.

Die Jahresberichte bringen die Statistik des Schuljahres, die Lektüre der Schüler, eine Übersicht über die sonstigen Aktivitäten (Arbeitsgemeinschaften) und eine Chronik der Anstalt für das vergangene Schuljahr. Da es sich um nachprüfbare Fakten handelte, verschweigt der Bericht auch für die Anstalt eigentlich unvorteilhafte Fakten nicht, so daß er in großen Zügen für vollständig angesehen werden kann.

Dokument Nr. 9

LCAG an OprAbtHS, betr.: Jahresbericht 1934/35

1. Die Schüler

Ostern 1934 verließen uns außer den 22 Oberprimanern, die das Zeugnis der Reife erhalten hatten, 11 Schüler, von denen 6 auf eine andere höhere Schule übergingen, 5 einen praktischen Beruf ergriffen. An neuen Schülern erhielt die Anstalt 12 Obertertianer und 23 Untertertianer. Mithin Bestand am 15. Mai 1935, 160 Schüler.
Die Schülerselbstverwaltung hielt sich in dem seit Jahren bewährten Rahmen. - Die Ortsgruppe der HJ zählte 78 Mitglieder, die Gruppe SA 24 Mitglieder. Beide Gruppen hielten mittwochs und samstags nachmittags ihre Übungen, die SA außerdem sonntags morgens nach dem Gottesdienst. Der Gesundheitszustand der Schüler war das ganze Jahr hindurch ein erfreulich guter. Während an vielen Orten des Niederrheins im Winter die Grippe herrschte, blieb die Anstalt, abgesehen von ganz vereinzelten Fällen, davon verschont. Durch regelmäßigen Besuch des Hausarztes und durch die Fürsorge der zum Hause gehörenden Krankenschwester wurde der Gesundheitszustand dauernd überwacht. - Im Sommer hatten die Schüler oft Gelegenheit zum Baden und Schwimmen in der Weezer Badeanstalt; außerdem gab es das Jahr hindurch regelmäßig Brausebäder in der eigenen Badeanstalt.
Die Schülerunfallversicherung mußte 4 mal in Anspruch genommen werden; nur ein Unfall war schwererer Art.
Die Schulgemeinde: Da die Anstalt nur auswärtige Schüler zählt und wegen ihrer weiten Entfernung von der nächsten Bahnstation (Goch) nicht

leicht erreichbar ist, war die Einrichtung und Berufung einer Schulgemeinde hier nicht angängig.

2. Aus dem wissenschaftlichen Unterricht

Deutsche und fremdsprachliche Lektüre

Deutsch

OI: Klassenlektüre: Schiller, Die Räuber, Die Braut von Messina; Goethe, Faust I, Iphigenie, Ausgewählte Stücke aus Dichtung und Wahrheit; Kleist, Michael Kohlhaas, Der zerbrochene Krug; Hebbel, Mein Wort über das Drama; Hauptmann, Die Weber; Storm, Patriotische Dichtung; Keller, Das Fähnlein der sieben Aufrechten; Gertrud von Le Fort, Hymnen an Deutschland.

Privatlektüre: Goethe, Italienische Reise (Auswahl); Kleist, Prinz Friedrich von Homburg; Hans Grimm, Volk ohne Raum; Gmelin, Konradin reitet; Wichert, Der Todeskandidat.

Abendlektüre s. UI

UI: Klassenlektüre: Storm, Renate; Lessing, Emilia Galotti; Shakespeare, Julius Cäsar; Goethe, Dichtung und Wahrheit (Auswahl), Götz v. Berlichingen; Schiller, Die Räuber; Storm, Der Schimmelreiter; Hebbel, Agnes Bernauer; Hauptmann, Die Weber; Holz, Revolution der Lyrik (Abschnitte); Holz u. Schlaf, Die papierne Passion, Papa Hamlet; Bölsche, Die Mittagsgöttin; Gedichte aus der Zeit der Aufklärung, des Sturmes und Dranges, des Realismus und des Naturalismus.

Abendlektüre bzw. Privatlektüre: Moreschkowski, Leonardo da Vinci (Abschnitte); Bauer, Bäuerliche Anabasis; v. Mechow, Das Abenteuer; v. Strauss u. Torney, Bauernstolz, Auge um Auge; Wichert, Ansas und Grita; Hansjakob, Der Vogt auf Mühlenstein; Binding, Opfergang; Dostojewski, Der Großinquisitor; Stammler, Deutsche Theatergeschichte.

OII: Klassenlektüre: Althochdeutsche und mittelhochdeutsche Kunst- und Volksdichtung (nach dem Lesebuch); Proben altsächsischer und mittelniederdeutscher Dichtung; Keller, Radlaub; Kleist, Michael Kohlhaas.

Privatlektüre: Wagner, Die Meistersinger; Kleist, Prinz Friedrich von Homburg, Die Hermannsschlacht, Der zerbrochene Krug.

Abendlektüre s. UII

UII: Klassenlektüre: Eichendorff, Aus dem Leben eines Taugenichts; Goethe, Götz v. Berlichingen; Storm, Der Schimmelreiter; Schiller, Die Jungfrau v. Orleans; Keller, Das Fähnlein der sieben Aufrechten; v. Strauss u. Torney, Bauernstolz; Hauptmann, Die Weber.

Abendlektüre bzw. Privatlektüre: Jellinek, Mutter der Neun; Wichert, Der Todeskandidat (3 Novellen); Warwick-Deeping, Hauptmann Sorell u. sein Sohn; Schnack, Der Sternenbaum; Herwig, Sebastian vom Wedding; Haensel, Der Kamp ums Matterhorn; Jelusisch, Cromwell.

Anmerk. Die Schüler werden zweimal in der Woche abends in 3 Gruppen (III, II, I) zu gemeinsamer Lektüre unter Leitung eines Lehrers versammelt.

Latein

OI: Horaz, Ausgew. Satiren u. Episteln; Cicero, Briefe; Tacitus, Annalen I u. II; Augustinus, De civitate Dei m. Ausw.

UI: Horaz, Oden I-VI m. Ausw., Carmen saec.; Tacitus, Historien IV u. V, Annalen m. Ausw.

OII: Sallust, Bellum Jugurthinum; Cicero, in Catilinam I; Tacitus, Germania; Plinius, Ausgw. Briefe; Catull, Ausgw. Gedichte; Vergil, Aeneis I.

UII: Livius, Auswahl aus der 1. Dekade; Ovid, Metamorphosen; Auswahl aus römischer Dichtung.

Griechisch

OI: Thukydides, 1. Hälfte i. Ausw.; Platon, Gorgias; Euripides, Medea; Homer, Ilias 2. Hälfte i. Ausw.; Proben griechischer Lyrik.

UI: Homer, Ilias I-VI; Sophokles, Antigone; Auswahl aus griechischen Lyrikern; Thukydides, Sizilische Expedition; Platon, Gorgias.

OII: Arrian, Anabasis i. Ausw.; Herodot V-VIII; Homer, Odyssee 2. Hälfte; Platon, Apologie; Lysias, kleinere Reden.

UII: Xenophon, Anabasis III, IV u. Auswahl aus V u. VI. Homer, Odyssee, Ausw. aus I, V, VI, VII, IX.

Französisch

OI: Pierre Loti, Pécheur d' Islande; Ausgewählte Gedichte der Parnassiens und Symbolisten.

UI: Boissier, Cicèron et ses Amis; Flaubert, Un Coeur simple; Gedichte von Victor Hugo, Brizeux und Alfred de Musset.

OII: Der Regionalismus in Frankreich; Ausgewählte Abschnitte aus M. Barrès; René Bazin, La Terre qui meurt.

UII: Prosper Mérimée, Colomba; Franz. Gedichte (Gropp u. Hausknecht); La Fontaine, Fabeln.

Englisch

OI: Chesterton, The Innocene of Father Brown; The English Gentleman Ideal (herausg. v. Max Spatzier)

UI: John A. Bentley, No hands wanted; Stanley Houghton, The dear departed; Proben engl. Dichtung (Lincke).

3. Deutsche Aufsätze

OI: 1. (Kl.) a) Ein Spaziergang durch die Wälder Gaesdoncks.
         b) Wie ich mir ein Stück Landschaft erwanderte.
         c) Von der Schönheit des modernen Autos.

2. a) Was bedeutet der Wahlspruch "Ich dien'"?
   b) Der eine fragt: "Was kommt danach?", Der andere fragt nur: "Was ist recht?" Also unterscheidet sich der Freie von dem Knecht (Th. Storm).

3. (Kl.) a) Wie kam es, daß die französische Revolution in der Errichtung des napoleonischen Kaiserreiches ausging?
         b) Die Politik Napoleon Bonapartes gegen England.

4. a) Stadt und Land - Hand in Hand.
   b) Eigenes Brot aus deutscher Scholle.
   c) Unser täglich Brot.

5. Es sind 3 Fabeln zu erfinden im Anschluß an die Stichworte: Hochmut kommt vor dem Fall; Wer andern eine Grube gräbt, fällt selbst hinein; Verlaß Dich nicht auf andere!

6. (Kl.) a) Wie sieht Th. Storm seine Heimat in dem Gedicht "Die Stadt"?
         b) Welche Weltanschauung kommt in Storms Gedicht "Ein Sterbender" zum Ausdruck?
         c) Der Gedankengang des Gedichts "In der Sixtina" von C. F. Meyer ist in guter Prosa wiederzugeben.

UI: 1. a) Der Anteil der deutschen Nation an den Kreuzzügen.
   b) Die Stärkung der Reichsgewalt durch OTTO I.
   c) Welche Pflichten legt der deutsche Raum einem jeden von uns auf?

2. (Kl.) 2 Dispositionen:
       a) In welche Schwierigkeiten brachte uns die Belebung des Binnenmarktes und der Rückgang der Ausfuhr?
       b) Nicht der ist in der Welt verwaist, der Vater und Mutter verloren, sondern der für Herz und Geist kein Lieb und kein Wissen erworben.

3. (Kl.) a) Der Kampf zwischen Liebe und Aberglauben in Storms Renate.
         b) Wie kommt der Hofbauer in den Verdacht des Teufelsbündnisses?

4. s. OI

5. (Kl.) a) Brutus erzählt seiner Gattin Porcia, wie er in die Verschwörung hineingezogen wurde.

6.   a) Was bedeutete für Goethe der Aufenthalt in Straßburg?
            b) Was gab mir die Beschäftigung mit der Aufklärung?

7. (Kl.) a) Tede Haiens Anteil am Aufstieg seines Sohnes.
            b) Der Aberglaube als Feind des Deichgrafen in Storms Schimmelreiter.
            c) Der mittelalterliche Staat soll mit dem absolutistischen verglichen werden.

8.   a) Hollands Aufstieg und Niedergang.
            b) Spaniens Aufstieg und Niedergang.
            c) Wie hat die Umgebung, in der ich aufgewachsen bin, meine Entwicklung beeinflußt?

OII: 1. (kl.) a) Themistokles, ein Politikerschicksal.
              b) Maiabend auf der Gaesdonck.
              c) Wie werben unsere Kaufleute für ihre Waren?

2.   a) Germanische Sitte und Lebensführung im Spiegel des älteren Hildebrandsliedes.
            b) Wie verändern sich die Lebensverhältnisse und Lebensanschauungen unserer Vorfahren vom älteren Hildebrandslied über die Thidreksage bis zum Spielmannslied von Hildebrand?

3. (Kl.) a) Aufsatzgliederung: Das Eisen im Dienste des Menschen.
            b) Wozu will die heutige Wanderbewegung unsere Jugend erziehen?

4.   a) Stadt und Land - Hand in Hand.
            b) Eigenes Brot auf deutscher Scholle.
            c) Unser täglich Brot.

5.   a) Hagen, Versuch einer Charakteristik.
            b) Hagens Mannentreue.
            c) Worin kann uns Hagen Vorbild sein?

6. (Kl.) a) Zeige die Bedeutung des Ostens für die Ausbildung des Absolutismus im Römischen Reiche!
            b) Vergleiche die Wirtschaftspolitik Diokletians mit der Wirtschaftspolitik des heutigen deutschen Reiches!

7.   Der Meistergesang nach dem 1. Akt von Richard Wagners Meistersingern.

8. (Kl.) Der Inhalt einer der folgenden Szenen aus Kleists "Michael Kohlhaas" ist in eigener Sprache neu zu formen:
            a. K. überfällt die Tronkenburg
            b. K. in Erlabrunn.
            c. Junker Wenzel wird aus seinem Hause in Wittenberg ins Gefängnis geführt.

UII: 1. a) Das Leben der fahrenden Studenten (nach Eichendorffs Taugenichts).
b) Der romantische Charakter des Taugenichts.

2. Was erfahren wir über das römische Recht in Goethes Götz v. B.

3. s. OII 4.

4. Der Dorfschmied (Charakterbild nach einem Lesestück).

5. a) Dunois schildert einem Freunde das Verhalten des Königs.
b) Eindrücke vom letzten Theaterspiel (Rahmenthema).
c) Unser Fußballsieg über die Unterprima.
d) Aufstehen am kalten Wintermorgen.

6. a) Anziehende und abstoßende Züge an Stine nach dem Tod ihres Mannes.
b) Warum verdient Daniel unser Mitleid?

7. Gründelnde Enten.

OIII: 1. Eine Beobachtung (nach freier Wahl).

2. a) Entzweiung und Versöhnung, ein Eingangs- u. Schlußbild in Storms "Die Söhne des Senators".
b) Die Rolle der Senatorin und der Antje Möllern in derselben Novelle.

3. Der Kriegsrat, Nacherzählung nach Heyses Kolberg.

4. a) Stadt und Land, Hand in Hand.
b) Eigenes Brot auf deutscher Scholle.
c) Unser täglich Brot!

5. Unser Theaterspiel.

6. a) Als ich einmal ein böses Gewissen hatte.
b) Wir arbeiten an unserem Stammplatz.

7. a) Aufstehen am kalten Wintermorgen.
b) Inwiefern ist der große Kurfürst der Schöpfer des preußischen Staates?

8. a) Zeige, daß das 1. Kapitel von Raabes "Schwarze Galeere" in die Stimmung des ganzen Werkes einführt!
b) Wie kommt es zur Gefangennahme von Jan und Myga?

9. Die Vergeltung (nach der Ballade von A. v. Droste-Hülshoff).

UIII: 1. a) Eine Autofahrt.
b) Eine Tierbeobachtung.

2. (Kl.) a) Im Schwimmbad.
b) Unser Fußballspiel gegen OIII.
c) Große Schulpause.

3.   a) Ein heißer Sommertag.
        b) Die Primaner.

4.   s. OIII.

5.   a) Ein Fahrterlebnis.
        b) Der Findling (Josef erzählt aus seinem Leben (nach Ebner-Eschenbach "Krambambuli").
        c) "Ich bastle mir ..."

6.   a) Unser Friedhof.
        b) Ich warte auf einen Zug.
        c) Kirmes in meiner Heimat.

7.   a) Ein Tag aus dem Leben Widukinds.
        b) Ein selbsterfundenes Märchen von der ersten Geige.

8. (Kl.) a) Zu der Geschichte "Emil u. die Detektive" soll ein anderer Schluß gefunden werden.
        b) Zu einem Gegenstand in meiner Heimat soll eine Sage erfunden werden.

9.   a) Meine Zelle.
        b) Mein Studierpult.

4. Aufgaben für die schriftliche Reifeprüfung

Deutsch

1. Hölderlins Gedicht "An die Deutschen" ist in guter Prosa wiederzugeben und für das Verhältnis des Dichters zur Klassik und zur Romantik auszuwerten.

2. Theoderich und Chlodwig, ein Vergleich.

3. Nutzen und Gefahren der Familienforschung.

4. Erleuchtete Fenster um Mitternacht.

Latein

Tacitus, Historien IV, 60 u. 61 (etw. gekürzt).

Griechisch

Platon, Menon 91 A - D.

Hebräisch

Genes., 27,5 - 12.

Mathematik

1. Ein Vater zahlt zur Sicherung der Ausbildung seines Sohnes an dessen 1. bis 20. Geburtstage je 150 M. bei der Sparkasse ein. Wie hoch ist die Jahresrente, die der Sohn vom Ende des 20. Jahres ab 6 Jahre lang bezieht, wenn das angehäufte Kapital aufgebraucht wird? Zinsfuß 4 %.

2. Ein Zeppelin fliegt mit einer durchschnittlichen Stundengeschwindigkeit von 140 km von Sevilla ($\lambda = -6°, \varphi = 37°, 24$) nach Rio de Janeiro ($\lambda = -43° 10 ; \varphi = -22° 54$). Wie lange dauert die Fahrt? Wann überquert er den Äquator?

3. Die Funktion $x^3 - 2x^2 - 15x = y$ ist auf Nullstellen Extremwerte und Wendepunkte zu untersuchen. Ihr Bild ist zu zeichnen.

5. Arbeitsgemeinschaften

   Deutschkundliche

   Thema: Vorbereiter der nationalen Erhebung: Nietzsche, Langbehn, De Lagarde.

   Biologische

   Es wurde die Geschichte der Biologie an der Hand von Biographien großer Biologen (Linné, Darwin, Lamarck, Pasteur u. a.) behandelt. Daneben in der Pflanzenanatomie mikroskopische Untersuchungen.

6. Chronik der Anstalt

   Das Schuljahr, das 66. seit der Gründung, begann am 16. April. Dem feierlichen Hochamt, mit dem es nach altem Brauch eröffnet wurde, folgte die Bekanntgabe und Erläuterung der Satzungen des Hauses; alsdann begann der Unterricht.
   Die Pfingstferien dauerten v. 18. - 28. Mai; im Herbst gab es Ferien v. 26. Juli bis 4. Sept.; die Weihnachtsferien begannen am 22. Dez. und endigten am 8. Januar.
   An den nationalen Fest- oder Gedenktagen wurde die Schulgemeinde in der Aula oder im Freien versammelt, wo gemeinsame Lieder, Vorträge unseres Orchesters, Ansprachen, meist auch Übertragung der öffentlichen Feier durch den Rundfunk der Veranstaltung den Charakter der Gemeinschaftsfeier gaben. So am 20. April (Geburtstag des Führers u. Reichskanzlers), am 1. Mai (Tag der Arbeit), 23. Juni (deutscher Jugendtag mit Wettkämpfen und Sonnenwendfeier), 30. Sept. (Erntedankfest), 15. Jan. (Feier aus Anlaß der Saarabstimmung), 18. Jan. (Reichsgründungsfeier), 1. März (Zur Feier der Rückgliederung des Saargebietes), 17. März (Heldengedenkfeier).
   Im Laufe des Schuljahres nahmen folgende Klassen an einem nationalpolitischen Lehrgang teil: UII v. 27. 4. bis 16. 5. in Heppingen a/d. Ahr mit Stud.-Ass. Dr. Meyer; UI v. 1. - 20. Okt. in der Jugendherberge zu Paesmühle bei Straelen mit Stud.-Ass. Schmidt; OI v. 25. Okt. bis 8. Nov. in der Jugendherberge Gemünd (Eifel) mit Stud.-Ass. Dr. Segin; OII v. 10. - 30. Jan. in der Jugendherberge Langenberg mit Stud.-Ass. Volmer.
   Allmonatlich wurden die Schüler an einem Sonntag im Musiksaal versammelt, wo ihnen durch den "Zeitfilm" die wichtigsten Begebenheiten der letzten Wochen im Bilde gezeigt wurden; Zwischendurch brachten dabei einige Mitschüler Klavier- und Violinstücke zu Gehör.

Von den übrigen Begebenheiten des Berichtsjahres seien als nicht alltägliche erwähnt:

13. Mai: Muttertag. Festrede des geistl. Lehrers L. Klockenbusch.

3. Juni: Der geistl. Lehrer H. Lesaar, seit 1939 Mitglied des Lehrerkollegiums, feiert unter Teilnahme des ganzen Hauses sein silbernes Priesterjubiläum.

10. Juni: Lehrer und Schüler nehmen an der Norbertusfeier in Xanten teil.

17. Juni: P. Justinus Joosten O. Cap., ein früherer Schüler des C:A, spricht über die Missionstätigkeit der deutschen Patres, sowie über das Auslandsdeutschtum in China.

10. Juli: Die einzelnen Klassen machen ihren Sommerausflug.

12. Juli: Der Direktor nimmt an der Konferenz in Geldern teil, zu der Oberschulrat Dr. Poethen die Direktoren der niederrhein. Anstalten einberufen hatte.

10. - 12. Sept.: Besuch S. Exzellenz des Hochwürdigsten Herrn Bischofs v. Münster Clemens August Graf v. Galen. Von Kevelaer kommend, wurde der hohe Gast am Eingang in das Gaesdoncker Gebiet ehrfurchtsvoll begrüßt u. in feierlichem Zuge, dem sich auch die Pfarrer der Nachbarorte angeschlossen hatten, unter dem Vortrag liturgischer Gesänge in die Kirche geleitet. Am folgenden Morgen feierte der Hochw. Herr ein Pontifikalamt und spendete 12 Zöglingen die hl. Firmung. Beim Festmahl gab er seiner Freude darüber Ausdruck, die Gaesdoncker Anstalt, von der er schon so viel Gutes gehört, nun auch persönlich kennengelernt zu haben;
mit herzl. Dank für das bisher Geleistete verband er das Versprechen seiner wohlwollenden und tatkräftigen Unterstützung. In der Schulmesse, die er am folgenden Morgen feierte, empfingen alle Schüler aus der Hand ihres Bischofs die hl. Kommunion. Dem Wettspiele, das nachmittags auf unserem Sportplatz stattfand, wohnte der Bischof mit sichtlichem Interesse bei. Gegen Abend kehrte er nach Münster zurück.

13. Sept.: Feierliches Seelenamt für die ehrw. Schwester Praxedes, die nach 41jähriger verdienstvoller Tätigkeit in Gaesdonck im Mutterhause zu Münster, wo sie wegen Krankheit die letzten Monate ihres Lebens zubrachte, am 20. Aug. 1935 selig im Herrn entschlafen war. Ihr Andenken wird in den Herzen der Gaesdoncker Schüler, die sie als Krankenschwester mit hingebender Liebe betreut hatte, als ein gesegnetes fortleben.

5. - 6. Okt.: Der Direktor nimmt an der Jahrestagung des Bundes berechtigter höherer Knabenanstalten in Eisenach teil.

7. Okt.: Dr. Jos. Pieper-Münster spricht über die "Die Spielregeln der Gesellschaft".

21. Nov.: Feierliches Seelenamt für die Toten des Weltkrieges.

10. Nov.: Martinszug mit Sammlung für die Notleidenden.

5. Dez.: Nikolausfeier in der Aula.

15. Dez.: Dr. Karl Thieme spricht über das Thema "Wie ich die Kirche sehe".

20. Dez.: Weihnachtsfeier mit dem Spiel "Nacht der Könige".

22. Januar: Prof. Dominikus Böhm spricht über seine Kirchenbauten, die er in Lichtbildern zeigt.

25. Jan.: Beginn der schriftl. Reifeprüfung.

17. Febr. Aufführung von "Die andere Seite" von Sherriff.

19. u. 20. Febr.: Mündliche Reifeprüfung unter dem Vorsitz des Herrn

Oberschulrats Dr. Poethen. Alle 26 Oberprimaner erhalten das Zeugnis der Reife.
21. Febr.: Abschiedsfeier für die Abiturienten in der Aula.
24. Febr.: Im Zeichensaal Ausstellung von Schülerarbeiten (Zeichnungen u. Metallarbeiten).
3. März: Fastnachtsfeier (lustiger Film: Gaesdonck i. J. 2 000 und Wachsfigurenkabinett).
31. März: Aufführung von "Der weiße Wolf" von Walter Eckardt (UII).
3. April: Franz Joh. Weinrich liest aus seinem Werke "Die Marter unseres Herrn".

Dokument Nr. 10

LCAG an OprAbtHS, betr.: Jahresbericht 1935/36

1. Die Schüler

Ostern 1935 verließen uns außer den 26 Oberprimanern, die das Zeugnis der Reife erhalten hatten, 10 Schüler; 3 von ihnen gingen auf eine andere höhere Schule über, 7 ergriffen einen praktischen Beruf. Neu traten ein 12 Obertertianer und 30 Untertertianer. Zu Beginn des neuen Schuljahres betrug die Gesamtzahl der Schüler 166.
Die Schülerselbstverwaltung wurde unverändert beibehalten. Die Ortsgruppe der HJ, die von einem Oberprimaner geführt wurde, zählte 78 Mitglieder, die Gruppe der SA 7. Übungen fanden regelmäßig mittwochs und samstags nachmittags statt.
Der Gesundheitszustand wurde durch den regelmäßigen Besuch des Hausarztes und die dem Hause angehörende Krankenschwester dauernd überwacht; er blieb das ganze Jahr hindurch erfreulich gut. Schwerere oder länger andauernde Erkrankungen kamen in der Anstalt überhaupt nicht vor. Ein Untertertianer, der in den Weihnachtsferien erkrankt war, mußte bis Ostern beurlaubt werden. - Die Weezer Badeanstalt wurde im Sommer fleißig zum Baden und Schwimmen benutzt; außerdem gab es das Jahr hindurch regelmäßig Brausebäder in der eigenen Anstalt.
Die Schülerunfallversicherung mußte 6 mal in Anspruch genommen werden. Alle Unfälle waren leichter Art und ohne dauernde Folgen.
Schulgemeinde: Da die Anstalt nur auswärtige Schüler zählt und wegen ihrer weiten Entfernung von der nächsten Bahnstation (Goch) nicht leicht erreichbar ist, war die Einrichtung und Berufung einer Schulgemeinde hier nicht angängig.
An dem wahlfreien hebräischen Unterricht nahmen teil in OI 8, UI 7, OII 8 Schüler, an dem englischen Unterricht in OI 12, UI 15, OII 24. Vom Turnunterricht waren auf Grund eines ärztlichen Zeugnisses ganz befreit 3 Schüler, teilweise 5. Von anderem verbindlichen Unterricht war kein Schüler befreit.

2. Übersicht über die Reifeprüflinge

	Ort	Stand des Vaters	Gewählter Beruf
1.	Slawentzitz	Bankkontrolleur +	Volkswirtschaft
2.	Wankum	Bauer	Theologie
3.	Köln	Apotheker +	Ingenieur
4.	Nordenbeck	Landwirt	Forstfach
5.	Wardt	Landwirt	Arzt
6.	Uedem	Molkereiverwalter	Offizier
7.	Düsseldorf	Mittelschulrektor	Chemiker
8.	Kleve	Fabrikant +	Kaufmann
9.	Hönnepel	Schreinermeister	Theologie
10.	Niel	Landwirt	Arzt
11.	Essen	Oberingenieur, Den Haag	Ingenieur
12.	Kevelaer	Buchhändler	Theologie
13.	Wetten	Bauer	Volkswirtschaft
14.	Kalkar	Kaufmann	Gärtner
15.	Winnekendonk	Postagent	Ingenieur
16.	Kevelaer	Hotelbesitzer	Theologie
17.	Kennekoven/b. Lobberich	Bauer	Theologe
18.	Keppeln	Bauer	Theologe

3. Übersicht über die Zahl der Schüler

	Klasse	OI	UI	OII	UII	OIII	UIII	Zus.
1.	Bestand O. 1935	18	18	27	30	37	36	166
2.	Zugang i. Schuljahr		1			3	2	6
3.	Abgang i. Schuljahr		1	3	1	5	2	12
4.	Bestand am Versetzungstermin	18	18	24	29	35	36	160
5.	Hiervon (Nr. 4)							
	a) nicht versetzt			1		5	8	14
	b) versetzt	18	18	23	29	30	28	146
6.	Von den Versetzten (Nr. 5b)							
	a) abgegangen	18			5			23
	b) in die höh. Kl. übergegangen		18	23	24	30	28	123
7.	Von den Nichtversetzten							
	a) abgegangen				1	2	2	5
	b) auf 1 Jahr zurückgeblieben					3	6	9
8.	Zugang d. Neuaufnahme O. 1936					8	25	33
9.	Bestand Beginn 1936	18	23	24	30	39	31	165

4. Aus dem wissenschaftlichen Unterricht

Deutsche und fremdsprachliche Lektüre

Deutsch

OI: Klassenlektüre: Goethe, Tasso, Italienische Reise, Gedichte in reicher Auswahl, Faust 1. Teil; Schiller, Über naive u. sentimentale Dichtung, Gedichte; Hoffmann, Der goldene Topf; Gedichte von Hölderlin, Eichendorff, Novalis; Kleist, Michael Kohlhaas, Prinz von Homburg; Stifter, Das Heidedorf; Droste, Die Judenbuche; Ludwig, Zwischen Himmel u. Erde; Stehr, Der Schindelmacher, Wendelin Heinelt; Ernst, Erdachte Gespräche; Carossa, Rumänisches Tagebuch.

Privatlektüre: Schäfer, Rheinische Novellen; Flex, Der Wanderer zwischen beiden Welten; Witkop, Kriegsbriefe gefallener Studenten.

Abendlektüre: Beumelburg, Der Feigling; Cremer, Die Marneschlacht; Ponten, Der Meister, Aus "Griech. Landschaften"; Schäfer, Ausgewählte Anekdoten; Scholz, Die Pflicht, Michelangelo und der Sklave, A. Dürers Erlebnis, Das Gerücht; Strauß, Der Laufen, Befund, Das Grab zu Heidelberg; Wiechert, Hirtennovelle; Graff u. Hintze, Die endlose Straße.

UI: Klassenlektüre: Shakespeare, Macbeth; Lessing, Der 17. Literaturbrief, Aus der Hamburg. Dramaturgie; Herder, Auszug aus einem Briefwechsel über Ossian und die Lieder alter Völker; Schiller, Räuber, Über naive u. sentimentale Dichtung; Goethe, Goetz, Das Straßburger Münster, Iphigenie, Faust 1. Teil.

Privatlektüre: Grimmelshausen, Simplizissimus; Goethe, Aus Dichtung und Wahrheit, Aus der italienischen Reise.

Abendlektüre: s. OI.

OII: Klassenlektüre: Proben des Gotischen und Althochdeutschen, der Edda; Geschichte des Skalden Egil; Das Hildebrandslied; Aus dem Heliand und dem Waltharilied; Das Nibelungenlied; Hebbel, Die Nibelungen; Parzival in Übertragung und mhd. Proben; Meier, Helmbrecht; Walther v. d. Vogelweide; Der Meistergesang; Wagner, Die Meistersinger; Das Volkslied (nach dem Lesebuch); Simplizissimus (Auswahl).

Privatlektüre: Die Ahnen 1. Bd.; Scheffel, Ekkehard; Hoffmann, Meister, Martin.

Abendlektüre: L. v. Strauß, Auge um Auge; Eyth, Geld und Erfahrung; Thimmermann, Der Sturm auf Langemarck; Füsbringe, Alarm! Tauchen!; Fedner, Der gestohlene König von Belgien; Kranz, Verschleppt.

UII: Klassenlektüre: Vaterländische Dichtung der Befreiungskriege und des Weltkrieges; Schiller, Wilhelm Tell; Weber, Dreizehnlinden; Storm, Der Schimmelreiter; Ponten, Ein Wolgadeutscher.

Abendlektüre: s. OII.

OIII: Klassenlektüre: Storm, Bötjer Basch; W. Raabe, Die schwarze Galeere; Gorch Fock, Auf hoher See; Hoffmann, Das Fräulein von Scudery; Kurz, Der Weihnachtsfund (Auszug); Schiller, Wilhelm Tell.

Abendlektüre: Bertram, Flug in die Hölle; Dominik, Das stählerne Geheimnis; Ein Stern fiel vom Himmel; Chesterton, Ein Pfeil vom Himmel; Svend Fleuron, Die rote Koppel; Ernest Claes, Flachskopf; Carl Ferdinands, Aus der goldenen Schmiede.

UIII: Aus der Geschichte des Skalden Egil; Storm, Pole Poppenspäler; Die Todesfahrt des Grafen Spee.

Abendlektüre: s. OIII.

Anmerk.: Die Schüler werden zweimal in der Woche abends in 3 Gruppen (III, II, I) zu gemeinsamer Lektüre unter Leitung eines Lehrers versammelt.

Latein

OI: Cicero, Ausgewählte Briefe; Sueton, Augustus; Monumentum Ancyranum; Tacitus, Wiederholungen u. Stegreifübersetzungen aus den Annalen u. Historien. Lateinische Inschriften nach Klein; Das römische Germanien in den Inschriften; Horaz, Ausgewählte Epoden, Satiren und Episteln.

UI: Plinius, Ausgewählte Briefe; Tacitus, Annalen I u. II; Vergil Aeneis II; Horaz, Carmina I m. Ausw., III 1 - 3; Augustinus, Confessiones m. Ausw. aus I - VII.

OII: Sallust, Catilina; Livius XXI; Einhard, Vita Caroli Magni; Vergil, Aeneis I u. II, Ausw. aus VI; Tacitus, Germania.

UII: Cicero, in Catilinam I u. III; Evius, Aus der 1. Dekade (Helden im Kampfe für den Freistaat, Die Eroberung Vejis und Krieg mit den Galliern.

OIII: Caesar, Bellum Gallicum V - VII m. Ausw.; C. Rufus, Geschichte Alexanders (Ausw.).

UIII: Caesar, Bellum Gallicum I, II, Ausw. aus III u. IV.

Griechisch:

OI: Thukydides I u. II; Homer, Ilias 2. Hälfte; Euripides, Medea (deutsch) Griechische Lyriker u. Ausw.

UI: Homer, Ilias 1. Hälfte; Sophokles, Antigone; Thukydides, Sizilische Expedition; Plato, Auswahl aus Phaidon und Symposion.

OII: Herodot, Ausgw. Erzählungen; Plato, Apologie, Kriton, Phaedon (Ausw.); Homer, Odyssee XIV, XVI, XVII, XXI, XXII.

UII: Xenophon, Anabasis II - VI; Herodot u. Lukian, Ausgewählte Geschichten; Homer, Odyssee V u. VI.

Französisch

OI: Molière, Le Malade imaginaire; Souvenirs d Enfance; Taine, Napoléon Bonaparte; Proben der neueren franz. Lyrik, besonders der Parnassiens nach Gropp u. Hausknecht oder nach Engwer, Choix de Poésies Francaises.

UI: L. Hémon, Maria Chapdelaine; Poésies du Terroir; En Auvergne.

OII: Victor Hugo, L'Espion Hubert; Thiers, Expédition d'Egypte; Proben franz. Lyrik aus der Zeit der Romantik.

UII: A. de Saint-Exupéry, Vol. de Nuit.

OIII: A. Daudet, Tartarin de Tarscon.

Englisch

OI: Chamber's English History; Great Soldiers (Seydewitz-Paul); Great Sailors (Seyd.-Paul).

UI: R. Graves, Lawrence and the Arabs.

5. Deutsche Aufsätze

OI: 1. (Kl.) Die Prinzessin Leonore in Goethes Torquato Tasso, Ihr Charakter und ihr Einfluß auf die Handlung.

    2. (Kl.) Lagerleben (Rahmenthema).

    3. (Kl.) Welche Bedeutung hat das Zigeunermotiv in Kleists Michael Kohlhaas?

    4. (Kl.) Die Gedichte: Kühn, Waldwiese-Lenau, Nachtlied, sind nach ihrer Stilhaltung zu beurteilen.

    5. (Kl.) Es ist zu zeigen, wie stark der Ehrbegriff das Handeln des alten Nettenmair beeinflußt (nach O. Ludwig, Zwischen Himmel u. Erde).

    6. (Kl.) (Reifeprüfung).

UI: 1. (Kl.) a) Sei fleißig, aber werde kein Streber, gönne dir Erholung, aber sei nicht faul!
b) Brief an einen Freund: Was ich Dir wünsche: ein wenig Gut, gesundes Blut u. eine große Seele.

    2. Beschreibung eines selbstgewählten Architekturwerkes.

3. Im national-politischen Lehrgang vorbereitete Gemeinschaftsarbeit, deren einzelne Aufgaben auf UI Hilden u. UI Gaesdonck verteilt waren: Alt-Cochem.

4. a) Die Bedeutung des Suezkanals,
   b) Die wirtschaftliche und politische Bedeutung des Nils,
   c) Der Suezkanal u. der Panamakanal, ein Vergleich.

5. (Kl.) Lessings Verhältnis zur Aufklärung.

6. a) Bildende Kunst, Musik u. Literatur im Dienste des absoluten Fürsten (auch Teile konnten bearbeitet werden).
   b) Der Merkantilismus als Wirtschaftsform des Absolutismus.
   c) Der absolutistische Charakter der Stadtsiedlung Karlsruhe.

7. (Kl.) Der Aufsatz von Korff "Vom Sturm und Drang zur Klassik" ist in seinem Gedankengange wiederzugeben und zu gliedern.

8. Kurzbericht über 2 Unterrichtsstunden: Schillers Entwicklung von der weltbürgerlichen zur nationalen Haltung.

OII: 1. Das Bild der Führerin in Schmidtborns Erzählung "Hinter den sieben Bergen".

2. Das ältere und jüngere Hildebrandslied, ein Vergleich.

3. (Kl.) a) Was hat bei der Besichtigung der Solinger Betriebe den stärksten Eindruck auf mich gemacht?
   b) Welche Einblicke in das Arbeiterdasein vermittelte uns die Besichtigung der Solinger Betriebe?
   c) Achte den Arbeiter! Gedanken im Anschluß an die Besichtigung der Sol. Betriebe.

4. (Kl.) Wie beeinflußt Brunhilde Friggas Verhalten? (nach Hebbels Nibelungen II, 1-3 Akt.)

5. (Kl.) Parzival auf dem Wege zur Gralsburg (Übertragung eines mhd. Textes).

6. Welche Bedeutung hat der Kampf ums Dasein in der Natur?

7. a) Was erzählen uns die Funde aus der älteren Steinzeit?
   b) Was lernen wir aus dem Zerfall des Alexanderreiches für das Bestehen der Weltreiche?

8. Bäuerliches Leben bei Neithart von Reuental.

9. (Kl.) a) Mittelalterliches Leben in Hoffmanns Meister Martin.
   b) Das Handwerk im Mittelalter, nach Hoffmanns Meister Martin.
   c) Die Persönlichkeit des Meisters Martin, nach Hoffmanns Novelle.

UII: 1. (Kl.) Bildbeschreibung (es kommt an auf gute Beobachtung u. sachliche Wiedergabe des Dargestellten):
a) Richter, Kunst bringt Gunst,
b) Thoma, Religionsunterricht,
c) Kalckreuth, Fahrt ins Leben.

2. Beobachtungsaufgabe: Ich beobachte, wie ein Baum Blätter und Blüten treibt.

3. (Kl.) Bildbeschreibung (es ist Perspektive in die Beschreibung zu bringen!): Friedrich der Große auf dem Schlachtfelde.

4. Schweizer Land und Volk nach W. Tell, II.

5. Absolutismus und Demokratie als Gegensatz.

6. Im Anschluß an Dreizehnlinden:
a) Die germanische Seherin Swanahild,
b) Eggi,
c) Welche Weltanschauung vertritt der Uhu?
d) Wie wird Karl der Große beurteilt?

7. Beobachtungsaufgabe: Ich beobachte einen Vorgang und beschreibe ihn, z. B. Die Post kommt; ein bei Tauwetter aufs Eis gelockter Schüler bricht ein.

8. Im Anschluß an den Schimmelreiter:
a) Wie bildet H. Haien die von seinem Vater ererbten Anlagen aus?
b) Aberglaube im "Schimmelreiter".
c) H. Haien als kämpferischer Mensch.

OIII: 1. Der Schreiner bei der Arbeit.

2. (Kl.) a) Der Apfelschuß.
b) Erlebnis mit Tieren.

3. a) Wie ich mir Gaesdonck im J. 2 000 vorstelle.
b) Jan Priem erzählt aus seinem Schifferleben.

4. (Kl.) a) Hans Thoma, Religionsunterricht, (eine Bildbeschreibung).
b) Holbein, Der Landsknecht (Bildbeschreibung).

5. Wir bauen eine Krippe.

6. a) Sturm!
b) Hochwasser!
c) Treibeis!

7. a) Eine Kahnfahrt.
b) Eine Autofahrt.
c) Gefolgschaft 11 angetreten!

8. (Kl.) a) Der Lebensweg des Bötjer Basch.
b) Das Heldenstück der "Swemmers" (nach der Novelle Bötjer Basch von Storm.

UIII: 1. (Kl.) Diktat.

    2.   a) In Seenot.
           b) Sturmflut an der Nordsee.
           c) Strandräuber.

    3. (Kl.) Nacherzählung eines vorgelesenen Textes.

    4. (Kl.) Diktat.

    5. Eine Eichel oder ein Eichenblatt ist genau zu beschreiben.

    6. (Kl.) Germanische Bestattungsgebräuche:
           a) Wie Balder begraben wird,
           b) Wie Skallagrim ...,
           c) Wie Chlodwig begraben ward.

    7. (Kl.) Ein Text mit fehlerhaften Ausdrücken ist zu verbessern.

    8. Ich beschreibe genau einen von mir selbst beobachteten Vorgang z. B. Die Post kommt; Die Spielsaaltür ist verschlossen; Ich mache den Hund von der Kette los.

    9. Brief an einen Freund:
           a) Wir führen ein Puppenspiel auf.
           b) Unsere Fastnachtsfeier.
           c) Wir erproben unsere Modellflugzeuge im Hochstart.

6. Arbeitsgemeinschaften

Deutschkundliche: Die Grundlagen der Erneuerung des völkischen Denkens und der Dichtung: Paul de Lagarde, Julius Langbehn, Paul Ernst. - Das deutsche Volkstum bei Justus Möser, Herder und den Brüdern Grimm.

Biologische: Zellenlehre mit mikroskopischen Übungen unter dem besonderen Gesichtspunkt der Kontinuität des Keimplasmas.

Flugwissenschaftliche: Strömungslehre (Bernoullische Gleichung), Luftkräfte am Tragflügel (Nachweis, Entstehung, Größe und Verteilung derselben). - Der Luftwiderstand (Entstehung, Abhängigkeit vom Anstellwinkel, Körperform und Geschwindigkeit, schädliche Fläche). - Steuerung, Segelflug, Flettnerrotor, Luftschiff.

7. Aufgaben für die schriftliche Reifeprüfung

Deutsch: a) Der deutsche Raum als Erzieher zur Wehrhaftigkeit.
          b) Wie änderte der Krimkrieg die europäische Staatengruppierung?
          c) Wie beeinflussen Vererbung und Umgebung Friedrich Mergels Entwicklung zum Verbrecher (nach der Judenbuche).?
          d) Nishida als Beispiel heldischer Opferbereitschaft (nach der Novelle "Die Pflicht" von Wilhelm von Scholz).

Latein: Cicero, de officiis I, 85 - 88.

Griechisch: Platon, Nomoi 625 D - 626 B.

Hebräisch: Exodus, 14,5 - 11.

Mathematik: 1. Der nördlichste und der südlichste Punkt des deutschen Reiches liegen unter φ_1 = 55° 15' und φ_2 = 47° 15' nördlicher Breite. Wie groß ist der Unterschied der größten Tageslängen (δ = 23° 27') an beiden Orten?

  2. Für den Bau einer Straße wird eine 4 prozentige Anleihe in Höhe von 500 000 RM ausgeschrieben und in Stücken von 500 RM in den Handel gebracht. Die Anleihe soll in 10 Jahren getilgt sein.
   a) Berechne den Jahresbedarf,
   b) Stelle für die beiden ersten Jahre den Tilgungsplan auf (jährl. Verzinsung).

  3. Mit Hilfe der Drehung des Koordinatensystems soll der durch die Gleichung $5x^2 + 6xy + 5y^2 - 128x - 128y - 24 = 0$ dargestellte Kegelschnitt auf eine der bekannten Kegelschnittgleichungen zurückgeführt werden. Der Kegelschnitt ist zu zeichnen.

8. Aus dem technischen Unterricht

Werkunterricht

Im Oktober wurde der Werkunterricht für die Schüler aller Klassen planmäßig ausgebaut. Zu diesem Zweck mußte der große Tertianerspielsaal einen Teil abtreten, der zum Werkraum umgestaltet und mit der nötigen Einrichtung, insbesondere mit einer Pappschere, Buchbeschneidemaschine, mit Hobelbänken und kleineren elektrischen Geräten versehen wurde. Der Raum erhielt ferner Werkplätze für 15 - 20 Schüler; auch das Werkzeug für Papp-, Holz- und Metallbearbeitung wurde auf diese Zahl berechnet.
Der Unterricht begann mit dem Erlernen des Buchbindens. Vier Kurse zu je 15 Schülern wechselten einander ab. Im Anschluß daran stellten die Fortgeschritteneren Photoalben, leichte Kästen und Mappen her. Zu Weihnachten baute die Obertertia in gemeinschaftlicher Arbeit eine große Krippe, für die auch die Figuren von den Schülern gebastelt wurden. Die wohlgelungene Arbeit fand bei der Weihnachtsfeier der Schulgemeinde ihre erste Verwendung.
Inzwischen nahm der Werklehrer an dem vorgeschriebenen Lehrgang für Flugmodellbau in Kleve teil und richtete auch in Gaesdonck den Modellbau nach den Richtlinien des Deutschen Luftsportverbandes ein. Es wurden ein Kasten- und ein Adlerdrachen, Laufkatzen und die entsprechenden Segelflugmodelle gebaut. Große Freude lösten bei Schülern und Lehrern einige erfolgreich durchgeführte Hochstarts aus.

9. Chronik der Anstalt

Das Schuljahr, das 67. seit der Gründung, begann am 24. April. Nach dem feierlichen Hochamt, mit dem es nach altem Brauch eröffnet wurde, versammelte sich die Schulgemeinde in der Aula, wo die Satzungen des Hauses und Regeln des Gemeinschaftslebens bekanntgegeben und erläutert wurden. Dann traten Lehrer und Schüler auf dem Sportplatz an; während die Fahne auf dem Turm der Anstalt hochging, erklangen die Nationallieder.

Die Pfingstferien dauerten v. 6. - 14. Juni, die Sommerferien v. 24. Juli bis 3. Sept., im Herbst gab es Ferien v. 10. - 16. Oktober, die Weihnachtsferien begannen am 21. Dezember und endeten am 7. Januar. An den nationalen Fest- und Gedenktagen wurde die Schulgemeinde in der Aula oder im Freien versammelt; die Tage wurden gefeiert durch Vorträge unseres Hausorchesters, gemeinsame Lieder, Ansprachen, meist auch durch Übertragung der öffentlichen Kundgebungen durch den Rundfunk. So am 1. Mai (Tag der Arbeit, 12. Mai (Muttertag), 22. Juni (Tag der Jugend mit Wettkämpfen und Sonnenwendfeier), 2. Okt. (Hindenburggedenkfeier), 6. Okt. (Erntedankfest), 18. Jan. (Reichsgründungsfeier), 30. Jan. (Gründungstag des 3. Reiches), 6. März (Hans Schemm-Gedenkfeier), 8. März (Heldengedenkfeier). - Die großen staatspolitischen Reden des Führers und Reichskanzlers am 16. Mai und am 7. März hörten Lehrer und Schüler am Rundfunk. Von den übrigen Begebenheiten des Berichtsjahres seien folgende erwähnt:

14. u. 15. Mai: Der Bischöfliche Kommissar für die Einsichtnahme in den Religionsunterricht an höheren Schulen, Msgr. Prof. Dr. Sievert, wohnte in allen Klassen dem Religionsunterricht bei; zum Schluß erfreute er die Schulgemeinde durch einen Vortrag über seine Eindrücke bei dem Besuche des Eucharistischen Kongresses in Buenos Aires.

2. Juni: Die Mitglieder des Orchesters wohnen der Oper "Der Troubadour" in Duisburg bei.

11. - 22. Juni: Dr. Meyer nimmt in Bonn an dem Fortbildungslehrgang für Turnlehrer teil.

16. Juni - 3. Juli: Nationalpolitische Lehrgänge für die Klassen OI (Brohl), UI (Cochem), OII (Ohligs), UII (Andernach)

21. Juli: Großes Sportfest der Anstalt.

8. Okt.: Turnprüfung der Abiturienten in Leichtathletik.

30./31. Okt.: Der Direktor nimmt an der amtlichen Direktorenversammlung in Köln teil.

10. Nov.: Martinszug mit Sammlung für die Notleidenden.

13. Nov.: Die beiden oberen Klassen besuchen die Ausstellung in Krefeld "2000 Jahre Bauerntum". Die OII besucht die gleiche Ausstellung am 21. November.

20. Nov.: Gedächtnis der Toten des Weltkrieges. Vortrag des P. Philotheus Böhner: Antworten der Philosophie und des Christentums auf die Frage: "Was ist der Mensch?"

6. Dezember: Nikolausfeier in der Aula.

8. Dezember: Die UI spielt auf der Anstaltsbühne "Die endlose Straße", ein Frontstück in 4 Bildern von Graff und Hintze.

15. Dezember: Konzert des Hausorchesters: Beethoven, Symphonie in C Dur.

20. Dezember: Weihnachtsfeier in der Aula.

4. Febr.: Beginn der schriftlichen Reifeprüfung.

9. Febr.: OII spielt "Catilina", komische Operette.

18. Febr.: Frühjahrsreifeprüfung im Turnen.

23. Febr.: Fastnachtsveranstaltung: Ouverture zu Orpheus, Kasperletheater der UIII (Dr. Faust's Höllenfahrt), "Robert u. Bertram" (UII); dazwischen heitere Musikstücke, vorgetragen vom kleinen Orchester der UIII.

28. Febr.: Prof. Wust - Münster spricht vor den oberen Klassen über Einführung in das Philosophiestudium.

8. März: Symphoniekonzert des Hausorchester (Haydn - G Dur).

10./11. März: Mündliche Reifeprüfung unter dem Vorsitz des Oberstudiendirektors Dr. Brüggemann (Mühlheim - Ruhr). Alle Oberprimaner (18) erhalten das Zeugnis der Reife.

12. März: Feierliche Entlassung der Abiturienten.

15., 16. u. 17. März: P. Maurus Münch O.S.B.-St. Eucharius Abtei Trier hält täglich einen Vortrag über "Meßopfer und Kreuzesopfer".

27. März: Das Schuljahr wird mit dem Niederholen der Fahne und dem Singen der nationalen Lieder geschlossen.

Dokument Nr. 11

LCAG an OprAbtHS, betr.: Jahresbericht 1936/37

1. Die Schüler

Ostern 1936 verließen die Anstalt außer den 18 Oberprimanern, die das Zeugnis der Reife erhalten hatten, 11 Schüler; 5 von ihnen gingen auf eine andere höhere Schule über, 6 wandten sich einem praktischen Beruf zu. Neu traten ein 8 Obertertianer und 25 Untertertianer. Zu Beginn des neuen Schuljahres zählte die Anstalt im ganzen 165 Schüler.
Die Schülerselbstverwaltung erfuhr keine Änderung. Die Ortsgruppe der HJ, die von einem Oberprimaner, im letzten Tertial von einem Obersekundaner geführt wurde, zählte 112 Mitglieder. Ihre Übungen fanden regelmäßig mittwochs und samstags nachmittags statt.

Der Gesundheitszustand der Schüler wurde durch den regelmäßigen Besuch des Hausarztes und die dem Hause angehörende Krankenschwester dauernd überwacht; er blieb in den beiden ersten Tertialen erfreulich gut. Nach Weihnachten erkrankte eine größere Anzahl von Schülern an der Grippe. Kurz vor Schluß des Schuljahres mußte ein Unterprimaner, der an Scharlach erkrankt war, dem Krankenhaus in Goch zugeführt werden. - Die Weezer Badeanstalt wurde im Sommer fleißig zum Schwimmen benutzt; außerdem gab es das Jahr hindurch regelmäßig Brausebäder in der eigenen Anstalt.
Die Schülerunfallversicherung mußte 6 mal in Anspruch genommen werden. 2 Unfälle machten eine längere Krankenhausbehandlung erforderlich.
Schulgemeinde: Da die Anstalt nur auswärtige Schüler zählt und wegen ihrer weiten Entfernung von der nächsten Bahnstation (Goch) nicht leicht erreichbar ist, war die Berufung einer Schulgemeinde hier nicht angängig.

An dem wahlfreien hebräischen Unterricht nahmen teil in OI 6, UI 5, OII 8 Schüler, an dem englischen Unterricht in OI 9, UI 13, OII 18.

Vom Turnunterricht waren auf Grund eines ärztlichen Zeugnisses ganz befreit 5 Schüler, teilweise 3. Von anderem verbindlichen Unterricht war kein Schüler befreit.
Durchschnittsalter der Schüler am 1. 2. 1937: OI 20, UI 18,3, OII 17,3, UII 16,5, OIII 15,5, UIII 14,8.

2. Übersicht über die Reifeprüflinge der OI

    (vgl. Dok. Nr. 7)

3. Übersicht über die Reifeprüfling der UI

    (vgl. Dok. Nr. 7)

4. Übersicht über die Zahl der Schüler

Klasse	OI	UI	OII	UII	OIII	UIII	Zus.
1. Bestand O. 1936	18	23	24	30	39	31	165
2. Zugang im Schuljahr					1	5	6
3. Abgang im Schuljahr			1	2	6	3	12
4. Bestand am Versetzungstermin	18	23	23	28	34	33	159
5. Hiervon (Nr. 4)							
a) versetzt	18	23	22	28	33	31	155
b) nicht versetzt			1		1	2	4
6. Von den Versetzen (Nr. 5 a)							
a) abgegangen	18	23		3		1	45
b) in die höh. Kl. übergeg.			22	25	33	30	110
7. Von den Nichtversetzten							
a) abgegangen			1			1	2
b) auf 1 Jahr zurückgebl.					1	2	3
8. Zugang durch Neuaufnahme O. 1937			OIIb 1	9	IV 23	11	44
9. Bestand zu Beginn des neuen Schulj. O. 1937	22	OIIa $\frac{1}{23}$ $\frac{2}{2}$	OIIb $\frac{1}{28}$ $\frac{2}{6}$	40		25	11 157

Aus dem wissenschaftlichen Unterricht

5. Deutsche und fremdsprachliche Lektüre

Deutsch

OI: Klassenlektüre: Goethe, Faust I und II; Schiller, Gedankenlyrik; Lenau, Gedichte; Hölderlin, Gedichte, Götz, Gneisenau; Paul Ernst, York; Gedichte von Nietzsche, Stefan George, Lersch.

Privatlektüre: A. v. Droste-Hülshof, Die Judenbuche; Ernst Wiechert, Die Hirtennovelle, Der Todeskandidat; Carossa, Der Arzt, Rumänisches Tagebuch; Griese, Saatgang; H. Grimm, Volk ohne Raum; Wehner, Sieben vor Verdun; Mechow, Das Abenteuer.

Abendlektüre: Löns, Wehrwolf; Binding, Wir fordern Reims zur Übergabe auf; Zillich, Der Urlaub.

UI: Klassenlektüre:
I) Der völkische Gedanke: Lessing, 17. Literaturbrief, Minna v. Barnhelm; Herder, Briefwechsel über Ossian, Von Ähnlichkeit der mittleren engl. und deutschen Dichtkunst, Shakespeare; Jahn, Deutsches Volkstum i. Ausw.; Hölderlin, Deutschlandoden; Kleist, Hermannsschlacht, Aus dem Katechismus der Deutschen, Was gilt es in diesem Kriege?, Das letzte Lied; Langbehn, Rembrandt als Erzieher i. Auswahl; Moeller van den Bruck, Auswahl; Schäfer, Der 18. Oktober.

II) Der Einzelne und die Gemeinschaft: Kleist, Michael Kohlhaas, Prinz von Homburg; Schiller, Die Räuber; Hebbel, Agnes Bernauer.

III) Kriegsdichtung: Beumelburg, Mit 17 Jahren vor Verdun; Schauwecker, Auswahl aus "Deutsche allein" und "Der feurige Weg".

IV) Vererbung: Bergengruen, Schimmelreuter hat mich gossen.

Privatlektüre: s. OI.

OII: Klassenlektüre:
I) Germanentum: Altisländische Sagas, Von Freyspriester Hrafnkel, Gisli. Edda, Proben aus den Götter- und Heldenliedern; Hildebrandslied; Merseburger Zaubersprüche; Heliand; Waltharilied; H. Ibsen, Nordische Meerfahrt.

II) Deutsches Mittelalter: Nibelungen i. Auswahl; Höfische Lyrik und Epik; Wagner, Die Meistersinger.

III) Dramen: Kleist, Prinz von Homburg; Shakespeare, Julius Cäsar.

Privatlektüre: Freytag, Soll und Haben; Federer, Papst und Kaiser im Dorf; Keller, Hadlaub; Hoffmann, Meister Martin; Dörfler, Als Mutter noch lebte; Storm, Schimmelreiter; Hauptmann, Bahnwärter Thiel; Carossa, Der Arzt Gion.

Abendlektüre: J. Regis, Das Wolfsrudel; Boowne, Sir Michaels Abenteuer; Heyse, Andrea Delphin; Zindler, Die Flucht des Sönke Braderup; Ellert, Attila; Chesterton, Das goldene Kreuz; Binding, Wir fordern Reims zur Übergabe auf; E. Wiechert, Der Todeskandidat.

UII: Klassenlektüre: Kleist, Die Hermannsschlacht; Max Mell, Ein altes deutsches Weihnachtsspiel; Blunck, Menschen a. d. Marsch; v. Luckner, Eine peinliche Untersuchung; Löns, Wittbart, Mümmelmann, Goldene Heide, Der Schäferkönig; Karl Söhle, Der schwarze Kolk; John Brinkmann, Kaspar Ohm un ick; Storm, Aquis submersus.

Privatlektüre: Storm, Der Schimmelreiter.

Abendlektüre: s. OII.

OIII: Klassenlektüre: Beumelburg, Mit 17 Jahren vor Verdun; v. Strauß und Torney, Bauernstolz; Plüschow, Bei deutschen Ansiedlern im Urwald; Storm, Die Söhne des Senators.

Privatlektüre: Sohnrey, Die Dreieichenleute; Bruns, Der Sturmtruppführer von 1918.

Abendlektüre: Otto, Trapper- und Farmerleben in kanadischer Wildnis; Claes, Flachskopf; Durian, Stabusch; Kranz, Verschleppt; Twain, Die Abenteuer Tom Sawyers; William, Der Mann mit dem Lächeln; Bing, Bob wird Tennismeister; Wendler, Zirkuspaul.

UIII: Klassenlektüre: Eddasagen; Vom Freyspriester Hrafnkel, Deutsche Heldensagen; Vom deutschen Recht.

Privatlektüre: Helden der Luft; Zindler, Die Flucht des Sönke Braderup; Wichert, Die Belagerung der Marienburg.

Abendlektüre: s. OIII.

Anmerk. Die Schüler werden zweimal in der Woche abends in 3 Gruppen (III, II, I) zu gemeinsamer Lektüre unter Leitung eines Lehrers versammelt.

Latein:

OI: Sueton, Vita Octaviani Augusti; Monumentum Ancyranum; Tacitus, Historien (Bataverkrieg); Cicero, De finibus, ausgewählte Kapitel; Vergil, Eklogen I, IV; Horaz, Einzelne Oden.

UI: Cicero, Or. pro Roscio Amerino; Augustinus, Confessiones i. Ausw.; Tacitus, Annalen I; Horaz, Auswahl aus den Oden und Satiren.

OII: Livius, XXI, in Auswahl XXII, XXVII, XXIX, XXX; Sallust, Bellum Catilinae; Tacitus, Germania;

UII: Livius, XXI, XXII, XXVI in Auswahl; Ovid, Fasten in Auswahl.

OIII: Caesar, Bellum Gallicum V, VI, VII; Ovid, Metamorphosen; Phaedrus, Ausgewählte Fabeln.

UIII: Caesar, Bellum Gallicum I, II, IV.

Griechisch:

OI: Thukydides, 1. Hälfte; Plato, Staat in Auswahl; Homer, Ilias, 2. Hälfte; Euripides, Medea.

UI: Thykydides, Sizilische Expedition; Plato, Symposion (Schlußkapitel); Homer, Ilias, 1. Hälfte; Sophocles, Ajas.

OII: Lukian, Ausgewählte Erzählungen; Herodot, Ausgewählte Geschichten; Homer, Odyssee, Auswahl aus IX - XXIV.

UII: Xenophon, Anabasis II - V; Homer, Odyssee I, V, VI, IX, XII in Auswahl; Herodot, Ausgewählte Geschichten.

OIII: Xenophon, Anabasis I und II.

Französisch:

OI: Ed. Rostand, Carano de Bergerac; Corneille, Le Cid; V. Hugo, La Preface de Cromwell.

UI: Sandeau, Mademoiselle de la Seiglière; Jules Romains, Docteur Knock; Döhler-Schwedtke, Coup d'oeil sur l'histoire de la Litterature Francaise. (O. Feuillet, A. Theuriet, J. Claretie).

UII: Cl. Farrère, La Mort de l'Emden.

OIII: Ch. Vildrac, L'Ile Rose.

Englisch:

OI: J.Galsworthy, The Skin Game; Sheila Kaye-Smith, The End of the House of Allard.

UI: Rothweiler-Wetzel, Heroes of the Antarctic; Alfred Tennyson, Enoch Arden.

Hebräisch:

OI: Aus Genesis, Isaias und dem Psalmenbuch.

UI: Aus Genesis und dem Psalmenbuch.

6. Deutsche Aufsätze

OI: 1. a) Schillers weltbürgerliche und nationale Haltung;
    b) Durfte Hölderlin die Deutschen tatenarm und gedankenvoll nennen?

   2. a) Die deutsche Ostkolonisation (Rahmenthema);
    b) Die Entwicklung der deutschen Luftschiffahrt;
    c) Warum ist Deutschland gezwungen, seine Wehrkraft besonders auszubilden?

   3. (Kl.) a) Das Alvthing in Island nach der Saga von Preysgoden Hrafnkel;
    b) Die Persönlichkeit Hrafnkels.

   4. Bericht über den nationalpolitischen Lehrgang in Boppard (Rahmenthema).

   5. (Kl.) a) Bismarck als Realpolitiker;
    b) Der Tod in der Kunst (Rahmenthema);
    c) Welche Anregung gibt uns die Liebestat des hl. Martin für den Kampf gegen die Not in unserem Volke?

UI: 1. Welche Anschauungen der Aufklärung lehnen wir heute entschieden ab?

   2. Der Inhalt des Herderschen Aufsatzes "Von Ähnlichkeit der mittleren englischen und deutschen Dichtkunst" ist in klarem Gedankengange wiederzugeben.

   3. Die Einigung Deutschlands, ein Werk des Nationalsozialismus.

   4. Oberst Bauer im Kampf zwischen Eid und Vaterlandsliebe, nach E. Schäfer "Der 18. Oktober".

   5. Die Folgen des spanischen Bürgerkrieges.

   6. Der Major und der Leutnant - 2 Führergestalten, nach Beumelburg "Mit 17 Jahren vor Verdun".

OII: 1. Beschreibung eines Bildes (Rahmenthema).

   2. (Kl.) Haus, Hof und Wirtschaft im alten Island.

   3. Ein Unglücksfall (Rahmenthema).

   4. (Kl.) a) Was erfahren wir aus Wagners Meistersingern über das Leben der Handwerker im Mittelalter?
    b) Totenehrung;
    c) Die OII will Theater spielen.

   5. (Kl.) a) Der Kriegsblinde (eine Beobachtung aus dem Leben);
    b) Die Zeitung im Dienste der Volksbildung;
    c) Was verdanken wir der Großstadt?

6. (Kl.) a) Die Rede des Antonius als Meisterwerk der Massenbearbeitung;
   b) Brutus rechtfertigt die Ermordung Caesars;
   c) Die Einschätzung des Volkes in beiden Reden.

UII: 1. Ein Kriegsteilnehmer von 1806 berichtet über die Ursachen der preußischen Niederlage.

2. a) Ohme Henn vertellt en Stöckske üt de Franzosentid;
   b) Wie dem Trompeter der Marsch geblasen wurde (nach) "Kaspar Ohme un ick" von John Brinckmann);
   c) Der erste Mobilmachungstag im Leben des Dichters Heinrich Lersch (nach dem Gedicht "Soldatenabschied").

3. a) Eine Brille;
   b) Eine Tür;
   c) Ein Flugzeug.

4. Ich zünde ein Streichholz an.

5. a) Ein Gang durch den Herbstwald;
   b) Ein Besuch in einer Autowerkstatt.

6. a) Inwiefern und wozu schildert H. v. Kleist in der "Hermannsschlacht" ähnliche politische Zustände, wie sie in der Napoleonischen Zeit geherrscht haben?
   b) Der Gesinnungswandel der Thusnelda in Kleists "Hermannsschlacht";

7. Mein Pult.

8. Eine Bildbeschreibung (nach einem vorgelegten Kunstblatt).

9. Mein Lebenslauf.

OIII: 1. Des Braunschweigers Ende (nach der Ballade von L. von Strauß und Torney).

2. Sievers-Wammsch, Zwei treue Kameraden (nach Beumelburg "Mit 17 Jahren vor Verdun").

3. Spielplätze meiner Jugendzeit.

4. Der Verrat des Dreieichenbauern an der Scholle.

5. a) Freud und Leid im Leben des Dorfschmiedes;
   b) Warum ist der Dorfschmied ein Held?
   c) Der Lebensweg des Dorfschmiedes (nach Fritz Lienhard "Helden").

6. Auf dem Eise.
   a) Beim Schlittschuhlaufen;
   b) Ich sehe einem Schlittschuhläufer zu;
   c) Auf schwankendem Eise.

7. Hinterm Deich (nach Blunck "Menschen aus der Marsch").

8. Entzweiung und Versöhnung (nach Storm "Die Söhne des Senators").

UIII: 1. Ein Beobachtungsthema nach freier Wahl.
2. Die Zigeuner sind da!
3. Ein Ferienerlebnis (Rahmenthema).
4. Ich sehe dem Treiben der Enten zu.
5. Eine Gerichtsverhandlung in germanischer Zeit. (nach der Hrafnkelsage).
6. Wie Lottich an sein Altarbild kam (nach einer Anekdote von Steguweit).
7. Auf dem Eise (Rahmenthema).
8. Wie der Hund seinen Herrn erzieht (nach Riehl "Der stumme Ratsherr").

7. Arbeitsgemeinschaften

Deutschkundliche:

In Auswahl wurden behandelt Fichte, Reden an die deutsche Nation; Görres, Abhandlungen; Langbehn, Rembrandt als Erzieher; Lagarde, Ausgewählte Schriften; Moeller van den Bruck, Das dritte Reich; Hitler, Mein Kampf.

Flugwissenschaftliche:

Zahl der Teilnehmer: 6 (1 Oberprimaner, 5 Unterprimaner).
Es wurde behandelt: Statischer Auftrieb, Anwendung auf Ballon und Zeppelin, Traggas und Brennstoffragen. - Strömung idealer Flüssigkeiten, Bernoullische Gleichung, dynamischer Auftrieb, Kräfte am Tragflügel, Abhängigkeit dieser Kräfte von Anstellwinkel und Geschwindigkeit. - Kurze Behandlung des Widerstandsproblems. - Auf Grund des Erlasses über die Reifeprüfung der Unterprimaner wurde die Arbeitsgemeinschaft bereits Anfang Dezember abgeschlossen.

8. Aus dem künstlerischen und technischen Unterricht

Künstlerischer Unterricht:

Auf der Mittelstufe wurde neben dem Zeichnen und Malen ein ausgiebiger Schriftunterricht erteilt, in der OIII in Blockschrift und in der UII in Fraktur. Frucht dieses Unterrichts waren eine ganze Anzahl selbstgeschriebener Bücher und Stammbäume, die durch reiche Bebilderung das Zeichnen und Malen mit dem Schreiben vereinigten. - Auf der Oberstufe wurde ein gründliches Naturstudium (Landschaft, Blumen) betrieben. Die Kunstbetrachtung behandelte die Themen: Antike Baukunst und Plastik; Wie richte ich meine Wohnung ein? Der nordische Charakter der Landschaftsmalerei des 19. Jahrhunderts; Romanische Malerei, eine Synthese aus Antike und Germanentum.

Technischer Unterricht:

Der Werkraum erfreute sich regsten Besuches aus allen Klassen. In diesem Jahr wurde vornehmlich in Holz gearbeitet. Die Schüler machten sich mit der Eigenart der verschiedenen Hölzer und mit den wichtigsten Holzverbindungen vertraut. Sie fertigten zu Weihnachten Kästen, Schränkchen, selbstentworfene Ornamentkreuze und Bilderrahmen. In gemeinschaftlicher Arbeit wurden dann für alle Klassenzimmer Wechselrahmen gearbeitet und zu Fronleichnam ein großes ornamentales Kreuz geschaffen, das auf der diesjährigen Ausstellung für christliche Kunst in Goch einer größeren Öffentlichkeit gezeigt werden durfte.

Unsere Flugzeugmodellbauer wagten sich in diesem Jahre schon an größere Modelle und errangen beim Segelflugmodellwettbewerb, der am 14. März für den Kreis Kleve in Goch stattfand, 3 Baupreise und den 1., 2. und 3. Flugpreis in der ersten Klasse.

9. Chronik der Anstalt

Das Schuljahr, das 68. seit der Gründung, begann am 15. April. Nach dem feierlichen Hochamt, mit dem es nach altem Brauch eröffnet wurde, versammelte sich die Schulgemeinde in der Aula, wo die Satzungen des Hauses und Regeln des Gemeinschaftslebens bekanntgegeben und erläutert wurden. Dann traten Lehrer und Schüler auf dem Sportplatz an; während die Fahne auf dem Turm der Anstalt hochging, erklangen die Nationallieder.
Die Pfingstferien dauerten vom 28. Mai bis 5. Juni, die Sommerferien vom 22. Juli bis 1. September, im Herbst gab es Ferien vom 9. bis 15. Oktober, die Weihnachtsferien begannen am 22. Dezember und endeten am 7. Januar.
An den nationalen Fest- und Gedenktagen wurde die Schulgemeinde in der Aula oder im Freien versammelt; die Tage wurden gefeiert durch Vorträge unseres Hausorchesters, gemeinsame Lieder, Ansprachen, meist auch durch Übertragung der öffentlichen Kundgebungen und Reden durch den Rundfunk. So am 20. April (Geburtstag des Führers), 1. Mai (Tag der Arbeit), 10. Mai (Muttertag), 20. Juni (Reichsjugendfest), 11. September (HJ-Kundgebung auf dem Nürnberger Parteitag), 4. Oktober (Erntedankfest), 7. Oktober (Eröffnung der WHW), 30. Januar (Jahrestag der Machtergreifung).

Von den übrigen Begebenheiten des Berichtsjahres seien noch folgende erwähnt:

20. April bis 2. Mai: Studienrat Dr. Meyer nimmt an dem Fortbildungslehrgang für Leibesübungen in Bonn teil.

17. Mai: Vortrag des Museumsdirektors Dr. Hoff, Duisburg, über christliche Kunst.

26. Juni: Kurz vor 15 Uhr passierte das Luftschiff Hindenburg von Amerika kommend mit Max Schmeling an Bord Gaesdonck.

19. Juli: Großes Sportfest der Anstalt.

25. August: Der Untertertianer Georg van de Loo starb nach kurzer schwe-schwerer Krankheit im Hospital in Kleve. Lehrer und Mitschüler erwiesen ihm trotz der Ferien in großer Zahl die letzten Ehren durch Teilnahme an dem Begräbnis und dem Seelenamt, das am 29. August in Kleve stattfand.

6. September: Die Schüler nehmen an der großen St. Victorstracht in Xanten teil.

9. September: Drei Mitglieder der Gaesdoncker HJ-Gefolgschaft fahren nach Nürnberg zum Parteitag.

20. September: Die Primaner wohnen dem Konzert des Kölner Männergesangvereins in Goch bei.

23. September bis 9. Oktober: Nationalpolitischer Lehrgang für OI in Boppard, UI in Morbach (Hunsrück), UII in Burgholz bei Elberfeld.

22. Oktober: Turnprüfung der OI.

17. Oktober: Die Primaner besuchen die Vorstellung "Faust" in Goch.

1. November: Am Abend stimmungsvolle Allerseelenfeier auf dem Gaesdoncker Friedhof.

18. November: Gottesdienst für die Gefallenen des Weltkrieges.

10. November: Martinszug mit Sammlung für WHW.

11. November: Die Primaner hören in Goch den Vortrag von Dr. Castelle über Hermann Löns.

20. November: Die Primaner wohnen der Aufführung der Operette von Dostal "Clivia" bei.

24. und 25. November: Oberschulrat Dr. Poethen wohnt dem Unterricht in den einzelnen Klassen bei.

6. Dezember: Nikolausfeier in der Turnhalle.

8. Dezember: Konzert des Schülerorchesters in der Aula: Haydn, Symphonie Nr. 2 D-Dur.

21. Dezember: Weihnachtsfeier in der Aula. Die UII führt das Weihnachtsfestspiel von Max Mell auf.

14. Januar: Pfarrer Dr. Grosche spricht über den christlichen Humanismus.
Der Direktor nimmt an der amtlichen Direktorenkonferenz in Köln teil.

15. Januar: Die Primaner sehen in Goch das Schauspiel "Hamlet".

19. Januar: Turnprüfung der Abiturienten der OI und UI.

4. und 5. Februar: Mündliche Reifeprüfung der Oberprimaner unter dem Vorsitz des Oberschulrats Dr. Poethen. Alle Oberprimaner (18) erhalten das Zeugnis der Reife.

6. Februar: Feierliche Entlassung der Abiturienten.

23. Februar: Der Direktor nimmt an der Düsseldorfer Versammlung der Direktoren teil, in der Vertreter der Wehrmacht über die Auslese für den Offiziersberuf sprechen.

7. März: Die OII spielt auf der Anstaltsbühne "Der Geizige" von Molière.

8. März: Vortrag des P. Michael Schwarz OSB aus Amey über die Ostkirche.

9. März: Gottesdienst nach der Liturgie des hl. Chrysostomus, gehalten von P. Prior Belpaire OSB in der Gaesdoncker Kirche.

16. und 17. März: Mündliche Reifeprüfung der Unterprimaner unter dem Vorsitz des Oberschulrats Dr. Poethen. Ein Unterprimaner kann die Reifeprüfung wegen Erkrankung nicht mitmachen. Alle übrigen (22) erhalten das Zeugnis der Reife.

18. März: Feierliche Entlassung der Unterprimaner.

Berichte über die Reifeprüfungen 1936 und 1938

Die Dokumente 12 - 14 sind Berichte auswärtiger Gymnasialdirektoren, die mit der Durchführung der Reifeprüfungen auf Gaesdonck beauftragt waren. Sie stellten somit ein auswärtiges Urteil mit dem Vorteil der Unbefangenheit über die Leistungen der Gaesdonck dar. Sie können somit als ein Beweis für die Höhe der Leistungen des wissenschaftlichen (Dok. 12) und des sportlichen (Dok. 13, 14) Unterrichts herangezogen werden. Augenfälliger Beweis dafür, daß die Strategie der hohen Leistung ihren Eindruck nicht verfehlte, ist besonders Dok. 12: '... mit besser als der Durchschnitt der öffentlichen höheren Schulen.'

Dokument Nr. 12

GDMühlheim an OprAbtHS, Betr.: Reifeprüfung am CAG 1936
LHA Koblenz, Best. 405 A 1489, S. 45

Der Gymnasialdirektor   Mühlheim-Ruhr, den 03.04.1936
Tgb. 163

Die Reifeprüfung in Gaesdonck habe ich in den Tagen vom 9. bis 11. März abgehalten. Die schriftlichen Arbeiten waren sorgfältig durchgesehen und sachgemäß beurteilt. Die mündliche Prüfung brachte sehr erfreuliche Ergebnisse mit besser als der Durchschnitt der öffentlichen höheren Schulen. Allen 18 Oberprimanern konnte das Zeugnis der Reife erteilt werden:
2 mit Auszeichnung
7 gut

(Unterschrift)
Direktor

Dokument Nr. 13

LCAG an OprAbtHS, betr.: Turnreifeprüfung 1938
LHA Koblenz, Best. 405 A 1489, S. 157

Beilage
zur Niederschrift über den zweiten Abschnitt der Turnreifeprüfung der Oster-Reifeprüflinge 1938 vom 31. 01. 1938.

Alle Prüflinge sind, wie in der Niederschrift bemerkt, des Schwimmens kundig. Die meisten sind im Besitz eines Schwimmerzeugnisses oder eines Abzeichens (Leistungsabzeichen der HJ, Kl. Sportabzeichen), das eine kontrollierte Leistung im Schwimmen voraussetzt.
Im einzelnen haben aufzuweisen:
a) Stundenschwimmerzeugnis: 1 Schüler
b) kl. Sportabzeichen: 8 Schüler
c) Leistungsabzeichen der HJ: 3 Schüler

(Unterschrift)
  stellv. Leiter

(Die Schüler waren namentlich aufgeführt. Überschneidungen ergaben sich nicht, es hatte also nicht ein Schüler mehrere Abzeichen erworben.)

Dokument Nr. 14

GDKleve an OprAbtHS, betr.: Turnreifeprüfung 1938
LHA Koblenz, Best. 405 A 1489, S. 155

Der Direktor   Kleve, den 04.02.1938
der Hindenburgschule
Staatliche Oberschule für
Jungen in Kleve

Betr.: Turnreifeprüfung an der Privaten Oberschule für Jungen -
       Collegium Augustinianum - in Gaesdonck

In der Anlage überreiche ich die Abschrift des Protokolls über die Turnreifeprüfung an der Oberschule in Gaesdonck.
Die in den Richtlinien geforderten Übungen konnten von allen Prüflingen geleistet werden. Die Flüssigkeit der Durchführung und die turnerische Haltung war naturgemäß unterschiedlich. Die Gesamtleistung der Klasse war im Geräteturnen beachtenswert und erfreulich. Sie muß als überdurchschnittlich bezeichnet werden.

Im Boxen zeigte sich, daß die Ausbildung erst ein Jahr läuft. Bei nachträglicher Überprüfung glaube ich bemerken zu müssen, daß die Bewertung im Boxen - nicht aber im Turnen - in Gaesdonck vom Fachlehrer und von mir zu günstig gewesen ist.
Eine Prüfung im Schwimmen konnte nicht abgehalten werden, weil keine geschlossene Schwimmanstalt zur Verfügung steht. Im Sommer findet das Schwimmen nach Angabe des stellvertretenden Leiters der Anstalt in offener Schwimmanstalt statt. Eine Erklärung des stellvertretenden Anstaltsleiters über die Schwimmfertigkeiten der Primaner liegt als Anlage bei.

(Unterschrift)
Direktor

Ausrichtung des Unterrichts und der freien Arbeitsgemeinschaften

Die Dokumente 15 - 19 geben Aufschluß über Durchführung und Themen der deutschkundlichen, biologischen und flugwissenschaftlichen Arbeitsgemeinschaften, sowie über die Pflege des Flugmodellbaus. Sie ergänzen die Angaben der entsprechenden Kapitel der Jahresberichte (Dokumente 9 - 11).

Die Dokumente 20 - 22 geben einen Einblick in die Schwerpunkte des wissenschaftlichen Unterrichts:
Der Bericht über die Besichtigung des Unterrichts im November 1936 zeigt sowohl den außerordentlich hohen Leistungsstand der Schule im altsprachlichen Bereich als auch ihre Schwachstellen im neusprachlichen Unterricht. Wenn gesagt wird, der Unterricht sei um Ausrichtung im nationalsozialistischen Geist bemüht, doch müsse die Durchdringung noch viel umfassender und vor allem selbstverständlicher werden, so muß daraus geschlossen werden, daß sowohl Lehrer als auch Schüler keine wirkliche Übung in echt nationalsozialistisch geprägtem Unterricht hatten und sich nun bei ihrer Beurteilung bemühen müssen, als zuverlässige Nationalsozialisten zu erscheinen. Die zu den Personalakten genommenen Beurteilungen der einzelnen Unterrichtsstunden, die hier vielleicht noch nähere Aufschlüsse bringen könnten, konnte ich bei meinen Arbeiten nicht einsehen, da die Personalakten, soweit noch erhalten, noch den Sperrfristen unterliegen.

Zu Dokument 21 verweise ich auf das entsprechende Kapitel im Textband. Dokument 22 zeigt die geschichtliche Ausrichtung des gesellschaftwissenschaftlichen Unterrichts (dies entspricht auch den heimatgeschichtlichen Ambitionen des kommissarischen Leiters der Schule, die sich auch in eigenständigen Ausgrabungen und Publikationen äußerten.).

Dokument Nr. 15

LCAG an OprAbtHS, betr.: Einrichtung von freien AGs
HStA Düsseldorf, G 73/9 146

Gaesdonck, den 09.09.1934

Betr.: Freie Arbeitsgemeinschaften
    Verf. v. 14.06.34   Gen. Nr. 1464

Freie Arbeitsgemeinschaften im Sinne der Verfügung vom 14.06. d. J. haben hier bisher nicht bestanden. Sie sind jetzt eingerichtet worden, und zwar eine für deutschkundliche und eine für biologische Fragen.

(Unterschrift)
 Schulleiter

Dokument Nr. 16

LCAG an OprAbtHS, betr.: Themen der freien AGs
HStA Düsseldorf, G 73/9 146

Gaesdonck, den 26.10.1934

Betr.: Thema der Arbeitsgemeinschaften
    Verf. v. 18.10.34   I Nr. 13715

Thema der deutschkundlichen Arbeitsgemeinschaft: Vorbereiter der nationalen Erhebung (Nietzsche, Langbehn, De Lagarde, Chamberlain).
Thema der biologischen Arbeitsgemeinschaft: Geschichte der Biologie an Hand von Biographien großer Biologen (u. a. Linne, Lamarck, Darwin, Pasteur), Pflanzenanatomie (mikroskopische Untersuchungen).

(Unterschrift)
 Schulleiter

Dokument Nr. 17

LCAG an OprAbtHS, betr.: Themen der freien AGs

Gaesdonck, den 09.09.1935

Betr.: Themen der freien Arbeitsgemeinschaften (Sommerhalbjahr 1935)

Thema der deutschkundlichen Arbeitsgemeinschaft: Wegbereiter der nationalen Revolution (De Lagarde, Deutsche Schriften).
Thema der biologischen Arbeitsgemeinschaft: Mikroskopische Übungen über die Lehre von der Zelle.

(Unterschrift)
Schulleiter

Dokument Nr. 18

LCAG an OprAbtHS, betr.: Pflege der Luftfahrt
HStA Düsseldorf, G 73/9 146

Gaesdonck, den 30.12.1937

Betr.: Pflege der Luftfahrt (Gen. Nr 1248)

Die Verfügung des Herrn Ministers vom 17. November 1934 betr. Pflege der Luftfahrt ist an der hiesigen Schule in folgender Weise zur Durchführung gekommen:
1. Der theoretische (physik., math. usw.) Unterricht wurde so forgesetzt, wie bereits in dem über die hiesige Schule erstatteten Bericht vom 14.03.1935 dargelegt. Die für den Unterricht in der physikalischen Fluglehre erforderliche Apparatur ist beschafft.
2. Im Jahre 1936/37 bestand eine besondere flugwissenschaftliche Arbeitsgemeinschaft, der 6 Primaner angehörten. Im laufenden Jahre 1937/38 konnte diese Arbeitsgemeinschaft nicht eingerichtet werden, da seit Ostern 1937 nur die für den math.-nat. Zweig der OIIa und OIIb vorgeschriebene Arbeitsgemeinschaft zulässig war.
3. Besondere Pflege fand der Flugzeugmodellbau. Es ist eine Werkstatt vorhanden mit 20 Arbeitsplätzen und der zugehörigen Anzahl von Werkzeugen. Gegenwärtig arbeiten im Modellbau drei Gruppen von Schülern:
1. Kursus: Anfänger (12 Schüler) Modelle bis zu 750 mm Spannweite; 2. Kursus (12 Schüler) Modelle bis zu 1 200 mm Spannweite; 3. Kursus (3 Schüler) Modelle bis zu 2 000 mm Spannweite und mehr, Eigenkonstruktionen. Beim Segelflugwettbewerb für den Kreis Kleve am 14.03.37 erhielten die Schüler der Anstalt drei Baupreise sowie den 1., 2. und 3. Flugpreis in der Klasse A (1 200 mm Spannweite). Die in der Nähe der Anstalt

stattfindenden Veranstaltungen für Segel- oder Motorflug werden von den Schülern besucht.
4. Außer dem Unterricht im Deutschen hat auch der fremdsprachliche Unterricht die Luftfahrt berücksichtigt. Es werden gelesen in OIIb math.-nat. Zweig aus der Sammlung "Das heutige Frankreich" das Heft 1 'L'Aviation", hrsg. von Gottschalk-Bach; in OIIa Exupéry "Vol de nuit".

i.V.
(Unterschrift)
 stellv. Schulleiter

Dokument Nr. 19

LCAG an OprAbtHS, betr.: Flugmodellbau/Kleinkaliberschießen
HStA Düsseldorf, G 73/9 146

                                                  Gaesdonck, den 17.03.1940

Erläuterungen zur Stundenverteilung:
Flugmodellbau wird in besonderen Arbeitsgemeinschaften geübt. Leiter (...) (Lehrbefähigungen: Zeichnen und Werkkunde).
Kleinkaliberschießen übt die hiesige Gefolgschaft der HJ, der ein eigenes Gewehr zur Verfügung steht.

i.V.
(Unterschrift)
 stellv. Schulleiter

Dokument Nr. 20

OprAbtHS (Oberschulrat), betr.: Besichtigung des CAG
LHA Koblenz, Best. 405 A 1469, S. 121

Aktenvermerk über die Besichtigung des Collegium Augustinianum in Gaesdonck am 24. und 25. November 1936

Die Besichtigung erstreckte sich auf alle Klassen und alle Lehrer. Da alle Schüler Internatsschüler sind und auch alle Lehrer im Hause wohnen, liegen günstige Voraussetzungen für eine gesammelte und gründliche Arbeit vor. Der Leistungsstand der Klassen ist durchweg gut. Das gilt besonders für die alten Sprachen. Der französische Unterricht wird zu sehr von der Methodik der alten Sprachen bestimmt. Der deutsche und geschichtliche Unterricht ist um die Ausrichtung im nationalsozialistischen Geiste bemüht, doch müßte diese Durchdringung noch viel umfassender und vor allem selbstverständlicher werden. Die sprecherzieherische Seite des Deutschunterrichtes, aber auch des übrigen Unterrichtes, wird zu sehr vernachlässigt.

In einer Gesamtkonferenz wurden die wesentlichen Gesichtspunkte, die sich bei der Besichtigung ergeben haben, besprochen. Die Beurteilungen der einzelnen Unterrichtsstunden wurden zu den Personalakten gegeben.

(Unterschrift)
Oberschulrat

Dokument Nr. 21

LCAG an OprAbtHS, betr.: Lektüreplan für 1936/37

Collegium Augustinianum Gaesdonck

Lektüreplan für das Schuljahr 1936/37

Deutsch:

OI: 1. Der Kampf der Romantik für das deutsche Volkstum:
   Allgemeines: Herder, Möser, Arndt, Jahn, Fichte, Görres.
   Volkslied, Sage, Märchen: Herder, Des Knaben Wunderhorn, Gebr. Grimm.
   Sprache: Jakob Grimm.
   Literatur: Neuwertung der ma. Literatur, Nordische Literatur, Proben aus der Edda, Isländersagas (Gisli, vom Freyspriester Hrafnkel).

   Privatlektüre: Blunck, Die große Fahrt; Luserke, Das schnellere Schiff.

2. Die Zeit des nationalen Aufschwungs
   in eigenen Werken: Kleist, Kleinere Schriften, Fichte, Reden an die deutsche Nation, Clausewitz, Die drei Bekenntnisse,
   in modernen Werken: Ernst, York; Goetz, Gneisenau; Schäfer, Der 18. Oktober

   Privat: Kyser, Schicksal um York; v. Molo, Friedrich List.

3. Deutsche Landschaft und deutsches Volkstum:
   Storm, eine kleine Novelle; Blunck, Menschen aus der Marsch; Wiechert, Hirtennovelle; Stifter, eine kleine Novelle, zum Vergleich mit Watzlik, Ungebeugtes Volk; Wilh. Schäfer, Rheinische Novellen; Emil Strauß, Das Grab zu Heidelberg.

4. Völkische Erwecker: Langbehn, Lagarde, Chamberlain, Bismarck, Moeller v. d. Bruck, Hitler (Auswahl oder kleinere Schriften).

   Privat: Literatur der nationalsozial. Bewegung.

5. Der Weltkrieg: Flex, Der Wanderer zwischen beiden Welten; Wiechert, Der Todeskandidat; Binding, Wir fordern Reims zur Übergabe auf;

   Privatim: Beumelburg, Sperrfeuer um Deutschland, Der Feigling; Cremers, Die Marneschlacht.

6. Lyrik der nationalsozial. Bewegung:
Stefan George, Paul Ernst, Baldur v. Schirach, Dietrich Eckhart, Gerhard Schumann.

UI: 1. Lessing als Virkämpfer deutschen Wesens:
17. Literaturbrief; Hamburg. Dramaturgie (Ausw.); Minna v. Barnhelm

2. Der völkische Gedanke von Herder bis heute:
Herder, Briefwechsel über Ossian, Von Ähnlichkeit der mittleren deutschen und englischen Dichtkunst; Shakespeare. Auswahl aus: Fichte, Reden an die deutsche Nation; Jahn, Deutsches Volkstum; Arndt, Germanien u. Europa; Görres, Politische Schriften. - Hölderlin, Deutschlandoden; Kleist, Hermannsschlacht, Aus dem Katechismus der Deutschen, Was gilt es in diesem Kriege?, Das letzte Lied. - Aus "Rembrandt als Erzieher"; Moeller van den Bruck, Auswahl; Völkische Lyrik von heute; Schäfer, Der 18. Oktober.

3. Der Einzelne und die Gemeinschaft:
Löns, Der Wehrwolf; v. Selchow, Du nennst mich klein; Lersch, Deutschland soll leben; Kleist, Michael Kohlhaas, Prinz von Homburg; Schiller, Die Räuber, Hebbel, Agnes Bernauer; Burte, Katte; Bröger, Bekenntnis.

4. Vererbung:
Droste, Die Judenbuche; Ludwig, Zwischen Himmel und Erde; Ibsen, Gespenster.

5. Grenz- u. Auslandsdeutschtum:
Kaergel, Andreas Hollmann; Zillich, Die Reinerbachmühle; Ponten, Wolga, Wolga.

OII: 1. Germanentum:
Altisländische Sagas (Vom Freyspriester Hrafnkel; Gisli); Edda (Proben aus den Götter- und Heldenliedern) Auswahl aus der E. des Snorri Sturluson. - Das Hildebrandslied; Merseburger Zaubersprüche; Heliand (Gefolgschaftsgedanke); Waltharilied.

Privat: G. Freitag, Ingraban; Blunck, Die große Fahrt; Luserke, Das schnellere Schiff.

2. Deutsches Mittelalter:
Höfische Lyrik u. Epik (bes. Walther als politischer Dichter u. Parzival als Gottsucher); Nibelungen (Vergleich mit altgerm. Dichtung des Nordens). - Bauerntum im MA: Meier Helmbrecht u. Neidhart v. R. - Handwerk im MA: Wagner, Meistersinger. - Privatim: G. Keller, Hadlaub; Hoffmann, Meister Martin; Gabele, Der arme Mann.

3. Entwicklung der eigenen Art und Kampf gegen fremde Einflüsse:
Luther, Sendbrief vom Dolmetschen; Dürer, Tagebücher (Auswahl); Proben von sklavischer Nachahmung der Antike. - Privatim: v. Scholz, Dürers Erlebnis, Der Sklave des Michelangelo; Isolde Kurz, Die Humanisten.

UII: Freiheitswille u. Lebensrecht des deutschen Volkes:
Lyrik u. Prosa der Freiheitskriege; Kleist, Die Hermannsschlacht.

Deutsche Sprache und deutsches Volkstum:
Ausgewählte Lesestücke von J. Grimm, Fr. Kluge u. Fr. Seller; Lehnwörter u. Fremdwörter, Hochdeutsch und Plattdeutsch. Deutsche Landschaft in Dichtung u. bildender Kunst: Storm, Schimmelreiter, Gedichte; Stifter, Heidedorf; Keller, Fähnlein der sieben Aufrechten, Gedichte; Hebel, Schatzkästlein; Schäfer, Rheinische Geschichten; Droste, Gedichte; Rheinische Volkslieder; Löns, Heidefahrten. Bildbetrachtungen: Fohr, Runge, Friedrich, Biedermeier, Menzel, Leiblkreis, Worpswede.
Kügelgen, Jugenderinnerungen eines alten Mannes (als Zusammenfassung der Jahresarbeit).

OIII: Themen: Frontgeist, Bauerntum, Grenz- u. Auslandsdeutschtum. Beumelburg, Mit 17 Jahren vor Verdun; Bruns, Der Sturmtruppführer von 1918; Zerkaulen, Jugend von Langemarck; Sohnrey, Die Dreieichenleute; von Strauß u. Torney, Bauernstolz; Watzlik, Ungebeugtes Volk; Plüschow, Bei deutschen Ansiedlern im Urwald. -
Privatim: Gabele, Der arme Mann; Brandenburg, Bauernleben in Oberbayern.

UIII: Themen: Germanentum, Das Heldische in Sage u. Leben, Volkskunde.
Eddasagen; Vom Freyspriester Hrafnkel; Deutsche Heldensagen; Eine Wikingerschlacht um Thron und Reich. - Ingwersen, Wie wir den Kemmel stürmten; Schulte, Helden der Luft; Müller, Vom deutschen Recht, Die deutsche Stadt.
Privatim: Zindler, Die Flucht des Sönke Braderup; Wiechert, Die Belagerung der Marienburg.

Latein:

OI: Sueton, Augustus mit ergänzenden Texten aus Cicero; Monumentum Ancyranum; Vergil, Aeneis VI; Horaz, einige Oden; Tacitus, Historien (Bataverkrieg)

UI: Cicero, Pro Roscio Amerino; Cicero, Ausgew. Briefe; Horaz, Ausgew. Oden u. Epoden; Vergil, Eklogen; Augustinus, Confessiones (Ausw.).

OII: Livius, Auswahl aus der 3. Dekade; Sallust, Bellum Catilinae; Tacitus, Germania; Vergil, Aeneis I u. II.

UII: Livius, 2. punischer Krieg; Ovid, Metamorphosen (Ausw.), Fasten.

OIII: Caesar, Bellum Gallicum IV - VII; Ovid, Metamorphosen.

UIII: Caesar, Bellum Gallicum I - IV

Griechisch:

OI: Thukydides, I - III; Ausgewählte Abschnitte aus Platons Staat; Homer, Ilias 2. Hälfte; Euripides, Medea.

UI: Thukydides, VI u. VII; Platon, Menon; Prokop, Gothenkrieg (ausgew. Stücke); Homer, Ilias 1. Hälfte; Sophocles, Ajas.

OII: Plato, Apologie; Ausgewählte Stücke aus Lukian u. Herodot; Homer, Odyssee 2. Hälfte.

UII: Xenophon, Anabasis IV - Schluß; Homer, Odyssee 1. Hälfte.

OIII: Xenophon, Anabasis I - III.

Französisch:

OI: Corneille, Cid; V. Hugo, La Préface de Cromwell, Szenen aus Hernani; E. Rostand, Cyrano de Bergerac.

UI: Sandeau, Mademoiselle de la Seiglière; Molière, Le Bourgeois Gentilhomme; Jules Romain, Docteur Knock.

OII: H. de Balzac, La Recherche de l'Absolu; Pages choisies du Roman Francais au XIX siècle.

UII: Humoristes Contemporains; L'Epopée de l'Emden.

OIII: Contes Régionaux.

Englisch:

OI: J. Galsworthy, The Skin Game; Sheila K. Smith, The End of the House of Alard.

UI: Rothweiler - Wetzel, Heroes of the Antarctic; Alfred Tennyson, Enoch Arden.

Dokument Nr. 22

LCAG an OprAbtHS, betr.: Reifeprüfung in Geschichte 1938
LHA Koblenz, Best. 405 A 1489, S. 169

Gaesdonck, den 30.11.1938

Für die Reifeprüfung Ostern 1939 beantrage ich, daß von allen Prüflingen der hiesigen Anstalt außer dem deutschen Aufsatz eine geschichtliche Arbeit gefordert werden soll, da der geschichtliche Unterricht während der Schulzeit der Prüflinge mehr im Vordergrund gestanden hat als der erdkundliche.
Ferner beantrage ich, daß für die Angehörigen des sprachlichen Zweiges je eine schriftliche Arbeit im Lateinischen und Griechischen vorgeschrieben wird, weil diese beiden Sprachen von ihnen hauptsächlich betrieben worden sind.

i.V.
(Unterschrift)
stellv. Leiter

(Entsprechende Anträge wurden für die folgenden Abiturprüfungen gestellt, am 22.11.1939 und am 13.12.1940. Sämtliche Anträge wurden genehmigt.)

Nationalpolitische Lehrgänge

Das Dokument 23 bringt einen Auszug aus den Erinnerungen des ehemaligen Schülers N. (Gaesdoncker Schüler 1933-?9), den dieser im Jahre 1979 in den "Gaesdoncker Blättern" veröffentlichte.
Der Text ist jedoch mit kritischem Vorbehalt zu beurteilen. Als Hintergrund zu diesen Äußerungen sind m. E. die teilweise vom Autor selbst eingestandenen und auch aus den Akten hervorgehenden schlechten schulischen Leistungen des Schülers zu sehen.
Unverkennbar ist die apologetische Tendenz der Darstellung, die offensichtlich darauf angelegt zu sein scheint, durch die Stilisierung des Verfassers zu einem Verfolgten des NS-Staates sein damaliges Verhalten zu rechtfertigen. Nicht zu übersehen sind auch die nach Aussagen aller übrigen Schüler und Lehrer ungerechtfertigten Spitzen gegen den Schüler H. K., der, obwohl zeitweise Hauptscharführer der Gaesdoncker HJ, sowohl von ehemaligen HJ-

lern wie ehemaligen Neudeutschen als ein Musterbeispiel eines unpolitischen HJ-Führers dargestellt wird. Wenn dieser Schüler, der offensichtlich Dr. Rüttens besondere Wertschätzung besaß, keine allzu hohe Meinung über den Schüler N. hatte, so dürfte dies wohl zum größeren Teil auch an letzterem selbst gelegen haben. Hier 'politische Gründe' zu unterstellen, halte ich auf der Grundlage meines jetzigen Kenntnisstandes dagegen für abwegig. Die zu diesem Fall vorgesehene Zeitzeugenbefragung von H. K. konnte nicht durchgeführt werden. Der Betreffende ist als Oberstudiendirektor 1972 gestorben. Im Nachlaß befinden sich keine Unterlagen über die Gaesdoncker Schulzeit (Mitteilung von Frau Wwe. K. vom 16.12.1980).

Auch die Darstellung des Vorfalles im Nationalpolitischen Lehrgang gesteht nicht ein, was das Verhalten des Verfassers damals war, nämlich unter den obwaltenden Umständen nichts anderes als eine jugendliche Unbesonnenheit. Für den kritischen Historiker interessant ist daher diese Quelle nicht nur wegen ihrer Darstellung der Gaesdoncker Ereignisse, sondern vor allem als ein Beispiel für eine nicht angängige Form der Vergangenheitsbewältigung.

Die Dokumente 24 und 25 bringen als Auszüge aus der Denkschrift des Oberpräsidenten eine allgemeine Darstellung über den idealtypischen Ablauf eines Nationalpolitischen Lehrgangs. Dokument 25 bezieht sich speziell auf das Verhältnis zwischen HJ und konfessionellen Jugendgruppen im Lager.

Dokument Nr. 23

Erinnerungen des Schülers N.
Aus: Gaesdoncker Blätter 32/1979, S. 55 - 58

In den Osterferien des Jahres 1936 nun hatte ich mich mit meinem Fotoapparat bewaffnet. Nach dem Ministrieren stieg ich auf den Ostspeicher. Ich hatte Glück. Volles Licht überschüttete meine Figuren. Es gelang mir, den hl. Michael etwas zu säubern und in die Nähe der Fenster zu bringen. Ein alter Kokosläufer diente als Hintergrund. Nun, das laienhafte Bildchen, das mir viel bedeutete, da ich damals alle für mich erreichbaren Kunstwerke auf der Gaesdonck im Foto festhielt und zu einem kleinen Album zusammenfügte, gelangte mit einem Brief in die Hände der Schriftleitung der "Wacht". Ich hatte damals mit Josef Rick, der in der Redaktion des "Michael" und der "Wacht" arbeitete, Verbindung. Der "Michael" war wenige Monate vorher seinem endgültigen Verbot zum Opfer gefallen. Josef

Rick, der selbst auch viele Beiträge für diese Blätter und andere katholische Jugendzeitschriften schrieb, war für Bild- und Textgestaltung verantwortlich. Er gehörte zu den eigentlichen Initiatoren der "Jungen Front" im "Sturmjahr" 1932. Wir waren miteinander bekannt geworden. Zu meiner großen Überraschung fand ich nun meinen Michael vom Gaesdoncker Speicher im Juni-Heft der "Wacht" wieder. Durch leichte Kürzungen war der Wortlaut meines Briefes, zumal im letzten Satz, etwas pathetisch geraten. Jedoch glaubte ich, daß damit alles erledigt sein. Aber "zeitgemäße Folgen" sollten nicht ausbleiben.
Ein Gaesdoncker der Oberprima - er war mir aus persönlichen und politischen Gründen nicht gewogen - H. K. mit Namen, spielte das "Wacht-Heft" seinem Klassenlehrer Felix Rütten zu. Es nahm seine Runde durch das Lehrer-Kollegium. Direktor Dr. Heinrich Limberg hüllte sich in diplomatisches Schweigen. Aber dennoch sickerte langsam durch, daß die Schulleitung keineswegs davon entzückt war, den Namen der Gaesdonck in einem Verbandsblatt der katholischen Jugend zu finden. Zwar bekam ich ermunternde Zuschriften von früheren Gaesdonckern, Pädagogen und Priestern, die sich gefreut hatten, den Namen ihrer alten Schule in der "Wacht" wiederzufinden. Ja, sie drängten, man möchte St. Michael möglichst bald wieder in die Kirche bringen. Unter den Lehrern waren Dr. Hans Meis, Hans Evers, Hermann van Bebber, Heinrich Hubert Lesaar und Dr. Heinrich Meyer auf meiner Seite. Mit Dr. Felix Rütten hatte ich Kontroversen, da meine Leistungen im Griechischen nicht seinen Anforderungen nachkamen. Er hat den Vorgang wohl kaum politisch, sondern rein pädagogisch gesehen. Ich solle lieber Griechisch lernen und die Grammatik studieren als die Zeit mit solchen Schreibereien zu vertun! Schwierig wurde die Situation im Herbst 1936. Wir hatten mit unserer Klasse pflicht- und zeitgemäß an einem "National-politischen Lehrgang" für zwei Wochen in Burgholz bei Wuppertal teilzunehmen. Unsere Partner bei diesem Unternehmen waren Schüler des Dreikönigen-Gymnasiums in Köln. Eine passendere Konstellation hätte man sich für die damaligen Jahre kaum denken können: Zwei Schulen mit einer alten christlich-konservativen Tradition, besucht von Schülern, deren Eltern doch irgendwie bemüht waren, gegen den Strom der Zeit zu schwimmen. Für die Kölner Schüler brauche ich nur den Namen Bachem zu nennen! - Nun, einige Wochen nach diesem national-politischen Lager, über dem die Fahne der Hitlerjugend nicht gehißt werden konnte, da zu wenig HJ-Mitglieder unter den Teilnehmern waren, wurde ich zu Direktor Dr. Limberg gerufen. Er ließ mich wissen, ich sei durch den Lagerleiter Studiendirektor Dr. Häußler aus Duisburg angezeigt worden, mich im Lager ausgesprochen antinationalsozialistisch verhalten zu haben. Das sei aus meiner Kleidung, meinem sonstigen Verhalten, meinen mündlichen und schriftlichen Äußerungen zu entnehmen gewesen; zumal meine Äußerungen in einer Diskussion nach einem sogenannten Geschichtsvortrag eines Gau-Redners"! Man habe die Absicht, mich von der Schule, ja von jeder höheren Schule in Deutschland auszuschließen! Das waren natürlich massive Vorwürfe. Der Direktor nahm mich zu einem längeren Gespräch mit auf sein Zimmer. Er wollte Einzelheiten wissen und ließ sich schweigend berichten. Nun, meine Kleidung war für "Lagerzwecke" wie bei vielen, die der HJ nicht angehörten, phantasievoll komponiert. Zu einer grauen Sturmscharhose trug ich eine blaue Trainingsbluse, die von Ferne an die Tracht der ehemaligen "D. J. 1. 11." erinnern konnte. Darunter ein buntes, meist

kariertes "Schottenhemd", damals ein Kennzeichen vieler Oppositioneller unter den Jugendlichen. Am Koppelschloß waren die SA.-Embleme entfernt worden. Ein XP durfte man nicht zeigen. Als Kopfbedeckung trug ich ein altes graues Nerother-Barett, auf das wohl meine noch heute bestehende Vorliebe für Baskenmützen zurückgeht. Meine schriftlichen Äußerungen in verlangten Berichten über Exkursionen, Ausmärsche und Fabrikbesichtigungen lagen fest; aber diese Texte waren von mir bewußt doppeldeutig gehalten worden. In den Diskussionen hatte ich mich gegen objektive Geschichtsfälschungen und Geschichtsklitterungen im Zusammenhang mit Karl dem Großen, dem Mittelalter und der mittelalterlichen Kirchengeschichte gewehrt. Mein sonstiges Verhalten bezog sich auf meine ein- und ausgehende Post, die offensichtlich peinlichst überwacht worden war. Das Kapitalverbrechen war nun eine von Alfred Riedel geschriebene Karte mit den Johanneswoorten "Wir heißen Kinder Gottes und sind es auch". Ich hatte sie einem früheren Gaesdoncker, der in Münster Theologie studierte, zum Namenstag geschrieben.

Der Direktor teilte mir mit, daß noch am Abend der Dezernent der Schule aus dem Provinzial-Schulkollegium in Koblenz eintreffen werde, um meine Sache zu untersuchen. Das war der Oberschulrat Dr. Poethen, der an der Schule schon mehrfach das Abitur abgenommen hatte.
Am Vormittag des folgenden Tages scheint er die ganze Sache mit dem Direktor durchdiskutiert zu haben. Als ich am Nachmittag zur "Vernehmung" unter vier Augen zu ihm bestellt wurde, hatte ich den Eindruck, daß er mir sehr gewogen war. Er fragte nach vielen Einzelheiten, die er schriftlich festhielt. Er fragte nach den geschichtlichen Diskussionen und auch nach meinen Eindrücken von der Person des Lagerleiters. Schließlich stellte er fest, daß im Bericht der Lagerleitung doch wohl einige Passagen nicht den Tatsachen entsprachen, oder nicht objektiv dargestellt sein konnten. Dann fragte er nach der anrüchigen Postkarte. Ich konnte ihm ein Exemplar dieser von der Katholischen Kunstwarte in Düsseldorf vertriebenen Karte zeigen. Er meinte lächelnd, der Text sei in einer geschmackvollen und guten Kunstschrift geschrieben und schließlich seien es ja biblische Worte. Dann entließ er mich mit einem Händedruck, ohne ein weiteres Wort zu sagen. Zwei Wochen später erfuhr ich durch den Direktor, daß das Verfahren gegen mich eingestellt sei; ich könne auf der Gaesdonck bleiben. Das Schulkollegium in Koblenz habe im Bericht des Lagerleiters Unkorrektheiten, Ungenauigkeiten und auch wohl Fehldeutungen festgestellt. Im nachfolgenden Jahr gab es in der Rheinprovinz keine "National-politischen Lehrgänge" mehr. -
Doch sollte ich auch nach dieser Affäre noch keine Ruhe bekommen. H.K. hatte natürlich auch von dieser Sache Wind bekommen. Er bedauerte, daß mir nichts passiert wäre. So war ihm die bevorstehende Nikolausfeier, die von seiner Klasse zu gestalten war, eine willkommene Gelegenheit, mir doch noch eins auszuwischen. Hinzukam, daß er an der Poststelle bei Anton Rühl meine Post beschnüffelte. So hinterbrachte er Dr. Rütten, daß von mir Briefe nicht nur zum Jugendhaus nach Düsseldorf an Josef Rick gingen, sondern auch an die Dichter Walter Bauer, Ernst Wiechert und Franz Johannes Weinrich und andere, an die ich im Zusammenhang mit meiner Sturmschararbeit in Goch geschrieben hatte. Ein anderer Oberprimaner jedoch unterrichtete mich gut und warnte mich vor der bevorstehenden Nikolausfeier. Zwar wurden die Texte vorher vom zuständigen Klassenlehrer durchgesehen

und wenn nötig korrigiert. Die mich betreffenden Passagen aber hatte Dr. Rütten unverändert gelassen. Mein Informant aus der Oberprima gab mir den Rat, am Nikolausabend auf die Sache einfach nicht zu reagieren, denn das würde für H. K. die größte Enttäuschung sein. Und so verhielt ich mich denn auch, als mein Michaelsbrief an die Wacht in wenig feiner Form, aber literarisch gekonnt, persifliert und meinen mäßigen Schulleistungen gegenübergestellt wurde. Von den sonst üblichen Gaesdoncker Nikolausneckereien war in diesen Passagen nichts zu verspüren.
Nach diesem Abend habe ich mich auf der Gaesdonck sehr allein und vereinsamt gefühlt. Aber ich wußte, daß ich unter den schon genannten Lehrern Freunde und Helfer hatte. Auch zu Dr. Rütten besserte sich mein Verhältnis, nachdem die Abiturienten 1937 und mit ihnen H. K. die Schule verlassen hatte. Bis zu meinem Abitur 1939 habe ich viele vertraute historische und theologische Gespräche mit ihm führen können.

Dokument Nr. 24

OprRhpr, Anlage 13

Koblenz, den 28.05.1934

Betr.: Nationalpolitische Lehrgänge für Schüler

Ich habe in verschiedenen Erlassen zum Ausdruck gebracht, daß der Erfolg der nationalpolitischen Lehrgänge von der Auswahl der Lehrkräfte abhängt, die die Schüler und Schülerinnen betreuen, und habe die Anstaltsleiter ersucht, darauf ihr besonderes Augenmerk zu richten. Nur solche Lehrkräfte werden für die Mitwirkung bei den nationalpolitischen Lehrgängen als geeignet angesehen werden können, die sich weltanschaulich zur Gedankenwelt des Nationalsozialismus bekennen und die sich der hohen Aufgabe, die ihnen gestellt ist, vollauf bewußt sind und sich ihr verantwortungsfreudig unterziehen. Es werden Persönlichkeiten sein müssen, die jugendlich fühlen und durch ihre Frische die Jugend zu begeistern vermögen und die sich auch einmal einem jüngeren Amtsgenossen im Interesse des Ganzen unterordnen können, obwohl sie sich zum Führer berufen fühlen. Es wird sich empfehlen, Lehrer, die in den Lehrgängen schon mit Erfolg tätig waren, öfter Klassen begleiten zu lassen. Es ist also durchaus nicht erforderlich, daß, wie es in den meisten Fällen geschieht, der Klassenleiter seine Jungen während der nationalpolitischen Lehrgänge betreut; diesem oder jenem Klassenleiter wird es schmerzlich sein, wenn statt seiner eine andere Lehrkraft eingesetzt wird; aber es geht hier um das Wohl des Ganzen, und demgegenüber haben die Belange des einzelnen zurückzutreten. Die Leiter und Leiterinnen der höheren Schulen sind mir für die Auswahl der geeigneten Lehrkräfte verantwortlich. Die Namen der Lehrkräfte, die für die Betreuung der Klassen in Aussicht genommen sind, sind mir in Zukunft 14 Tage vor Beginn eines jeden Lehrgangs zu melden. Dieser Termin ist unbedingt einzuhalten.

An sämtliche höheren Schulen.
Im Auftrage: gez. Ehrlicher

Anlage 14   Koblenz, den 09.04.1934

In dem kommenden Schuljahr sollen außer den Primen auch die Sekunden an den nationalpolitischen Lehrgängen für Schüler teilnehmen; die Untersekunden nehme ich aus dem Grunde hinzu, weil eine Anzahl von Schülern dieser Klassenstufe die Schule verläßt und auch ihnen das Erlebnis eines solchen Lehrganges vermittelt werden soll. Es hat sich herausgestellt, daß die Zeit von 14 Tagen zu knapp bemessen ist. Daher wird bei den Untersekunden und Unterprimen, ferner bei den Obersekunden, falls die Möglichkeit besteht, sie unterzubringen, die Dauer eines Lehrganges um eine Woche verlängert, um ihm einen vollen Erfolg zu sichern. Der Lehrgang für die Oberprimen, der vor Weihnachten stattfinden wird, dauert auch diesmal nur 14 Tage ... Auch diesmal wird, um Zeit und Kosten zu sparen, in der bisherigen Weise verfahren und die Verteilung auf die Jugendherbergen jeder Anstalt von dem Gauführer des Gaues Rheinland im Reichsverband für deutsche Jugendherbergen unmittelbar zugestellt.
Es wird sich empfehlen, daß die Anstalten, die die gleiche Jugendherberge beziehen, sich vorher miteinander verständigen, welche Lehrkräfte die Schüler begleiten. Auf diese Weise wird vermieden, daß nur Lehrkräfte gleicher Fakultäten sich bei einem Lehrgang zusammenfinden. Ich habe Veranlassung, erneut darauf hinzuweisen, daß nur geeignete und verantwortungsbewußte Lehrkräfte die Klassen begleiten, und ordne daher an, daß mir vor Beginn eines jeden Lehrganges ihre Namen gemeldet werden. Ich mache darauf aufmerksam, daß es genügt, wenn ein Studienrat eine Klasse begleitet; es ist erwünscht, daß ihm nichtbeschäftigte Studienassessoren und Studienreferendare beigegeben werden. Unterführer werden zweckmäßigerweise aus den Reihen der Schüler entnommen. Auf diese Weise wird der übrige Unterrichtsbetrieb so wenig wie möglich gestört.
Unterkunft und **Verpflegung** haben im allgemeinen keinen Anlaß zu Klagen gegeben. Sollte jedoch ausnahmsweise Grund zu Beanstandungen vorhanden sein, so ersuche ich, sich unter Umgehung des Dienstweges sofort schriftlich an den Gauführer des Gaues Rheinland im Reichsverband für Deutsche Jugendherbergen, Herrn Conrad, Geschäftsstelle Düsseldorf, Ständehaus und gleichzeitig an das Oberpräsidium, Abteilung für höheres Schulwesen, zu wenden, damit für sofortige Abhilfe gesorgt werden kann. In dem Schreiben an das Oberpräsidium ist anzugeben, daß die Benachrichtigung des Gauführers bereits erfolgt ist.
Zur Deckung der Unkosten wird ein Betrag von 1,30 RM. auf den Kopf und für den Tag erhoben, so daß diesmal für den Lehrgang ein Betrag von 24,70 RM. zu entrichten ist. Diese Summe ist vor Beginn des Lehrganges auf das Konto Oberpräsident der Rheinprovinz, Abteilung für höheres Schulwesen in Koblenz, Nr. 94570 Postscheckamt Köln, einzusenden. Dabei ist auf dem Abschnitt der Zahlkarte genau anzugeben, die Zahl: 1. der Studienräte und Referendare und 2. der Schüler.

An alle Schulen.

Im Auftrage: gez. Ehrlicher.

Aus: "Nationalpolitische Lehrgänge für Schüler"

Dokument Nr. 25

OprRhpr, Anlage 20

Nationalpolitischer Lehrgang vom 1. bis 20. Oktober 1934, unter dem leitenden Gesichtspunkt: Wehrtätigkeit

Tagessprüche und Schulungsstunden

1. 2. Oktober 1934

   Tagesspruch: Was ist gut? Tapfer sein ist gut. (Nietzsche)
   Schulungsstunde: Der Wehrgedanke.

   Vorgelesen, da Hindenburgs Geburtstag, das Testament. - Herausgehoben:

   I. Das Wort:

   1. Das im Zusammenbruch Übriggebliebene zu retten für die Zukunft.

   2. Erhaltung des Zusammenhangs mit der Vergangenheit.

   3. Die Betonung des Geistes in der Organisation.

   4. Die weltgeschichtliche Sendung des deutschen Volkes.

   5. Ruf an die Jugend.

   II. Die Tat:

   1. Sein Leben Dienst.

   2. Entsagungsvolle Vorbereitung

   Überleitung:

   1. Bedeutung der Reichswehr.

   2. 30. Januar 1933 ein entscheidender Schritt. Wehrtätigkeit ermöglicht, das Ziel zu erreichen.

   Soldatentum

   Außer Handhabung der Waffen: Mut, Tapferkeit. Nicht nur angeboren; zu erkämpfen gegen Selbstsucht, Bequemlichkeit, Angst vor Schmerz, Selbsterhaltungstrieb. "Der innere Schweinehund". So: gesteigertes Pflichtgefühl. Sieg des Willens, des Geistes über die Natur, Ausharren, Opfersinn.

   Friedenstapferkeit

   Schon wie oben. Mut vor Menschen und Dingen. Bekennermut, Zivilcourage. (Bismarck). Verantwortungsgefühl. Mut zum Handeln, Entgegentreten falschen Meinungen, oder schlechten (sonst Herrschaft der Minderwertigen). Entsagung. (Hindenburg).

Geistige Wahrhaftigkeit i. e. S. 1. Fachwissen, Höchstleistung.
(A. Rosenberg.)
2. Grundforderung an die Nationalsozialisten.

Wir im Lager:
1. Körperliche Ertüchtigung, Wehrsport.
2. Gedankenwelt des Nationalsozialismus. "Siege oder Niederlagen,
immer gilt es neu zu wagen."

2. 3. Oktober 1934

Tagesspruch: Ein jedes Volk trägt Siegel nach dem Rang. (Bertram)
Schulungsstunde: Das Wesen des Rassengedankens.

Rasse: a) Wissenschaftlicher Begriff, der die Tatsachen nicht erklärt,
sondern richtig beschreibt. Vital-Systemrasse.
b) Weltanschauliche Bedeutung: Umsturz des bisherigen Welt-
und Geschichtsbildes.

Weltbild

Gegen die Milieutheorie; gegen den Satz von der Gleichheit der Menschen. Folgerungen für den Staat: innerpolitisch: gegen die politische,
wirtschaftliche, kulturelle Gleichmacherei; außenpolitisch: gegen Welt-
staat, Weltsprache usw. Dafür: die Betonung des vorhandenen Erbgutes,
das es zu erhalten und zu fördern gilt; Betonung der Unterschiede.
Verlangt: Führung, Achtung der Männer, Sichtung, Auslese; National-
staaten.

Geschichtsbild

Keine einheitliche fortschreitende Entwicklung der Menschheit, sondern
Neben- und Nacheinander der Kulturen, "nach dem Gesetz, nach dem
du angetreten".
Rassenschichtung. Bedeutung der nordischen Rasse. Kein Materialis-
mus, da körperliche und geistige Eigenschaften voneinander getrennt
vererbbar sind. Forderung nach ernster Selbstbesinnung für den einzelnen, für die Völker. Für uns letzter Augenblick. Clausewitz: "Der
Entschluß soll aus der Notwendigkeit der Rettung hervorgehen, nicht
aus der Leichtigkeit derselben."

3. 4. Oktober 1934

Tagesspruch: Die Geschichte jedes Mannes fängt bei seinem Volke an.
(Grimm)
Schulungsstunde: Die Rassen Europas und das deutsche Volk.

1. Kurze Zusammenfassung des über die Rassen Europas aus dem Unterricht Bekannten. Die heutigen Völker, das deutsche Volk.

2. Volksbegriffe: Fichte. Bürgertum. Vierter Stand. Bismarck: "Volk! Volk! Was heißt denn Volk! Zum Volk gehören wir alle! Zum Volk gehöre auch ich!" Nationalsozialismus.

3. Bedeutung der Familienkunde für die Erfassung dieser Tatsache.

4. Geschichte des deutschen Volkes als Zusammenwachsen der sich selbständig geistig entwickelnden Stämme (Altstämme, Neustämme, 19. Jahrhundert Staatsgedanke; Nadler).

5. Rassen im deutschen Volk. Mischung. Hitler: "Das deutsche Volk ist nicht anders entstanden wie fast alle der uns bekannten wirklich schöpferischen Kulturvölker der Welt. Eine kleine organisationsfähige und kulturschöpferische, begabte Rasse hat im Laufe vieler Jahrhunderte andere Völker überlagert und zum Teil aufgesaugt, zum Teil sich angepaßt. Alle unsere Bestandteile unseres Volkes haben selbstverständlich ihre besonderen Fähigkeiten in diesem Bund mitgebracht. Geschaffen aber wurde er nur von einem volks- und staatenbildenden Kern. Dieses Volk hat seine Sprache durchgesetzt, natürlich nicht ohne Entlehnung von den Unterworfenen, und es hat endlich alle einem gemeinsamen Schicksal so lange unterstellt, daß das Leben des Staatsvolkes sich unlöslich verbunden hat mit dem Leben der allmählich ein- und angeschmolzenen anderen Bestandteile. Aus Siegern und Besiegten ist unterdes längst eine Gemeinschaft geworden. Es ist unser heutiges deutsches Volk. Und so wie es ist, lieben wir es und hängen an ihm."

"Im Laufe der tausendjährigen Geschichte sind uns alle seine im einzelnen oft verschiedenen Züge vertraut und teuer geworden. So groß ist diese Gemeinschaft, daß wir glücklich sind über jeden Beitrag, der uns aus ihr zugute kommt. Wir prüfen nicht, wem wir die Musikalität unseres Volkes verdanken und wem die technischen Fähigkeiten, wer uns die Kunst des Fabulierens spendet, und wer die Kühle des Denkens, und von woher unsere Philosophen, die Staatsmänner oder die Feldherrn. Wir prüfen jedenfalls nicht, um besonders zu wetten, sondern höchstens, um es einfach zu wissen, welcher Art die Wurzeln sind, aus denen das deutsche Volk die Fähigkeiten zieht, und wir sind soweit Gemeinschaft geworden, daß uns nur der eine Wunsch erfüllt, es möchten alle Bestandteile ihr Bestes beisteuern zum Reichtum unseres gesamten nationalen Lebens. Solange jeder Teil dort gibt, wo er zu geben hat, wird dies mithelfen, unserem Leben zu nützen."

"Der Nationalsozialismus weiß, daß die normale Spanne unserer Fähigkeiten durch die innere rassische Gliederung unseres Volkes bedingt ist. Er wünscht aber, daß die politische und kulturelle Führung unseres Volkes das Gesicht und den Ausdruck jener Rasse erhält, die durch ihren Heroismus allein dank ihrer inneren Veranlagung aus einem Konglomerat verschiedener Bestandteile das deutsche Volk überhaupt erst geschaffen hat."

4. 5. Oktober 1934

Tagesspruch: Wer selbst disziplin- und zuchtlos ist, wird niemals auf die Dauer Führer sein einer innerlich nach einem festen Halt suchenden und strebenden Menschheit. (Hitler)

Schulungsstunde: Führertum

Nationalsozialismus nichts grundlegend Neues im Sinne von noch nie Dagewesenem, Rassegedanke: Bewahrung des Erbgutes und Stärkung. Beispiel: Germanisches Führertum. Führer: Herzog, König, Volksbeauftragter, Absetzung (Karl III.; Gustav Wasa 1527). Führerverantwortlichkeit gegenüber dem Volk. Gefolgschaft: Treue, Ma. Staatsauffassung; Parzival (sagt Gott die Treue auf, weil er ihn im entscheidenden Augenblick im Stich gelassen habe).

Persönliche Tugenden:

1. Tapferkeit. Vorkampf. Ruhm. "Besitz stirbt, Sippen sterben, du selbst stirbst wie sie. Doch Nachruhm stirbt nimmermehr, den der Wackere gewinnt."

2. Ertragen des Schicksals: "Der Held wird gleichsam erst fertig in dem Augenblick, in dem er fällt." (Nedel.) Voranstreben. Beispiele aus den Sagas. Selbstbeherrschung.

3. Freier menschlicher Stolz auch gegenüber den Höchsten, den Göttern.

   "Besser ist ungebetet als überopfert,
   Gabe sieht stets nach Entgelt,
   Besser ist ungeschlachtet als überspendet,
   Gedenken horcht stets auf Dank."

4. Freigebigkeit, milte.

Tod ist nichts neben der Leistung der Persönlichkeit. Ehrgefühl, Einsetzen für die eigene Überzeugung. Treue zwischen Führer und Gefolgschaft. (Stammler.)
Heute Führertum in einem Punkte anders:
Blücher nach Scharnhorsts Tod zu dessen Sohn: "Ich bin nur ein Handwerker, der die aufgegebene Arbeit geleistet hat." Gneisenau, Clausewitz: "Ein starkes Gemüt ist nicht ein solches, welches bloß starker Regungen fähig ist, sondern dasjenige, welches bei den stärksten Regungen im Gleichgewicht bleibt, so daß trotz der Stürme in der Brust der Einsicht und Überzeugung (wie der Nadel des Kompasses auf dem sturmbewegten Schiff) das feinste Spiel gestattet ist."
Woher das Führertum? Gneisenau: "Während ein Reich in seiner Schwäche und Ohnmacht vergeht, folgt vielleicht in seinem elendesten Dorf ein Cäsar dem Pflug und ein Epaminondas nährt sich karg von dem Ertrag seiner Hände. Friedrich der Große: "Die Stärke der Staaten beruht auf den großen Männern, die ihnen die Natur zur rechten Zeit geboren werden läßt."
Pflege des Führergedankens im Nationalismus. Der Führer.

5. 6. Oktober 1934

Tagesspruch: Was Männer taten, können Männer tun. (Bertram.)

Schulungsstunde: Männer. 1. Bismarck.

Untergangsstimmung, Spengler. Drei Arten des Untergangs eines Volkes:

1. Abnahme der Zahl.

2. Falsche Auslese.

3. Vermischung, Wachsen, Veralten, Sterben nicht notwendiger Ablauf. Tagesspruch.

Bismarck: nicht sein geschichtliches Werk; seine Gesinnung, Sonderspruch: "Auf den Opfern und den Waffen ruht der Staat."

1. Mann des Staates. Sinn des Wortes von dem "Realpolitiker". Stete Arbeit und Sorge um das Werk; dauernde Aufgabe.

2. Der "eiserne" Bismarck; falsche Verallgemeinerung. Eisern der Wille.

3. Opfer. Treue. Sein Seelenleben und seine geistigen Bedürfnisse auf Grund seiner Briefe.

4. Sein Leben nach seiner Entlassung. Patriae inserviendo consumor. Die Worte des Sterbens.

6. 8. Oktober 1934

Tagesspruch: Die Kunst ist: Wesentliches behalten, Unwesentliches vergessen. (Hitler)

Schulungsstunde: Besprechung der Tagesberichte der ersten Woche.

7. 9. Oktober 1934

Tagesspruch: Die Sünde wider Blut und Rasse ist die Erbsünde dieser Welt und das Ende einer sich ihr ergebenden Menschheit. (Hitler)

Schulungsstunde: Nordisches Rassenschicksal im Altertum. Die Geschichte der nordischen Völker im Altertum ist der Beweis zu dem Tagesspruch.
Indogermanen, Kultur, Bauernvolk, Unterschied zwischen Krieger und Eroberer. Wanderzüge. Gesittung: Vaterrecht. Stellung der Frau. Ahnenkult. Erziehung. Wanderzüge und Untergang der Nordvölker: Inder, Perser, Griechen, Römer. Gründe für den Untergang des Herrenvolkes, des nordischen Geistes.

8.　10. Oktober 1934

Tagesspruch: Geschichte lernen, heißt die Kräfte suchen und finden, die als Ursache zu jenen Wirkungen führen, die wir (dann) als geschichtliche Ereignisse vor unsern Augen sehen. (Hitler)

Schulungsstunde: Germanen-Sieg und -Untergang in der europäischen Geschichte.
Kenntnis der Tatsachen Vorbedingung für die Erkenntnis der Ursachen.

1. Unterwanderung im Römerreich, Untergang des Blutes fast ohne Wirkung. Germanische Führer auf römischer Seite.

2. Völkerwanderung: Anfänglich Sieg, aber völliger Verlust im Süden, halb im Westen.

3. Wikingerzeit: Staatsgründungen im Westen, Süden, Osten; riesiger Blutverlust. Kämpfe gegeneinander.

4. Weiterer Untergang nordischen Blutes: Kirche, Klöster, Zölibat (Versorgungsanstalten der nachgeborenen Söhne und der Töchter). Kreuzzüge (Adel); Religionskriege. Im Besonderen:

5. Westeuropa, Frankreich: Albigenserkriege, Hugenottenkriege, französische Revolution. Aufnahme fremdrassiger Menschen im 19. und 20. Jahrhundert. England: Rosenkriege, Cromwell. Ausbreitung über See, Freihaltung von Rassenmischung, in der Heimat Untergang des Bauerntums.

6. Deutschland. Italienpolitik, Ostkolonisation, Bauernkrieg, Dreißigjähriger Krieg, Weltkrieg, 1919/1933. Nationalsozialismus.

9.　11. Oktober 1934

Tagesspruch: Es gibt nur eine Tugend, sich selbst als Person zu vergessen, und nur ein Laster, an sich selbst zu denken. (Fichte)

Schulungsstunde: Krieg und Kriegführung im Wandel der Jahrhunderte. (Im Anschluß an Schmitthenner.)
Krieg nicht so alt wie die Menschheit. Kampf aller gegen alle. Urkrieg. Wanderkrieg.
Krieg Kulturerscheinung. Vier Merkmale:

1. Machtkonflikt der Staaten.

2. Gewisse Volksschichten aus dem aktiven Kriege ausgeschieden.

3. Gedanken der Humanität findet Eingang in den Krieg.

4. Kampf der organisierten Massen.
Kraftstufen des Krieges (z. B. persönliche Kraft, Steinwaffen, Pferd, Feuerwaffen, moderne Industrie, Technik).

Gesittung des Krieges:

1. Der absolute Krieg. Normalzustand des Lebens, eine ewig dauernde, allüberall herrschende, alles verschlingende Macht, bis zum Beginn

des 18. Jahrhunderts. Einschränkung mit der Zeit: Überallzustand hört auf, Normalzustand zur Zeit- und Ausnahmeerscheinung, der Allesverschlinger zum gezähmten Wesen, Belege Geschichte des 15. bis 17. Jahrhunderts.

2. Der gesittete Krieg des 18. und 19. Jahrhunderts. Staatsräson, Rechtsgedanke, Humanität. Machtpolitik.

3. Weltkrieg, biologischer Daseinskampf der Völker. "Ansätze zu einer neuen barbarischen Kulturform des Krieges, die sich heute nur ahnen läßt."
Grauen des Krieges, Friedenspolitik des Frontkämpfers Hitler. Aber: Ehre; Existenzmöglichkeit für das deutsche Volk.

10. 12. Oktober 1934

Tagesspruch: Mögen Jahrtausende vergehen, so wird man nie von Heldentum reden und sagen dürfen, ohne des deutschen Heeres des Weltkrieges zu gedenken. (Hitler)

Schulungsstunde: Der strategische Aufbau des Weltkrieges. (Nach Elze) Anknüpfung an Punkt 3 und Schluß des vorhergehenden Vortrags. Besonderheiten: Abwehr fast aller Völker der Erde. Orient-Okzident; See-, Kolonialkrieg, unter dem Meere, in der Luft. Innenraum-Umkreis. Nordsee - Kaspisches Meer. Landmasse; dagegen die Völker, die die Freiheit der Meere haben. Landgewalt: Seegewalt; 24 - 46 Millionen. Vierfache Umzingelung; politische, wirtschaftliche, moralische, militärische.
Vierfaches Ziel: Vereinzelung, Aushungerung, Verfemung, Vernichtung. Rahmen der Ereignisse von den Feinden bestimmt; Gang der Ereignisse von uns.
Kennzeichen des Weltkrieges:

1. Einheit der Fronten (vier solcher Einheiten).

2. Transporteinheit des europäischen Kriegsgebietes.

3. Entschlußgegenwart des Chefs der Heeresleitung.
   (1 - 3 strategische Einheit)

4. Gesamtschlacht (Schlieffen). Flotte nicht einbezogen.

Deutsches Primat gegenüber Österreich:

1. Schlieffens Plan.

2. Entscheidung im Westen.

3. Größere Zahl Krieger, Kriegsmaterial, stärkerer kriegerischer Wille.
   Inhaber des Primats entscheidend für den Gang der Ereignisse:
   I. Moltke.
   II. Falkenhayn.
   III. Hindenburg-Ludendorff.

I. Gesamtschlacht an der Marne, bei Lemberg und bei Tannenberg. Ergebnisse.

II. 1914: Doppelschlacht in Flandern und Südpolen, Ergebnisse.
1915: Konstantinopel-Rom. Stellungskrieg. Abwehrschlachten. Hauptquartier nach Pletz. "Heereszug" Gorlize. Ergebnisse W, O, Serbien.
1916: neuer Plan Falkenhayns: Ausblutungsschlacht, Verdun.

III. 1916: keine Entschlußfreiheit vorgefunden. Ludendorff: "Nicht durchhalten, sondern siegen."
1917: Defensive zu Lande. Initiative zur See; strategische Bereitstellung für die letzte Entscheidung.
1918: Material- und Personaloffensive. Ziel: strategischer Durchbruch. Begründung des Mißerfolges. Zusammenfassung:

1914: allseitige offensive Gesamtschlachten,
1915: Heereszug im Osten,
1916: Ausblutungsschlacht,
1917: strategische Bereitstellung,
1918: kombinierter Material- und Personalsturm.

Falkenhayns Theorie von der entscheidenden Bedeutung des Materials widerlegt. Entscheidend: der deutsche Feldherr. Der Wille, die Persönlichkeit, der Führer.

11. 13. Oktober 1934

Tagesspruch: Stolz auf unsere großen Männer dürfen wir sein, solange sie ihrerseits unser sich nicht zu schämen haben. (Clausewitz)

Schulungsstunde: Männer. 2. Clausewitz
Abriß seines Lebens. Einfachheit, unermüdlicher Dienst, keine Förderung von außen; sein großes Werk vom Kriege unveröffentlicht in seinem Schreibtisch. "Nicht der Glanz des Erfolges, sondern die Lauterkeit des Strebens und das treue Beharren in der Pflicht auch da, wo das Ergebnis kaum in die äußere Erscheinung tritt, wird über den Wert des Menschenlebens entscheiden." (Moltke)
Seine Gesinnung an wesentlichen Worten erläutert, unter stetem Hinweis auf die Gegenwart:
"Mit dem Gemüte muß die Zeit aufgefaßt werden."
"Im leidenschaftlichen Mute, der nichts ist als der Instinkt einer kräftigen Natur, liegt die höchste Weisheit."
"Soll der Untertan seinem Staate im rechten Sinne angehören, so muß er die Hauptinteressenten desselben kennen; diese müssen großartig und dauernd sein, und in dieser bleibenden Richtung muß sich die Teilnahme des Bürgers befinden."
"Wir können also die Gegensätze der Völker nicht in Maximen suchen, sondern in der ganzen Summe ihrer geistigen und materiellen Verhältnisse zueinander, und darüber ist es wohl ratsam, die Geschichte zu befragen."
"Der Mensch ist der herrschende Zweck der Natur, aber nicht das Individuum, sondern die tausend Geschlechter, die neben- und nacheinan-

der leben und in gedrängten Reihen durch Raum und Zeit wandeln."
"Ein Mann ohne Vaterland! Entsetzlicher Gedanke. Sein Leben ist der Faden eines aufgelösten Gewebes, zu nichts mehr tauglich."
"Der Entschluß soll aus der Notwendigkeit der Rettung hervorgehen nicht aus der Leichtigkeit derselben."

12. 15. Oktober 1934

Tagesspruch: Wenn etwas ist gewaltiger als das Schicksal, so ist's der Mensch, der's unerschüttert trägt. (Geibel)

Schulungsstunde: Germanischer Schicksalsglaube.
Bedeutungen des Wortes Schicksal: zugemessenes Geschick, zumessende Macht; im Schicksal stehen. Der Mensch hat Schicksal. Schicksalsglaube - Fatalismus; anders bei den Germanen. Auflösung des germanischen Götterglaubens - Gläubige, Zweifler, golausir mann. "Ich glaube nur an meine eigene Macht und Kraft." Glaube an das allgewaltige Schicksal; Sagas (Njal, Gisli). "Das Wort des Urd überwindet keiner, beschied's ihm Schweres auch." Wurd, feigr. Haltung des Germanen dem Schicksal gegenüber: bedingungslose Unterwerfung. Atlilied, Warnung nur einmal. Resignation: "Jeder muß tun, was bestimmt ist." "Keiner bringt sich über den ihm bestimmten Tag." Keine Selbstaufgabe, sondern Selbstbehauptung. Klar und fest ins Auge sehn. Täuschung des Schicksals (Ödipus) dem Germanen fremd. Tiefste Gottesfurcht. Keine Angst oder Schwäche; er flieht weder noch zittert er. Njal, sein Sohn: "Aber den Gefallen kann ich meinem Vater tun..." Ehre. "Besitz stirbt, Sippen ..." Schicksalsfrage - Ehrensache. "Weicht seinem Anruf nicht aus." Gunnar (Atlilied). Unbedingte Behauptung der eigenen Persönlichkeit. Schicksal Bezug auf das sittliche Leben. Das Heroische nicht in der äußeren Tat, sondern in der Seele. Nationalsozialismus: Blut und Erbmasse gegeben. Grenze des Einzelnen nicht bekannt. Leistung zeigt, was Schicksal ist. "Der Held wird erst mit dem Tode fertig" gilt auch für uns. Schicksal: Grenze und Mission.

13. 16. Oktober 1934

Tagesspruch: Das Deutschland der Zukunft wird ein Bauernreich sein, oder es wird nicht sein. (Hitler)

Schulungsstunde: Der Nationalsozialismus und das Bauerntum.
Nationalsozialismus - Urkräfte des Seins, Blut und Boden. Bauer - Landwirt. "Bauer ist, wer in erblicher Verwurzelung seines Geschlechtes mit Grund und Boden sein Land bestellt und seine Tätigkeit als seine Aufgabe an seinem Geschlecht und seinem Volke betrachtet. Landwirt ist, wer ohne erbliche Verwurzelung seines Geschlechtes mit Grund und Boden sein Land bestellt und in dieser Tätigkeit nur eine rein wirtschaftliche Aufgabe des Geldverdienens erblickt."
Gesinnung des letzten Jahrzehnts: möglichst billiges Brot; Preise bald vom Ausland diktiert. Aufgabe Erhaltung und Sicherung der Lebensgrundlage des ganzen deutschen Volkes.

Charakterisierung des Bauern nach Darré: Können, Verstehen. Den Dingen auf den Grund gehen. Beschäftigung mit den organischen Zusammenhängen, Wesen der Dinge. Blick auf morgen; Erfahrung der Vergangenheit.
Voraussetzung unseres ganzen Daseins, nicht Stand unter Ständen. Verpflichtung (Gemeinnutz vor Eigennutz; bisheriger Eigentumsbegriff im BGB).
Bauerntum in der Geschichte: Germanentum; Mittelalter; Kolonisation; Dreißigjähriger Krieg; Bauernbefreiung; Abwanderung.
Lewwer duad üs Slaav. Erbhofgesetz, eigenes Brot. Hitler, Mein Kampf S. 151 und S. 152.

14. 17. Oktober 1934

Tagesspruch: Wir sind's noch nicht, wir werden's aber. (Luther)

Schulungsstunde: Die deutsche Staatsidee (z. T. nach Krieck)
Idee - Idealbild. Vergangenheit? Verwirklichung immer Zukunft. Deutsche Vergangenheit bis 1300 tot, bis 1648 Kleinstaaterei, konfessionelle Zersplitterung. Deutsche Staatsidee Wende 18./19. Jahrhundert. Fichte: "Der Staat ist ein besonderes Mittel zur Herstellung einer vollkommenen Gesellschaft."
Zweck des Staates: wesentlich geistiger Art; in sich selbst organisiert, organisches Glied eines höheren Ganzen; nimmt teil an dessen Entwicklung; Ausbildung der Glieder und Kräfte auf ein gemeinsames Ziel; Hauptaufgabe: Erziehung (die Alten, die Jungen, Gesamtheit - Glied, Glied - Gesamtheit). Organisches Glied zwischen Vergangenheit und Zukunft.
Drei Epochen: bis 1848. Bismarck. Weltkrieg bis heute. Weimar Rückschlag. Der Deutsche ist nicht, er wird. (Nietzsche)
"Nicht der Staat befiehlt uns, sondern wir befehlen dem Staat."
Tagesspruch, Nationalsozialismus, Wir, Kinder, Enkel.

15. 18. Oktober 1934

Tagesspruch: Es ist Gott lieb, wenn Menschen ihrer Freiheit wegen sterben. - Und was ist ihm ein Greuel? Wenn Sklaven leben. (Heinrich von Kleist)

Schulungsstunde: Männer. 3. Heinrich von Kleist.
Tag der Schlacht von Leipzig. Geburtstag Kleists. Vorgelesen aus der Kleistrede von Ernst Bertram, 1924.

16. 19. Oktober 1934

Tagesspruch: Gleiches Blut gehört in gleiches Reich. (Hitler)

Schulungsstunde: Wir und das Saargebiet.

1. Ein Saargebiet hat es nie gegeben.
2. Geschichte des Saarlandes, politisch, kulturell.
3. Die Ziele Frankreichs: a) wirtschaftliche,
   b) militärisch-politische.
4. Die wirtschaftlichen Beziehungen der Saar zu Deutschland und Frankreich 1919 bis 1933.
5. Neue französische Teilzielsetzung, petit Rhin, oder status quo.
6. Bedeutung der Rückkehr für uns. "Es wird keine glücklichere Stunde geben für dieses neue Deutschland als die, in der wir die Tore aufreißen können und Euch wieder in Deutschland sehen." (Hitler) Erster Schritt zur Erfüllung des ersten Programmpunktes: "Wir fordern den Zusammenschluß aller Deutschen auf Grund des Selbstbestimmungsrechtes der Völker zu einem Groß-Deutschland."

17. 19. Oktober 1934 abends Schlußansprache

Motto: Wer je die Flamme umschritt, bleibe der Flamme Trabant. (George)
Der Totalitätsanspruch des Nationalsozialismus:

a) Nationalsozialismus - Volk. Wir - nicht: ich.
b) Jeder einzelne ganz, weil er stets dem Ganzen zu dienen hat. Leicht an Festtagen; die eigentliche Aufgabe: im Alltag. Die Jugend wächst hinein, aber Beharrlichkeit will gelernt sein; wir Älteren haben manches abzulegen, gegen manche Gewohnheit anzukämpfen, nicht immer leicht - unser Symbol, die Hakenkreuzfahne weist immer auf das Neue, den Geist, der uns beherrschen soll, das zu Leistende hin. Anstrengung, Pflicht, Dienst der Idee.

Sonnenwendfeier um das Feuer, Tagesspruch. Die Idee ist verkörpert im Führer. Er der Nationalsozialismus, ihm Gefolgschaft, ihm Treue.
Hitler - Sieg Heil.

Aus: Nationalpol. Lehrgänge, S. 203 - 207

Dokument Nr. 26

OprRhpr, betr.: Nat.-Pol. Lehrgänge (HJ und ND)

Sicher sind durch solche gemeinsamen Veranstaltungen manche noch abseits stehenden Schüler für die Staatsjugend gewonnen worden, und manches gegenseitige Vorurteil hat sich wohl dabei ausräumen lassen. Es hat aber dieser Arbeit bisher das Planmäßige gefehlt, und alles ist mehr zufällig gekommen. Oft tauchen daher auch noch die alten Klagen auf. Auf konfessioneller Seite fühlt man sich angegriffen oder mißverstanden von Angehörigen der HJ. Viele Vertreter der Staatsjugend wiederum sehen in den "anderen" noch häufig nicht ohne Grund Gegner ihrer Bewegung. Sie sind verstimmt über kühle Ablehnung ihrer Bestrebungen und empört über gelegentliche Entgleisungen. Auf der anderen Seite ist es vorgekommen, daß Inhaber irgendwelcher Chargen für sich im Lehrgang eine Sonderstellung beanspruchten, nicht immer die nötige Pflichtauffassung mitbrachten und dadurch die Gemeinschaftsbildung zum mindesten erschwerten. Alle solche Vorkommnisse fordern, daß für die Zukunft der Zusammenarbeit zwischen Staatsjugend und Lehrgang besondere Beachtung geschenkt werde.

Aus: Nationalpol. Lehrgänge, S. 163

Einrichtung einer Jungvolkgruppe und einer Schulgemeinde

Die Dokumente 27 und 28 bilden die einzigen Hinweise in den Akten auf Versuche des NS-Staates, nationalsozialistische Einrichtungen auf Gaesdonck zu institutionalisieren. Daß diese Versuche offensichtlich wenig energisch durchgeführt wurden und daher auch zu keinem Erfolg führten, dürfte nicht nur auf die in den Dokumenten zum Ausdruck kommenden Sachzwänge, sondern auch auf die kirchenfreundliche Haltung der NS-Verwaltung nach Abschluß des Konkordats und auf die in diesem Punkte erfolgreiche Strategie der Gaesdonck, den Schlägen des NS-Staates möglichst schon zuvorzukommen, zurückzuführen sein.

Dokument Nr. 27

LCAG an OprAbtHS, betr.: Jungvolk / Staatsjugendtag
HStA Düsseldorf, G 73/9 146

Gaesdonck, den 19.09.1934

Betr.: Einführung des Staatsjugendtages
   Verf. v. 13.08.34 - Gen. Nr. 1965

Eine Gruppe Jugendvolk (!) konnte hier nicht gebildet werden, da die drei unteren Klassen hier nicht geführt werden. Von den Untertertianern, die sich der nationalsozialistischen Bewegung angeschlossen haben, sind nur vier unter 14 Jahre; diese sind wie die anderen der Hitlerjugend eingegliedert. Mit der Einführung des Staatsjugendtages muß daher gewartet werden, bis die betr. Anordnungen für die HJ erfolgt sind.

(Unterschrift)
Schulleiter

Dokument Nr. 28

LCAG an OprAbtHS, betr.: Bildung einer Schulgemeinde
LHA Koblenz, Best. 405 A 1469, S. 101

Gaesdonck, den 26.12.1934

Betr.: Bildung einer Schulgemeinde

Die Bildung einer Schulgemeinde im Sinne des Erlasses vom 23.11.34 hat sich hier als nicht angängig erwiesen. Alle Schüler sind von auswärts und wohnen im Internat der Anstalt. Ortsansässige Schüler gibt es hier nicht. Bei der Lage der Anstalt - 1 Stunde von der nächsten Eisenbahnstation - ist an regelmäßige Zusammenkünfte auch nur eines Teiles der Eltern in Gaesdonck nicht zu denken.

(Unterschrift)
Direktor

Ferienordnungen

Die Ferienordnungen des NS-Staates entsprachen nicht immer den Bedürfnissen der Gaesdonck als denen eines katholischen Internates. Die Dokumente 29 - 34 bringen daher Anträge des Gaesdoncker Schulleiters auf Verlegung der Ferien für seine Anstalt. Deutlich wird auch hier der Bruch in der Strategie des Oberpräsidiums, der mit der Abbauverfügung als dem entscheidenden Sieg über die Gaesdonck eintritt. Während zuvor (Dok. 29,30) der Gaesdonck kaum Entgegenkommen gezeigt wurde, entspannt sich mit dem März 1940 das Klima zwischen Gaesdonck und Oberpräsidium offensichtlich merklich, da von nun an bis zum erneuten Aufleben der Streitigkeiten im Sommer 1941 der Gaesdonck keine Schwierigkeiten mehr in den Weg gelegt werden.

Besonders Dok. 29 verdient hier Beachtung, da der Begründung für die Verlegung der Herbstferien 1935, die Eltern wollten ihre Kinder gern am Allerseelentage zu Hause sehen, um mit ihnen die Gräber der Ihrigen zu besuchen, aus 'grundsätzlichen Erwägungen' nicht entsprochen werden konnte.

Dokument Nr. 29

LCAG an OprAbtHS, betr.: Verlegung der Herbstferien 1935
LHA Koblenz, Best. 405 A 1489, S. 35

                                          Gaesdonck, den 22.09.1935

Betr.: Verlegung der Herbstferien

Für das Collegium Augustinianum bitte ich die Herbstferien von Donnerstag, den 10., bis Mittwoch, den 16. Oktober, auf die Zeit von Donnerstag, den 31. Oktober, bis Mittwoch, den 6. November, verlegen zu dürfen. Die Verlegung entspricht den Wünschen der Eltern, die gern am Allerseelentage ihre Kinder zu Hause sehen, um mit ihnen die Gräber der Ihrigen zu besuchen. Dazu kommt noch der praktische Gesichtspunkt, daß um diese Zeit die Schüler sich mit Winterkleidern versehen müssen. Da hier nur interne Schüler sind, entstehen aus der Verlegung keine Schwierigkeiten für andere.

(Unterschrift)
 Direktor

Handschriftliches Konzept des Antwortschreibens:

Dem dortigen Antrag auf Verlegung der Herbstferien kann aus grundsätzlichen Erwägungen nicht entsprochen werden.

(Unterschrift)

Dokument Nr. 30

LCAG an OprAbtHS, betr.: Vorzeitiger Schluß des Schuljahres 1939
LHA Koblenz, Best. 405 A 1489, S. 181

                               Gaesdonck, den 23.03.1939

Betr.: Vorzeitiger Schluß des Schuljahres

Der Unterzeichnete hat sich veranlaßt gesehen, die Schüler der ihm unterstellten Schule vorzeitig in die Osterferien zu entlassen.
Gründe: Während die hiesige Schule und das mit ihr verbundene Internat bis gegen Mitte März von der Grippeepidemie verschont geblieben war, zeigten sich in der vorigen Woche vereinzelte Krankheitsfälle, die seit Anfang der laufenden Woche stark zunahmen. Am Dienstag traten in schneller Folge zahlreiche Grippefälle auf, so daß ein erheblicher Prozentsatz der Schüler davon ergriffen war. Um ein weiteres Umsichgreifen der Ansteckung zu verhindern, hat der unterzeichnete Leiter im Einverständnis mit dem Hausarzt die Schüler am Mittwoch, dem 22. März, vorzeitig in die Osterferien entlassen. Es schien geboten, dies möglichst schnell zu tun, so lange die meisten noch reisefähig waren.

i.V.
(Unterschrift)

Dokument Nr. 31

OprAbtHS an LCAG, betr: Antwort auf Dok. 30
LHA Koblenz, Best. 405 A 1489, S. 182

Zum Schreiben vom 23. März 1939

Ich habe von der vorzeitigen Entlassung der Schüler in die Ferien wegen sich ausbreitender Grippe Kenntnis genommen und erteile nachträglich meine Genehmigung. Ich weise jedoch darauf hin, daß zu einer solchen Maßnahme das Gutachten eines Amtsarztes, nicht das des Hausarztes erforderlich ist; außerdem war wenigstens fernmündlich meine vorläufige Zustimmung einzuholen. Ich ersuche Sie, künftig dementsprechend zu verfahren.

gez. (Unterschrift)

Dokument Nr. 32

LCAG an OprAbtHS, betr.: Verlängerung der Osterferien 1940
LHA Koblenz, Best. 405 A 1489, S. 213

Gaesdonck, den 08.03.1940

Laut Zeitungsmeldungen sind die Osterferien auf 7 Tage vom 20. bis zum 27. März verkürzt worden, und zwar mit der Begründung, daß bei den Schülen seit Beginn des Krieges sehr viele Unterrichtsstunden und -tage ausfallen mußten.
Ich beantrage, für das Collegium Augustinianum die Osterferien bis zum 2. April auszudehnen.
Gründe:
1. Es ist ganz unmöglich, in einem Internat in den zur Verfügung stehenden Tagen die notwendigen Reinigungs- und Wiederherstellungsarbeiten auszuführen. Denn vom 20. bis zum 27. März kann nur an drei Tagen gearbeitet werden, da für das Internat auch der letzte Tag, der 27., nicht mehr in Frage kommt.
2. Die Schüler können in den wenigen Tagen ihre Kleider nicht instandsetzen lassen. Das ist umso bedenklicher, weil Neuankäufe nur im Rahmen der Kleiderkarte möglich sind.
3. Die hiesige Schule hat seit Beginn des Krieges keinen Ausfall an Unterrichtstagen gehabt. Vor allem ist der wissenschaftliche Unterricht unverkürzt durchgeführt worden. Die amtliche Begründung für die Ferienverkürzung trifft also für die hiesige Schule nicht zu.

(Unterschrift)
stellv. Leiter

Genehmigt laut Stempeleintrag am 12. April 1940.

Dokument Nr. 33

LCAG an OprAbtHS, betr.: Verlängerung der Pfingstferien 1940
LHA Koblenz, Best. 405 A 1489, S. 221

Gaesdonck, den 13.05.1940

Betr.: Verzögerung des Unterrichtsbeginns nach den Pfingstferien

Der Unterzeichnete hat sich gezwungen gesehen, den Beginn des Unterrichts nach den Pfingstferien um ein paar Tage hinauszuschieben.
Gründe:
1. Ein großer Teil der Schüler, die aus größerer Entfernung bereits am 15. Mai hierher zurückreisen müßten, würde nach Aussage des Fahrdienstleiters der Station Goch an diesem Tage noch erhebliche Schwierigkei-

ten haben, Goch zu erreichen. Einige Tage später werden diese Schwierigkeiten vermutlich wegfallen.
2. Die Lage der Anstalt unmittelbar an der holländischen Grenze macht es in der laufenden Woche wegen der Nähe des Kriegsgebietes noch untunlich, die Schüler hierher zurückkehren zu lassen und hier zu betreuen und zu unterrichten. Auch in dieser Hinsicht darf in der folgenden Woche wohl eine Änderung erwartet werden.
Die Schüler wurden daher gestern benachrichtigt, daß sie erst am 19. Mai hierher zurückzukehren haben.
Vorherige Einholung der Genehmigung war wegen der Kürze der Zeit nicht möglich, wegen der Feiertage auch nicht auf fernmündlichem Wege.

i.V.
(Unterschrift)
stellv. Leiter

Dokument Nr. 34

LCAG an OprAbtHS, betr.: Verlegung der Weihnachtsferien 1940/41
LHA Koblenz, Best. 405 A 1489, S. 257

Gaesdonck, den 23.12.1940

Im Sinne des Erlasses zur Entlastung des Reiseverkehrs wurden aus dem hiesigen Internat nur sehr wenige einzelne Schüler ein oder zwei Tage vor dem allgemeinen Ferienbeginn entlassen. Die Gesamtheit konnte erst am 20. 12. die Reise antreten, da beim Eintreffen des Erlasses (am 17.12.) keine Möglichkeit mehr bestand, die Vorbereitungen zum Antritt der Reise (Lebensmittelmarken!) früher zu beenden. Jedoch wurden die Schüler am 20. bereits mit den Frühzügen auf die Reise gebracht. Dagegen scheint es mir dem Sinne des Erlasses zu entsprechen, daß die Rückreise aus den Ferien zur Schule nicht an einem Sonntag gemacht werden muß, weil die Züge erfahrungsgemäß auch gegenwärtig sonntags am stärksten besetzt sind. Daher habe ich die Schüler angewiesen, erst am Montag, dem 06.01. wieder hierher zu reisen, so daß der Unterricht am 07.01. wieder beginnen kann.

i.V.
(Unterschrift)
stellv. Leiter

Dokument Nr. 35

LCAG an OprAbtHS, betr.: Verlängerung der Osterferien 1941
LHA Koblenz, Best. 405 A 1489, S. 277

Gaesdonck, den 19.03.1941

Betr.: Osterferien

Der Unterzeichnete bittet, die Osterferien für die von ihm geleitete Anstalt um einige Tage (bis zum 21. April einschließlich) zu verlängern. Diese 5 Tage sollen am Schluß des Schuljahres nachgeholt werden, so daß die Sommerferien um 5 Tage später beginnen.

Gründe: 1. Es ist unmöglich, in den vorgesehenen Tagen der Osterferien, in die nur 3 Arbeitstage fallen, die notwendigen Reinigungsarbeiten und Instandsetzungen in einem Internat vorzunehmen.
2. Die Schüler haben in den wenigen Tagen nicht die Möglichkeit, Kleider und Wäsche in der Heimat in Ordnung bringen zu lassen.

i.V.
(Unterschrift)
stellv. Leiter

Laut Stempeleintrag genehmigt.

Die Auseinandersetzungen um die Neubesetzung der Direktorstelle

Die Dokumente 36 - 45 enthalten den vollständigen Schriftwechsel um die Neubesetzung der Direktorstelle, soweit er in den Akten des Oberpräsidiums noch erhalten ist. Es ist davon auszugehen, daß die Akte alle wesentlichen Schriftstücke in diesem Zusammenhang enthält, da das Oberpräsidium als entscheidende Instanz das Zentrum der Vorgänge in dieser Angelegenheit bildete. Eingeschaltet waren neben dem Bewerber um die Direktorstelle: das Oberpräsidium Koblenz, Clemens August Graf von Galen als Bischof von Münster und Schulträger, das Oberpräsidium Münster als bisherige vorgesetzte Dienststelle für den Bewerber sowie der Stab des Stellvertreters des Führers im Braunen Haus in München mit dem Recht des Urteils über die politische Zuverlässigkeit des Bewerbers.

Dokument Nr. 36

LCAG an OprAbtHS, betr.: Anstellung weltlicher Lehrer
LHA Koblenz, Best. 405 A 1470, S. 233

Gaesdonck, den 14.12.1934

Soweit Stiftung und Charakter der Anstalt es zuließen, sind in den letzten Jahren geistliche Lehrkräfte durch beschäftigungslose weltliche Studienassessoren ersetzt worden. Gegenwärtig sind hier vier weltliche Studienassessoren tätig. Ein weiteres Ausscheiden von geistlichen Lehrkräften aus Gründen des Alters oder aus anderen Gründen kommt gegenwärtig nicht in Frage. Der unterzeichnete Leiter hat mit Rücksicht auf sein Alter, obwohl noch rüstig, kürzlich seinen Rücktritt angeboten, ist aber auf Wunsch des hochwürdigsten Herrn Bischofs von Münster einstweilen im Amt geblieben. Als Nachfolger für ihn käme wegen der anderen Aufgaben, die ihm in Gaesdonck obliegen, nur ein Geistlicher in Frage.

(Unterschrift)
Direktor

Dokument Nr. 37

LCAG an OprAbtHS, betr.: Anstellung weltlicher Lehrer
LHA Koblenz, Best. 405 A 1470, S. 237

Gaesdonck, den 28.02.1935

Betr.: Fehlanzeige

Alle hier tätigen Lehrer sind unter 60 Jahre alt. Bezüglich des unterzeichneten Leiters darf ich mich auf meine Darlegung vom 14.12.1934 beziehen. Die Beurlaubung von Lehrkräften und ihre Vertretung durch Studienassessoren scheitert hier schon an der Wohnungsfrage, da weder in der Anstalt noch in der Nähe weitere Wohnungen zur Verfügung stehen.

(Unterschrift)
Direktor

Dokument Nr. 38

LCAG an OprAbtHS, betr.: Rücktritt des Direktors des CAG
LHA Koblenz, Best. 405 A 1470, S. 299

Gaesdonck, den 21.03.1937

Der Direktor des
Collegium Augustinianum
Gaesdonck

Im Einvernehmen mit dem Hochwürdigsten Herrn Bischof von Münster werde ich am 1. April ds. J. aus dem Amte scheiden und in den Ruhestand treten. Bis zum Amtsantritt des neuen Direktors wird der dienstälteste Lehrer die Geschäfte der Leitung führen.

(Unterschrift)
 Direktor

Handschriftliches Konzept des Antwortschreibens:

Der Oberpräsident für die
Rheinprovinz

An den Herrn
Direktor des Collegium Augustinianum
Gaesdonck

Ich habe davon Kenntnis genommen, daß Sie zum 1. April d. J. in den Ruhestand treten. Mit der vorgeschlagenen Vertretung bin ich einverstanden.

i. A.
(Unterschrift)

Dokument Nr. 39

Bewerber an OprAbtHS, betr.: Bewerbung um die Direktorstelle am CAG
LHA Koblenz, Best. 405 A 1470, S. 319

Münster, den 08.03.1937

Der hochwürdigste Herr Bischof von Münster hat mich zum Nachfolger des am 1. April ds. J. in den Ruhestand tretenden Direktors (...) bestimmt. Ich bitte zu genehmigen, daß ich die Leitung des Collegium Augustinianum Gaesdonck am 1. April ds. J. übernehme.

Als Anlagen füge ich bei:

1. den Lebenslauf,
2. das Personalblatt,
3. das Zeugnis über die wissenschaftliche Prüfung für das höhere Lehramt,
4. das Zeugnis über die pädagogische Prüfung für das Lehramt an höheren Schulen.

(Unterschrift)
 Studienrat

Handschriftliches Konzept des Antwortschreibens (S. 318)

Koblenz, den 1. Juli 1937

Ihr Antrag vom 08.03.1937 auf Übernahme der Leitung des bischöflichen Collegium Augustinianum Gaesdonck kann nicht genehmigt werden. Die eingereichten Papiere folgen anbei zurück.

i. A.   ↳ *keine Begründung*
(Unterschrift)

Dokument Nr. 40

OprWestf an OprAbtHS, betr.: Beurteilung des Bewerbers
LHA Koblenz, Best. 405 A 1470, S. 315

                        Münster, den 02.04.1937

Der Oberpräsident der
Provinz Westfalen

In der Anlage übersende ich mit der Bitte um Rückgabe die Personalakte des Studienrates (...) vom Städt. Realgymnasium und Gymnasium in Münster. Er hat 1916 die wissenschaftliche Prüfung (Rel, D, G: I, Lat: II) "mit Auszeichnung" bestanden, Ostern 1919 die pädagogische Prüfung ebenfalls "mit Auszeichnung". Sein jetziger Direktor, der seit 1919 mit ihm an derselben Schule zusammenarbeitet, beurteilt seine unterrichtliche Tätigkeit wie auch sein Verhältnis zu den Schülern und Kollegen im ganzen günstig. Daß er zu seinen Mitarbeitern in durchweg guten Beziehungen gestanden hat, ist wohl in erster Linie auf seine ruhige, sich immer gleichbleibende Art zurückzuführen. Er ist eine konziliante Natur, auch in konfessioneller Hinsicht kein Scharfmacher. Führereigenschaften und besondere Leistungen, durch die er sich über den Durchschnitt der Lehrer hinausgehoben hätte, sind bei ihm allerdings nicht festgestellt worden. Laut Angaben seines Fragebogens hat er der Zentrumspartei angehört, ohne sich in dieser Partei besonders betätigt zu haben. Nach der Machtergreifung hat er sich zurückgehalten. Nachteiliges über seine politische Einstellung ist bislang nicht bekanntgeworden. Dem NSLB gehört er nicht an.

i. A.
(Unterschrift)

Dokument Nr. 41

NSDAP München an OprAbtHS, betr.: Politische Beurteilung des Bewerbers
LHA Koblenz, Best. 405 A 1470, S. 317

Nationalsozialistische Deutsche Arbeiterpartei

München, den 17.06.1937

Der Stellvertreter des Führers (Stab)

An den
Herrn Oberpräsidenten für die Rheinprovinz
Koblenz

Betr.: Politische Beurteilung über den Studienrat (...) in Münster in Westfalen - Ihre Anfrage vom 18.03.1937

Er gehörte vor der Machtübernahme dem Zentrum bis zu seiner Auflösung an. Er geht voll und ganz in seinem Amt als römisch-katholischer Geistlicher auf. Bezeichnend für seine Einstellung ist, daß er keiner Gliederung der Bewegung, auch nicht seiner Fachorganisation und der NSV, angehört. Seine große Anpassungsfähigkeit hat ihn bis jetzt über alle Schwierigkeiten hinweggebracht, so daß er vom Kollegium seiner Anstalt als derjenige Religionslehrer genannt wird, der am wenigsten auffällt. Die zuständigen Parteidienststellen können ihm seine politische Zuverlässigkeit nicht bestätigen.

Heil Hitler
i. A.
(Unterschrift)

Dokument Nr. 42

Genvik an OprAbtHS, betr.: Bitte um Begründung der Ablehnung
LHA Koblenz, Best. 405 A 1470, S. 323

Münster, den 20.07.1937

Bischöfliches Generalvikariat

Durch uns abschriftlich zugeleitetes Schreiben des Herrn Oberpräsidenten vom 30.06.1937 ist dem Herrn Studienrat (...) in Münster mitgeteilt worden, daß sein unter dem 08.03.1937 gestellter Antrag auf Übernahme der Leitung des bischöflichen Collegium Augustinianum Gaesdonck nicht genehmigt werden könne.
Herr Studienrat (...) hat den erwähnten Antrag, da es sich um die Leitung eines bischöflichen Gymnasiums handelt, auf Veranlassung des Hochwürdigsten Herrn Bischofs von Münster gestellt, der ihn für in jeder Hinsicht qualifiziert hält, das verantwortungsvolle Amt zu übernehmen und zu führen, in derselben gewissenhaften und ersprießlichen Art, wie sein Vorgänger, dessen Amtsführung und erfolgreiche Tätigkeit in Gaesdonck stets die volle Anerkennung der staatlichen Schulbehörde gefunden hat.
Da in dem uns abschriftlich zugesandten ablehnenden Bescheid des Herrn Oberpräsidenten vom 30.06.1937 Gründe für die Ablehnung des Antrages nicht angeführt sind, bitten wir ganz ergebenst, uns diese Gründe bekanntzugeben, damit wir Herrn (...) veranlassen können, uns über die zu seinen Ungunsten sprechenden Tatsachen oder Vorkommnisse Rechenschaft zu geben.

(Unterschrift)

Dokument Nr. 43

OprAbtHS an Genvik, betr.: Begründung der Ablehnung
LHA Koblenz, Best. 405 A 1470, S. 324

Koblenz, den 27.07.1937

Der Oberpräsident für die Rheinprovinz

Ich bin nicht in der Lage gewesen, für Studienrat (...) die Genehmigung zur Leitung der höheren Schule in Gaesdonck zu erteilen, weil die zuständigen Stellen ihm nicht den Grad der politischen Zuverlässigkeit zubilligen konnten, der mir bei einem Leiter einer höheren Lehranstalt notwendig erscheint, zumal diese Anstellung mit staatlichen Berechtigungen ausgestattet ist.

I.A.
(Unterschrift)

Dokument Nr. 44

Bischof an OprAbtHS, betr.: Ernennung eines neuen Bewerbers
LHA Koblenz, Best. 405 A 1470, S. 325

Münster, den 17.09.1937

Der Bischof von Münster

Nachdem laut dortseitiger gefl. Benachrichtigung vom 30.06.1937 - I Nr. 7446 - und vom 27.07.1937 - Nr. 8910 - der Antrag des Herrn Studienrates (...) auf Übernahme der Leitung des bischöflichen Collegium Augustinianum Gaesdonck zu meinem Bedauern nicht genehmigt worden ist, habe ich Herrn Studienrat (...) vom Schlageter-Realgymnasium in Hamborn als Leiter der genannten Anstalt in Aussicht genommen.
Er war Schüler und mehrere Jahre auch Lehrer auf der Gaesdonck. Seine Fähigkeiten und charakterlichen Eigenschaften bieten mir die Gewähr, daß er die Schule in Gaesdonck auf der bisherigen Höhe der Leistung erhalten wird.
Ich erlaube mir die ergebenste Anfrage, ob ich für die beabsichtigte Ernennung auf das Einverständnis der staatlichen Behörden rechnen kann.

(gez.) +Clemens August

Dokument Nr. 45

OprAbtHS an Bischof, betr.: Ablehnung des neuen Bewerbers
LHA Koblenz, Best. 405 A 1470, S. 327

Maschinenschriftliches Konzept der Ablehnung des Gesuches vom 17.09.1937

Koblenz, den 22.09.1937

Ich bedauere mitteilen zu müssen, daß nicht damit gerechnet werden kann, daß ich zur Ernennung des Studienrates (...) als Leiter des Collegium Augustinianum in Gaesdonck mein Einverständnis gebe. Ich habe gegen ihn wegen einiger Aussagen, die er in seinem Unterricht getan hat, eine Untersuchung eingeleitet, die noch nicht abgeschlossen ist.
Es hat sich aber bereits ergeben, daß er die für den Leiter einer höheren Schule erforderliche Eignung nicht besitzt.

i. A.
(Unterschrift)

Der Fall des Studienrates Y

Die Dokumente 46 - 50 dokumentieren den Fall Y aus den Akten der Gestapo(leit)stelle Düsseldorf. Die bei den Gestapo-Akten befindlichen Vorgänge zum Fall Y sind in sich geschlossen, so daß Vollständigkeit angenommen werden kann.

Die Dokumente 51 und 52 schildern den Fall aus der Sicht des Betroffenen. Sie entstanden im Rahmen der 1946 zur Rekonstruktion des im Krieg verlorengegangenen Bistumsarchivs durchgeführten Materialsammlungen des Bistums Münster. Trotz des zeitlichen Abstandes und der völlig veränderten äußeren Lage des Jahres 1946 erscheint der Gedächtnisbericht auf Grund seiner in den heute noch nachprüfbaren Fakten wahrheitsgemäßen Darstellung auch insgesamt glaubwürdig.

Dokument Nr. 46

RAD für GestapoDdorf, betr.: Vernehmung des RAD-Führers
HStA Düsseldorf, Best. RW 58 9794, Blatt 5

Dienstliche Vernehmung des Gruppenführers der auf Gaesdonck einquartierten Baukompanie am 07.10.1939

Zur Sache:
Am 05.10.1939 arbeitete ich mit meiner Gruppe beim Einbau eines Unterschlupfes im Walde an der Straße Goch - Gaesdonck in der Höhe des ehemaligen Priesterseminars. Gegen 11 Uhr erschien an unserer Arbeitsstätte ein schwarzgekleideter Mann, den ich später als den Studienrat A aus dem ehemaligen Priester-Seminar feststellte. Er redete uns an, anscheinend um eine Unterhaltung mit uns anzubahnen. Die Schüler, die mit ihm kamen, schickte er weg und erzählte uns erst von dem schönen Wald und daß er sich nicht habe träumen lassen, daß hier einmal Befestigungen errichtet würden. Nach seiner Ansicht würde der Krieg lange Zeit dauern. Besonders befaßte er sich mit der Person des Reichsministers Dr. Göbbels (!) und sagte ungefähr, daß sein 'Landsmann Jupp' wohl ausgeschaltet sei und sich auf seinem Landsitz befinde. Auch erzählte er einen Witz, den ich erst später verstand und der sich auf Dr. Göbbels (!) bezog. Er sagte: "Bengt Berg, der filmt die Vogelwelt!" und daß er das Andere nicht gesagt habe. Auch sei Generalfeldmarschall von Blomberg mit seiner jungen Gattin, einer ehemaligen Stenotypistin, über die Alpen nach Italien abgereist. Ein Major habe ihm ferner neulich die Frage vorgelegt, was er von den Befesti-

gungen halte. Er habe geantwortet, daß es das Gleiche wäre, wenn er fragen würde, was der Major vom Seelenheil verstünde.
Diese ganzen Äußerungen sollten biedermännisch und harmlos an uns gerichtet sein; da ich jedoch fühle, daß eine tiefere Absicht zu Grunde liegt, sehe ich mich verpflichtet, eine Aussage hierüber zu erstatten.

Der Vernommene
(Unterschrift)   Siegel   Der Vernehmende
Gruppenführer   (Unterschrift)
                                           Kompanieführer und z.b.V.

U.O., den 07.10.1939

Dokument Nr. 47

KripoGoch für GestapoDdorf, betr.: Vernehmung des StR Y
HStA Düsseldorf, Best. RW 58 9794, Blatt 8 - 10

Verantwortliche Vernehmung des Beschuldigten am 20. Oktober 1939 in Goch

Zur Person:

Über meine Person befragt gebe ich folgendes an: Ich habe die Volksschule in Xanten und ebenfalls dort die Rektoratsschule besucht. Von 1902 bis 1908 besuchte ich das Gymnasium in Gaesdonck. Mein Abiturexamen legte ich am Gymnasium in Kempen ab. Anschließend studierte ich in Münster Theologie und Philosophie. 1912 hatte ich mein Studium beendet und war bis 1915 in Kevelaer an der Rektoratsschule als Lehrer tätig. Im Februar 1915 legte ich das Oberlehrerexamen ab und wurde Ostern des gleichen Jahres in Gaesdonck als Oberlehrer angestellt, wo ich bis heute tätig bin.
Politisch organisiert war und bin ich nicht. Ich gehöre als Mitglied der NSV an und zahle monatlich 1 RM Beitrag.

Zur Sache:

Der Gegenstand meiner Vernehmung ist mit mir besprochen worden. In den letzten Wochen lag eine Kompanie des Arbeitsdienstes in unserer Anstalt, die m.W. aus Thüringen stammte. Des öfteren habe ich mich mit diesen Arbeitsdienstmännern und Führern unterhalten. Es ist richtig, daß dabei über die heutige Kriegslage und über verschiedene politische Persönlichkeiten gesprochen wurde. Es wird gleichfalls richtig sein, daß ich mich am 05.10.39 mit einer Arbeitskolonne unweit der Straße Goch - Gaesdonck in ein Gespräch eingelassen habe, ich selbst kann mich an das Datum nicht mehr erinnern. Der Inhalt des Gespräches ist mir im wesentlichen noch in Erinnerung. Die in meiner Begleitung befindlichen Schüler schickte ich voraus; ich wollte die Kinder nicht um ihre Frühstückspause bringen. Auf meinen 'Heil Hitler'-Gruß wurde ich von den Arbeitsdienstmännern angesprochen, ob ich einen Spaziergang gemacht hätte. Ich erklärte ihnen, daß ich von einem biologischen Ausflug käme und Pflanzen, Pilze und Vögel beobachtet hätte. Ich

unterhielt mich mit einem der Männer, ob er Bengt Berg kenne und seine
Bücher gelesen habe. Hierbei fiel mir der Witz ein, der Bengt Berg und Dr.
Göbbels (!) gegenüberstellte. Im Zusammenhang mit dem vorher Gesagten
machte ich die Bemerkung "Bengt Berg, der filmt die Vogelwelt." Meines
Wissens habe ich nichts weiter hinzugefügt. Wenn mir vorgehalten wird,
daß ich noch hinzugefügt hätte: "Das Andere sage ich nicht", so erkläre
ich, daß mir das nicht in Erinnerung ist. Wenn ich gefragt werde, was ich
mit diesem Witz habe bezwecken wollen, so muß ich erklären, daß es mir
ferngelegen hat, damit eine abfällige politische Bemerkung über Dr. Göbbels
zu machen. Eine bestimmte Absicht hatte ich bei dieser Redewendung nicht.
Wenn im weiteren Verlauf des Gespräches dann über Dr. Göbbels (!) erzählt wurde, so ist diese Gesprächswendung nicht von mir ausgegangen,
sondern durch die Frage des Arbeitsmannes, wo sich Göbbels (!) eigentlich
aufhalte. Wenn es auch unglaubwürdig klingt, so bleibe ich doch dabei, daß
meine Bemerkung über Bengt Berg nicht von mir aus mit dem Gespräch über
Dr. Göbbels (!) in Verbindung gebracht wurde. Obige Frage des Arbeitsmannes beantwortete ich dahin, daß sich Dr. Göbbels (!) vielleicht auf seinem
Landsitz befinde. Ich kam zu dieser Ansicht, weil der Name des Dr. Göbbels
in letzter Zeit nicht mehr genannt worden ist und er mit den augenblick-
lichen Kriegsereignissen m. E. auch nichts zu tun hat. Ich gebe zu, daß ich
in diesem Zusammenhang als von meinem 'Landsmann Jüppchen Göbbels'
gesprochen habe. Den Ausdruck Landsmann gebrauchte ich, weil es sich bei
den Arbeitsmännern um Thüringer handelte und bei Dr. Göbbels (!) und
mir um Rheinländer. Wenn ich hierbei den Ausdruck 'Jüppchen' gebraucht
habe, so kann ich das nur erklären, daß ich mir dabei absolut nichts Ver-
ächtliches gedacht habe. Ich kann mich nicht entsinnen, gesagt zu haben,
daß Dr. Göbbels (!) ausgeschaltet sei, wohl kann ich gesagt haben, daß
Dr. Göbbels (!) nicht mehr in Erscheinung trete. Wenn mir weiter vorgehalten wird, gesagt zu haben, der Krieg würde lange dauern, so erkläre ich
hierzu, daß ich wohl diese Bemerkung gemacht habe, jedoch in dem Zusammenhang mit der Aushungerungsabsicht Englands; unter diesen Umständen
würde der Krieg lange dauern.
Auch das Gespräch über Generalfeldmarschall Blomberg wurde durch die Frage eines Arbeitsmannes eingeleitet, wo denn Blomberg eigentlich sei. Ich
erzählte, was ich etwa vor einem Jahre von einem Holländer gehört hatte;
demnach sollte sich Blomberg mit seiner Frau nach Italien begeben haben.
Auf die Erwiderung des Arbeitsmannes, daß Blomberg wohl abgesetzt worden sei, weil er eine nicht standesgemäße Ehe eingegangen sei, mag ich
wohl gesagt haben, daß Blomberg sich eine Angestellte aus dem Ministerium
zur Frau genommen habe, wie ich dies auch von dem Holländer gehört hatte. Der Fall liegt soweit zurück, daß ich mich auf die Person des Hollän-
ders nicht mehr entsinnen kann. Weiter ist über dieses Thema nicht gesprochen worden.

Über das Gespräch mit dem genannten Major habe ich zu sagen, daß gleich
zu Beginn des Krieges Anfang September in unmittelbarer Nähe unserer Anstalt ein Offizier auf unserem Sportplatz damit beschäftigt war, Markierungs-
pfählchen einzuschlagen. Mit diesem Offizier kam ich ins Gespräch und bedeutete ihm, vorsichtig zu sein, da quer über dem (!) Sportplatz unter der
Erde ein elektrisches Kabel liege, das leicht beschädigt werden könnte.
Über Befestigungen habe ich weder mit dem Offizier noch mit den Arbeits-

männern gesprochen. Ich erwähnte den Arbeitsmännern gegenüber, daß mich auch schon der Offizier ebenso wie sie gefragt habe, was ich von einem Krieg halte. Den Arbeitsmännern wiederholte ich meine Antwort an den Offizier, daß ich mir kein Urteil darüber erlauben könne, ich sei wohl Fachmann, aber auf einem anderen Gebiete.
Diese meine Äußerungen den Arbeitsmännern gegenüber sollten keineswegs eine Verächtlichmachung führender Persönlichkeiten darstellen. Ich habe dieser Unterhaltung keine weitere Bedeutung beigemessen.

Der Vernehmende	Der Vernommene	Der Vernehmende
(Unterschrift)	(Unterschrift)	(Unterschrift)
Krim.-Kom.-Anw.		Krim.-Oberass.

Vermerk:

Zur Person des Vernommenen sei noch gesagt, daß er die Priesterweihe empfangen hat. Er hat weder gedient noch als Geistlicher am Weltkrieg teilgenommen.
Zum Sachverhalt ist noch zu bemerken, daß der Vernommene in keiner Weise die ihm vorgehaltenen Äußerungen bestreitet. Doch vermag er glaubhaft darzustellen, daß die Redewendungen in anderem Zusammenhang von ihm gebracht worden seien, als aus den schriftlichen Aussagen der Arbeitsdienstmänner hervorgehe. Eine Widerlegung seiner Darstellungen bzw. eine vollständige Klarstellung des Sachverhaltes ist aber nur in einer Gegenüberstellung mit den Zeugen möglich. Da aber die Baukompanie abgerückt und ihr augenblicklicher Standort nicht bekannt ist, wurde von einer solchen Maßnahme abgesehen. Der Vernommene vermittelt den Eindruck, als ob tatsächlich seine Äußerungen ohne politische Hetztendenz getan wären; so gibt er in der informatorischen Vernehmung zu, daß ihm im Zusammenhang mit dem Gespräch über Bengt Berg der betreffende Witz in die Unterhaltung gerutscht sei. Der Vernommene glaubt, jetzt nachträglich eine Erklärung für die vorliegende Anzeige darin zu sehen, daß die betreffenden Arbeitsdienstmänner absichtlich das Gespräch auf politisches Gebiet gebracht hätten, um seine Ansicht zu erfahren. Ohne Argwohn habe er sie auch geäußert.
Er erklärte, die Maßnahmen der Reichsregierung in jeder Weise bejahen zu können; nur eine gewisse Rede des Reichsministers Dr. Göbbels (!) sei für ihn sehr schmerzlich gewesen.
Im allgemeinen findet der Vernommene eine gute Beurteilung; er wird als offen und ehrlich sowie als sehr jovial und leutselig geschildert. Gerade darin kann aber eine gewisse Gefahr liegen, indem er in dieser Form versteckte Hetze oder doch Zersetzungsarbeit zu leisten versucht. Es wurde daher bereits im Anschluß an seine Vernehmung mündlich ihm bedeutet, sich bei seinen Gesprächen äußerster Zurückhaltung zu bedienen.

(Unterschrift)
Krim.-Kommissar-Anw.

Dokument Nr. 48

GestapoDdorf an SD, betr.: Bericht zum Fall Y
HStA Düsseldorf, Best. RW 58 9794, Blatt 22

Bericht der Gestapoleitstelle Düsseldorf an das Reichssicherheitshauptamt und den SD-Leitabschnitt Düsseldorf

Der Vernommene streitet es ab, mit diesem Gespräch eine Verächtlichmachung führender Persönlichkeiten der Reichsregierung beabsichtigt zu haben. Eine Widerlegung seiner Darstellung bzw. eine völlige Klarstellung des Sachverhaltes wäre nur möglich bei einer Gegenüberstellung mit den Zeugen, wovon aber abgesehen werden mußte, da die Baukompanie bereits abgerückt und ihr augenblicklicher Standort hier nicht bekannt ist. Im allgemeinen findet der Vernommene eine gute Beurteilung; er wird als leutselig und jovial geschildert.
Über den Vorfall ergeht eine Mitteilung von hier an den Herrn Oberpräsidenten der Rheinprovinz (Provinzialschulkollegium) mit der Bitte, dem Vernommenen strengste Zurückhaltung bei seinen Gesprächen über politische Fragen nahezulegen.

Dokument Nr. 49

GestapoDdorf an OprAbtHS, betr.: Bitte um Verwarnung des StR Y
HStA Düsseldorf, Best. RW 58 9794, Blatt 23/24

Schreiben der Gestapoleitstelle Düsseldorf an den Oberpräsidenten der Rheinprovinz mit der Bitte um eine Verwarnung (Konzept)

Als Anlage überreiche ich Ihnen die Abschrift eines hier vorliegenden Ermittlungsvorganges gegen den Herrn Studienrat (...). Danach hat sich (...) mit Angehörigen einer Baukompanie, die in den Gebäuden der Studienanstalt Gaesdonck einquartiert war, über politische Ereignisse unterhalten. Die Äußerungen waren offenbar genügend, in den Arbeitsdienstmännern das Gefühl zu erwecken, als ob er nicht die Maßnahmen der Reichsregierung billige und deshalb, in einem allerdings biedermännisch und harmlos gehaltenen Tone, versuchte, durch abfällige Bemerkungen führende Persönlichkeiten der Reichsregierung lächerlich und verächtlich zu machen. Wenn seine Äußerungen auch nicht schwerwiegender Art waren, so gibt der Vorfall doch Veranlassung, ihn eindringlich darauf hinzuweisen, sich bei seinen Gesprächen über politisch führende oder bekannte Persönlichkeiten und Angelegenheiten äußerster Zurückhaltung zu befleißigen.
Ich bitte, von dort aus auf (...) in dieser Hinsicht einzuwirken und mir von dem Veranlaßten Mitteilung zu machen.

Dokument Nr. 50

OprAbtHS an StR Y, betr.: Verwarnung des StR Y
HStA Düsseldorf, Best. RW 58 9794, Blatt 25

Verwarnung des beschuldigten Lehrers durch den Oberpräsidenten der Rheinprovinz (Abschrift für die Gestapo)

Wie mir aus Düsseldorf mitgeteilt wird, haben Sie sich mit Angehörigen einer Baukompanie, die in den Gebäuden der Studienanstalt Gaesdonck einquartiert war, über politische Ereignisse unterhalten. Die Äußerungen waren offenbar genügend, in den Arbeitsdienstmännern das Gefühl zu erwecken, als ob Sie nicht die Maßnahmen der Reichsregierung billigten und deshalb versuchten, in einem allerdings biedermännisch und harmlos gehaltenen Tone, durch abfällige Bemerkungen führende Persönlichkeiten der Reichsregierung lächerlich und verächtlich zu machen.
Mit Rücksicht auf den Gnadenerlaß des Führers vom 21.10.1939 (R.G.Bl.I Nr. 213) sehe ich von dienstlichen Maßnahmen gegen Sie ab. Ich fordere Sie aber dringend auf, sich in Zukunft bei Gesprächen über politisch führende oder bekannte Persönlichkeiten und Angelegenheiten äußerste Zurückhaltung aufzuerlegen.

Zusatz für die Gestapo: Ich weise noch darauf hin, daß (...) der Lehrer einer bischöflichen Privatschule und Beamter ist. Die Schule in Gaesdonck wird übrigens zu Ostern 1940 geschlossen.

i. A.
(Unterschrift)

Dokument Nr. 51

StR Y an Bistumsarchiv, betr.: Fall Y (1939)
Bistumsarchiv Münster (BAM), Signatur: BAM GV NA A 101 - 22

Hamb, den 30.09.1946

Betr.: Gedächtnisbericht und Materialsammlung vom "Dritten Reich an meiner früheren Stelle in Gaesdonck"

Ein persönliches Erlebnis

Im September-Oktober 1939 wurden in den Gebäuden des Col. Aug. Gaesdonck etwa 300 Leute des RAD untergebracht. Ehe sie die bischöfliche Anstalt bezogen, schrieben sie mit Blaustift an die Muttergottesstatue draußen vor dem Tor: "Die Sau", was für die geistige und religiöse Einstellung der Nazitruppe bezeichnend war.
Bei Gelegenheit einer naturwissenschaftlichen Exkursion mit einer Klasse während einer Biologiestunde stieß ich in dem naheliegenden Wald zufällig auf schanzende Leute. Sofort entließ ich die Jungen zur Frühstückspause.

Um nicht unfreundlich zu sein, plauderte ich harmlos kurze Zeit mit den Leuten. Ich war mir bewußt, daß es bei Todesstrafe verboten war, die Westwallarbeiten des Näheren in Augenschein zu nehmen. Beim Austritt aus dem Wald kam gerade der Major (Theosoph aus Breslau) zur Besichtigung, er fragte mich, ob ich mir die Arbeiten angesehen habe und was ich davon halte. Ich antwortete ihm, es wäre die schönste Stelle des Waldes und mein Lieblingsplätzchen. - Die Leute und den anwesenden Feldmeister hat er dann sofort, wie ich später erfuhr, ausgefragt, was ich zu ihnen gesagt habe.

Einige Tage später, als ich gerade am Telefon stand, meldete sich eine höhere militärische Dienststelle. Ich holte einen Feldmeister heran, der dann den Räumungsbefehl der Anstalt entgegennehmen mußte. Die Schuld, ihn erwirkt zu haben, wurde mir zugeschoben. Am folgenden Tage wurde geräumt, nicht ohne daß vorher ein Lied auf dem Binnenhof abgesungen wurde: "Stellt die Pfaffen an die Wand ..."

Einige Tage darauf wurde ich von der Gestapo Düsseldorf geholt und im Bürgermeisteramt Goch mehrere Stunden vernommen. Das Protokoll habe ich nach langem Ringen unterschrieben und habe mich dann gesträubt, noch einmal ins Auto zu steigen. Trotz strömenden Regens bin ich zu Fuß nach Gaesdonck zurückgekehrt. Nach Wochen bangen Wartens kam von der Schulbehörde Koblenz ein Entscheid, der in Abschrift beiliegt.

gez. (Unterschrift)
Stud.-Rat i.R.

Dokument Nr. 52

OprAbtHS an StR Y, betr.: Verwarnung des StR Y

Abschrift

Der Oberpräsident der Rheinprovinz
Abt. für höhere Schulen, I 12334

Koblenz, den 11.11.1939

An Herrn Studienrat (...), Gaesdonck,
private Oberschule für Jungen

Wie mir die Staatspolizeistelle Düsseldorf mitgeteilt hat, haben Sie sich mit Angehörigen einer Baukompanie, die in den Gebäuden der Studienanstalt Gaesdonck einquartiert war, über politische Ereignisse unterhalten. Ihre Äußerungen waren offenbar geeignet, in den Arbeitsdienstmännern das Gefühl zu erwecken, als ob Sie die Maßnahmen der Reichsregierung nicht billigten und deshalb in einem allerdings harmlos gehaltenen Tone, durch abfällige Bemerkung führende Persönlichkeiten der Reichsregierung lächerlich und verächtlich zu machen.

Mit Rücksicht auf den Gnadenerlaß des Führers vom 21.10.1939 (R.G.Bl. I Nr. 213) sehe ich von dienstlichen Maßnahmen gegen Sie ab.
Ich fordere Sie aber dringend auf, sich in Zukunft bei Ihren Gesprächen über politisch führende oder bekannte Personen und dergl. äußerste Zurückhaltung aufzuerlegen.

Im Auftrage:					Beglaubigt:
gez. Jungbluth				gez. Unterschrift
							Reg. Assistent

Turnen

Die Dokumente 53 und 54 geben einen Einblick in die gute Ausstattung der Schule mit Sportplätzen und Sporthalle. Auf diesem Gebiet ergaben sich für die Gaesdonck also keine Schwierigkeiten, die von den Nationalsozialisten stark heraufgesetzten Anforderungen an den Sportunterricht zu erfüllen.

Die Dokumente 54 - 61 dagegen zeigen die personellen Schwierigkeiten gerade im Sportunterricht auf, die durch die Strategie der Schulaufsicht, der Gaesdonck keine neuen geeigneten Lehrer mehr zuzuweisen und später sogar die Gaesdoncker Lehrer durch Einberufungen der Gaesdonck zu entziehen, noch verstärkt wurden.

Dokument Nr. 53

LCAG an OprAbtHS, betr.: Ausstattung für den Sportunterricht
LHA Koblenz, Best. 405 A 4170, S. 13

Gaesdonck, den 06.06.1936

Betr.: Turnen, Sport und Spiel - Verfügung vom 07.05.1936 Gen. Nr. 754

I. Turnhalle

1. Die Anstalt besitz eine eigene Halle.
2. Die Halle ist 21 x 13 m groß, dazu kommt noch eine Sprunggrube von 6 x 4,5 m, ein Ankleideraum mit Wascheinrichtung, ein Abstellraum für Geräte. Die Halle ist beheizbar (Warmwasserheizung) und durch große Fenster stark belichtet.

3. Geräteausstattung: 3 Recks, 2 Barren, 2 Pferde, 1 Sprungtisch, Sprossenwand, Trapez und Ringe, 2 Leitern, Kletterstangen und Klettertaue.

4. Reinigung durch Hausangestellte.

5. Die Halle wird nur von der Anstalt benutzt.

II. Sport und Spiel

1. Schulhof ca 60 x 70 m von alten Linden umrahmt, dient auch als Spielplatz.

2. Sportplatz für leichtathletische Übungen mit 360 m Rundbahn, 100 m Bahn, Einrichtung für Hochsprung, Weitsprung, Stabhochsprung, Kugelstoßen. Davon gesondert ein Tennisplatz.

3. Fußballplatz beim Hause, der auch in der freien Zeit ständig benutzt wird, 60 x 90 m; ein Platz für Faustball etc. 40 x 60 m.

4. Ausrüstung mit Spiel- und Sportgerät: 3 Fußbälle, 1 Handball, 1 Faustball, Schlagbälle, 3 Kugeln, 2 Diskus, 2 Schleuderbälle, 2 Medizinbälle, 3 Speere, 8 Wurfkeulen.

III. Schulschwimmunterricht:

Da zum Schwimmen nur im Sommer in der ca 1 Std. entfernten Badeanstalt Weeze Gelegenheit ist, wird nur im Sommer Schwimmunterricht erteilt. Die Schüler gehen mittwochs und samstag nachmittags, wenn das Wetter es erlaubt, geschlossen zur Badeanstalt.

IV. Boxen:

Zur Verfügung stehen 6 Paar Boxhandschuhe.

(Unterschrift)
Direktor

Dokument Nr. 54

LCAG an OprAbtHS, betr.: Durchführung des Sportunterrichts
LHA Koblenz, Best. 405 A 4170,

Gaesdonck, den 26.02.1941

1. Folgende Übungsstätten stehen der hiesigen Anstalt zur Verfügung:
   Turnhalle, unmittelbar mit der Anstalt verbunden,
   Großer Sportplatz, desgl.,
   Kleiner Sportplatz, desgl.,
   Schwimmbad, nur im Sommer, 6 km entfernt.

2. Diese Einrichtungen genügen zur vollen Durchführung des Lehrplanes. Nur Schwimmen bleibt auf den Sommer beschränkt.

3. 2 Lehrer mit voller Lehrbefähigung

4. Nein, es wurden 2 weitere geeignete Lehrer herangezogen.

5. Stand am 01.02.1941:

   a) 1 Lehrer mit Lehrbefähigung und 1 Lehrer, der ohne Lehrbefähigung am Turnunterricht beteiligt war, wurden zum Heeresdienst eingezogen.

   b) Zur Verfügung stehen noch 1 Lehrer mit Lehrbefähigung und 1 Lehrer ohne solche.

   c) Zum Ersatz wurden 2 Lehrer der Anstalt, die keine Lehrbefähigung für die Leibesübungen haben, aber für den Turnunterricht sich eignen, mit solchem beschäftigt.

6. Soweit es auf die Lehrkräfte ankommt, wäre der Unterricht in den Leibesübungen annähernd ohne Einschränkungen möglich.

7. Wegen der allgemeinen Kürzung des Unterrichts sind die Turnstunden auf 2 Stunden wöchentlich beschränkt worden. Hierzu treten indes zahlreiche freiwillige Übungen, die im Internat unter der Leitung der Lehrer stattfinden, und die ebenfalls in der hiesigen Turnhalle veranstalteten Übungen der HJ-Gefolgschaft.

i. V.
(Unterschrift)
stellv. Leiter

Dokument Nr. 55

LCAG an OprAbtHS, betr.: Durchführung des Sportunterrichts
LHA Koblenz, Best. 405 A 4171, S. 9

Gaesdonck, den 02.11.1935

Der Turnlehrer (...) konnte nicht alle zusätzlichen Stunden übernehmen, leitet aber die anderen Herren an, im Sinne des von ihm mitgemachten Kursus zu arbeiten.

(aus dem Fragebogen des Oberpräsidiums zur Durchführung der dritten Turnstunde; zur Person des Turnlehrers vgl. 405 A, 1470, S. 269, hier: Dok. 56.)

Gaesdonck, den 24.04.1936

Betr.: Durchführung der 3. Turnstunde

Die zusätzliche 3. Turnstunde ist seit dem 16.10.1935 in allen Klassen durchgeführt. Der Unterricht wird von den Lehrern, die bisher Turnunterricht

erteilten, gehalten.
Der übrige Unterricht ist entsprechend gekürzt. Angeschafft wurden die für die Durchführung des Unterrichts nötigen Boxhandschuhe.

(Unterschrift)
Direktor

Dokument Nr. 56

Uni Bonn an OprAbtHS, betr.: Beurteilung des Sportlehrers am CAG
LHA Koblenz, Best. 405 A 1470, S. 269

Beurteilung des Lehrgangsleiters eines Lehrganges für die Fortbildung von Turnlehrern am Hochschulinstitut für Leibesübungen der Universität Bonn über den einzigen Studienrat am Collegium Augustinianum Gaesdonck mit offizieller Lehrbefähigung für das Fach Sport

Mitarbeit:	rege
Einstellung:	gut, doch fehlt die innere Begeisterung
Veranlagung:	wenig geeignet
Leistungen:	gering
Kameradschaftliches Verhalten:	einwandfrei
Eignung zum Turnunterricht:	nicht geeignet

Bonn, den 02.05.1936

(Unterschrift)
Lehrgangsleiter

Alter:	50 Jahre
Kriegsteilnehmer:	Ja
Kriegsverletzt:	Ja
Turn- und Sportlehrerprüfung:	Bonn 1909
erteilt Sportunterricht:	6 Wochenstunden
frühere Lehrgänge:	1935 Bonn

Dokument Nr. 57

LCAG an OprAbtHS, betr.: Einstellung eines neuen Sportlehrers
LHA Koblenz, Best. 405 A 1470, S. 329

Gaesdonck, den 15.01.1938

Sehr geehrter Herr Kollege!

Ostern 1938 wird die hiesige Anstalt einen weiteren Lehrer für Ma, Ph und Bi einstellen müssen. Außerdem ist mir die Anstellung eines weiteren Lehrers mit Turnfakultät durch den Herrn Sachbearbeiter aufgegeben worden. Ich erlaube mir, wie schon im September vorigen Jahres, Sie zu bitten, mir einige Studienassessoren namhaft zu machen, die neben Turnbefähigung auch Ma oder ein naturwissenschaftliches Fach haben und im übrgen sich für ein katholisches Internat eignen.

Heil Hitler

(Unterschrift)
stellv. Leiter

Handschriftliches Konzept des Antwortschreibens (S. 330):

Koblenz, den 25.01.1938

Die Namhaftmachung von Studienassessoren ist z. Zt. leider noch nicht möglich. Die erbetenen Vorschläge werden später erfolgen.

i. A.
(Unterschrift)

Dokument Nr. 58

LCAG an OprAbtHS, betr.: Einstellung eines neuen Sportlehrers
LHA Koblenz, Best. 405 A 1470, S. 333

Gaesdonck, den 23.04.1938

Die Bischöfliche Behörde in Münster als Unterhaltsträger der hiesigen Anstalt hat den Theologen (...), der im Jahre 1928 die Lehrbefähigung im Turnen erworben, danach aber sein philologisches Studium abgebrochen hat, um Theologie zu studieren, unter dem 11.04. zur Erteilung von Unterricht in den Leibesübungen hierher berufen.

Begründung: Unter dem 05.01.1938 war mir durch den Herrn Oberpräsidenten auferlegt worden, für Ostern 1938 einen weiteren Turnlehrer sicherzustellen. Die staatliche Behörde machte mir einen Assessor mit Turnbefähigung namhaft, der jedoch ablehnte, weil er als Hochschulassistent beschäftigt war. Ein anderer Assessor mit Turnbefähigung konnte nicht namhaft gemacht werden. Darauf hat die Bischöfliche Behörde den oben genannten Herrn zur Verfügung gestellt.

i.V.
(Unterschrift)
stellv. Leiter

Dokument Nr. 59

Uni Bonn an OprAbtHS, betr.: Beurteilung des neuen Sportlehrers
LHA Koblenz, Best. 405 A 1470, S. 419

Beurteilung des Lehrgangsleiters eines Lehrganges für die Fortbildung von Turnlehrern am Hochschulinstitut für Leibesübungen der Universität Bonn über den im Jahre 1938 von der Bischöflichen Behörde dem Collegium Augustinianum Gaesdonck zugewiesenen zweiten Lehrer mit offizieller Lehrbefähigung für das Fach Sport

Mitarbeit:	stets einsatzbereit
Einstellung:	sehr bejahend
Veranlagung:	gut
Leistungen:	gut
Kameradschaftliches Verhalten:	prächtiger Kamerad
Eignung zum Turnunterricht:	gut geeignet

Bonn, den 20.05.1939

(Unterschrift)
Lehrgangsleiter

Alter:	33 Jahre
Turn- und Sportlehrerprüfung:	1928 Münster
erteilt Sportunterricht:	13 Wochenstunden
Tätigkeit in SA, SS, NSKK, HJ, BdM, Jv?	Nein
Besondere Bemerkungen:	Grundschein der DLRG
	Reichssportabzeichen in Silber 1939

Dokument Nr. 60

LCAG an OprAbtHS, betr.: Einberufung des Lehrers B zum Wehrdienst
LHA Koblenz, Best. 405 A 1470, S. 425

Gaesdonck, den 13.05.1940

Der Theologe (...), der an der hiesigen Anstalt mit Aufsicht im Internat und Turnunterricht beschäftigt ist, erhielt am 11. Mai seine Einberufung zum Wehrdienst auf den 13. Mai 1940.
Die Dienstobliegenheiten werden von den übrigen Lehrern der Anstalt übernommen.
Abschrift des Einberufungsbefehls liegt bei. Der Einberufene wird als Theologe jedenfalls im Sanitätsdienst Verwendung finden.

i. V.
(Unterschrift)
stellv. Leiter

Abschrift

Wehrbezirkskommando Moers

Einberufungsbefehl A 5

Sie werden hierdurch zum aktiven Wehrdienst einberufen und haben sich am 13. Mai 1940 bis 19 Uhr bei Leyendeckerwiese in Moers zu melden.

Wehrbezirkskommando Moers

Der Einberufene konnte am 23. November 1980 befragt werden (vgl. Befragung B).

Dokument Nr. 61

LCAG an OprAbtHS, betr.: Einberufung und Freistellung eines Turnlehrers am CAG vom Wehrdienst
LHA Koblenz, Best. 405 A 1470, S. 423 u. 433

Gaesdonck, den 15.04.1940

Der Theologe (...), der an der hiesigen Anstalt mit Turnunterricht beschäftigt ist, wurde zum 15. April zur militärischen Dienstleistung einberufen. Diese Meldung erstatte ich erst jetzt, weil bis zum Tage des Einrückens nicht feststand, ob die Einberufung wirksam wurde, da (...) für den Dienst beim Roten Kreuz vorgesehen ist und auch jetzt noch damit zu rechnen

ist, daß er für diese Dienstleistung reklamiert wird. Als Theologe wird er jedenfalls beim Sanitätskorps verwendet werden.
Der von ihm hier erteilte Unterricht wird größtenteils von den übrigen Turnlehrern übernommen. Einzelne Spielstunden werden anderen Lehrern zugewiesen.

i.V.
(Unterschrift)
stellv. Leiter

Gaesdonck, den 20.08.1940

Ich bitte um Weiterleitung des beiliegenden Freistellungsgesuches für den hiesigen Turnlehrer (...) an das zuständige Wehrbezirkskommando Moers.

i. V.
(Unterschrift)
stellv. Leiter

Vermerk aus dem Oberpräsidium: Weitergeleitet mit dem Bemerken, daß die Freistellung erwünscht ist.

Die Angriffe auf die ökonomische Basis der Gaesdonck

Dokument 62 ist vor allem als Beleg für die Unabhängigkeit der Gaesdonck von staatlichen Zuschüssen interessant.
Die Dokumente 63 - 67 sind außer wegen ihrer Aussagen über die Auseinandersetzungen um die Grundsteuerbefreiung auch wegen der detaillierten Angaben über die soziale und geographische Herkunft der Schüler von Bedeutung. Sie ergänzen darin das Schülerverzeichnis von 1937.
Die Dokumente 68 - 70 stammen aus der Gestapo-Akte über den geistlichen Lehrer X, der mit der Verwaltung des Gaesdoncker Grundbesitzes betraut war. Die Aussagen des Antragstellers geben wichtige Hinweise auf die Verwaltung des Gaesdoncker Grundbesitzes in Holland.
Die Dokumente 71 - 73 betreffen die militärische Belegung des Gebäudes in den Jahren 1939 und 1940. Als Ergänzung ist hier der Gedächtnisbericht des Studienrates Y (Dokument 51) heranzuziehen, der die Auswirkungen der militärischen Belegung mit einer Kompanie RAD schildert.

Dokument Nr. 62

LCAG an   OprAbtHS, betr.: Statistische Angaben für RuPrM fWEVb
LHA Koblenz, Best. 405 A 1470, S. 227

Statistische Übersicht über die Verhältnisse des CAG 1934 - Gen 2696

Koblenz, den 24.10.1934

Zur Aufstellung einer Gesamtübersicht für den Herrn Minister für Wissenschaft, Kunst und Volksbildung ersuche ich um sorgfältige Ausfüllung des nachstehenden Musters und Einreichung bis zum 01.11.1934.

Ort: Gaesdonck über Goch
Bezeichnung der Schule: Collegium Augustinianum
Schulform: Gymnasium
Klassenzahl: 6 (UIII - OI)
Schülerzahl: 159
Höhe des staatlichen und städtischen Zuschusses: -
Zahl der vollbeschäftigten Lehrkräfte, die Ordensschwestern oder Ordensgeistliche sind: -
Zahl der vollbeschäftigten weltlichen Lehrkräfte: 13, darunter 9 Weltgeistl.
davon sind akademisch gebildet: 13
nicht akademisch gebildet: -

(Unterschrift)
Direktor

Dokument Nr. 63

LCAG an OprAbtHS, betr.: Befreiung von der Grundsteuer
LHA Koblenz, Best. 405 A 1490, S. 71

Gaesdonck, den 30.08.1937

Betr.: Befreiung von der Grundsteuer - Gen. Nr. 1341

Für das Collegium Augustinianum Gaesdonck wird hiermit die durch Erlaß des Herrn Reichs- und Preuß. Ministers für Wissenschaft, Erziehung und Volksbildung vom 06.08.1937 in Aussicht gestellte Befreiung von der Grundsteuer beantragt.
Das Collegium Augustinianum ist ein Erziehungsheim, das aus einer Oberschule für Jungen (bis 1937 Gymnasium) und einem Internat besteht. Alle Schüler wohnen im Internat. Die Anstalt wurde 1849 durch den Bischof von Münster gegründet, nachdem i. J. 1827 durch die preußische Regierung die Anregung dazu gegeben worden war, die im Besitze des Bischof befindlichen Gebäulichkeiten und Ländereien des Hülfspriesterseminars Gaesdonck für die Gründung eines katholischen Gymnasiums zu verwerten.

Die Schule mit Internat entspricht heute noch einem dringenden Bedürfnis und erfüllt Zwecke, die im Interesse der Öffentlichkeit liegen, weil sie die einzige Anstalt solcher Art in einem weiten Bezirk des Niederrheins und des angrenzenden Westfalen ist. Sie gibt Eltern, die wegen des von ihnen betriebenen Gewerbes oder aus anderen Gründen nicht in der Lage sind, ihre Kinder zu Hause selbst zu beaufsichtigen und im Studium weiterzubringen, die Möglichkeit, den Kindern die Bildung der Höheren Schule zu vermitteln. Die Anstalt hat von jeher besonders eine große Anzahl von Schülern beherbergt und zum Abschluß der gymnasialen Studien gebracht, die aus bäuerlichen und Arbeiterkreisen stammen. Viele Schüler - durchweg 2/5 der Gesamtzahl - genießt große Ermäßigung des Schul- und Kostgeldes. So erfüllen Schule und Internat die Aufgabe, Söhnen aus dem Bauernstande und aus mittleren und einfachen Volkskreisen den Erwerb des Reifezeugnisses oder der 'mittleren Reife' zu ermöglichen, eine Aufgabe, die im 'Rahmen der staatlichen Aufgaben' liegt. Sie haben seit fast 100 Jahren ihre Schüler allen Berufsarten zugeführt. Die im Schreiben vom 12.08. verlangte besondere Nachweisung liegt bei.

i.V.
(Unterschrift)
stellv. Leiter

Dokument Nr. 64

ABgm-Asperden für LCAG, betr.: Nachweisung über den Grundbesitz des CAG
LHA Koblenz, Best. 405 A 1490, S. 76/77

Der Amtsbürgermeister des
Amtes Asperden, Abt. I

Goch, den 01.09.1937

Nachweisung zu dem Antrage des Collegium Augustinianum Gaesdonck auf Befreiung von der Grundsteuer

Name der Schule:	Collegium Augustinianum Gaesdonck
Ort:	Gaesdonck, Amtsbezirk Asperden, Kreis Kleve
Größe und Art des Grundbesitzes:	157 ha Ackerland, Wiesen und Wald
Art der Nutzung:	65 ha in eigener Bewirtschaftung, das übrige ist verpachtet
Der Grundbesitz gehört:	Der Grundbesitz ist im Grundbuch eingetragen auf den Namen des 'Hülfspriesterseminars Gaesdonck'

Gesamtzahl der Schüler: 152
Davon sind im Schülerheim: 152
aus dem Schulort und der
näheren Umgebung: Aus dem Kreis Kleve stammen 43 Schüler
aus anderen Bezirken: 109 Schüler

Aufgestellt, Goch, den 31.08.1937
Der Amtsbürgermeister des
Amtes Asperden

(Unterschrift)
Amtsbürgermeister

Dokument Nr. 65

LCAG an OprAbtHS, betr.: Nachtrag zum Antrag vom 30.08.1937
LHA Koblenz, Best. 405 A 1490, S. 79

Gaesdonck, den 13.09.1937

Betr.: Befreiung von der Grundsteuer
Ergänzung zu der Nachweisung vom 30.08. d.J.

1. Aus dem Schulort stammen 5 Jungen;

2. Aus der näheren Umgebung:
aus Goch 9, aus Kleve 6, aus Uedem 7, aus Kalkar 2, aus Till 1, aus Weeze 1, aus Wyler 1, aus Zyfflich 1, aus Warbeyen 2;

3. Aus anderen Bezirken:

aus Aldekerk 1, aus Alpen 1, aus Amern 2, aus Anholt 1, aus Bocholt 1, aus Bochum 1, aus Borken 2, aus Bracht 2, aus Brüggen 3, aus Büttgen 1, aus Dahlheim 1, aus Datteln 8, aus Drensteinfurt 1, aus Duisburg 2, aus Düsseldorf 2, aus Finnentrop 1, aus Freudenberg 1, aus Geldern 1, aus Gescher 1, aus Gimbte 1, aus Haldern 2, aus Haltern 1, aus Hamborn 3, aus Hertefeld 1, aus Hervest-Dorsten 1, aus Herzfeld 2, aus Homberg 2, aus St. Hubert 1, aus Isselburg 2, aus Kaldenkirchen 1, aus Kamp-Lintfort 2, aus Lipramsdorf 1, aus Lüdinghausen 1, aus Marienbaum 2, aus Dülken 1, aus Mehrhoog 1, aus M.-Gladbach 1, aus Münster 3, aus Nieukerk 2, aus Nimwegen 1, aus Nottuln 1, aus Oberalme 1, aus Oberhausen 2, aus Potsdam 1, aus Ratingen 1, aus Recke 1, aus Rees 4, aus Soest 1, aus Sonsbeck 2, aus Stadtlohn 4, aus Straelen 2, aus St. Tönis 2, aus Twisteden 1, aus Viersen 1, aus Wachtendonck 4, aus Wesel 1, aus Waldniel 1, aus Weiskirchen 1, aus Wissel 1, aus Xanten 2.

(Unterschrift)
stellv. Direktor

Dokument Nr. 66

OprAbtHS an LCAG, betr.: Ablehnung der Grundsteuerbefreiung
LHA Koblenz, best. 405 A 1490, S. 83

Koblenz, den 28.09.1937

Der Oberpräsident für die
Rheinprovinz

Ihrem Antrag auf Befreiung von der Grundsteuer für das Collegium Augustinianum und für das Schülerheim vermag ich nicht stattzugeben, da ich nicht anerkennen kann, daß der Benutzungszweck der Anstalt und des Schülerheims im Rahmen der staatlichen Aufgaben liegt (§§ 14, 15 Ziff. 1 GrSt. DVO). Gegen diesen Bescheid kann binnen 2 Wochen nach Zustellung Beschwerde bei mir erhoben werden.

(Unterschrift)

Auf einen neuen Erlaß hin, der allen Privatschulen Befreiung von der Grundsteuer zusichert, sofern sie staatlich anerkannt sind, stellt der Leiter des Collegium Augustinianum am 18.06.1938 erneut einen Antrag auf Befreiung von der Grundsteuer. Am 20.07.1938 wird daraufhin eine Bescheinigung über die staatliche Anerkennung für das Collegium Augustinianum ausgestellt, so daß angenommen werden kann, daß damit auch der Befreiung von der Grundsteuer nichts mehr im Wege stand.

Dokument Nr. 67

LCAG an Opr AbtHS, betr.: Bedürftige Schüler des CAG
HStA Düsseldorf, G 73/9 146

Gaesdonck, den 23.10.1940

Die hiesige Schule zählt an bedürftigen Schülern:

4 Schüler aus Familien mit je   3 Kindern
5 Schüler aus Familien mit je   4 Kindern
4 Schüler aus Familien mit je   5 Kindern
4 Schüler aus Familien mit je   6 Kindern
2 Schüler aus Familien mit je   7 Kindern
2 Schüler aus Familien mit je   8 Kindern
1 Schüler aus einer Familie mit 11 Kindern

Alle diese erhalten erhebliche Ermäßigung des Schulgeldes bzw. des Internatskostgeldes. Aus Mangel an Mitteln brauchte noch keinem Schüler eine Beihilfe versagt zu werden.

I.A.
(Unterschrift)

Dokument Nr. 68

Gestapo Kleve an Gestapo Ddorf und Rückantwort, betr.: Antrag des StR X auf Wiedererteilung seines Grenzausweises
HStA Düsseldorf, Best. RW 58 46 580, Blatt 4

Bericht der Gestapo Kleve an die Gestapoleitstelle Düsseldorf zum ersten Antrag auf Wiedererteilung des Grenzausweises

                                      Kleve, den 16.02.1940

Die Angaben des Antragstellers entsprechen den Tatsachen. Die eigentliche Verwaltung der in Holland liegenden Grundstücke hat seit Jahren der Antragsteller. Die Pachtbeträge werden z. Zt. von einem Notar in Gennep (Holland) entgegengenommen. Die Betreuung und Instandhaltung der einzelnen Gebäude obliegen dem Antragsteller.
Dem Antragsteller müßte anheim gestellt werden, auch die Betreuung und Instandhaltung dem holl. Notar zu übertragen. Der Name des Notars ist unbekannt, weil er z. Zt. der Vertreter des verstorbenen Notars ist.
Eine Aushändigung des Grenzausweises kann auf Grund der Verfügung von Stapo Düsseldorf, II B/80/10 Allgemein 166 g nicht erfolgen.

Dokument Nr. 69

StR X an Grenzpolizei Goch, betr.: 2. Antrag auf Wiedererteilung des Grenzausweises
HStA Düsseldorf, Best. RW 58 46 580, Blatt 6

Antrag des mit der Gutsverwaltung betrauten Lehrers auf Erteilung eines Grenzausweises 1940

An den
Grenzpolizeiposten Goch
Nordring

                                    Gaesdonck, den 11.09.1940

Vor einigen Monaten wurde mir mein Grenzausweis entzogen. Die Verwaltung des Gaesdoncker Grundbesitzes in Holland, die mir obliegt, macht es mir aber zur Pflicht, gelegentlich bei unseren 30 Pächtern nach dem Rechten zu sehen. Ebenso ist es notwendig, daß ich bei notwendigen Reparaturen an unseren dortigen Häusern und Wirtschaftsgebäuden mich an Ort und Stelle überzeuge. Einige Pachtverträge können nicht zum Abschluß kommen, da ich mit den Pächtern nicht zusammenkommen kann und mit dem Notar in Gennep, der erst einige Wochen im Amte ist, nur schriftliche Verhandlungen pflegen kann.

Eine fruchtbringende Verwaltung ist nicht denkbar, wenn eine persönliche Fühlungnahme ausgeschlossen ist. Letztere liegt in unserem eigenen und in unserem vaterländischen Interesse.
Ich bitte den Herrn Kriminaloberassistenten, prüfen zu wollen, ob mir aus oben angeführten Gründen der Grenzausweis zurückgegeben werden kann. Gleichzeitig bitte ich um Ausstellung eines Begleitscheines für vielleicht fünfmalige Überschreitung der Grenze bei dem Gaesdoncker Zollamt im Monat.

(Unterschrift)

Dokument Nr. 70

Gestapo Ddorf, betr.: Genehmigung des Antrags vom 11.09.1940
HStA Düsseldorf, Best. RW 58 56 580, Blatt 8

Antwortschreiben der Gestapo Düsseldorf auf den Antrag vom 11.09.1940.

Düsseldorf, den 01.10.1940

Im Hinblick auf die veränderte Lage im Grenzbereich habe ich nunmehr gegen die Erteilung eines Grenzausweises an den Studienrat (...) keine Bedenken.

Dokument Nr. 71

LCAG an OprAbtHS, betr.: Luftschutz
LHA Koblenz, Best. 405 A 1490, S. 103

Gaesdonck, den 10.09.1939

Nach der heute morgen durch den örtlichen Luftschutzleiter vorgenommenen Prüfung sind die an der hiesigen Schule nebst Internat für den Fall der Luftgefahr getroffenen Maßnahmen voll ausreichend.
Schulgebäude nebst Internat stehen für den Beginn des Unterrichts zur Verfügung.
Die Lehrkräfte sind für den militärischen Dienst bisher nicht in Anspruch genommen.
Dem Beginn des Unterrichts am 18. September steht nichts im Wege.

i.V.
(Unterschrift)
stellv. Leiter

Dokument Nr. 72

LCAG an OprAbtHS, betr.: Militärische Belegung
LHA Koblenz, Best. 405 A 1490, S. 111

Gaesdonck, den 12.09.1939

Im Nachgang zu meiner Fehlanzeige zu Gen. Nr. 1551 vom 03.09.1939 teile ich hierdurch mit, daß gestern am 11.09. unsere Gebäude mit 400 Mann militärisch belegt wurden. Dadurch wurden die Turnhalle, der Zeichensaal und der Musiksaal und vom Internat der größere der beiden Studiersäle in Anspruch genommen, außerdem eine Reihe kleinerer Räume. Die Klassenzimmer blieben frei. Den Biologieraum habe ich schon früher als Unterkunft für 6 Mann Grenzschutz abgeben müssen.
Der Unterricht kann ohne Unterbrechung weitergeführt werden. Nur müssen die durch die Belegung der Turnhalle unvermeidlichen Einschränkungen im Turnunterricht vorgenommen werden. Für den Musik- und Kunstunterricht konnten andere Räume bereitgestellt werden.

i.V.
(Unterschrift)
stellv. Leiter

Dokument Nr. 73

LCAG an OprAbtHS, betr.: Luftschutzmaßnahmen
LHA Koblenz, Best. 405 A 1490, S. 105

Gaesdonck, den 19.06.1940

Für die hiesige Schule mit Internat sind folgende Luftschutzmaßnahmen getroffen: Die Anstalt, weil sie zum erweiterten Selbstschutz verpflichtet ist, hinsichtlich des Luftschutzes dem Gemeindegruppenführer für den Luftschutz der Stadt Goch. Mit diesem sind alle hier getroffenen Maßnahmen besprochen und von ihm gutgeheißen. Die Lehrer sind in ausführlicher Besprechung durch den Gemeindegruppenführer unterwiesen worden. Außerdem hat er es übernommen, unsere Anstalt (sowie die umliegenden Landgemeinden) im Falle von Luftgefahr bzw. Alarm besonders zu benachrichtigen. Zum Luftschutzhauswart ist der Verwalter des mit der Schule verbundenen Betriebes amtlich bestellt.

Die Einsatzgruppe besteht aus folgenden Trupps:

1. Für jeden Wochentag ist eine Nachtwache bestellt, die aus einem Lehrer, einem Schüler der obersten Klassen und einem Hausangestellten besteht. Außerdem beteiligen sich an der Wache Soldaten der hier einquartierten Grenzschutzabteilung.

2. Der Hausmeister, ein weiterer Hausangestellter und 6 Schüler bilden die Brandwache. An zahlreichen Stellen des Hauses stehen Wasserschläuche und Löschapparate bereit.

3. Als Laienhelfer für den Fall von Verletzungen steht immer die Hauskrankenschwester mit 3 weiteren Schwestern zur Verfügung. Die Brandwache ist mit Schutzanzügen versehen. Für den Fall von Giftgasangriffen stehen für sie auch Gasmasken zur Verfügung. Stahlhelme werden beschafft, sobald solche erhältlich sind.
Der Luftschutzkeller ist vom Gemeindegruppenführer besichtigt und gutgeheißen. Die vorschriftsmäßigen Nothelfertafeln in 2 Stücken und die notwendigen medizinischen Mittel sind im Keller zur Hand.

i.V.
(Unterschrift)
stellv. Leiter

Nachschrift:

Alle Räume des Hauses, bis auf wenige, die abends nicht benutzt werden, sind mit Verdunkelungseinrichtungen versehen.

Überführung des Collegium Augustinianum Gaesdonck in die Hauptform

Die Dokumente 74 - 76 sind alle Dokumente, die sich zu diesem Vorgang noch in den Akten des Oberpräsidiums Gaesdonck finden. Den Antrag auf Beibehaltung des humanistischen Charakters, den Bischof von Galen sich in seinem Schreiben vom 24.02.1937 vorbehalten hatte, scheint er nie gestellt zu haben. Bei den Akten des Oberpräsidiums findet er sich jedenfalls nicht. Zwar konnte ich nicht nachprüfen, ob Bischof von Galen den Bischof von Osnabrück, Staatsrat Berning, als den Beauftragten der deutschen Bischofskonferenz in dieser Sache einschalten wollte - Nachforschungen im Bistumsarchiv Osnabrück würden hier wohl Klarheit erbringen -, doch muß es als unwahrscheinlich angesehen werden, daß eine Initiative in dieser Sache an irgendwelche anderen staatlichen Behörden herangetragen worden wäre, ohne daß dies einen Niederschlag in den Koblenzer Akten gefunden hätte.

Dokument Nr. 74

OprAbtHS an LCAG, betr.: Überführung des CAG in die Hauptform
LHA Koblenz, Best. 405 A 1469, S. 123

Koblenz, den 15.01.1937

Der Oberpräsident der
Rheinprovinz

An den Herrn Direktor des
Collegium Augustinianum Gaesdonck

Auf Grund der mir von dem Herrn Reichs- und preußischen Minister für Wissenschaft, Erziehung und Volksbildung erteilten Ermächtigung vom 28.12. 1936 - E III a Nr. 2860 - H. 1. - bestimme ich, daß die von Ihnen geleitete Anstalt in die Hauptform übergeführt wird.

i. A.
(Unterschrift)

Abschrift an das Bischöfliche Generalvikariat Münster

Dokument Nr. 75

Bischof an OprAbtHS, betr.: Protest gegen den Erlaß vom 15.01.1937
LHA Koblenz, Best. 405 A 1469, S. 125

Münster, den 24.02.1937

Der Bischof von Münster

Der Herr Oberpräsident der Rheinprovinz hat durch Verfügung vom 15.01.1937 bestimmt, daß das Bischöfliche Collegium Augustinianum zu Gaesdonck in die Hauptform übergeführt wird.
Ich habe diese Verfügung mit lebhaftem Bedauern darüber zur Kenntnis genommen, daß die Gaesdoncker Anstalt ihren humanistischen Charakter verlieren und aufhören soll, das zu sein, was sie so viele Jahre gewesen ist: eine auch von der Schulaufsichtsbehörde als tüchtige und erfolgreiche Pflegestätte der humanistischen Fächer anerkannte Anstalt. Ich halte es einstweilen für verfrüht, einen Antrag auf Beibehaltung des humanistischen Charakters zu stellen, da die Frage der Umgestaltung erst in einigen Jahren praktisch wird: Gaesdonck beginnt erst mit der UIII. Ich behalte mir jedoch vor, s. Zt. darauf zurückzukommen.

(gez.) +Clemens August
       Graf von Galen

Dokument Nr. 76

LCAG an OprAbtHS, betr.: Namens- und Siegeländerung des CAG
LHA Koblenz, Best. 405 A 1469, S. 129

Gaesdonck, den 08.09.1937

Collegium Augustinianum
Gaesdonck

Die hiesige Anstalt führt nunmehr den Namen: "Collegium Augustinianum Gaesdonck. Oberschule für Jungen."
Das Siegel erhält die Umschrift: "Der Leiter des Collegium Augustinianum (Oberschule für Jungen) Gaesdonck".

(Unterschrift)
stellv. Leiter

Handschriftlicher Vermerk aus dem Oberpräsidium:

Die Umschrift muß lauten: Collegium Augustinianum - priv. Oberschule
                                für Jungen - Gaesdonck

Zurückgesandt 26.10.1937 zur

Beachtung und Ergänzung der Umschrift des Siegels, das kein Hoheitszeichen enthalten darf.

Zulassungsbeschränkungen für die Gaesdonck

Die Dokumente 77 - 84 betreffen das Verhältnis der Gaesdonck zur Gocher städtischen Proanstalt.

Die Dokumente 85 - 88 bringen die Darstellung zweier Fälle zur Frage des Besuchs von Privatschulen durch Kinder von Beamten und Notaren aus den Jahren 1937/38.

Dokument 89 stellt einen Einzelfall dar, das Gesuch um Genehmigung der Aufnahme eines nicht-arischen Schülers (Mischling I. Grades, kath. Konfession).

Dokument Nr. 77

Bgm-Goch an OprAbtHS, betr.: Besuchsziffer des Realprogymnasiums Goch
HStA Düsseldorf, BR 1004 1493

Goch, den 18.04.1934

Der Bürgermeister
der Stadt Goch

Die Besuchsziffer am Realprogymnasium ist nach Ostern wieder gesunken:
Während im Schuljahr 1931 bis Ostern 1932 101 Schüler, im Schuljahr
1932 bis Ostern 1933 89 Schüler und Ostern 1933 83 Schüler das Realprogymnasium besuchten, sind jetzt nur noch 74 Schüler zu verzeichnen.

(Unterschrift)
Bürgermeister

Dokument Nr. 78

Bgm-Goch an OprAbtHS, betr.: Umwandlung des Realprogymnasiums Goch
HStA Düsseldorf, BR 1004 1493

Goch, den 04.09.1935

Der Bürgermeister
der Stadt Goch

Die Lebensfähigkeit des Gocher Realprogymnasiums mit nur 64 Schülern ist
nicht mehr gegeben. Diese Tatsache ist vor allem bedingt durch die Schulart, die sonst am ganzen Niederrhein nicht mehr vorhanden ist, nachdem
das Realgymnasium in Kleve und dasjenige in Krefeld in den letzten Jahren
in Fortfall gekommen sind. Erst Düsseldorf, das von Goch 83 km entfernt
liegt, besitzt ein Realgymnasium, an das das hiesige Realprogymnasium
Anschluß hat. Die hiesigen Schüler sind daher gezwungen, nach der Quarta
die Gocher Schule zu verlassen, um ein humanistisches Gymnasium der Umgebung zu besuchen. Durch Änderung der Schulart ist m. E. mit Bestimmtheit damit zu rechnen, daß die Gocher Schule wieder lebensfähig wird.
Ich schlage daher vor:

1. Entweder wird die Gocher Anstalt in eine Rektoratsschule umgewandelt,
   sofern dieser Schultyp nicht in Fortfall kommt,

2. oder aber Goch bleibt Proanstalt und Zubringerschule für Kleve oder Geldern und wird entsprechend dortigen Reformen umgewandelt.

(Unterschrift)
Bürgermeister

Dokument Nr. 79

GD Goch an Opr AbtHS, betr.: Antrag auf Verbot der Aufnahme Gocher Schüler durch das CAG
LHA Koblenz, Best. 405 A 1489, S. 185

Antrag des Realprogymnasiums Goch auf Verbot der Aufnahme Gocher Schüler auf das Collegium Augustinianum Gaesdonck

Goch, den 22.04.1939

Der Direktor des
Realprogymnasiums
Goch
Tgb. Nr. 195

Betr.: Übergang von Schülern der hiesigen Oberschule auf die bischöfliche private Studienanstalt in Gaesdonck

In der letzten Ferienwoche wurden 2 Schüler von der hiesigen Oberschule abgemeldet und der bischöflichen, privaten Studienanstalt in Gaesdonck zugeleitet. Meine Bemühungen, die darin bestanden, die Eltern der Schüler vor dieser Umschulung aus verschiedenen Gründen zu warnen, blieben erfolglos. Auch mein Rat, die beiden Schüler einer öffentlichen Schule, die mit einem Schülerheim verbunden ist, zuzuführen, fand keinen Anklang.
Bei diesen Auseinandersetzungen gewann ich den Eindruck, daß in beiden Fällen die katholische Geistlichkeit der Stadt Goch hinter diesen Eltern steckt, die ihren Einfluß bei gewissen Vätern und Müttern dazu ausnutzt, ihre Kinder noch weiter privaten, konfessionellen höheren Schulen zuzuschicken, um diese vor dem Zusammenbruch zu bewahren. Eigentümlich ist es auch, daß die Studienanstalt Gaesdonck immer Schüler aus hiesigen Kreisen gewinnt, die ziemlich vermögend sind.
Ich erblicke nun in diesem Übergang von Schülern unserer Oberschule auf die bischöfliche Studienanstalt in Gaesdonck eine Gefährdung unserer Schule. Es ist der Anfang einer Werbetätigkeit, die in der Zukunft noch eifriger betrieben wird, wenn dieser vollzogene Schulwechsel so ohne weiteres hingenommen wird. Nebenbei sei noch bemerkt, daß die Eltern der beiden Jungen ihren Wohnsitz in Goch haben.
Ich bitte Sie daher, Herr Oberpräsident, der bischöflichen, privaten Studienanstalt die Aufnahme von Gocher Schülern zu verbieten. Man zerstört sonst unsere Mittelstufe, so daß die Zahl der Mädchen schließlich die der Knaben überwiegt.
Ich beziehe mich noch auf den Erlaß vom 13.04.1938 - I Nr. 3942 - und teile mit, daß nach der Auflösung der Üdemer Rektoratsschule von 14 Schülern und 4 Schülerinnen nur 1 Schüler auf unsere Schule übergegangen ist; dieser Schüler ist evangelisch. Wohl sollen 3 Schüler der Studienanstalt Gaesdonck zugeführt worden sein.

i.V.
(Unterschrift)
stellv. Schulleiter

Dokument Nr. 80

Opr AbtHS an LCAG, betr.: Verbot der Aufnahme Gocher Schüler
LHA Koblenz, Best. 405 A 1489, S. 187

Verbot der Aufnahme Gocher Schüler auf das Collegium Augustinianum
Gaesdonck (maschinenschriftliches Konzept)

Ich ordne hiermit an, daß das Collegium Augustinianum in Gaesdonck Schüler aus dem Beschulungsbereich der Stadt Goch in die Klassen 1 bis 5 nur aufnehmen darf, soweit die städtische Oberschule für Jungen nicht mehr imstande ist, solche Schüler unterzubringen. Ausnahmen dieser Art bedürfen meiner Genehmigung. Der Erlaß gilt vom laufenden Schuljahr an und bezieht sich auch auf solche Schüler, die in den Osterferien aufgenommen worden sind.

Dokument Nr. 81

LCAG an OprAbtHS, betr.: Stellungnahme zum Erlaß vom 24.04.1939
LHA Koblenz, Best. 405 A 1489, S. 189

Stellungnahme des Leiters des Collegium Augustinianum Gaesdonck zum
Verbot der Aufnahme Gocher Schüler

             Gaesdonck, den 04.05.1939

Betr. I Nr. 4738

Aufnahme von Schülern der Klassen 1 - 5 aus dem Beschulungsbereich der
Stadt Goch in das Collegium Augustinianum in Gaesdonck

Zu Ostern 1939 wurden 2 Schüler aus dem Beschulungsbereich der Stadt Goch in das Collegium Augustinianum in Gaesdonck aufgenommen. Ich habe den Eltern zunächst Bedenken gegen die Aufnahme geäußert, da es mir sehr fern liegt, der Oberschule für Jungen in Goch Schüler zu entziehen. Schließlich habe ich geglaubt, mich den von den Eltern vorgebrachten Gründen nicht entziehen zu dürfen. Ich habe mich davon überzeugt, daß den beiden Jungen im Elternhaus die für die Erziehung und das Studium notwendige Betreuung nicht zuteil werden kann.
Nachdem nunmehr der Erlaß vom 27.04. vorliegt, habe ich den beiden Elternpaaren davon Kenntnis gegeben. Da die Eltern den größten Wert darauf legen, daß die beiden Jungen ihr Studium hier fortsetzen, habe ich sie aufgefordert, ihre Gründe Ihnen schriftlich darzulegen. Diese Äußerung lege ich hier bei.

i.V.
(Unterschrift)
stellv. Schulleiter

Dokument Nr. 82

Eltern an OprAbtHS, betr.: Gesuch um Ausnahmegenehmigung
LHA Koblenz, Best. 405 A 1489, S. 191

Gesuch um Genehmigung der Aufnahme eines Schülers aus Goch auf das Collegium Augustinianum Gaesdonck (Anlage 1)

Goch, den 02.05.1939

Von dem Leiter des Coll. Augustinianum Gaesdonck wurde ich darauf aufmerksam gemacht, daß Schüler aus dem Schulungsbereich der Stadt Goch, in den Klassen 1 - 5 nur aufgenommen werden dürfen, soweit die Städtische Oberschule für Jungen in Goch nicht im Stande ist, solche Schüler unterzubringen. - Erfuhr jedoch, daß bei Ausnahmefällen es einer besonderen Genehmigung Ihrerseits bedarf.
Meine Gründe, daß ich meinen Sohn zu Ostern von der Oberschule zu Goch abmeldete, möchte ich hiermit vertrauensvoll vortragen und bitte gütigst berücksichtigen zu wollen. Es ist mir nicht möglich, das Studium und die Erziehung meines Sohnes zu beaufsichtigen, weil ich durch meinen Beruf in dem wehrwirtschaftlichen Betrieb der Lederwerke Moll, Goch, als Betriebsleiter und auch als Leiter des Luftschutzes für die Belegschaft tätig und somit durch Kurse und Schulungen an vielen Abenden voll und ganz besetzt bin.
Das letzte Osterzeugnis meines Jungen war mit der Bemerkung versehen, daß bei stärkerem Arbeitseinsatz bessere Erfolge erzielt würden. Bei der allgemeinen Beurteilung für das körperliche Streben war die Bemerkung angeführt: zu ängstlich!
Dem Leiter der Oberschule zu Goch habe ich vorgetragen, daß ich aus diesen Gründen meinen Sohn einem Internat anvertrauen müsse.
Diese meine angeführten Gründe bitte ich wohlwollenst zu berücksichtigen und Sie erlauben, daß mein Sohn das Studium in Gaesdonck fortsetzt.

Heil Hitler!
(Unterschrift)

Dokument Nr. 83

Eltern an OprAbtHS, betr.: Gesuch um Ausnahmegenehmigung
LHA Koblenz, Best. 405 A, S. 193

Gesuch um Genehmigung der Aufnahme eines Schülers aus Goch auf das Collegium Augustinianum Gaesdonck (Anlage 2)

Goch, den 02.05.1939

Folgendes (!) sind die Gründe, warum wir unseren Jungen von der hiesigen städtischen Oberschule fortnahmen.

In unsern (!) Betrieb, Bäckerei, Kolonialwaren, Mühle usw. arbeiten 3 Personen, die hier im Hause Kost und Logis erhalten. In solchem Hause haben unsere Kinder nicht die nötige Ruhe die zum Studium gehört. Wir die Eltern sind nicht in der Lage den Jungen genügend zu beaufsichtigen, da wir beide den ganzen Tag im Geschäft tätig sind und nach Feierabend unsere schriftlichen Arbeiten erledigen müssen. Unsere Kinder wir haben drei Jungens (!) sind sich den ganzen Tag selbst überlassen, ferner ist der Großvater der Kinder, der auch zu unserer Familie gehört 82 Jahre und kann gegen die Unruhe unserer Kinder nicht mehr an, auf diesen alten Mann müssen wir Rücksicht nehmen. Die Gründe haben wir dem stellv. Schulleiter des Realprogymnasiums Goch klargelegt. Zurückkommend auf meine obigen Gründe, möchte ich freundlichst bitten, meinem Ersuchen Gehöhr (!) zu schenken und zu genehmigen daß mein Sohn die Gaesdonck bleibt (!).

Heil Hitler!
(Unterschrift)

Dokument Nr. 84

OprAbtHS an Eltern, betr.: Ablehnung der Gesuche vom 02.05.1939
LHA Koblenz, Best. 405 A, S. 195

Konzept des Antwortschreibens auf das Gesuch vom 2. Mai 1939
I Nr. 5288

Koblenz, den 06.05.1939

Zu Ihrem Gesuch vom 02.05.1939

Ich stelle Ihnen anheim, Ihren Sohn auf irgendeiner mit einem Schülerheim verbundenen öffentlichen Schule unterzubringen. Das Collegium Augustinianum in Gaesdonck bleibt jedenfalls für Ihren Sohn gesperrt.

i. A.

Dokument Nr. 85

Notar an LGrPräsDuisburg, betr.: Besuch des CAG durch Kinder von Notaren
LHA Koblenz, Best. 405 A 1489, S. 147

Gesuch um Genehmigung des Verbleibens des Sohnes eines Notars auf dem Collegium Augustinianum Gaesdonck auf Grund des Gesetzes über den Besuch von Privatschulen durch Kinder von Beamten und Notaren

Rees, den 16.12.1937

An den
Herrn Landgerichtspräsidenten
Duisburg

Ich habe drei Töchter auf einer Privatschule in Rees, die von Schwestern (Töchter vom hl. Kreuz) geleitet wird. Da in Rees keine andere höhere Schule für Mädchen ist, würde es für mich mit sehr hohen Kosten verbunden sein, wenn ich meine Töchter an einem auswärtigen Lyzeum unterrichten lassen würde. Die genannte Privatschule wird von Kindern aller Konfessionen besucht. Auch eine Tochter des hiesigen Bürgermeisters, der gleichzeitig Ortsgruppenleiter der N.S.D.A.P. ist, ist auf dieser Schule. Mein Sohn besucht das bischöfliche Gymnasium mit Internat in Gaesdonck bei Goch, weil in Rees nur eine Rektoratsschule ist, die die Klassen Sexta bis Untertertia umfaßt.
Mein Sohn ist bereits in Obersekunda B, und zwar in dem mathematisch-naturwissenschaftlichen Kreis. In Gaesdonck ist eine sehr gut geleitete Hitlerjugend, in der auch mein Sohn ist.
Ich darf wohl annehmen, daß mit Rücksicht auf die Verhältnisse in Rees auf meine Kinder die A. V. vom 23.09.1937 - DJ - S. 1516 - über den Besuch von Privatschulen keine Anwendung findet.

(Unterschrift)

Dokument Nr. 86

LGrPräsDuisburg an OprAbtHS, betr.: Befürwortung des Gesuches vom 16.12.1937
LHA Koblenz, Best. 405 A 1489, S. 145

Weiterleitung und Befürwortung des Gesuches vom 16.12.1937 durch den Landgerichtspräsidenten in Duisburg

Duisburg, den 21.12.1937

Der Landgerichtspräsident
I L 438

Betr.: Besuch von Privatschulen durch Kinder von Beamten und Notaren

An den
Herrn Oberpräsidenten der Rheinprovinz
Koblenz

Nach den A.V. des Reichsjustizministers vom 23.09.1937 - DJ. S. 1516 - und vom 09.11.1937 - DJ. S. 1760 - betr. den Besuch von Privatschulen durch Kinder von Beamten und Notaren entscheidet im Einvernehmen mit der Schulaufsichtsbehörde der Dienstvorgesetzte des Beamten oder Notars darüber, ob zwingende Gründe für den Besuch einer Privatschule vorliegen. Ich überreiche in der Anlage ein Gesuch des Notars (...) in Rees, dessen Töchter die Schule der "Töchter vom hl. Kreuz" in Rees und dessen Sohn das bischöfliche Gymnaisum mit Internat in Gaesdonck bei Goch besuchen. Mit Rücksicht auf die Verhältnisse in Rees scheinen mir zwingende Gründe zum Besuch der Privatschulen vorzuliegen. Ich darf unter Hinweis auf die genannten Verfügungen um gefl. Stellungnahme bitten, ob auch nach dortiger Auffassung zwingende Gründe vorliegen, die genannten Privatschulen zu besuchen.

gez. (Unterschrift)
Landgerichtspräsident

Dokument Nr. 87

OprAbtHS an LGrPräsDuisburg, betr.: Antwort auf das Gesuch vom 16.12.37
LHA Koblenz, Best. 405 A 1489, S. 146

Genehmigung des Gesuchs vom 16.12.1937 durch das Oberpräsidium in Koblenz (korrigiertes Konzept) - I Nr. 14404

Koblenz, den 27.12.1937

Auf das dortige Schreiben vom 21.12.1937 - I L 438 -

Mit Rücksicht auf die Verhältnisse in Rees kann ich keine Einwendungen dagegen erheben, daß der Sohn des Notars (...) in Rees das Collegium Augustinianum in Gaesdonck bis Ostern weiter besucht. Ich muß aber bitten, dem Notar aufzugeben, sich darum zu bemühen, daß sein Sohn zu Ostern in ein Internat aufgenommen wird, das allen Volksgenossen ohne Rücksicht auf die Konfession offensteht.
Die private höh. Mädchenschule untersteht nicht meiner Aufsicht, sondern der des Herrn Regierungspräsidenten in Düsseldorf.

(Unterschrift)

An den
Landgerichtspräsidenten
Duisburg

Das Konzept wurde von zweiter Hand korrigiert. In erster Fassung lautete der Text:
Ich habe nichts dagegen einzuwenden, daß der Sohn des Notars (...) in Rees das Collegium Augustinianum besucht. Die private höh. Mädchenschule untersteht nicht meiner Aufsicht, sondern der des Herrn Regierungspräsidenten in Düsseldorf

Dokument Nr. 88

Finanzamtsvorsteher an OprAbtHS, betr.: Besuch des CAG durch Kinder von Beamten
LHA Koblenz, Best. 405 A 1489, S. 149

Dülken, den 04.02.1938

Der Vorsteher des
Finanzamtes

Betr.: Besuch von Privatschulen durch Kinder von Beamten
Vorgang: RdErl. d. RuPrMdJ. zgl. i.N. sämtl. RM, d. PrMPräs.,
d. PrFM. u. sämtl. PrStM. v. 09.09.1937

1 Anlage

Ich lege einen Antrag des OStInsp. (...) vom Finanzamt Dülken gemäß den angezogenen Ministerialerlassen dort vor und bitte um eine Äußerung der Schulaufsichtsbehörde dazu.
Es ist mir bekannt, daß die vorgebrachten Gründe so bestehen, wie sie angegeben sind, und daß der Antragsteller nur aus diesen Gründen seinen Sohn in einer Privatschule mit Internat untergebracht hat. Der Beamte selbst und in etwa auch der Sohn leiden unter den immer wieder auftretenden Krankheitserscheinungen der Frau bzw. Mutter. Bei Unterbringung des Sohnes zu Hause besteht aber unter diesen Umständen keine Gewähr für eine stetige ordnungsgemäße Erziehung.
Ich möchte meinerseits in diesem Fall "zwingende Gründe" im Sinne des Erlasses anerkennen, da eine andere Lösung der Erziehungsfrage hier nicht möglich bzw. zumutbar ist. Es handelt sich nur noch um 2 Schuljahre - Antragsteller ist Zellenleiter der NSDAP.

(Unterschrift)

Randvermerk (handschr.) aus dem Oberpräsidium:

In Anbetracht der besonderen Verhältnisse auf jederzeitigen Widerruf genehmigt.

Anlage zurück

Dokument Nr. 89

Mutter an OprAbtHS, betr.: Besuch des CAG durch Nichtarier
LHA Koblenz, Best. 405 A 1489, S. 183

Gesuch um Genehmigung der Aufnahme eines Schülers (Mischling I. Grades) auf das Collegium Augustinianum Gaesdonck

Essen-Steele, den 02.04.1939

Ich habe meinen Sohn, geb. 05.07.1925, kath. Konf., der bis Ostern 1939 Schüler des Aloysiuskollegs in Godesberg war, am 05.03.1939 auf das Collegium Augustinianum in Gaesdonck bei Goch angemeldet.
Heute erfahre ich, daß dazu die Genehmigung des Herrn Oberpräsidenten erforderlich ist.
Ich bitte um diese Genehmigung und teile Ihnen gleichzeitig mit, daß mein Sohn Mischling I. Grades ist. Mein Mann war Nichtarier, Katholik, ist im März 1935 an seiner Kriegsdienstbeschädigung gestorben.

(Unterschrift)

Handschriftlicher Vermerk aus dem Oberpräsidium:

Ich nehme an, daß uns an dem Schüler in Godesberg nichts liegt - ?

Schließung der Schule

Die Dokumente 90 - 130 enthalten alle wesentlich Schriftwechsel und Verfügungen, die Schließung, Abbau und Auflösung der Anstalt betreffen. Es ist davon auszugehen, daß alle wichtigen Initiativen in den hier allein zur Grundlage dienenden Akten des Oberpräsidiums Niederschlag gefunden haben. Näheren Aufschluß über die internen Vorgänge auf seiten der Kirche könnten u. U. auch Nachforschungen im Bistumsarchiv Osnabrück ergeben, was mir jedoch aus Zeitgründen nicht mehr möglich war.
Interessant sind vor allem die zahlreichen Gesuche um Neuaufnahmen, die nicht nur von dem regen öffentlichen Bedürfnis für den Weiterbestand der Anstalt zeugen, sondern auch detaillierte Einblicke in die Sozialstruktur der Schülerschaft und in die Motive der Eltern, ihre Söhne der Gaesdonck anzuvertrauen, geben.

Dokument Nr. 90

LCAG an Opr AbtHS, betr.: Antrag auf Anerkennung des CAG
LHA Koblenz, Best. 405 A 1469, S. 137

Gaesdonck, den 31.05.1939

Ihrem Anheimgeben vom 12. Mai ds. Js. entsprechend äußere ich mich hiermit zu den unter Abschnitt II 1 - 5 des Min.-Erlasses vom 05.04.1939 gestellten Voraussetzungen für die Anerkennung der privaten höheren Schulen.

1. Für die von mir geleitete private Oberschule für Jungen (Collegium Augustinianum) in Gaesdonck wird ein öffentliches Bedürfnis geltend gemacht. Die Schüler, die das Colleg. Augustinianum besuchen, stammen zu großen Teilen

    a) aus Familien - besonders des rheinisch-westfälischen Industriegebietes -, in denen beide Elternteile beruflich tätig sind, oder aus Familien, in denen der eine Elternteil verstorben, der andere geschäftstätig ist bzw. aus anderen Gründen die Erziehung nicht ausreichend beaufsichtigen kann,

    b) aus bäuerlichen Familien des Niederrheins und des angrenzenden Westfalen, deren Wohnung sehr ungünstig zu öffentlichen Schulen gelegen ist oder in deren Haushalt für einen studierenden Jungen nur schwer die Möglichkeit besteht, häusliche Schulaufgaben zu erledigen,

    c) aus kinderreichen Familien, in denen wegen der manchmal sehr hohen Kinderzahl für einen studierenden Jungen die entsprechenden Bedingungen nicht zu schaffen sind.

    Für die solchen Familien entstammenden Jungen, die naturgemäß am besten an einer mit einem Heim verbundenen Schule studieren, fehlt, abgesehen vom Collegium Augustinianum Gaesdonck, am Niederrhein und im angrenzenden Teil von Westfalen eine entsprechende Bildungsstätte.

2. Ich weise auf die sehr eifrige Betätigung der Schüler des Collegium Augustinianum in der HJ hin. Der Gaesdoncker Gefolgschaft gehören etwa 90 % der Schüler an. Die Gefolgschaft ist mehrfach von den örtlichen Führern (Stammführer, Bannführer) belobt und als die sportlich beste Gefolgschaft des Bannes Kleve zur sportlichen Vertretung des Bannes, ferner bei Aufzügen und Kameradschaftsabenden des Stammes Goch zu besonderen Aufgaben herangezogen worden. Diese Leistungen sind um so höher zu bewerten, weil wegen der Entfernung von Gaesdonck nach Goch (5 km) diese Aufgaben nur unter erheblicher Aufwendung von Zeit und Mühe unter Hintansetzung der gewohnten Zeiteinteilung des Internates zu bewältigen waren.

3. Ich darf auf die Ihnen aus Besichtigungen der Herren Referenten und aus Reifeprüfungsergebnissen bekannten Verhältnisse des Collegium Augustinianum hinweisen.

4. Der Unterhaltsträger, vertreten durch den Unterzeichneten, ist Mitglied der Reichsgemeinschaft der Deutschen Privatschulen e.V.

5. Das Collegium Augustinianum nimmt ausschließlich solche Schüler auf, die im Internat wohnen. Schule und Heim sind seit der Gründung (1849) ein untrennbares Ganzes.

i.V.
(Unterschrift)
stellv. Leiter

Dokument Nr. 91

Aktenvermerk OprAbtHS, betr.: Möglichkeit der Auflösung des CAG
LHA Koblenz, Best. 405 A 1469, S. 147

Übersicht über die Verhältnisse des Collegium Augustinianum Gaesdonck im Hinblick auf die Möglichkeit einer Auflösung vom 20.06.1939

Name und Ort der Schule:	Collegium Augustinianum in Gaesdonck (Priv. Oberschule für Jungen)
Unterhaltsträger:	Bischof der Diözese Münster
Zahl der Klassen und Schüler:	6 Klassen mit 162 Schülern
Heim vorhanden? Größe?	Ja. Für etwa 180 Schüler

Kann die Schule aufgelöst werden, ohne daß eine öffentliche Schule an ihre Stelle tritt?

Ja. Die Schule dient rein kirchlichen Interessen und entspricht auch keinem öffentlichen (gestrichen: örtlichen) Bedürfnis.

Muß die Schule durch eine öffentliche ersetzt werden?
Nein.

Dokument Nr. 92

RuPrM fWEVb an OprAbtHS, betr.: Auflösung von Privatschulen
Der Reichsminister für Wissenschaft, Erziehung und Volksbildung
E IIc 1683/39

Berlin W 8, den 24.07.1939

Zum Bericht vom 28. Juni 1939 - Gen. 778 -. Auflösung von Privatschulen

Auf Grund meines Runderlasses vom 05.04.1939 - E III c 423 - (RMinAmtsblDtschWiss. S. 258) ordne ich hiermit an, daß folgende private Schulen zu

Ostern 1940 geschlossen werden:

1. Oberschule für Mädchen der Töchter vom Heiligen Kreuz in Aspel,
2. Oberschule für Mädchen der Ursulinen in Boppard,
3. Oberschule für Mädchen der Ursulinen in Hersel bei Bonn,
4. Private Oberschule St. Gereon in Köln,
5. Marienschule der Genossenschaft der Schwestern vom armen Kinde Jesu in Köln-Ehrenfeld,
6. Liebfrauenoberschule in Mülhausen, Bezirk Düsseldorf,
7. Oberschule für Mädchen der Franziskanerinnen in Nonnenwerth,
8. Marienschule der Genossenschaft der armen Dienstmägde Jesu Christi in Opladen,
9. Oberschule für Mädchen der Ordensfrauen vom Heiligen Herzen in Pützchen bei Bonn,
10. St. Josefschule in Rheinbach,
11. Caritasschwesternseminar in Trier,
12. Collegium Augustinianum in Gaesdonck.

Sollten besondere Umstände dafür sprechen, statt der Auflösung bei einer dieser Schulen den stufenweisen Abbau vorzuschlagen, so ist besonders zu berichten.

Im Auftrage
gez. Holfelder

An den Herrn Oberpräsidenten - Abt. für höheres Schulwesen, in Koblenz.

Dokument Nr. 93

RGdtPrivSch an RuPrMfWEVb, betr.: Ablehnung der Aufnahme des CAG
LHA Koblenz, Bestr. 405 A 1469, S. 143

Berlin, den 18.08.1939

Reichsgemeinschaft der deutschen Privatschulen e.V.
Berlin-Steglitz, Forststraße 18
Der Leiter der Reichsgemeinschaft

RMin. f. Wiss. eing. 19.08.1939

Betr.: Pflichtmitgliedschaft privater höherer und mittlerer Schulen bei der Reichsgemeinschaft deutscher Privatschulen e.V.

Wir haben heute die ersten Entscheidungen über Ablehnung von Aufnahmeanträgen an solche Unterhaltsträger privater höherer und mittlerer Schulen getroffen, die nach Auskunft der zuständigen Parteidienststellen nicht die Gewähr für die nationalsozialistische Erziehung der ihnen anvertrauten Jungen oder Mädchen bieten. Es handelt sich um folgende Schulen:

1. Collegium Augustinianum, Gaesdonck über Goch
2. Christianschule, Hermannsburg über Unterlüß, Lüneburger Heide
3. Maria Martha Schule, Menden, Krs. Iserlohn / Westf.
4. Wilhelm Löhe Schule, Nürnberg

Wir bitten, die zuständigen Schulaufsichtsstellen entsprechend zu benachrichtigen. Von weiteren Ablehnungen werden wir von Fall zu Fall Kenntnis geben.

Heil Hitler
(Unterschrift)

Dokument Nr. 94

Bischof an RuPrMfWEVb, betr.: Einspruch gegen die Schließung des CAG
LHA Koblenz, Best. 405 A 1469, S. 155

Münster, den 23.01.1940

Der Bischof von Münster
G.-Nr. 447

Als Unterhaltsträger des Collegium Augustinianum, priv. Oberschule f. J., und Internates in Gaesdonck, erlaube ich mir, folgendes vorzutragen:
Für die genannte Schule wurde durch Erl. v. 27.07.1939 angeordnet, daß sie Ostern 1940 geschlossen werde. Meine am 11. August an den Herrn Minister gerichtete Eingabe, mit Rücksicht auf die allen Anforderungen entsprechenden Verhältnisse der Schule und auf die besondere Lage zahlreicher Eltern, die ihre Söhne dorthin schicken, den Aufhebungsbeschluß abzuändern, wurde am 24. Oktober 1939 durch den Erlaß - E III c 2434 - abschlägig beschieden.
Nunmehr erlaube ich mir, in Ansehung der durch den Kriegsausbruch geschaffenen Verhältnisse, nochmals die Bitte vorzutragen, den Aufhebungsbeschluß abzuändern oder die Schließung der Schule aufzuschieben.
Durch die Schließung der Schule im gegenwärtigen Zeitpunkt würden sehr zahlreiche Eltern in große Verlegenheit versetzt, weil sie nur mit großen Schwierigkeiten das Weiterstudium ihrer Kinder ermöglichen könnten. Die überwiegende Mehrzahl der Schüler des Collegium Augustinianum stammt aus Orten ohne höhere Lehranstalten (Vollanstalten); die weitaus meisten dieser Schüler würden darauf angewiesen sein, als Fahrschüler die nächstgelegene Schule zu besuchen. Dabei ergeben sich aber weitere Schwierigkeiten, weil die nächstgelegene Schule nicht immer den gleichen Lehrplan hat wie die ehemaligen Gymnasien, zu denen Gaesdonck gehört, ferner weil sehr viele Schüler aus Orten ohne Bahnverbindung stammen, so daß sie darauf angewiesen wären, weite Schulwege zu Fuß oder mit dem Fahrrad zurückzulegen. Man muß daher den Eltern Recht geben, wenn sie die Fortsetzung des Studiums unter solchen Bedingungen für bedenklich halten. Es ist weiter darauf hinzuweisen, daß unter den Schülern des Internats sich regelmäßig viele befinden, deren Vater gestorben ist oder die aus getrennten Ehen

stammen, ferner solche, deren Väter aus geschäftlichen Gründen fortdauernd auf Reisen sind. Solange der Krieg dauert, befinden sich auch die Söhne von solchen Vätern, die im Felde stehen, in ähnlicher Lage wie die Kinder von Witwen.
Alle diese Schwierigkeiten sind besonders groß in den westlichen Teilen des Reiches und vor allem im niederrheinischen Gebiet, in welchem das Collegium Augustinianum liegt.
Zahlenmäßig stellen sich die Verhältnisse der Schüler des Collegium Augustinianum so dar: Von den 141 Schülern, die am 01.01.1940 diese Schule besuchten und im Internat wohnten, haben 104 ihr Elternhaus in Orten ohne höhere Schule bzw. ohne Vollanstalt, bei 24 Schülern ist der Vater verstorben oder von der Mutter getrennt oder dauernd auf Reisen, bei 6 Schülern steht der Vater im Felde. Demnach liegt bei mehr als 90 % der Schüler des Collegium Augustinianum ein besonderer Grund für die Unterbringung in einem Internat vor. Es ist anzunehmen, daß bei den meisten davon der Übergang zu einer öffentlichen höheren Schule mit erheblichen Schwierigkeiten und Unzuträglichkeiten verbunden ist.
Ich bitte, mit Rücksicht auf diese sehr zahlreichen Schüler, deren Studium durch die Aufhebung des Collegium Augustinianum gefährdet wird, den Weiterbestand der Schule zu genehmigen.

(gez.) + Clemens August
       Graf von Galen

An den Herrn Reichsminister für Wissenschaft, Erziehung und Volksbildung   *Rust*
Berlin W 8, Unter den Linden 69

Dokument Nr. 95

OprAbtHS an RuPrMfWEVb, betr.: Bitte um Ablehnung des Einspruchs
LHA Koblenz, Best. 405 A 1469, S. 157

                           Koblenz, den 17.02.1940

Der Oberpräsident der
Rheinprovinz
Koblenz

Durch Erlaß des Herrn Reichsministers vom 24.07.1939 - E III 1683/39 - ist die Schließung des Collegium Augustinianum Gaesdonck angeordnet worden. Die Eingabe des Bischofs von Münster vom 11. August 1939, den Aufhebungsbeschluß abzuändern, wurde durch Erlaß vom 24. Oktober 1939 - E III 2434 - abschlägig beschieden.
Das Collegium Augustinianum bietet nicht die Gewähr für nationalsozialistische Erziehung. Die Schule entspricht keinem öffentlichen Bedürfnis. Es besteht keine Veranlassung, das Weiterbestehen ausnahmsweise zu genehmigen. Die in der Eingabe des Bischofs von Münster angeführten Gründe

könnten auch von anderen privaten Schulen, die Ostern 1940 geschlossen werden müssen, angegeben werden. Übrigens könnten die Schüler, weil sie in einem Heim untergebracht werden müssen, woanders untergebracht werden. Da es sich um eine grundsätzliche Entscheidung handelt, bitte ich, den Antrag auf Weiterbestand der Schule abzulehnen.

i.A.
(Unterschrift)

Dokument Nr. 96

RuPrMfWEVb an OprAbtHS, betr.:Genehmigung des stufenweisen Abbaus
LHA Koblenz, Best. 405 A 1469, S. 159/161

                                                                               Berlin, den 28. 02.1940

Der Reichsminister für
Wissenschaft, Erziehung und
Volksbildung

E III c 287 II

Mit Rücksicht auf die Zeitverhältnisse erkläre ich mich ausnahmsweise damit einverstanden, daß das Collegium Augustinianum, private Oberschule für Jungen mit Internat, in Gaesdonck von Ostern d. J. ab stufenweise abgebaut wird.
Ich bitte Sie, die Schulleitung entsprechend zu benachrichtigen. Den Herrn Bischof von Münster habe ich unmittelbar in Kenntnis gesetzt.

i.A.
(Unterschrift)

Abschrift des Erlasses übersende ich zur Kenntnis und weiteren Veranlassung. Die unterste Klasse der Anstalt ist demnach von Ostern 1940 nicht mehr zu führen.

i.A.
(Unterschrift)

Dokument Nr. 97

OprAbtHS an LCAG, betr.: Allgemeine Genehmigungspflicht für die Neuaufnahme von Schülern
LHA Koblenz, Best. 405 A 1469, S. 161

Koblenz, den 03.04.1940

Betr.: Neuaufnahme von Schülern

In Ergänzung meines Erlasses vom 05.03.1940 - I 2298 - bestimme ich, daß bei Neuaufnahmen von Schülern in die noch bestehenden Klassen in jedem Falle vorher unter Darlegung von Gründen meine Genehmigung einzuholen ist.

i.A.
(Unterschrift)

Dokument Nr. 98

LCAG an OprAbtHS, betr.: Neuaufnahme eines Schülers (1)
LHA Koblenz, Best. 405 A, S. 215

Gesuch um Genehmigung der Aufnahme eines Schülers auf das Collegium Augustinianum Gaesdonck

Gaesdonck, den 17.04.1940

Der Schüler (...), geboren am 03. Oktober 1924 zu Praest, Kr. Rees, ist für die 4. Klasse der hiesigen Schule angemeldet. Ich bitte um Genehmigung seiner Aufnahme.
Gründe: Der Schüler stammt aus einer sehr kinderreichen Bauernfamilie. Auf dem elterlichen Hof kann ihm kein eigenes Zimmer für die Erledigung seiner Hausarbeiten zur Verfügung gestellt werden. Weil von den 8 Kindern gegenwärtig 3 Söhne im Felde stehen, wird auch er immer wieder zu landwirtschaftlichen Arbeiten herangezogen. Beides zusammen hat bewirkt, daß er die Versetzung nach der 5. Klasse zweimal nicht erreichte. Das Abgangszeugnis der bisher besuchten Oberschule in Emmerich enthält die Bemerkung: 'Nicht versetzt. Es wird ihm geraten, an eine andere Anstalt überzugehen.' Daraus scheint hervorzugehen, daß die bisherigen Lehrer des Schülers ihn nicht für unbeanlagt noch auch sonst ungeeignet halten, sondern ihn als durch äußere Umstände behindert betrachten.

i. V.
(Unterschrift)
stellv. Schulleiter

weitergeleitet nach Emmerich mit der Frage 'ob der Schüler (...) für den Besuch der höheren Schule geeignet ist'.

Dokument Nr. 99

GDEmmerich an OprAbtHS, betr.: Gutachten über den Schüler (1)
LHA Koblenz, Best. 405 A 1489, S. 216

Gutachten der Staatlichen Oberschule für Jungen Emmerich zum Gesuch vom 17. April 1940 an das Oberpräsidium Koblenz

Emmerich, den 26.04.1940

Staatliche Oberschule
für Jungen Emmerich

Der Schüler ist zwar nicht ohne Begabung, hat sich aber trotz endloser Mahnungen so gehen lassen, daß er die 4. Klasse zweimal ohne Erfolg absolvierte. Wenn er sich weder in den wissenschaftlichen Fächern noch in den Leibesübungen einsatzbereit zeigte, so liegt das wohl zunächst an den häuslichen Verhältnissen. Er besitzt zu Hause keinen Raum, in dem er ruhig arbeiten könnte, und zudem ziehen die Eltern ihn immer wieder zur Feldarbeit heran. Er kommt infolgedessen nur zu häufig unvorbereitet zur Schule, und der Umstand, daß dies auf die häuslichen Verhältnisse zurückzuführen ist, weckt in ihm die Meinung, daß er nicht zu arbeiten brauche und steigert natürlich den schon vorhandenen Hang, sich gehen zu lassen. Würde der Schüler in strenge häusliche Zucht genommen werden können, was aber ausgeschlossen erscheint, oder würde er in einem strengen Internat untergebracht, so wären unterrichtliche Erfolge bei ihm durchaus möglich, da er über eine genügende Begabung verfügt.

(Unterschrift)
Schulleiter

Handschr. Vermerk aus dem Oberpräsidium:

Dem Herrn Leiter des Collegium Augustinianum Gaesdonck

zurückgesandt mit den Bemerken, daß der Schüler, nachdem er wegen mangelnder Einsatzbereitschaft zweimal das Ziel derselben Klasse nicht erreicht hat, von der höheren Schule verwiesen werden muß. Seine Aufnahme in das Collegium Augustinianum wird nicht genehmigt.

i. A.
(Unterschrift)

Dokument Nr. 100

Bruder des Schülers (1) an OprAbtHS, betr.: Erneutes Gesuch um Genehmigung der Aufnahme des Schülers (1)
LHA Koblenz, Best. 405 A 1489, S. 223

Erwiderung auf die Ablehnung des Gesuches vom 17. April 1940 durch den Bruder des Schülers

Praest, Kreis Rees, den 15.05.1940

Wie mir der Herr Rektor des Collegium Augustinianum mitteilt, ist die Aufnahme meines Bruders (...), geb. 03.10.1924, in das genannte Collegium nicht bewilligt worden. Ich möchte Herrn Oberpräsidenten ergebenst bitten, dieses Ihr Urteil noch einmal zu überlegen und dabei folgendes in Betracht zu ziehen:
Mein Bruder hat Ostern 1939 das Ziel der Klasse nicht erreicht und dachte mir damals, mit Recht, denn er war etwas leichtsinnig gewesen. Obwohl ein Bauernsohn viele Hindernisse zu überwinden hat wie die Umstellung vom Plattdeutschen aufs Hochdeutsche, das Fahren mit der Straßenbahn in die Stadt und das Mitarbeiten in der Landwirtschaft, so hätte er es im Schuljahr 1938/39 dennoch schaffen können.
Im Schuljahr 1939/40 hat er ganz gut begonnen, und er hätte das Klassenziel ganz bestimmt erreicht, wie mir sein Ordinarius sagte, wenn nur nicht die Schwierigkeiten für ihn nicht größer geworden wären. Die Schwierigkeiten für ihn sind aber sehr gestiegen: In einem Haus mit 10 Familienangehörigen, einem Dienstmädchen und 2 Soldaten in Einquartierung hatte er kein eigenes Zimmer, wo er hätte lernen können. Dann wurde es noch schlimmer, es mußten 3 Brüder einrücken, es fehlten auf dem Hofe die Arbeitskräfte, der Student mußte arbeiten wie ein Knecht, und am Abend nach des Tages Last kann so ein Student seiner Pflicht nicht mehr nachkommen. Die Mutter bekam kein Dienstmädchen mehr, der Bruder mußte überall aushelfen. Die Stadtkinder können ja gar nicht mitreden, was studieren unter solchen Umständen heißt.
Mein Bruder erreichte zum zweiten Mal nicht das Ziel der Klasse. Ich nahm mir daraufhin Urlaub, suchte seinen Ordinarius auf und sprach mit ihm, ob es einen Zweck hat, daß mein Bruder weiterstudiert. Er erklärte mir damals: mein Bruder könnte ein überdurchschnittlicher Schüler sein, wenn er nur wolle. Als ich ihm dann erzählte, welche Schwierigkeiten er zu Hause zu überwinden habe, meinte er, ja dann müsse er in irgendeine Anstalt, wo er sich wirklich dem Studium widmen könne. Ich habe mich daraufhin sofort bemüht, und erhielt nun von Ihnen leider einen negativen Bescheid.

Ich bitte Sie daher nochmals ergebenst, Ihr Urteil ein wenig zu mildern und meinem Bruder noch einmal die Gelegenheit zu geben, sein Können auf die Probe zu stellen.
In der zuversichtlichen Hoffnung, keine Fehlbitte getan zu haben, grüßt Sie ergebenst

Heil Hitler!
(Unterschrift)
dzt. Gr. Gerungs Niederdonau
Nr. 39

LHA Koblenz, Bestr.: 405 A 1489, S. 225

Handschriftliches Konzept des Antwortschreibens an den Vater des Schülers auf das Gesuch vom 15.05.1940

Auf den Antrag vom 15.05.1940

Da Ihr Sohn das Ziel der gleichen Klasse zweimal nicht erreicht hat, muß er gemäß Erlaß des Herrn Reichserziehungsministers die höhere Schule verlassen. Ich kann daher seine Aufnahme in das Collegium Augustinianum in Gaesdonck nicht genehmigen.

i.A.
(Unterschrift)

Dokument Nr. 101

LCAG an OprAbtHS, betr.: Neuaufnahme eines Schülers (2)
LHA Koblenz, Best. 405 A 1489, S. 253

Gaesdonck, den 19.11.1940

Betr.: Neuaufnahme eines Schülers

Der Schüler (...), geb. am 02.07.1927 in Gemen bei Schöppingen i. W., ist für die Klasse 4 der hiesigen Schule angemeldet worden.
Gründe: Der Wohnsitz des Vaters, Bauer (...) in Gemen, liegt so ungünstig zu einer öffentlichen höheren Schule, daß ihr Besuch nur schwer zu ermöglichen ist, zumal für einen jüngeren Schüler. Die Familie hat 8 Kinder. Der Vater hat daher auch aus Gründen der Sparsamkeit den Jungen, der bisher noch die Volksschule besucht, seit Ostern 1937 durch privaten Unterricht am Ort in den Fächern der höheren Schule vorbereiten lassen. Jetzt ist er soweit gefördert, daß er zum 01.12. in eine höhere Schule eintreten kann. Nach einer vor kurzem hier abgehaltenen vorläufigen Prüfung sowie nach Aussage seiner früheren Lehrer ist der Junge begabt und strebsam und jetzt auch soweit gefördert, daß er in der Klasse 4 mitarbeiten kann.

Ich bitte, seine Aufnahme, die nach Prüfung und probeweise erfolgen soll, zu genehmigen.

i.V.
(Unterschrift)
stellv. Leiter

Handschriftl. Vermerk aus dem Oberpräsidium:

Die Schule hat die Klassen 4 - 8 (5 Klassen).
Klasse 4 wird Ostern 1941 abgebaut. Der Schüler hat keine Möglichkeit, die Klasse zu wiederholen in Gaesdonck. Ich schlage daher vor, die Neuaufnahme erst nach Einsicht in die Prüfungsergebnisse zu genehmigen.

(Unterschrift)

Dokument Nr. 102

OprAbtHS an LCAG und Rückantwort, betr.: Übersendung der Prüfungsergebnisse des Schülers (2)
LHA Koblenz, Best. 405 A 1489, S. 254

Koblenz, den 23.11.1940

Auf die Eingabe vom 19.11.1940 betr. Aufnahme des Schülers (...) ersuche ich Sie, den Schüler gemäß Erlaß vom 09.06.1939 Gen. Nr. 1070 Ziffer I, 3 einer Prüfung in allen Lehrfächern der Klasse 4 zu unterziehen. Die schriftlichen Arbeiten und die Niederschrift über die mündliche Prüfung sind mir vorzulegen.

(Unterschrift)

LHA Koblenz, Bestr. 405 A 1489, S. 255

Gaesdonck, den 05.12.1940

Betr.: Aufnahme des Schülers (...) in die Klasse 4

In den Anlagen überreiche ich die Ergebnisse der durch Verfügung vom 23.11.1940 angeordneten Prüfung des Schülers (...), der in die Klasse 4 der hiesigen Schule aufgenommen werden soll. Bei dem Prüfling bestehen noch erhebliche Lücken in der Mathematik, wo daher die Leistungen nicht ausreichen. Dagegen beweist der deutsche Aufsatz ein für diese Stufe bemerkenswertes Ausdrucksvermögen und eine bereits entwickelte Fähigkeit, die Gedanken zu ordnen. Von Fehlern gegen Rechtschreibung oder Grammatik ist der Aufsatz vollkommen frei. Ebenso erfreulich waren die Leistungen in den Leibesübungen und in der Musik. Im übrigen bewegten sich die

Prüfungsergebnisse zwischen ausreichend und befriedigend. Auf eine Prüfung in der Kunsterziehung mußte verzichtet werden, weil dem Prüfling in diesem Fach der Unterricht gefehlt hatte.
Der Gesamteindruck ist der, daß der Prüfling auf der Klasse 4 wird mitarbeiten können und nach der bald zu erwartenden Überwindung der Schwierigkeiten in der Mathematik ein guter Schüler werden wird.
Ich bitte, seine Aufnahme in die Klasse 4 zu genehmigen.

i.V.
(Unterschrift)
stellv. Leiter

13 Anlagen

Der Antrag wurde unter Zurücksendung der 13 Anlagen durch Genehmigungsstempel am 11. Dezember 1940 genehmigt.

Dokument Nr. 103

LCAG an OprAbtHS, Betr.: Neuaufnahme eines Schülers (3)
LHA Koblenz, Best. 405 A 1489, S. 279

Gesuch um Genehmigung der Neuaufnahme eines Schülers auf das Collegium Augustinianum Gaesdonck

Gaesdonck, den 30.03.1941

Betr.: Neuaufnahme eines Schülers

Der Schüler (...), geb. 1927 in Milte (Kr. Warendorf), der bisher die Rektoratsschule in Herzfeld i.W. besucht, ist für die Klasse 4 der hiesigen Schule angemeldet worden.
Gründe: Der Schüler ist der Sohn des Kaufmanns (...) in Milte, wohnt aber als Pflegesohn seines Onkels, des kinderlosen Kaufmanns (...), in Herzfeld. Die dortige Rektoratsschule soll in eine Mittelschule umgewandelt werden, während die Erziehungsberechtigten die Absicht haben, den Jungen die Oberschule absolvieren zu lassen. Die nächste öffentliche Anstalt ist die Oberschule in Soest, womit Herzfeld durch eine Kleinbahn verbunden ist, die aber so ungünstig fährt, daß der Junge täglich von 7 - 16.30 Uhr unterwegs sein müßte, wenn er die Schule in Soest besuchen wollte.
Das letzte Zeugnis der Schule in Herzfeld liegt bei.
Ich bitte um Genehmigung.

i.V.
(Unterschrift)
stellv. Schulleiter

(Genehmigungsstempel vom 01.04.1941)

Dokument Nr. 104

LCAG an OprAbtHS, betr.: Neuaufnahme eines Schülers (4)
LHA Koblenz, Best. 405 A 1489, S. 285

Gaesdonck, den 22.05.1941

Betr.: Neuaufnahme eines Schülers

Der Schüler (...), geb. 04.09.1924 in Kleve, ist zu Beginn des neuen
Schuljahres für die Klasse 6 der hiesigen Schule angemeldet.
Der Junge besucht bisher die Zubringeschule in Rheinberg, die nur bis
zur 5. Klasse einschließlich führt. Die Eltern sind geschieden. Die Mutter,
die erziehungsberechtigt ist, wohnt in Kleve, hat aber den dringenden
Wunsch, ihren Sohn in einem Internat unterzubringen, weil sie (gemeinsam mit ihrer Schwester, deren Mann sich bei der Wehrmacht befindet),
im eigenen Betrieb (Brauerei) tätig sein muß und dadurch ganz in Anspruch genommen ist. Die Leistungen des Schülers waren nach dem letzten Zeugnis (vom 16.11.1940) im Lateinischen mangelhaft, in Geschichte
und Kunsterziehung befriedigend, im übrigen ausreichend. Da die Mutter
indes zu Ostern keine Mitteilung über Gefährdung der Versetzung erhalten
hat, ist anzunehmen, daß die Leistungen sich gebessert haben.
Ich bitte, die Aufnahme zum 17. August zu genehmigen.

i.V.
(Unterschrift)
stellv. Leiter

Dokument Nr. 105

OprAbtHS an LCAG, betr.: Ablehnung der Aufnahme des Schülers (4)
LHA Koblenz, Best. 405 A 1489, S. 286

I Nr. 8422

Koblenz, den 26.05.1941

Da sich das Collegium Augustinianum priv. Oberschule für Jungen in
Gaesdonck im Abbau befindet, müssen Neuaufnahmen abgelehnt werden.

Ich ersuche Sie, der Mutter des Schülers (...) für diesen den Besuch
der staatl. Oberschule für Jungen in Moers zu empfehlen, die mit einem
Schülerheim verbunden ist.

i. A.
(Unterschrift)

Dokument Nr. 106

Vater an OprAbtHS, betr.: Neuaufnahme eines körperbehinderten Schülers (5)
LHA Koblenz, Best. 495 A 1489, S. 287

Gesuch um Genehmigung der Aufnahme eines körperlich behinderten Jungen
auf das Collegium Augustinianum Gaesdonck

           Reeserward, Post Rees, den 08.06.1941

Mein Sohn Heinrich, geb. am 15.06.1926, ist zur Zeit in Rees auf der 5.
Klasse und muß zum Herbst eine andere Schule besuchen, da Rees keine 6.
Klasse hat. Ich hatte meinen Sohn bei der privaten Oberschule Gaesdonck
angemeldet und erhalte nun die Mitteilung, daß Gaesdonck keine Neuaufnahmen mehr tätigen darf.
Mein Sohn ist körperlich behindert, er hat Hasenscharte und Wolfsrachen,
ist geistig aber sehr frisch, er ist das vierte von vier Kindern.
Infolge der Öffnungen im Munde ist er leicht erkältet und im Winter nicht
widerstandsfähig genug, um immer mit dem Fahrrad zur Haltestelle der Elektrischen (4,5 km) zu fahren. Die nächste Oberschule ist in Emmerich,
14 km von hier entfernt. Ich bitte, bei meinem Sohn aus Gesundheitsrücksichten eine Ausnahme zu machen und der privaten Oberschule Gaesdonck zu
erlauben, ihn zum Herbst in die 6. Klasse dort aufzunehmen.

Heil Hitler
(Unterschrift)

Dokument Nr. 107

OprAbtHS an Vater, betr.: Ablehnung der Aufnahme des Schülers (5)
LHA Koblenz, Best. 405 A 1489, S. 288

Handschriftliches Konzept der Ablehnung auf das Gesuch vom 08.06.1941.
(Dieser Text diente, mit geringen Abänderungen, mutatis mutandis auch als
Vorlage für die übrigen Ablehnungen ab Juni 1941).

Auf Ihre Eingabe vom 08.06.1941 teile ich Ihnen mit, daß sich die private
Oberschule für Jungen in Gaesdonck im Abbau befindet und Neuaufnahmen
abgelehnt werden. Ich empfehle Ihnen, für Ihren Sohn den Besuch der Staatl.
Oberschule für Jungen in Moers, die mit einem Schülerheim verbunden ist.

i.A.
(Unterschrift)

Dokument Nr. 108

Vater an OprAbtHS, betr.: Erneutes Gesuch um Genehmigung der Aufnahme des Schülers (5)
LHA Koblenz, Best. 405 A 1489, S. 197

Zweite Eingabe auf Ablehnung des Gesuches vom 08.06.1941 um Genehmigung der Anmeldung eines Sohnes auf das Collegium Augustinianum Gaesdonck

Reeserward, Post Rees, den 28.06.1941

Meinen Antrag vom 08.06. haben Sie abgelehnt, ich bitte aber nochmals, bei meinem Sohn doch eine Ausnahme zu machen.
Mein Sohn ist jetzt in die 6. Klasse versetzt und soll nur diese Klasse noch besuchen, es kommt also nur ein Jahr und nur die Zeit bis Ostern 1942 in Frage. Bei dem Sprachfehler meines Jungen ist es sehr schwierig, daß die Lehrer ihn verstehen, und seine Schwerhörigkeit macht es dem Jungen schwer, die Herren Lehrer zu verstehen. Ich bin mit dem Jungen in Gaesdonck gewesen und wollen die Herren es dort mit ihm versuchen.
Ein großes Gymnasium kommt für meinen Jungen nicht in Frage. Die landwirtschafliche Rechnungsführerschule in Halle verlangt das Abschlußzeugnis der 6. Klasse. Mein Sohn soll später diese Schule besuchen und muß vorher 2 Jahre Praxis haben und soll auch noch eine größere Operation durchmachen. Da der Schulbesuch in Gaesdonck also nur eine kurze Zeit ist, machen Sie bitte doch die Ausnahme.

Heil Hitler!
(Unterschrift)

Dokument Nr. 109

Vater an OprAbtHS, betr.: Neuaufnahme eines Schülers (6)
LHA Koblenz, Best. 405 A 1489, S. 289

O.U., den 16.06.1941

(...)
Hauptmann, Offizierposten Schwanenhaus
Post: Kaldenkirchen (Rhld)

Meinen Sohn, der jetzt die 4-klassige höhere Schule zu Straelen absolviert hat, möchte ich zu Beginn des neuen Schuljahres auf die höhere Schule nach Gaesdonck schicken. Ich bitte daher die Provinzial-Schulbehörde für höhere Schulen in Koblenz geneigtest, mir die Genehmigung zur Aufnahme meines Sohnes auf die höhere Schule in Gaesdonck erteilen zu wollen.

Als Begründung möchte ich folgendes anführen: Infolge Gelenkrheumatismus, eitriger und giftiger Mandelentzündung und Drüsenentzündung hat mein Junge gesundheitlich starken Schaden gelitten.
Der Arzt hat daher die Schule Gaesdonck für ihn als sehr geeignet bezeichnet, da sie in frischer und gesunder Lage liege. Auch sei eine tägliche Autobus- oder Eisenbahnfahrt mit einer weiten Anfahrt auf dem Fahrrade zum Besuche des Gymnasiums Geldern oder auch Kempen seiner Gesundheit durchaus nicht zuträglich.
Ich bitte daher nochmals um geneigte Erteilung der Genehmigung.

Heil Hitler!
(Unterschrift)
Hauptmann

(Handschriftliches Konzept der Ablehnung)

Dokument Nr. 110

Vater an OprAbtHS, betr.: Erneutes Gesuch um Genehmigung der Aufnahme des Schülers (6)
LHA Koblenz, Best. 405 A 1489, S. 305

Post Kaldenkirchen, 01.07.1941

(...), Hauptmann

Bei meiner Rückkehr vom Urlaub fand ich Ihr Antwortschreiben vom 20.06.41 vor. Sie raten mir, meinen Sohn anstatt nach Gaesdonck nach Moers ins Adolphinum zu geben.
Ich möchte nun aber doch noch einmal die ergebene Bitte an Sie richten, aus nachfolgenden Gründen meinen Gesuchen, den Jungen nach Gaesdonck auf die 5. Klasse geben zu dürfen, geneigtest Gehör schenken zu wollen.
Mein Junge muß die Schule in Straelen, die nur 4klassig ist, jetzt verlassen. Da er in die 5. Klasse versetzt ist, besteht die Möglichkeit, ihn nach Gaesdonck zu geben, weil dort die 5. Klasse ja noch vorhanden ist. Der Arzt Dr. (...) (augenblicklich Stabsarzt im Lazarett Geldern) hat mir den Rat gegeben, da ich meinem Jungen, der in Folge mehrmaliger eitriger Mandelentzündung und Gelenkrheumatismus gesundheitlich sehr im Rückstand geblieben ist, doch die Möglichkeit zum Weiterstudium geben möchte, ihn auf eine in gesunder Lage liegende Schule zu geben und er hat mir Gaesdonck empfohlen. Zur Kräftigung der Gesundheit meines Jungen befürwortet er einen Aufenthalt im Moerser Industriegebiet zur Zeit nicht. Ein Gutachten des Arztes ist in der Anlage beigefügt.
Ferner bitte ich auch aus folgenden Gründen, meiner Bitte zu willfahren: Seit August 1939 bin ich zum Wehrdienst eingezogen. Meine Frau, Mutter von drei Kindern, muß daher in meiner Abwesenheit meinem Hof von 105 Morgen vorstehen und ihn leiten. Zu der Sorge um die Wirtschaft und den Haushalt kommt noch die Sorge um den Sohn. Da ihr der Arzt die Schule Gaesdonck empfohlen hat, möchte sie ihm die Fortsetzung des Studiums dadurch ermög-

lichen, daß sie ihn in Gaesdonck unterbringen könnte.
Ein Besuch der Schulen Geldern und Kempen dürfte wegen der weiten Anfahrt nicht möglich sein wegen des Gesundheitszustandes.
Ich richte also nochmals an Sie die Bitte, wenigstens vorläufig meinen Sohn auf die noch vorhandene 5. Klasse nach Gaesdonck geben zu dürfen.

Heil Hitler
(Unterschrift)

                                          Straelen, den 30.06.1941

Dr. (...)
Straelen

Ärztl. Bescheinigung

Der Schüler (...) aus Straelen-Holt erkrankte in den letzten 3 Jahren mehrmals an Mandelentzündung und Rheumatismus. Besonders schwer erkrankte der Schüler im Winter 1940/41. Damit (...) sein Studium fortsetzen kann, wird ärztl. angeraten Unterbringung in einem Internat, - Gaesdonck bei Goch - Unterbringung in einem Internat im Industriegebiet wird ärztl. nicht befürwortet.

(Unterschrift)

                                          Koblenz, den 08.07.1941

Auf Ihr erneutes Gesuch vom 01.07.1941 betr. Aufnahme Ihres Sohnes auf die private Oberschule für Jungen in Gaesdonck teile ich Ihnen mit, daß Neuaufnahmen für diese Anstalt nicht genehmigt werden.
Ich empfehle Ihnen, für Ihren Sohn den Besuch der Städt. Oberschule für Jungen in Bad Godesberg, die mit einem Schülerheim verbunden ist.

i.A.
(Unterschrift)

Dokument Nr. 111

Vater an OprAbtHS, betr.: Neuaufnahme eines Schülers (7)
LHA Koblenz, Best. 405 A 1489, S. 295

                                          Haldern, den 27.06.1941

Gesuch des Dr. (...), Arzt
Haldern Rhld.
zwecks Unterbringung seines Sohnes in die private Oberschule für Jungen in Gaesdonck

Mein Sohn (...), geb. 21.08.1926 hat mit dem 25.06.1941 Klasse 5 der Oberschule für Jungen in Rees - Niederrhein mit Erfolg absolviert. Da die

Oberschule in Rees nur die Klassen 1 - 5 führt, muß mein Sohn in einer anderen Oberschule untergebracht werden. Wenn mein Wohnort Haldern auch Bahnstation ist, so liegen die Zugverbindungen derart ungünstig, daß der Junge manche Stunde auf dem Bahnhof verbringen muß und somit jeglicher Aufsicht entzogen wird. Zu erwähnen wäre noch der örtlich verschieden gehandhabte Fliegeralarm und die damit verbundene Unbestimmtheit des Unterrichtsbeginns für den Fahrschüler. Ich pers. übe seit 20 Jahren eine ausgedehnte, schwierige Landpraxis aus, wodurch mir keine Zeit zur Verfügung steht, mich um das Fortkommen meines Jungen zu kümmern. Als einziger Arzt am Platze stelle ich meine Kraft seit 1933 der DJ, HJ, NSV, Luftschutz, Rotes Kreuz, letzthin Di.Impfungen in den zur Gemeinde Haldern gehörigen Ortschaften ehrenamtlich zur Verfügung. Auf Grund dieser Ausführungen richte ich die dringende Bitte an den Herrn Oberpräsidenten, dem Antrage stattzugeben, meinen Jungen in der privaten Oberschule für Jungen in Gaesdonck unterbringen zu dürfen.
NB! Die nächste Oberschule ist von Haldern 20 km entfernt.

Heil Hitler!
(Unterschrift)

Dokument Nr. 112

Vater an Opr AbtHS, betr.: Neuaufnahme eines Schülers (8)
LHA Koblenz, Best. 405 A 1489, S. 299

Stadtlohn, den 28.06.1941

Gesuch um Aufnahme meines Sohnes in die priv. Oberschule des Collegium Augustinianum in Gaesdonck

Mein Sohn Franz, geboren am 02. Oktober 1924, besuchte bisher die öffentliche Rektoratsschule in Stadtlohn. Da diese Schule mit der Klasse V ihren Abschluß findet, bin ich gezwungen, meinen Sohn zur Fortsetzung seiner Studien einer Oberschule zuzuführen. Die nächste Oberschule ist in Borken, 20 km entfernt.
Bei seiner schwächlichen Gesundheit kann der Junge für den Besuch dieser Schule als sogenannter Fahrschüler wohl kaum in Frage kommen, ganz abgesehen von den üblen Erfahrungen, die man immer wieder mit den Fahrschülern macht. Für ihn aber ein geeignetes Kosthaus zu finden, in dem ihm neben der notwendigen Beköstigung besonders die erforderliche Beaufsichtigung vor allem außerhalb der Schulzeit zu teil wird, halte ich für aussichtslos, zumal ich selbst wegen meiner beruflichen Betätigung den Jungen in der Ferne nicht beaufsichtigen kann, wie es notwendig ist.
Ich bin Vater von 9 Kindern, 6 Jungen (!) und drei Mädchen, und habe als Bauer eine Besitzung von über 300 Morgen zu verwalten und zu bearbeiten. Mein ältester Sohn, 25 Jahre alt, steht bereits 4 Jahre unter den Waffen, mein zweiter Sohn, 19 Jahre, muß täglich mit seiner Einberufung rechnen, der dritte ist der in Frage kommende Franz, 16 Jahre alt, die drei anderen

stehen im Alter von 14, 12 und 10 Jahren.
Um meinem Sohne Franz die Fortsetzung seiner Studien zu ermöglichen und
besonders um der Sorge für eine entsprechende Beaufsichtigung enthoben zu
sein, hatte ich ihn schon im Dezember vorigen Jahres für die private Oberschule für Jungen des Collegium Augustinianum Gaesdonck angemeldet. Am
3. Juni wurde mir nun von dem Leiter der Anstalt mitgeteilt, daß er keine
Neuaufnahmen mehr vornehmen dürfe, weil die Schule sich im Abbau befinde. Ich bitte den Herrn Oberpräsidenten, in rechter Würdigung der dargelegten persönlichen Verhältnisse meinem Sohne die Aufnahme in die dort noch
bestehende Klasse VI gestatten zu wollen.

Mit deutschem Gruß. Heil Hitler!
(Unterschrift)
in Estern bei Stadtlohn in Westfalen

(Handschriftliches Konzept der Ablehnung)

Dokument Nr. 113

Vater an OprAbtHS, betr.: Neuaufnahme eines Schülers (9)
LHA Koblenz, Best. 405 A 1439, S. 311

Geldern, den 02.07.1941

(...) in Geldern bittet um
Zulassung seines Sohnes Werner
auf die höhere Schule für Jungen in Gaesdonck (Kreis Kleve)

Dem Oberpräsidium in Koblenz, Abteilung für Schulwesen, gestatte ich mir
folgende Bitte vorzutragen.
Mein Sohn Werner besuchte seit dem Jahre 1936 die Oberschule für Jungen
in Geldern. Seine Zeugnisse waren in diesen Jahren durchweg befriedigend.
Seit etwa einem halben Jahre haben indessen seine Leistungen in Latein und
Englisch erheblich nachgelassen, so daß bei Schulschluß Ende Juni 1941
seine Versetzung nach Klasse VI nicht erfolgen konnte.
Ich selbst bin 65 Jahre alt und am Tage durch meine Beschäftigung von zu
Hause abwesend. Mein Frau befindet sich im gleichen Alter und hat für eine
9köpfige Familie (7 Kinder) zu sorgen. Die Eltern sind hiernach nicht in
der Lage, den 17jährigen in der nötigen Weise zu beaufsichtigen. Den Rückgang seiner schulischen Leistungen führe ich auf den Mangel an Beaufsichtigung und auf die Störungen und Ablenkungen, die dem Schüler durch die Unruhe in dem großen Haushalt widerfahren, zurück. Ich bin überzeugt, daß die
Leistungen besser werden, wenn der Schüler in einem Internat mit strenger
Aufsicht untergebracht wird. Ich bitte daher zu genehmigen, daß mein Sohn
Werner in die Schule in Gaesdonck aufgenommen wird. Ich gestatte mir
noch zu bemerken, daß meine Frau das goldene Ehrenzeichen für Mütter besitzt und mir selbst vor mehreren Jahren vom Führer und Reichskanzler das
goldene Treudienst-Ehrenabzeichen verliehen worden ist.

(Unterschrift)
(Handschriftliches Konzept der Ablehnung)

Dokument Nr. 114

Vater an OprAbtHS, betr.: Neuaufnahme eines Schülers (10)
LHA Koblenz, Best. 405 A 1489, S. 317

Winnekendonk üb.Kevelaer, den 05.07.1941

Eine Bitte möchte ich dem Schulkollegium und ev. auch dem Herrn Minister unterbreiten. Mein Sohn (...), geb. 03.06.1927, besuchte 4 Jahre die Rektoratsschule in Kevelaer und wurde dort für "reif für die 5. Klasse" erklärt. Ich möchte meinen Jungen nun gerne in das Augustinianum in Gaesdonck schicken, in dem mein ältester Sohn (...), jetzt stud.ing. in Wien, vor 5 Jahren das Abitur gemacht hat. Nun höre ich von dem Schulleiter in Kevelaer, daß die Anstalt keine Schüler mehr aufnehmen darf. Dieser Bescheid enthält für uns denn doch eine arge Härte. Der Junge fuhr bislang mit dem Rad nach Kevelaer, 5 km, und müßte, wenn er nicht in Gaesdonck aufgenommen werden darf, jeden Morgen nach der Fahrt mit dem Rad noch mit der Eisenbahn fahren. Wie die Verhältnisse nun tatsächlich liegen, fällt wegen des Krieges der sog. Schulzug um 1/2 8 oft Wochen lang aus, so daß nur der Zug um 1/2 7 fährt, da dieser Zug die einzige Möglichkeit am ganzen Vormittag bietet. Wegen der Luftgefahr im Grenzgebiet beginnt dazu der Unterricht im Winter erst um 9 oder 1/2 10. Wo bleiben die Jungens (!) dann von 1/4 7 bis 9 oder 1/2 10 Uhr? Wegen dieser Härte möchte ich meinen Sohn in das Internat nach Gaesdonck schicken und bitte dringendst dieses zu genehmigen.

Heil Hitler!
(Unterschrift)
Wirt und Posthalter

(Handschriftliches Konzept der Ablehnung)

Dokument Nr. 115

Vormund an OprAbtHS, betr.: Neuaufnahme eines Vollwaisen (11)
LHA Koblenz, Best. 405 A 1489, S. 315

Wetten, Kr. Geldern, den 03.07.1941
(...)
Cerfontaineshof
Wetten

Als Vormund des am 30. Juli 1925 in Rindern Kreis Kleve geborenen Vollwaisen Ernst (...) ersuche ich um Genehmigung für den Schulbesuch des E. (...) im Collegium Augustinianum in Gaesdonck, Kreis Kleve. Mein Neffe (...) ist mit seinen vier, damals noch alle unmündigen Geschwistern im Jahre 1934 in meine Familiengemeinschaft aufgenommen worden. Selber habe ich vier teils noch nicht schulpflichtige Kinder und wird die

hohe mir übertragene Verantwortung und Aufopferung jedem einleuchten.
Wenn ich für die Erziehung und Berufsausbildung der Mündel verantwortlich
zeichnen kann, so ist mir die Weiterbildung des E. (...) infolge der Berufswege erschwert.
Wo ich als Hofespächter verschiedene Ehrenämter inne habe, so als Ortsgruppenleiter und Pumpenmeister, kann ich die familiäre Aufsicht und Erziehung nicht verantwortlich übernehmen. Ich halte demnach für richtig,
daß E. (...), wo er die Reife für die 5. Klasse hat, in Gaesdonck aufgenommen wird. In Anbetracht der auf meinen Schultern liegenden großen
Verantwortung und von mir getragenen und zu tragenden Aufopferung, bitte
ich meinem Anliegen Verständnis entgegenzubringen und die Genehmigung
zu erteilen.

Heil Hitler!
(Unterschrift)

(Handschriftliches Konzept der Ablehnung)

Dokument Nr. 116

Vormund an OprAbtHS, betr.: Erneutes Gesuch um Genehmigung der Aufnahme des Schülers (11)
LHA Koblenz, Best. 405 A 1489, S. 321

Wetten, Kr. Geldern, den 11.07.1941

Auf Ihr Schreiben vom 08.07. hin, war ich heute bei dem Herrn Direktor
der staatlichen Oberschule für Jungen in Moers vorstellig. Hier wurde mir
klargemacht, daß die Kosten außer Schulgeld monatlich 150 - 160 RMark
betragen würden. Hiergegen wäre auf der Gaesdonck einschließlich Schulgeld 75 RMark zu zahlen. Wo ich aus dem Vermögen meines Mündels ersteren Betrag nicht zahlen kann, bitte ich nochmals ergebenst um Zulassung auf der Gaesdonck zu gestatten. Wenn dieses auch eine berechtigte
Ausnahme bedeuten würde, dann erst befürwortend, weil die Aufnahme
fünf vollwaiser Kinder in einer kinderreichen landwirtschaftlichen Pächter-
Familie auch eine Ausnahme sein wird und in der Provinz seines zweiten
suchen muß. Wenn ich alles aufgeboten habe, meine Mündel vollauf erzieherisch und beruflich als tüchtige Menschen herausstellen zu können, was
als Sozialismus der Tat gewertet werden darf, halte ich es für bedauerlich,
wenn mir hierzu für den Jüngsten der Vollwaisen die Möglichkeit erschwert bzw. genommen würde.
Ich bitte nochmals die Angelegenheit wohlwollend zu überprüfen und mir
die Genehmigung für den Besuch der Oberschule in Gaesdonck erteilen zu
wollen.

Heil Hitler!
(Unterschrift)

Koblenz, den 18.07.1941

weitergeleitet an den Direktor in Moers zur Äußerung, 'ob die Kosten für die Unterbringung im Schülerheim tatsächlich 150 - 160 RM monatlich betragen'.

i.A.
(Unterschrift)

Dokument Nr. 117

GDMoers an OprAbtHS, betr.: Kosten der Unterbringung in Moers
LHA Koblenz, Best. 405 A 1489, S. 325

Moers, den 21.07.1941

Der Oberstudiendirektor
des Adolfinums
Staatliche Oberschule für Jungen

Die Kosten der Unterbringung eines Schülers im Martinsstift betragen für einen Schüler der Klasse 5 je Monat 110,- RM. Dazu kommt dann das Schulgeld für den Besuch der höheren Schule und ein kleines Taschengeld. Aus den Notizen, die mein Ferienvertreter Studienrat (...) gemacht hat, ersehe ich, daß Herr (...) hier vorgesprochen hat. Danach teilte er schriftlich mit, daß es ihm nicht möglich sei, die Unterhaltskosten aus dem Vermögen seines Mündels zu bezahlen.
Zeugnisse für den Jungen sind bisher nicht vorgelegt worden. Ich kann daher nicht beurteilen, ob man etwa dem Jungen eine Ermäßigung des Pensionspreises und über die Geschwisterermäßigung hinaus eine teilweise Freistelle in der Schule in Aussicht stellen könnte. Darüber läßt sich erst entscheiden, wenn Führung und Leistung so sind, daß ich dem Ortskuratorium gegenüber eine Herabsetzung der Kosten vertreten kann.

i.V.
(Unterschrift)

Dokument Nr. 118

OprAbtHS an Vornmund, betr.: Kosten der Unterbringung in Moers
LHA Koblenz, Best. 405 A 1489, S. 326

Koblenz, den 23.07.1941

Herrn (...) Cerfontaineshof, Wetten

Nach dem Bericht des Direktors der Staatl. Oberschule für Jungen in Moers liegen die Kostenverhältnisse doch wesentlich anders als Sie dar-

legen. Die reinen Heimkosten betragen nicht 150 - 160 RM, sondern 110 RM. Das dazukommende Schulgeld wird durch die gesetzliche Geschwisterermäßigung erheblich herabgesetzt und kann bei guten Leistungen durch Gewährung einer teilweisen Freistelle vollends ganz beseitigt werden. Auch die Pensionskosten im Heim können bei guter Führung und Leistung herabgesetzt werden, so daß schließlich die Unterbringung in Moers nicht wesentlich teurer werden wird als in Gaesdonck. Sie wollen sich unter Vorlegung der bisherigen Zeugnisse Ihres Mündels erneut mit dem Direktor in Moers in Verbindung setzen und sich überzeugen, daß Sie von irrigen Voraussetzungen ausgehen. Im übrigen kann ich Ihnen auch das NS-Schülerheim in Trier-Pallien empfehlen, in dem der Pensionspreis nur 60 RM beträgt.
Hinsichtlich Gaesdoncks muß es in jedem Fall dabei bleiben, daß Neuaufnahmen abgelehnt werden.

Abschrift an den Herrn Direktor der Staatl. OSch. f. J. in Moers zur Kenntnis mit dem Ersuchen, gegebenenfalls weitgehendes Entgegenkommen zu zeigen.

Dokument Nr. 119

Witwe an OprAbtHS, betr.: Neuaufnahme eines Halbwaisen (12)
LHA Koblenz, Best. 405 A 1489, S. 327

Das anliegende Gesuch der Witwe (...), Kevelaer, um Erteilung der Genehmigung zur Aufnahme ihres Sohnes (...) in die Privat-Oberschule für Jungen zu Gaesdonck möchte ich der dortigen Stelle aus sozialen Gründen dringend empfehlen. Die Witwe (...) hat durch den frühen Tod ihres Mannes und die seinerzeitige Wirtschaftskrise ihr gesamtes Vermögen verloren. Trotz ihrer bedrängten Lage hat sie sich mit allen Kräften bemüht, ihren sechs unversorgten Kindern eine sorgfältige Ausbildung für das Leben zu ermöglichen. Es ist ihr und ihres Sohnes (...), welcher als Bordfunker bei der Luftwaffe für sein Vaterland kämpft, dringender Wunsch, nun auch dem jüngsten gutbegabten Sohn (...) die Möglichkeit zu geben, die Reifeprüfung abzulegen. Durch die glänzende Bewährung ihres Sohnes (...) auf der Privatoberschule zu Gaesdonck kann sie nunmehr auch für ihren jüngsten Sohn von der Oberschule eine weitgehende Ermäßigung des Schulgeldes und der Unterhaltskosten erhalten. Nur durch dieses Entgegenkommen wird es ihr möglich, ihren Sohn (...) bis zur Ablegung der Reifeprüfung auf der Schule zu belassen. Neigung und überdurchschnittliche Begabung weisen den Jungen mit hoher Wahrscheinlichkeit auf einen technischen Beruf. Es wäre zu bedauern, wenn seine Fähigkeiten sich aus Mangel an Geld nicht zur Entwicklung und Auswirkung bringen ließen.
Ich möchte aus den vorstehenden Gründen das Gesuch der Witwe (...) nochmals dringend befürworten, nicht zuletzt auch im Interesse der Antragstellerin selbst, welche seit dem Tod ihres Mannes unermüdlich für ihre Kinder gesorgt hat und durch die übermäßige Beanspruchung an ihrer Gesundheit erheblichen Schaden gelitten hat.

Für eine aus tiefstem Grund vaterlandsliebende und staatsbejahende Einstellung der Familie (...) und insbesondere der Jugend kann ich mich verbürgen. Als Schwager der Witwe und ihr ständiger Berater seit dem Tode ihres Mannes sind mir die Verhältnisse auf das genaueste bekannt.

Heil Hitler!
(Unterschrift)
Intendaturrat W.V. VI

LHA Koblenz, Best. 405 A, S. 329

Kevelaer, den 14.07.1941

Hiermit bitte ich höflichst die Genehmigung zu erteilen, daß mein Sohn (...), geboren am 24.10.1926 zu Kevelaer, vom nächsten Schuljahr ab in das Collegium Augustinianum - Private Oberschule für Jungen - in Gaesdonck in Klasse V übernommen wird. Der Grund dieser Bitte ist folgender:

Im Jahre 1930 ist mein Mann verstorben und ich stehe mit sechs Kindern allein. Mein Sohn (...) ist der jüngste. Durch die Aufregungen der letzten Jahre, große Geschäftsverluste, Stillegung des Betriebes bin ich körperlich und gesundheitlich derart heruntergekommen, daß ich unbedingt der Ruhe benötige. Mein älterer zwanzigjähriger Sohn (...), der als Bordfunker bei der Wehrmacht dient, machte im Jahre 1939 in Gaesdonck sein Abitur. Auch mein einziger, im Weltkrieg gefallener Bruder war Gaesdoncker Schüler. Mein Sohn (...) hätte so gern seinen jüngsten Bruder auf der Gaesdonck, damit ich der Sorge enthoben wäre. Eine erhebliche Ermäßigung des Ausbildungsgeldes ist mir zugesagt, und dadurch wäre es mir möglich, sein Studium bis zum Abitur zu sichern. Ich wäre Ihnen wirklich dankbar, wenn Sie dieser Bitte willfahren und mir erlauben würden, mein jüngstes Kind dorthin zu schicken. Eine Abschrift des Zeugnisses lege ich bei.

Heil Hitler!
(Unterschrift)

Vermerk aus dem Oberpräsidium: Fahrzeit nach Geldern 11 Minuten

(Handschriftliches Konzept der Ablehnung (16.07.1941))

Dokument Nr. 120

OprAbtHS an LCAG, betr.: Allgemeine Ablehnung von Neuaufnahmen
LHA Koblenz, Best. 405 A 1489, S. 319 - I Nr. 10293

Koblenz, den 08.07.1941

In letzter Zeit werden mir immer wieder Gesuche um Aufnahme in das Collegium Augustinianum, priv. Oberschule für Jungen in Gaesdonck, vorgelegt. Da sich diese Anstalt im Abbau befindet, können Neuaufnahmen nicht mehr genehmigt werden.
Ich ersuche Sie, bei Anfragen von Eltern die Aufnahme von Schülern so entschieden abzulehnen, daß weitere Anträge an mich sich erübrigen.

i.A.
(Unterschrift)

Dokument Nr. 121

LCAG an OprAbtHS, betr.: Einspruch gegen den Erlaß vom 08.07.1941
LHA Koblenz, Best. 405 A 1489, S. 331

Gaesdonck, den 18.07.1941

Betr.: Neuaufnahme von Schülern in die hiesige Anstalt

Unter dem 26.05.1941 teilten Sie mir auf mein Gesuch um Genehmigung der Aufnahme des Schülers (...) (unter dem Zeichen I 8422) mit, daß Neuaufnahmen abgelehnt werden müßten, weil die hiesige Anstalt sich im Abbau befinde. Ich habe daraufhin den Unterhaltsträger der Anstalt, den Herrn Bischof von Münster, von dieser neuerlichen Stellungnahme unterrichtet, der seinerseits durch Exzellenz Staatsrat Berning, Bischof von Osnabrück, beim Herrn Reichsminister für Wissenschaft, Erziehung und Volksbildung anfragen ließ, wie er sich zu der Frage der Neuaufnahmen in die hiesige Schule stelle. Der zuständige Referent im Reichsministerium hat dann in mündlicher Besprechung erklärt,
"das Ministerium habe das Weiterbestehen der Anstalt gestattet, aber dem Oberpräsidenten auferlegt, über die Aufnahme neuer Schüler im einzelnen Falle zu entscheiden. Das Ministerium könne daher nicht allgemein die Genehmigung zur Aufnahme neuer Schüler gewähren, es müßten die Eltern der Schüler, die dort aufgenommen werden sollten, beim Oberpräsidenten den Antrag stellen." (Brief des Herrn Bischofs von Osnabrück an den Herrn Bischof von Münster vom 13.06.1941).
Hiernach scheint der Herr Referent im Reichsministerium der Auffassung zu sein, daß in solchen Fällen, in denen dringende Gründe für die Aufnahme eines Jungen in ein Internat vorliegen, die Genehmigung dazu erteilt werden kann und zwar auch für die hiesige Schule. Ich bitte Sie daher, die

Frage der Neuaufnahmen in die hiesige Schule einer erneuten Prüfung zu unterziehen.
Es liegt mir nicht daran, möglichst viele Schüler in unsere Anstalt aufnehmen zu können, sondern ich möchte solchen Eltern, deren Söhne nur unter Schwierigkeiten einer öffentlichen höheren Schule zugeführt werden können oder bei denen die häusliche Erziehung durch die Kriegsverhältnisse oder andere Umstände erschwert ist, die Sorge um das Fortkommen ihrer Kinder erleichtern.

i.V.
(Unterschrift)
stellv. Leiter

Handschriftliches Konzept aus dem Oberpräsidium:

An den Direktor des
Collegium Augustinianum Gaesdonck

Wie ich Ihnen bereits in meinem Erlaß vom 26.05.1941 I Nr. 8422 mitteilte, steht der Aufnahme des Schülers (...) in eine öffentliche Oberschule und in ein damit verbundenes Schülerheim nichts im Wege.
Einer Aufnahme aber in Gaesdonck kann ich nicht zustimmen. Es muß vielmehr (gestrichen: in jedem Falle) bei meinem eben erwähnten Erlaß bleiben.

i.A.
(Unterschrift)

Dokument Nr. 122

LCAG an OprAbtHS, betr.: Erneuter Einspruch gegen den Erlaß vom 08.07.41
LHA Koblenz, Best. 405 A 1489, S. 337

Gaesdonck, den 26.07.1941

Betr.: Aufnahme von Schülern in die hiesige Anstalt

Aus Ihrem Bescheid vom 22.07.1941 ersehe ich, daß mein Bericht vom 18.07.41 einem Mißverständnis ausgesetzt gewesen ist. Meine Anfrage betraf nicht den Schüler (...), sondern sie war allgemeiner Art. In meinem Bericht vom 18.07. habe ich ausgeführt, daß der zuständige Herr Referent im Erziehungsministerium erklärt hat, die Eltern der Schüler, die hier aufgenommen werden sollten, müßten einen dahingehenden Antrag an den Herrn

Oberpräsidenten stellen und diesem sei es aufgegeben, im einzelnen Falle über die Aufnahme zu entscheiden. Ich bitte hiermit um Bescheid, ob Sie trotzdem dabei verbleiben, daß alle Aufnahmen auf die hiesige Schule abgelehnt werden müssen.

i.V.
(Unterschrift)
stellv. Leiter

An den Leiter des   Koblenz, den 29.07.1941
Collegium Augustinianum Gaesdonck

Es bleibt Ihnen nach wie vor unbenommen, mir Aufnahmegesuche zur Genehmigung vorzulegen, über die je nach Lage des Einzelfalles zu entscheiden, ich mir vorbehalten muß. (Gestrichen: Die Grundsätze, nach denen sie von mir beurteilt werden, bedürfen nach den Vorgängen der letzten Zeit keiner weiteren Erläuterung mehr.)

i.A.
(Unterschrift)

Dokument Nr. 123

Opr AbtHS an LCAG, betr.: Schließungsverfügung für das CAG
LHA Koblenz, Best. 405 A 1469, S. 167

                                                      Koblenz, den 02.09.1941
Der Oberpräsident der
Rheinprovinz
Koblenz

Der Herr Reichserziehungsminister hat durch Erlaß v. 08.07.41 - E VIb 2285 E III - angeordnet, daß die priv. Oberschule für Jungen in Gaesdonck zum Beginn des Jahres 1942 geschlossen wird, da das Gebäude für eine neu zu eröffnende Lehrerbildungsanstalt in Aussicht genommen ist.
Ich ersuche Sie daher, die Klassen 4 bis 7 zu Beginn der Weihnachtsferien 1941 zu schließen und die Schüler zu entlassen. Die 8. Klasse kann bis zur Reifeprüfung, für die ein früher Termin in Aussicht genommen ist, weitergeführt werden.
Den Schülern und Eltern ist bereits jetzt von der Maßnahme Kenntnis zu geben. Auf Ersuchen der Eltern bin ich bereit, die Schüler an anderer Stelle unterzubringen.

i.A.
(Unterschrift)

Dokument Nr. 124

LCAG an OprAbtHS, betr.: Sonderurlaub wegen Schließung des CAG
LHA Koblenz, Best. 405 A 1489, S. 345

Gaesdonck, den 19.09.1941

Hiermit bitte ich zu gestatten, daß den Schülern der hiesigen Anstalt ein Sonderurlaub für die Tage vom 03. bis 08. Oktober gewährt wird.
Grund: Die durch Erlaß des Herrn Ministers angeordnete Schließung der hiesigen Schule zu Weihnachten dieses Jahres macht es dringend wünschenswert, daß den Schülern baldigst Gelegenheit geboten wird, sich mit ihren Eltern über die zukünftige Fortsetzung ihrer Studien zu beraten.

(Unterschrift)
stellv. Leiter

Handschriftlicher Vermerk des Sachbearbeiters aus dem Oberpräsidium Koblenz:

Herrn Regierungsdirektor (...)

Ich schlage vor, den Urlaub auf die Schüler der Klassen 5 bis 7 zu beschränken.

(Unterschrift)

Handschriftlicher Vermerk des zuständigen Regierungsdirektors:

Bitte ganz ablehnen!

(Unterschrift)

Dokument Nr. 125

RegPräsDdorf an LCAG, betr.: Beschlagnahme des CAG für eine Lehrerbildungsanstalt
LHA Koblenz, Best. 405 A 1469, S. 175

Düsseldorf, den 02.12.1941

Der Regierungspräsident
in Düsseldorf

Im Anschluß an die Verfügung des Landrates in Kleve vom 20.09.1941 Nr. 1833, betr.: Beschlagnahme der Studienanstalt Gaesdonck auf Grund des § 25 des Reichsleistungsgesetzes, beraume ich hiermit zur Besprechung der weiteren Maßnahmen einen Ortstermin in Gaesdonck auf

Freitag, den 05. Dezember 1941, vormittags 9^{30} Uhr
an.
Der Herr Bischof von Münster hat eine Einladung ebenfalls erhalten.

An den Herrn
Leiter des Collegium Augustinianum
in Gaesdonck

(Bereits am 06. September 1941 hatte der Regierungspräsident in Düsseldorf dem Oberpräsidium in Koblenz Mitteilung gemacht von der Anberaumung eines Lokaltermins auf Gaesdonck zur Prüfung der Eignung für eine Lehrerbildungsanstalt am Freitag, den 12. September 1941, vormittags 10 Uhr) (Best. 405 A, 1469, S. 171)

Dokument Nr. 126

OprEssen an OprAbtHS, betr.: Unregelmäßigkeiten beim HJ-Dienst Gaesdoncker Schüler
LHA Koblenz, Best. 405 A 1469, S. 177

Oberpräsidium der Rheinprovinz
Dienststelle Essen

An den Herrn
Oberpräsidenten für die Rheinprovinz
Koblenz

R.V. / J.S. / - SD -   Essen, den 03.12.1941

Zu der in der Anlage beigefügten Meldung bitte ich um Ihre Stellungnahme:

- 25 -

Bischöfliche Studienanstalt und Hilfspriesterseminar Gaesdonck bei Goch:

Wie aus Kleve berichtet wird, beabsichtigte das Oberpräsidium der Rheinprovinz, die Bischöfliche Studienanstalt in Gaesdonck zu schließen und diese Schule in eine Lehrerbildungsanstalt umzuwandeln. Gegen diesen Beschluß hätte jedoch der Bischof Clemens August von Münster Protest in Berlin eingelegt. Eine Entscheidung von Seiten des Ministeriums sei bisher noch nicht erfolgt. In welch abträglicher und gemeinschaftsfremder Weise die Schüler dieser Studienanstalt erzogen werden, geht aus folgender Meldung eines HJ-Führers aus Goch vom 11.11.1941 hervor:

> "Die Gefolgschaft 22/238 'Goch-Süd', bestehend aus Schülern der Studienanstalt Gaesdonck, hat sich in der letzten Zeit derartig verschlechtert, daß ich mich gezwungen sehe, dem Bannführer hierüber einen Bericht zu geben.
> Als erstes fiel mir auf, daß die Befehle nicht mehr so prompt befolgt wurden, wie unter dem ehemaligen Gefolgschaftsführer

(...). Hier möchte ich hinzufügen, daß die Gefolgschaft erst nach
dem Weggang des Gefolgschaftsführers (...) anfing, sich zu ver-
schlechtern. Wie mir weiter mitgeteilt wurde, war der Scharführer
(...) von dem Gefolgschaftsführer (...) als sein Nachfolger bestimmt worden. Dem Schulleiter der Schule gefiel dieser aber nicht
und verlangte einen anderen!
Nach Aussagen des genannten Scharführers wurde der jetzige Gefolgschaftsführer (...) und verschiedene andere, die vorher unter sich
schon einen Bibel-Club gegründet hatten, mit der Führung der Gefolgschaft betraut.
Als die Gefolgschaft Gaesdonck vor etwa 14 Tagen zum Sammeln
angesetzt worden ist, brachte mir die Gefolgschaft 75 - 80 % der zu
verkaufenden Abzeichen wieder zurück, so daß sie nur 20 - 25 %
verkauft haben. Die anderen Gefolgschaften verkauften bei derselben
Sammlung durchschnittlich 80 - 85 % ihrer Abzeichen. Einer von der
Gefolgschaft Gaesdonck brachte es sogar fertig, nur 2 Abzeichen von
100 zu verkaufen.
Am 7. November setzte ich den Gefolgschaftsführer davon in Kenntnis, daß er sich mit seiner Gefolgschaft am 8. November an der
Flaschensammlung in Goch beteiligen müßte. Der Gefolgschaftsführer
erklärte mir, daß sie das nicht könnten, weil sie Exerzitien hätten
und dieselben wichtiger seien als die Flaschensammlung. Ich setzte
mich aber durch und befahl dem Gefolgschaftsführer, an der Flaschensammlung teilzunehmen. Die Gefolgschaft Gaesdonck hat an der
Sammlung auch teilgenommen, aber so, daß ich in ihrem Revier am
anderen Tage verschiedene Straßenzüge fand, wo sie die Flaschen einfach haben stehen lassen. Ich habe deswegen von verschiedenen Seiten Beschwerden hinnehmen müssen.
Ich glaube nicht, daß dieses Gehabe der Gefolgschaft an den Jgg.
liegt, sondern nehme an, daß die Erziehung in der Studienanstalt
hauptsächlich Schuld daran trägt. Ich mache auch aus diesem Grunde
den Bericht und bitte darum, daß höheren Orts danach getrachtet wird,
die Schule aufzulösen, damit unsere Jugend aus den Händen der dortigen Lehrer genommen wird.
Ich bitte auch, gegen keinen der Jgg. vorzugehen, da sie wohl falsch
belehrt sind, und deshalb auch aus Unkenntnis handeln."

In Parteikreisen ist man der Ansicht, daß die Schule unbedingt der bischöflichen Gewalt entzogen werden müßte, da eine nationalsozialistische Erziehung
der Schüler dieser Anstalt nicht gewährleistet sei.

Dokument Nr. 127

Opr AbtHS an Opr Essen, betr.: Antwort auf den Bericht vom 03.12.1941
LHA Koblenz, Best. 405 A 1469, S. 183

Koblenz, den 12.12.1941

Der Oberpräsident der
Rheinprovinz

An das
Oberpräsidium der Rheinprovinz
Dienststelle Essen

Der Abbau ist darin begründet, daß

1. Der Geist, der in dieser Schule herrschte, der Erziehung zum nationalsozialistischen Menschen abträglich war und daß

2. Ein öffentliches Bedürfnis für eine höhere Schule in Gaesdonck nicht anerkannt werden konnte.

Mir ist bekannt, daß der Bischof von Münster wegen der Auflösung der Schule beim Reichserziehungsministerium Beschwerde eingelegt hat. Es ist aber kein Zweifel, daß dieser Einspruch ohne Wirkung bleibt.

(Unterschrift)

Dokument Nr. 128

LCAG an OprAbtHS, betr.: Verbleiben der Abiturklasse auf Gaesdonck bis zum Frühjahr 1942
LHA Koblenz, Best. 405 A 1469, S. 187

Gaesdonck, den 13.12.1941

Der Leiter des
Collegium Augustinianum
Gaesdonck

Auf Ihre Anfrage vom 11. ds. Monats erwidere ich, daß sich für das Verbleiben der Lehrkräfte und Schüler der 8. Klasse bis Mitte März 1942 keine Schwierigkeiten ergeben.

i.V.
(Unterschrift)
stellv. Leiter

(In den folgenden Wochen drängen das Oberpräsidium in Koblenz und das Regierungspräsidium in Düsseldorf verstärkt auf einen möglichst frühen Termin für die Reifeprüfung 1942, damit die Lehrerbildungsanstalt möglichst schnell errichtet werden kann und keine unnötigen Unkosten für den Verbleib von Schülern und Lehrern auf Gaesdonck entstehen.)
(Best. 405 A 1469, S. 189 ff).

Dokument Nr. 129

OprAbtHS an LCAG, betr.: Übersendung der Schulakten an die Reichsstelle für Schulwesen
LHA Koblenz, Best. 405 A 1469, S. 197

Koblenz, den 10.03.1942

Der Herr Reichsminister für Wissenschaft, Erziehung und Volksbildung hat durch Erlaß vom 04. November 1941 - Amtsblatt Dtsch. Wiss. Erz. und Volksbildung 1941, S. 434 - angeordnet, daß die Akten derjenigen privaten Oberschulen, an deren Stelle keine öffentliche höhere Schule getreten ist, an die Reichsstelle für Schulwesen, Berlin-Schöneberg, Grunewaldstr. 6/7, zu überweisen sind. Es handelt sich hierbei um die Akten des inneren Schulbetriebes, also insbesondere um die Akten über Lehrer und Schüler, Unterrichtsverteilungen, Reife- und Schlußprüfungen, Schülerzeugnisse (Prüfungs- und Abgangszeugnisse), Zeugnislisten der Klassen usw.

i.A.
(Unterschrift)

Dokument Nr. 130

ehem. LCAG an Reichsstelle für Schulwesen, betr.: Übersendung der Schulakten an die Reichsstelle für Schulwesen
LHA Koblenz, Best. 405 A 1469, S. 207

Gaesdonck, den 28.06.1942

Der ehemalige Leiter
des Collegium Augustininianum
Gaesdonck

An die Reichsstelle für Schulwesen
Berlin-Schöneberg, Grunewaldstr. 6/7

Am 26. ds. Monats sandte ich die unten aufgeführten Akten der seit Ostern 1942 aufgelösten hiesigen Schule als Eilgut an Sie ab. Die Schule hatte das Recht der Prüfung für den einjähr.-freiwilligen Dienst bzw. der Schlußprüfung seit 1896, das Recht der Reifeprüfung seit 1920.

Die Sendung enthält folgende Schulakten:

1. Zeugnislisten der Klassen UIII bis OI   1920/21 bis 1936/37
                           IV bis UI   1937/38
                           3 bis 8   1938/39 und 1939/40
                           4/5 bis 8   1940/41 und 1941/42

2. 3 Bände Zeugnisse für den einjähr.-freiw. Dienst 1896 bis 1919

3. 1 Faszikel Schlußprüfungen 1896 bis 1926, enthaltend die Zeugnisnoten der Prüflinge

4. 5 Bände Reifezeugnisse Ostern 1920 bis Ostern 1942

Die Übersendung erfolgt gemäß Übereinkunft mit dem Herrn Oberpräsidenten in Koblenz, wonach diejenigen Akten der hiesigen Schule der Reichsstelle für Schulwesen übergeben werden, die öffentlich-rechtliche Bedeutung haben, von denen daher Abschriften verlangt werden können.
Der Unterhaltsträger der aufgelösten Schule, der Herr Bischof von Münster, behält sich das Eigentumsrecht an den ausgelieferten Akten vor.

(Unterschrift)
ehemaliger stellv. Leiter

Verzeichnis der Abkürzungen

ABgm	Amtsbürgermeister
Abt.	Abteilung
AG	Arbeitsgemeinschaft
BAM	Bistumsarchiv Münster
Bgm	Bürgermeister
CAG	Collegium Augustinianum Gaesdonck
DJ	Deutsches Jungvolk
DNVP	Deutschnationale Volkspartei
GD	Gymnasialdirektor
Genvik	Generalvikariat Münster
Gestapo	Geheime Staatspolizei
GestapoDdorf	Gestapo(leit)stelle Düsseldorf
HJ	Hitlerjugend
HStA	Hauptstaatsarchiv
Kripo	Kriminalpolizei
LCAG	Leiter des Collegium Augustinianum Gaesdonck
LGrPräs	Landgerichtspräsident
ND	Bund Neudeutschland
NS	nationalsozialistisch
NSDAP	Nationalsozialistische Deutsche Arbeiterpartei
NSDAP München	Braunes Haus München - Der Stellvertreter des Führers (Stab)
NSLB	Nationalsozialistischer Lehrerbund
NSV	Nationalsozialistische Volkswohlfahrt
OprAbtHS	Oberpräsidium der Rheinprovinz (Koblenz) Abteilung für Höheres Schulwesen
OprEssen	Oberpräsidium der Rheinprovinz Dienststelle Essen
OprRhpr	Oberpräsident der Rheinprovinz
RAD	Reichsarbeitsdienst
RGBl.	Reichsgesetzblatt
RegPräsDdorf	Regierungspräsident Düsseldorf
RM	Reichsmark

RuPrMfWEVb	Reichs- und Preußischer Minister für Wissenschaft, Erziehung und Volksbildung
SA	Sturm-Abteilung (der NSDAP)
SD	Sicherheitsdienst
StD	Studiendirektor
StR	Studienrat
Stud.Ass.	Studienassessor
UniBonn	Hochschulinstitut für Leibesübungen der Universität zu Bonn
WHW	Winterhilfswerk
z.b.V.	zur besonderen Verwendung

Klassen im höheren Schulwesen des Deutschen Reiches (1933-1942) und der Länder der Bundesrepublik Deutschland (1982)

Frühere Bezeichnung [1]		NS [2]	Heutige Bezeichnung [3]	
OI =	Oberprima	-	Jgst. 13 [4]	Sek. II [5]
UI =	Unterprima	8	Jgst. 12	Sek. II
OII =	Obersekunda [6]	7	Jgst. 11	Sek. II [5]
UII =	Untersekunda	6	Jgst. 10	Sek. I
OIII =	Obertertia [7]	5	Jgst. 9	Sek. I
UIII =	Untertertia	4	Jgst. 8	Sek. I
IV =	Quarta [7]	3	Jgst. 7	Sek. I
V =	Quinta	2	Jgst. 6	Sek. I
VI =	Sexta	1	Jgst. 5	Sek. I

Unterstufe der Volksschule   Grundschule (Primarstufe)

1) Im offiziellen Sprachgebrauch gültig bis 1937.

2) Mit der Schulreform von 1937 wurde die aufgeführte Gliederung offizieller Sprachgebrauch. Außerhalb der Schulverwaltung wurden jedoch häufig die alten Bezeichnungen weiterverwendet.

4) Jgst. = Jahrgangsstufe

5) Die heutige Sekundarstufe II (Sek. II) umfaßt die Klassen der früheren Oberstufe des Gymnasiums (heute an Gymnasien, Gesamtschulen und Berufsbildenden Schulen) und schließt ab mit der Allgemeinen Hochschulreife (Abitur).
Die Sekundarstufe I (Sek. I) umfaßt heute die Klassen 5 bis 10 an den allgemeinbildenden Schulen der Bundesrepublik Deutschland (Gymnasium, Realschule, Hauptschule, Gesamtschule). Sie entspricht damit der früheren Unter- und Mittelstufe des Gymnasiums.

6) Bis zur Untersekunda einschließlich führte das Progymnasium, eine eigenständige Schulform, die Schülern aus Klein- und Mittelstädten in der gymnasialen Unter- und Mittelstufe den ortsnahen Schulbesuch ermöglichen sollte.

7) Als Zubringeschulen für das humanistische Gymnasium existierten in zahlreichen niederrheinischen Kleinstädten und Landgemeinden, je nach Schülerzahl drei- oder vierklassig (VI bis IV bzw. UIII), sog. Rektoratsschulen.

Hinweis: Schuljahrswechsel 1933 bis 1942 zu Ostern